한국
근현대
여성사

정치·사회 2

한국
근현대
여성사

전경옥 · 유숙란 · 김은실 · 신희선 지음

정치 · 사회 2

1945~1980년

모티브북

    이 책을 발간하는 데 있어서 무엇보다 의미를 둔 것은 기존의 역사 이해 방식에 문제를 제기하는 것이었다. 기존의 역사 연구 방식과 서술에서 벗어나 역사의 주체로서 여성을 이야기하고 형평성과 공정함을 기준으로 역사를 다시 평가하고 재구성하고자 하였다. 이를 통해 여성의 역사가 가지는 의미와 중요성을 널리 알리고자 노력했다. 자유와 평등이 현실에서 이미 잘 작동하고 있으며 생활화되어 있다는 믿음을 굳게 가진 사람들에게 가려진 것과 왜곡된 것을 드러내고 나아가 발굴과 평가가 미흡한 것들에 대해 정당한 평가와 올바른 인식을 공유하고자 한 노력의 결과물이 바로 이 책이다. 역사를 기록하는 사람들은 자신이 원하고 자기가 아는 것만으로 역사를 재구성하는 사람들인지도 모른다. 그러나 역사를 서술할 때 중요한 것은 편견을 최소화하고 균형과 진실에 최선을 다해 접근하려는 노력일 것이다.

    이 책 『한국 근현대 여성사』는 19세기 말부터 현재까지를 망라한 한국 여성의 기록인 동시에 역사를 다른 관점에서 이해하고 평가한 결과물이다. 19세기 말은 조선이 개항과 외세의 영향 등을 통해 외부로 드러난 시기이자 문화적 충격과 물리적 침략 등으로 정신문화적 혼돈을 겪은 시기였다. 동시에 신분제를 넘어선 인간에 대한 새로운 이해, 즉 자유와 평등이라는 가치에 노출된 시기이기도 하다. 이 과정에서 여성의 자리는 과거에 비해 뚜렷이 드러났으며 여성도 남성과 다를 바 없이 인간성이 존중되어야하는 주체임이 자각되기 시작하였다. 새로운 정치제도 및 규범 그리고 신학문 등이 소개되면서 여성이 경험한 근현대는 기존에 당연시되어왔던 인습적이고 가부장적인 사회를 비판하는 방향으로 나아갔다. 나아가 그러한 비판을 넘어서 다양한 연구자들의 노력을 통해 역사 인식의 대안적 관점을 활발하게 제시하는 방향으로 발전해 왔다. 지각 있는 소수를 통해 소개된 새로운 가치관과 그것을 통한 경험은 점차 사회 전반에 스며들었고 이로 인한 새로운 규범과 제도의 도입으로 소수가 아닌 많은 사람들이 새로운 권리와 의무에 따른 행위를 하게 된 것이다. 21세기 초 한국에서 호주제가 헌법불합치 결정으로 폐지된 것은 말뿐인 평등을 현실 속에서 실제 의미 있는 평등으로 변화시킨 사건이었으며 한국 여성의 역사에서 중요한 전환점이라 할 수 있다. 여성에 대한 인식의 변화를 통해 이제는 여성성femininity 이라는 특징이 열등함의 표현이 아니라 여성의 경험을 존중하고 여성성 그 자체로 받아들여져야 하는 것으로 인식되고 있다.

여성성은 20세기 말에 이르러 하나의 문화현상이 되었고, 여성의 역할이나 장점 혹은 능력을 적극적으로 평가하는 것이 낯익은 사회적 풍경으로 자리잡아가고 있다. 그러나 여성의 경험과 여성의 관점을 토대로 만들어진 새로운 문화는 자칫 여성을 편협하고 그들만의 집단으로 인식시킬 우려가 있다. 이 같은 평가를 염두에 두면서 이 책은 또 하나의 편협함을 생산하지 않는 것이 중요하다는 인식을 기반으로 보다 열려 있는 여성의 역사를 보고자 노력하였다. 이런 의미에서 여성의 역사적 역할과 기여에 대한 정당한 평가 및 역사로서의 여성사의 정당성에 대한 연구를 통해 특정 주제나 특정 시기 혹은 인물을 연구하는 데서 더 나아가 역사 인식의 대안적 관점을 제시하는 여성사 연구의 중요성은 앞으로도 계속 강조되어야 할 것이다.

이 책은 다양한 학문 영역의 연구자들이 공동 작업했다. 각 분야의 연구자들이 개별적으로 자기 몫만 기술한 것이 아니라 함께 공부하고 토론하면서 서로 평가하고 수정하는 작업을 오래 계속한 협업의 결과인 것이다. 다양한 배경을 가진 연구자들의 시각과 논점이 만나고 흩어지고 섞이는 과정은 그 자체가 훌륭한 공부였다. 이 책을 통해서 독자들의 이해의 폭 역시 넓어지길 바라며 다양한 접근 방법과 연구 내용에 대해서도 생산적인 비판이 나오기를 기대한다.

집필자를 대표하여 전경옥

| 차례 |

여성, 근대화와 민주화의 주체

역사의 다양한 주체의 삶을

재구성하는 작업은 '가능성의 역사'를

지향하는 작업으로 볼 수도 있다.

개인의 삶을

역사의 사회구조적인 관계에 위치지우고

공식 역사와 사적인 역사를 아우르는

전체사를 완성하는 데

그 목표가 있다

여성사는 불완전한 역사를 정정하거나 보충해서 완성될 수 있는 것이 아니다. 여성사 기술은 성 의식을 가지고 다양한 여성의 삶을 통해 당시의 정치·사회 구조를 균형적으로 재해석함으로써 전체사를 완성하는 데에 그 목적이 있다. 이는 곧 균형 잡힌 역사 기술의 회복을 말한다. 연구 대상의 제2기인 1945년에서 1980년까지는 일제에 의한 식민지배를 벗어나 서구 근대국가의 제도가 유입되는 시기다. 근대화의 물결과 더불어 서구 자유주의와 여권신장 개념이 국내에 유입되기는 했으나 실제로는 남성 중심의 국가 경영과 제도화로 오히려 여성이 정치적으로 배제되었던 시기다.

1. 1945년부터 1980년까지

광복과 분단, 6·25전쟁, 산업화와 군사독재는 기존의 정치·사회사를 분석하는 틀로서 여성 생활의 형태, 의식의 내용과 행동 방향, 삶의 목표, 극복해야 할 한계 또한 규정하고 있다.

제2기의 한국 근현대 여성사 연구에서 어려웠던 점은 해방 및 분단, 산업화, 군사독재, 냉전 이데올로기 등이 역사 연구의 패러다임으로 너무나 확고히 자리잡고 있다는 것이다. 따라서 국가 건설기의 사명감, 전쟁과 분단 속에서 주변화된 여성의 삶, 자본주의의 가치와 한계를 극복하는 여성, 독재가 왜곡시켜 놓은 가치를 수정하는 것 등이 제2기 연구의 기본 요소가 되었다. 이 시기의 삶이나 여성이 극복해야 했던 상황은 단순하지 않았다. 그러므로 국가 형성기에 유입된 외부 이데올로기, 전쟁이 만들어낸 특별한 형태의 참여와 애국, 발전논리에 희생된 기본권, 강대국 지향적 가치와 현상의 왜곡 속에서 여성문제가 어떻게 정의되고 그 해법이 어떤 식으로 전개되었는가를 살펴보는 것이 필요하다. 그리고 여성의 정치·사회적 역할은 어떤 것이었으며 여성의 역사적 기여 및 그 발전 내용을 발굴하는 것이 제2기 연구의 목적이다.

1945년부터 1980년까지 한국 여성의 정치·사회적 삶에 영향을 미친 중요한 배경은 해방정국과 분단, 전쟁, 산업화, 군사독재다. 이것들은 한국사에 국가권력의 절대화 현상과 시민사회의 부재, 혹은 미성숙이 구조화되는 데 영향을 미쳤다. 이 시기에 국가의 제도화 과정에서는 여성도 법과 제도의 주체 및 대상이자 사회적 존재로서 인식되었다. 전쟁과 국가 수립기의 혼란 과정에서 여성이 사회적으로 동원되면서 여성은 사회적 존재로서의 위상을 공고히 하고자 하는 욕구를 가지게 되었고 나아가 그 행위의 장을 요구하기에 이르렀다.

해방과 이데올로기 그리고 분단　제2차 세계대전이 끝나면서 일제강점기도 막이 내렸다. 해방은 우리에게 국가 체계 정립에 대한 기대와 이데올로기적 혼란에 대한 우려를 동시에 가져다 주었다. 어느 편인가를 정해야 하는 긴박함이 있었고, 일본에서 미국으로 대체된 외국 세력의 협조를 받기 위해 갈등을 겪어야 했다.

근대성을 기반으로 한 서구 정치사상의 수용은 조선시대 말부터 시작되었지만 냉전질서가 한반도에 파급 효과를 미치면서 더욱 구체화되었다. 미군정이 일본을 대체한 외세로 등장함에 따라, 한편으로는 자유민주주의와 시장자본주의를 표방한 서구 중심적 질서가 유입되었다.

해방정국의 변화는 일본에서 미국으로 바뀌었을 뿐 일제강점기와 다를 바 없었다고 지적되기도 한다. 해방정국은 독립이라는 흥분, 친일파와 민족주의 세력 간의 갈등 등 여러 사회적 균열로 동요하고 있었다. 해방 이후 이념적 갈등에서 비롯된 사회적 균열은 결국 분단이라는 한국 근현대사의 긴 역사구조적 모순으로 귀결되었다.

국제적인 분위기도 그리 안정되지 않았다. 제2차 세계대전이 종식되면서 그간 전쟁의 와중에 이합집산하던 국가들 간의 관계는 냉전시대의 서막으로 접어들게 되었다. 우리의 정치·사회사에서 분단은 냉전논리에 의한 결과이자 중대한 변수였다. 분단을 독립운동 노선 분화의 연장으로 보느냐 아니면 외세의 작용으로 보느냐 하는 것은 한국사 인식의 주요 쟁점이 되었다. 분명한 것은 분단으로 인한 반공주의가 향후 한국정치에서 정치권력의 강화와 국가 억압의 정당화에 이용되기 시작했다는 사실이다. 따라서 분단은 우리 정치·사회사에서 정치적 도덕성의 약화 내지 부재에 항상 영향을 미쳤다.

해방 직후 어느 정도 국민의 지지를 받았던 이승만정권은 점점 그 지지를 잃어 갔다. 반민족특별조사위원회의 탄압과 해체, 여수·순천 10·19 사건과 군부 숙청, 국회 프락치 사건, 국민 방위군 사건, 부산 정치 파동, 사사오입 개헌, 국가보안법 파동, 3·15 부정 선거 등은 민주주의와는 거리가 먼 정권의 도덕성 붕괴를 보여 주는 일련의 사건들이었다.

전쟁과 민주주의의 실험 이승만 대통령은 민족을 내걸고 단독정부 운동을 추진하였으나 다양한 민족주의 세력을 규합하지 못한 채 오히려 중도 좌파를 배제시키면서 보수 우익으로 나아갔다. 이승만의 북진 통일론은 처음에 정치적 반대 세력을 와해시키고 우익 정권 정착을 도모하는 방안이었지만 냉전논리가 한반도에 뿌리내리는 계기가 되었다. 그의 강한 반공주의는 분단된 한반도를 더욱 경직시켰다.

이데올로기의 대립과 통치 권력의 정당성 과시는 전쟁으로 표출되었다. 전쟁은 사회 모든 영역의 이론과 실제를 엉키게 한다. 6·25전쟁은 한국 정치·사회사의 이념적 지형과 생활 모습을 변형시켜 놓은 중대한 전환점이었다. 6·25전쟁은 분단의 고착화를 통해 남과 북을 완전히 다른 정치이념과 통치방식을 지향하며 대결하는 관계로 변모시켰다.

경제제일주의 표방과 개발독재 이승만정권 붕괴 이후 윤보선과 장면의 짧은 민주주의의 실험은 5·16군사정변으로 와해되면서 실패로 끝나고 말았다. 1960년 3·15부정선거 이후 수립된 제2공화국은 5·16군사정변으로 막을 내리고, 2년 7개월의 군정을 거쳐 1963년 제3공화국이 출범하게 된다.

박정희는 경제발전을 내세워 국가체제를 확립하고자 했다. 이때부터 경제적 근대화는 정치적 지상명령으로 자리를 잡기 시작했다. 장면 정권이 표방한 민주화와 경제발전 실험이 정치세력 간의 갈등과 대립으로 불투명해진 상황에서 박정희정권은 경제발전을 방해하는 정치적 불안을 용납할 수 없다고 표방하였다. 군사정권의 권위주의적인 통치는 한국인의 정치·사회적 삶을 왜곡시켰다. 박정희정권의 조국 근대화 목표는 해방과 분단이라는 시대적 특징을 뒤로 하고 한국 정치·사회사를 새로운 국면으로 접어들게 하는 또 다른 변수가 되었다. 이후 국민은 어떤 다양성도 보장받지 못하고 기본권조차 포기해야 했다.

1960년대와 1970년대는 '조국 근대화'라는 구호가 정치·사회적 현상뿐 아니라 문화적 현상까지도 장악하였다. 인권 탄압이 횡행하였고 정치과정은 무력에 끌려 다녔다. 제2차 세계대전 이후 독립한 많은 신생국은 이와 같이 정치적으로 억압적인 국가가 많았다. 그들 중에는 경제 건설에 성공적이지 못한 나라가 대부분이었으므로 박정희의 경제발전 사례는 남미나 다른 국가의 모범으로까지 인정받았다.

박정희의 유신정권은 '민족 중흥'이라는 정치적 구호 아래 반공주의, 경제성장 제일주의에 바탕한 통치 기반을 강화시켰다. 이 시기 정치·사회사는 권위주의적 정치 행태로 일관되며 유교적 권위주의와 정치 발전이라는 주제 속에서 분석된다.

박정희 군사정권의 특징은 국가권력과 개인의 자유 문제에서 국가권력이 우선한다는 것이다. 6·25전쟁 이후 국가 재건설의 현장에서 민주화를 요구하는 국민의 정치적 자각과 민주화를 위한 행보는 군사정변으로 미완의 과제로 끝나고 말았다. 정치란 일정한 이념적 합의와 제도적 활용과 관련이 있는데, 이때 한국은 '정치의 부재'였다.

경제발전 성과를 확인할 수는 없다. 그러나 우리가 보는 것은 그 발전의 성과 속에 내몰린 국민의 권리다. 여성에게 있어서의 변화는 경제적 성과와 더불어 긍정적인 면이 있을 수 있다. 특히 여성의 경제적 참여라는 측면에서는 발전적 변화를 가져다 준 시기였다.

그럼에도 불구하고 본격적으로 산업화가 전개되던 시기에 박정희정권은 정치 발전과 개발이라는 미명하에 정치적 권위주의로 나아갔다. 냉전과 세계 자본주의 체제 속에서 반공으로 무장한 권위주의 정권은 자본을 국가에 종속시켰다. 그러나 국가 역시 구조적으로 자본에 의존할 수밖에 없었다. 국가가 자본 축적을 위해 친기업 정책을 제도화시킴으로써 둘의 관계는 상호의존적이 되었다. 결국 경제 영역이 오히려 정치와 사회를 대신해 국가의 방향을 결정한 측면이 강했다. 정권의 정당성 문제로 경제발전과 미국으로부터의 인정이 필요했던 군사정권은 자본의 힘을 키우고 반공주의를 내세우며 그 속에서 나타나는 모든 모순과 부조리를 덮어 버렸다.

2. 강한 국가와 사회 속의 약한 여성

이승만정권은 한국에 서구 자유민주주의를 이식하는 작업을 했지만 국가는 오히려 가부장적 성격이 강화되었다. 권위주의적 국가는 그대로 박정희정권으로 옮겨져 한국 정치·사회사는 강한 국가와 약한 사회라는 구도가 오래 지속되었다.

가부장적 사회는 언어와 담론, 의식과 관습, 법과 제도 및 정책 등 모든 것이 남성 중심으로 형성된 사회이다. 가부장적 가치를 내면화한 인간은 성 차별적 사회 구조를 의식하지 못한다. 국가 구조 속에서 젠더를 본다는 것은 여성과 여성성이 동시에 정상에서 벗어나 제어하기 어렵고 예속적인 상태로 남겨진 상황을 관찰하는 것이다. 따라서 성 의식 혹은 젠더 렌즈에 의한 교정이 없이는 남성 중심적 질서를 볼 수 없다.

해방과 분단이 여성에게 주는 정치적 의미는 무엇인가? 해방 이후 미군정하에서 독립국가 건설은 가장 중요한 전 국민적 과제였다. 미군정의 과도입법의원에서 통과된 보통선거법에서는 최초로 남녀 모두에게 동등한 참정권을 부여하였다. 아울러 제헌헌법 8조에서는 성 차별을 포함한 모든 차별을 금지하였다. 그러나 이러한 제도적인 민주화가 현실에서 실현되기에는 많은 난관이 있었다. 심지어 여성운동이나 여성 엘리트까지도 여성문제보다는 국가 건설을 최우선의 과제로 인식하였으며 나아가 여성을 계몽의 대상으로 간주하고 남성 중심의 가부장적 질서에 무비판적으로 편입시켰다.

여성은 국가 건설과 민주화 과정, 전쟁 극복과 산업화 과정, 그리고 평등화를 실현하는 과정에 참여하면서 가부장적 구조를 지속시키려는 기존의 세력과 갈등하였다. 여기서 여성은 기존의 가부장적 구조를 해체하고 양성평등을 향한 새로운 구조를 수립시키려는 중심 세력이다. 그러나 이러한 갈등은 역사의 발전 단계에 따라 잠재되어 있을 수도 있고, 가시적으로 역사의 전면에 부상되어 현재화될 수도 있다. 세계사적 맥락에서 민족문제, 계급문제, 인종문제 등은 여성문제보다 중요시되었다. 이러한 과제들은 여성해방을 위해서 선결되어야 할 것들로 간주되었다. 따라서 이 시기 여성문제를 중심으로 한 균열 구조는 비록 존재했을지라도 가시화될 수 없는 단계에 있었다.

해방 후 국가 건설 과정에서 그 동안 민족운동과 독립운동 속에 잠재되어 있던 여성문제 역시 가시화되었다. 헌법과 민법, 그리고 국가 기구의 형성 과정에서 여성의 목소리를 반영하려 하였고 그 결과 가부장적 질서는 점차 드러나기 시작하였다. 기존의 질서를 유지시키는 데 이해를 같이하는 세력은 가부장적 국가와 가부장적 경제 질서, 그리고 가부장적 사회체제가 존속되기를 원하는 유림 등 남성 중심의 보수적인 집단이었다. 반면 여성계는 가부장적 질서를 해체시키고자 노력하였다. 여성사는 이 양 세력 간의 갈등을 통해 그 궤적을 그려 나갔다.

대표적 권위주의 정권이었던 박정희정권의 여성정책은 현재적 의미에서의 여성정책이라고 할 수는 없다. 왜냐하면 그것은 여성의 자발적 요구와 참여를 통한 것이 아니었고 국가가 일반 국민이라는 정체성 속에서 여성정책을 세웠기 때문이다.

1960년대부터 박정희정권이 끝나는 1979년까지 한국정치는 한마디로 격동기였다. 박정희는 경제발전을 국가의 최우선 과업으로 삼았다. 이런 가운데 여성이 자율적이고 독립적으로 정책을 요구하고 입장을 관철시킨다는 것은 거의 불가능했다. 1970년대 '세계 여성의 해'가 제정되면서 초기 여성운동의 출현을 볼 수는 있었다 해도 이때는 여성에 대한 정부의 시혜만이 있었을 뿐 여성정책이라는 개념조차 없었다. 헌법에 모든 국민의 자유와 평등을 규정하고 가족법이나 근로기준법 등도 있었지만 허울에 지나지 않았다.

박정희정권은 통치 기간 동안 정권 유지를 위해 다양한 방법으로 여성을 동원하였다. 특히 전국구와 유신정우회의 일정 비율을 여성계에 할당하여 여성층의 지지를 얻음으로써 정권의 정통성을 회복하려 하였다. 그렇다고 여성이 가부장적 성 차별 구조의 모순 속에서 항상 동원의 대상이 되었던 것은 아니다. 이 시기 여성은 양성평등까지 주장하지는 못했지만 미군정 및 제헌의회 등 초창기 참여 영역에서 할당제를 요구하는 등 적극적인 행동을 취하기도 했다. 정부 역시 여성의 지지를 획득하기 위해 가족법 개정 등의 노력을 보였다. 의회에 진출한 여성의원은 여성의 목소리를 공식적으로 반영하기 위한 기반을 구축하는 데 기여하였다.

물론 이 시기 선거의 주요 이슈는 여성문제가 아니라 민주화와 관련된 것이었기 때문에 여권 투표feminist vote 행태가 나타나지는 않았다. 일반적으로 민주화 과정, 즉 반독재 투쟁 과정에서는 재야세력이 형성되며 여성운동도 반독재 투쟁에 합세하게 된다. 재야세력 속의 여성조직은 여권 신장운동이 아닌 일반 민주주의 실천에 초점을 두고 정당과 협력하는 모습을 취하였다.

3. 시장자본주의와 여성의 노동시장 참여

세계 속의 한국 경제는 자본의 축적과 수출증대라는 과제를 안고 있었다. 수출은 경제의 중요한 버팀목이자 기업을 통한 자본축적의 수단이었다. 특히 미국의 원조는 당시 한국경제에 결정적 요인으로 작용하였으며, 이러한 과정을 통해 미국의 영향력은 정치, 경제, 사회, 그리고 문화 전반에 걸친 제도와 가치 형성에 절대적인 영향을 미쳤다.

전쟁 극복과 산업화에서 여성은 어떤 역할을 수행하였는가? 전쟁과 산업화는 여성의 삶에 어떤 영향을 미쳤는가? 일제강점기부터 징병과 징용으로 끌려 나간 남편을 대신하여 가족을 부양하고 가계를 이끌었던 여성은 전쟁을 거치면서 전통적으로 남성의 영역이었던 일자리에 투입되었다. 이처럼 여성은 분단에 의한 이별과 6·25전쟁에 참전한 남편을 대신하여 다양한 직업에 종사하면서 가족의 생계를 책임졌다. 해방과 전쟁 전후의 생존은 모든 국민에게 가장 중요한 것이었고 무엇보다 빈곤으로부터의 해방은 박정희정권의 존폐를 결정짓는 중대한 정치적 과제였다. 따라서 경제발전을 위한 모든 계획과 정책이 국가의 계획과 주도하에서 그 형태와 내용이 만들어졌다.

전쟁 극복 과정에서 여성은 가사노동 이외에 생계부양자의 역할까지 수행함으로써 그 부담과 희생이 더욱 증가되었다. 남성이 부재하는 농촌에서 여성은 농업 사회를 유지시켜 나감과 동시에 가계를 일으키기 위해 자본주의 경제 질서 속의 주요 행위자로도 참여하였다.

국가의 위기 상황에서 생존의 책임은 여성에게 주어진 사회적 역할이었다. 특히 6·25전쟁은 여성을 미망인이자 가장으로 등장시켰다. 따라서 여성은 가족의 생계를 위해 행상이나 식모살이 등도 마다하지 않았으며, 남대문 시장과 부산 자유시장 등에서 장사를 하기도 하였다. 이렇게 국가 주도의 자본주의 체제 속에서 여성은 묵묵히 각자의 역할을 다 하였다. 국가 생산력의 증대에 일조하는 도시 공장노동자로서, 농촌 회생의 주체로서, 또한 해외 취업 등으로 국가의 자본 축적에도 기여했다. 그러나 여성은 산업화의 그늘 또한 감당해야 했으며 농촌 회생에 있어서도 막중한 책임을 떠안아야 했다. 결국 여성은 산업 노동자로서 최저생계비 이하의 임금을 받으면서 자본주의 체제를 유지하는 주요 축이었으며 일부 여성은 국가가 허용하는 매춘 산업의 외화벌이에 동원되기도 하였다.

한편 1970년대는 군사독재의 억압과 국민의 희생을 토대로 국가 발전을 꾀한 시기였다. 독재는 통상 정치권력의 경직성이 특징이기 때문에 다양한 사회적 관계를 수용하고 다양한 이익을 대변하는 정책을 집행할 수가 없다. 1960년대 이후 본격적으로 추진된 군사독재 주도의 산업화 과정에서 대부분의 미혼 여성은 값싼 임금 노동자로 동원되어 경제성장의 희생자들이 되었다.

하지만 과거에도 그랬듯이 현재에도 여성은 경제의 주체로서 지속적으로 활동해 왔고 위기 때에는 더욱 강력한 경제 주체로서의 모습을 보여 주었다. 그러나 여성관련 직종은 대체로 경제 외적인 활동으로 인식되어 공식적인 경제 통계에 편입되지 못했다. 실례로 제조업 등에서 어린 여성노동자가 담당했던 활동은 본래의 노동가치보다 낮게 평가되었으며 매매춘으로 벌어들인 수입은 공식적인 경제활동으로 인정되지 않았다.

이렇게 여성의 경제활동은 보이지 않는 노동이자 계산되지 않는 노동이었으나, 한국 경제발전에서 중요한 역할을 하였다. 이처럼 여성의 경제활동은 가부장적 구조와 결부된 자본주의 체제에서 인내와 극복을 강요당하면서도 제대로 된 평가를 받지 못했다. 그럼에도 불구하고 해방과 전쟁, 분단, 산업화 과정 동안 여성의 경제활동이 가정적·국가적 빈곤 극복과 경제성장을 이끌어낸 동인이었음을 부인하기는 어렵다.

가부장적 자본주의 질서 속에서 여성은 계급 관계만이 아니라 성적으로도 차별받는 여성노동자임을 인식하면서 민주노조운동에 참여하게 되었다. 처음에는 노동조건 개선을 위해 시작된 여성의 노동운동이었지만 점차 민주화운동으로 발전하였고, 1979년 YH 여공 농성 사건은 오랜 권위주의 군사정권을 와해시키는 계기가 되었다. 결국 이 시기 보이지 않는 노동자, 인정되지 않았던 여성노동은 정권을 와해시키고 민주화 정권이 수립되는 데 초석이 되었다.

4. 사회개혁운동, 가치의 지속과 해체

우리가 국가와 시민사회라는 틀 속에서 산업화 시기 한국을 분석한다면, 시민사회의 부재에 대해 먼저 논하게 된다. 과연 이 시기 한국에 시민사회라는 이름을 쓸 수 있는 시민의 역할이나 사회적 자율성이 있었는지 살펴보고 그러한 시민사회가 없었다면 국가권력으로부터 독립적인 사회의 발전과 변화의 동력은 어디에서 기인하는지 탐구해야 한다.

분단과 전쟁 경험은 반공 이데올로기를 더욱 공고화시켰고 국가를 강력하게 만들었다. 그러나 이념적 단일화와 중앙집권화된 강력한 국가는 국민총화와 조국 근대화라는 구호하에 사회의 다양성을 허용하지 않았다. 그 결과 시민사회의 자율적인 공간은 나타나지 않았다.

이 시기 국가정책은 시민사회 내의 다양한 시민운동의 결과가 반영된 것이 아니라 국가로부터의 일방적인 개발정책이 그 중심에 있었다. 즉 당시 정치 과정은 투입이 없는 산출만이 이루어지는 절반의 정치 과정이자, 반민주적인 정치 과정이었다. 해방, 분단, 이데올로기 갈등, 중앙집권화된 정권, 그리고 산업화 및 도시화는 한국을 새롭게 변모시켰지만 여성은 여전히 정치·경제·사회적으로 동원과 배제의 구도 속에 놓여 있었다. 곧 여성은 여전히 가부장적 성 차별과 부조리 속에 놓여 있었고 가정과 사회에서 이중으로 차별받고 억압받는 대상이었다. 그러나 이러한 조건에도 불구하고 여성은 자발적인 노력을 통해 점진적으로 평등한 권리를 찾아가는 주체로 성장해 나갔다.

여성의 성 의식이 형성되고 성 불평등 구조를 인식하면서 강력한 국가와 위축된 시민사회의 구도 아래 여성운동의 방향은 성 불평등 구조를 해체하려는 쪽으로 나아갔다. 따라서 정치, 경제, 사회, 문화, 언어 등 가치체계 전반에 걸쳐 가부장적 가치를 철저히 해체시키는 것이 이 시기 여성운동의 주요 내용이 되었다.

오늘날에는 여성을 하나의 집단으로 인식하는 것이 아니라 여성 내의 다양성까지 고려하는 단계에 왔다. 지구화 및 지방화의 움직임과 함께 국가권력의 상대적 약화 및 시민사회의 성숙으로 사회운동은 더욱 다양화하고 있다. 이처럼 여성운동도 내적으로 분화되어 다양성과 다원성을 띠게 되었다. 그러나 1980년대 이전의 시기는 이러한 다양화가 전개되기 이전의 단계였다.

5. 여성 정치세력화의 초석

여성 정치참여의 궁극적인 목적은 여성의 사회적·법적 지위의 향상과 진정한 양성평등을 이룩하는 것이다. 여성의 정치참여는 다양한 층위에서 일어난다. 즉 여성의 정치참여는 의회 등 국가의 주요 정책 결정직에의 참여, 정당 및 사회단체 참여, 선거 참여 등으로 구체화된다. 여성의 정치참여와 국가의 여성정책 변화과정은 밀접한 관련이 있다. 왜냐하면 국가의 성격은 모든 단체나 계급으로부터 초연한 중립적인 심판자일 수도 있지만 여성문제와 관련하여 남성 중심으로 편향된 젠더화된 국가일 수 있기 때문이다.

그러나 기존의 젠더화된 국가 구조 속에서도 여성이 역사의 수동적인 객체로서만 동원되지는 않았고 국가와 상호작용하는 적극적 행위자로서 분석할 필요가 있다. 즉 여성이 국가와 대등한 입장에서 여성의 이해를 요구하고 국가는 이를 정책화하는 적극적 행위자로서 양자의 관계를 도출해 낼 수 있다.

1975년 '세계 여성의 해'가 공포된 이후 여성차별철폐 협약 등 일련의 여성관련 국제 규범은 가입 국가에 대해 국내법적인 효력을 가지게 되었다. 서명한 국가는 관련 국제 규범을 무시할 수 없었고 국가의 기존 법제와 정책을 국제 규범을 참고하며 개정해야 한다는 압력을 받았다. 이로써 여성의 지위 향상과 정치세력화를 향한 좀 더 유리한 장이 형성될 수 있었다.

그 결과 여성은 과거 어느 때보다 더 적극적으로 정치참여와 평등을 지향할 수 있었다. 완전한 평등은 정치적 평등과 경제적 평등만이 아니라 사회적인 평등도 포함한다. 정치적인 평등은 동등한 참정권, 동등한 대표체계의 구축 등으로 이루어진다. 해방 후 최초의 국회의원선거법에 의해 남녀 모두 동등한 선거권과 피선거권이 부여되었다. 그러나 동등한 대표체계는 동등한 선거법만으로는 보장되지 않는다. 여성의 의회 진출이나 정부 진출을 촉진할 수 있는 적극적인 조치가 잠정적으로 수반되어야 동등한 대표체계가 보장될 수 있다. 이러한 견지에서 여성의원들은 여성의 의회 진출 확대를 위한 적극적인 조치를 주장하기 시작하였고 이는 다음 단계의 여성 할당을 확보할 수 있는 기반이 되었다.

경제적 평등은 고용 기회의 평등과 동일 임금 동일 노동의 원칙 그리고 결과의 평등이 주요 내용이 된다. 제헌헌법에서 최초로 고용과 경제 영역에서 성 차별 금지를 규정한 이래 1987년 남녀고용평등법의 제정과 1995년 여성발전기본법의 채택에 이르기까지 지속적으로 고용 부문에서 평등을 위한 노력이 전개되었다. 결과의 평등까지 제도적으로 보장되려면 아직 더 많은 노력이 필요하겠지만 고용에서의 평등과 이를 위한 잠정적 우대 조치가 모색되는 단계까지는 이르렀다.

사회적 평등은 계급·인종·성별 등의 차이에 관계없이 모든 개인이 국민과 시민으로서 동등한 대우를 받는 것을 의미한다. 이러한 사회적인 평등은 특정 집단의 배제에서 점차 모든 집단을 포괄하는 사회통합의 과정을 거치면서 실현된다. 민주화가 진행되면서 평등의 요구가 구체화되자, 여성은 모성과 아내로서보다는 개별적·독자적 개인으로 인식되기를 요구하였다. 또한 여성은 국민과 시민의 개념 속에 여성이 배제되어 있음을 문제 삼기 시작하였다. 뿐만 아니라 여성단체는 남녀동등권의 확보와 완전한 여성해방을 위해 가부장적 사회구조와 전통적 관습 또한 변화시키기 위해 노력했다.

여성의 사회적 평등을 제한하는 가부장적인 가족법 개정을 위해 여성계는 연대하여 단일한 목소리를 내기 시작하였다. 1958년 개정된 민법에서는 일제강점기 민법 중 여성을 무능력자로 규정해 놓은 조항을 삭제하였다. 나아가 가부장적 구조를 유지시키려는 유림 등의 세력에 의해 호주제는 폐지되지 않았지만 여성계는 처의 무능력 조항의 폐지와 협의이혼 제도, 법정재산상속분의 균등화 등을 이루어 냄으로써 사회적 평등화를 위한 기반 구축에 공헌하였다.

정치, 사회, 경제 모든 부문에서 점진적으로 평등이 이루어지면서 여성도 독자적인 이해가 있는 단일한 정치 집단으로 부상하기 시작하였다. 가족 속에 묻혀 있던 여성은 이제 자율적인 정치집단으로 인식되면서 국가·정치·사회 모든 부문에서 고려해야 할 주요 행위자가 되었다. 결국 이 시기는 초보적인 단계지만 여성이 정치참여와 점진적인 평등 추구를 통해 정치세력화의 초석을 다진 시기로 평가할 수 있다.

6. 국가발전과 민주화의 중심에서 양성평등을 향해

19세기 말 개화기 이후 민족운동, 해방 후의 국가 건설, 전쟁 극복과 조국 근대화라는 국가 과제 앞에서 여성문제는 항상 그 다음 순위였다. 1987년 민주화로 전환되면서, 여성운동은 비로소 독자적인 목소리를 낼 수 있었다. 『한국 근현대 여성사』 시리즈에서는 개화기 이후 현재까지 100여 년의 여성사를 3기로 구분하였다. 제1기는 개화기부터 1945년, 제2기는 1945년에서 1980년, 제3기는 1980년 이후부터 현재까지다.

개화기부터 1945년까지를 다룬 『정치·사회』 1권에서는 근대화와 민족독립이라는 민족적 과제 속에서 여성운동과 여성문제는 부차적으로 다루어졌음이 기술되었다. 이 책에서 다루는 제2기인 1945년 이후부터 1980년까지의 기간 역시 여성문제가 독자적으로 등장하지는 않는다. 여성문제는 또 다시 국가 건설의 과제 앞에서 후순위로 밀리게 되었다. 그후 전쟁과 가난 극복, 그리고 산업화라는 국가적인 과제를 수행하기 위해 국민의 의무만이 강조되는 시기를 거치면서, 여성이라는 집단이 성 차별을 받는 집단이며 따라서 국가가 성 차별 극복을 위한 제도를 마련해야 한다는 필요성이 인식되지 못했다. 또한 산업화와 조국 근대화라는 국가적인 목적을 내세운 권위주의 정권이 심화되면서 여성문제는 수면 위로 올라올 수 없었다. 여성은 자신들의 권리를 찾기 전에 우선 독재에 대한 투쟁에 동참해야 했다. 이 시기는 1980년대 이후의 자율적인 여성운동이 전개되기 이전에 우선 해결해야 할 과제를 수행하는 시기로 볼 수 있다.

한국 근현대 여성사 2기는 국가 성격상 군사독재로 특징지을 수 있지만 여성의 자율성과 역사적 기여를 따져볼 때 '암흑기'라고 할 수는 없을 것이다. 여러 면에서 이 시기는 여성의 존재와 역할이 인식되고 구체화되는 중요한 시기라고 보아야 한다.

이 책에서 다루는 정치 · 사회사는 다음과 같은 점에서 새롭다. 기존의 민족사나 민중사는 민족과 계급이라는 프리즘을 통해 서술되며, 이를 통해 역사적 과제가 설정되고 나면 민족 혹은 민중은 그러한 과제를 수행하는 혹은 수행해야 할 규범적인 행위자로만 파악된다. 그러나『한국 근현대 여성사』정치 · 사회편은 기존의 민족과 국가 중심의 접근법을 지양한다. 또한 민족사나 민중사가 아니라 다양한 주체들의 역사로서 거시사뿐만 아니라 미시사도 포함해야 한다는 관점에서 출발한다.

해방정국에서의 주요 균열이 민족과 계급만을 중심으로 구축되었을까? 성을 중심으로 한 균열 구조는 어떻게 형성 · 지속되어 왔을까? 삶의 일상사와 관련하여 주요 정치적 사건의 의미는 다양한 역사의 주체에게 어떻게 다가왔을까? 또한 주요한 정치 · 사회적 사건은 어떻게 재구성될 수 있을까? 결국 이 연구의 목적은 역사의 이면에 숨어 있는 다양한 사건을 끄집어 내어 주체의 삶을 중심으로 다시 구성해 보는 데 있다. 역사의 다양한 주체의 삶을 재구성하는 작업은 '가능성의 역사'를 지향하는 작업으로 볼 수도 있다. 개인의 삶을 역사의 사회구조적인 관계에 위치지우고 공식 역사와 사적인 역사를 아우르는 전체사를 완성하는 데 그 목표가 있다.

해방과 정부 수립, 분단과 전쟁 극복, 산업화와 근대화, 민주화의 갈등과 좌절을 겪은 격동의 시기가 여성해방과 관련하여 의미하는 것은 무엇인지 그리고 여성은 이 과정에서 어떤 역할을 수행하였는가를 여성주의적 시각에서 기술하고자 하였다. 1945년에서 1980년까지의 정치 · 사회를 여성과 정치, 여성과 경제, 여성과 사회의 세 부분으로 나누어서 다음과 같이 분석하였다.

정치 영역 제2장 '여성과 정치'에서는 1945년에서 1980년의 기간을 크게 '국가건설기', '전쟁극복기', '국민총화기'와 '좌절된 민주화시기'의 4기로 나누어 기술하였다. 각 기간별로 의회, 정당, 선거 과정을 중심으로 여성 정치참여의 구체적인 내용을 기술하였다. 국가와 여성을 두축으로 설정하여 주요 법제와 일반 정책의 제정 과정과 내용을 통해 여성의 입장과 여성에 대한 국가의 성격을 살펴보았다. 이 책에서 다룬 전체적인 내용은 다음과 같이 요약될 수 있다. 첫째, 이 시기 여성의원의 양적 참여 수준은 낮았지만, 여성의원의 정책제안 내용을 볼 때 참여의 질적 수준은 상당히 높았다. 특히 제3 · 4공화국 시기는 국가가 여성을 대상화하고 도구화하는 정책을 수행하면서 여성문제를 중심으로 한 균열구조를 허용하지 않은 시기였다. 그러나 여성의원은 권위주의적 정권이 지배하는 제한적인 의회 구조 안에서도 여성문제가 인지되어 정책과 제도로 반영되기 위한 기틀을 마련하였다는 점에서 여성사 발전을 위한 지대한 공헌을 하였다. 둘째, 각 정당의 여성정책 및 여성관련 조직 활동은 초기에는 부녀정책 등의 계몽과 동원의 수준이었으나 1970년대 후반부터는 여성일반을 포함하는 여성정책의 수준으로 발전하였다. 여성의원의 정치참여는 국가 중심의 부녀정책에서 1980년대를 향한 '여성정책'으로 전환시키는 연계고리를 제공하였다는 점에서 의미가 크다. 셋째, 여성유권자는 1948년 제헌의회 선거에서 최초로 선거권을 부여받고 선거에 참여한 이래 삼종지도를 받드는 봉건적 여성 투표 행태에서 합리적인 투표 행태로 지속적으로 발전하는 모습을 보였다. 넷째, 가족계획이라든지 조국 근대화 등 국가의 일반정책을 통해 여성은 동원되고 수단화되었지만 그 안에서의 다양한 여성층의 구체적인 삶은 주체적으로 전개되었고, 국가적 차원의 여성정책 수립의 필요성을 인식하는 등 여성 의식도 형성되기 시작하였다. 마지막으로 헌법 제정 및 개정 과정에서 초기에는 여성이 완전히 배제되고 남성의 입장에서 여성문제를 고려하였지만, 여성의 목소리와 여성운동이 조직화되면서 점차 여성은 정치집단으로 부상하여 여성문제를 정치과정에 반영하고자 노력하였다. 민주화운동이 철저히 탄압을 받던 이 시기에 여성문제와 여성정책의 제안은 오히려 탄압의 대상이 아니었다. 곧 민주화의 암흑기인 이 시기가 오히려 여성문제와 관련해서는 여성사 발전의 전환점이 되는 시기였던 것이다. 이 기간 중 여성의 지위 향상을 위한 참여 증대와 정책적인 요구 그리고 노동운동은 1980년대 민주화의 장을 열어가는 데 결정적으로 기여하였다. 따라서 이 시기는 여성운동이 자율적이고 독자적인 목소리를 내기 위한 기반 조성 시기로서의 의미가 크다.

경제 영역　제3장 '여성과 경제'에서는 그동안 남성 중심적인 역사 분석이나 통계 자료에 의존한 연구들에서 소외되었던 여성을 경제 주체로 설정하였다. 이들을 중심으로 한국 경제의 변천 과정을 살펴보면서 여성의 역동적인 활동에 대해 분석하였다. 여성은 국가와 가정의 위기를 극복하기 위해 쉬지 않고 일해 왔다. 그러나 이는 단순히 가족을 위한 사적인 희생이나 봉사 정도로 평가되었다. 이것은 여성의 노동 형태가 단순 노무직에 머물렀고 남성노동력의 유동에 따라 조절되는 산업예비군적 경향을 띠고 있었기 때문이다. 뿐만 아니라 사회 분위기가 가난을 개인적인 게으름 탓으로 돌리고 있어 여성 대부분은 일하는 것을 부끄럽게 여겨 경제활동에 대한 자긍심이 낮았다. 당시에는 경제활동을 자본주의적 임금노동에 국한시켜 생각했기 때문에 여성의 가사노동을 '일하지 않는 노동'으로 규정하였다. 그러므로 여성이 손쉽게 찾을 수 있었던 가사와 관련된 일들이 사회적 노동으로 평가받지 못하였다. 따라서 이 장에서는 여성의 '돈벌이'에 해당되는 노동이 경제활동이었음을 전제로 하여, 8·15광복 이후부터 본격적인 산업화 과정에서 국가 경제발전을 위한 여성의 활약상에 초점을 두고 분석하였다. 이 기간 동안의 여성 경제활동에 대해 해방과 전쟁 전후 '생계를 위한 노동', 1960년대 '빈곤탈출을 위한 노동', 나아가 1970년대 이후 '부강한 조국 건설을 위한 노동'이라는 차원에서 접근하였다. 즉 여성의 노동 역할이 어떻게 변화되어 갔는지, 노동 현장에서 여성은 어떤 위치에 존재했는지, 산업화 과정에 동원된 여성이 어떻게 자의식을 갖고 경제 주체로 성장했는지를 살펴보았다.

사회 영역   제4장 '여성과 사회'에서는 1945년 광복과 더불어 미군정과 단독정부 수립, 분단과 6·25전쟁 등을 거치고 사회적 혼란과 정치적 불안을 경험하는 가운데 여성이 급속한 산업화 과정에 편입·동원되면서 사회경제적인 권리에 눈뜨는 과정을 이념·계급·성을 중심 축으로 놓고 살펴보았다. 특히 여성이 전통적인 사회에서 겪었던 성 차별 문제를 해결하고 공통된 관심사를 추구하기 위해 어떠한 과정과 조직을 통해 사회적 지위와 권한을 확대하려고 노력했는지 살펴보았다. '여성운동사'라는 차원에서 주요한 여성조직이나 단체의 활동사를 정리함과 동시에, 자연발생적인 민중 여성들의 생존권 투쟁의 역사를 포괄하였다. 1945년부터 시작된 여성운동은 우리 사회의 법적·경제적 측면의 모순에 대해 하나씩 문제제기를 하며 점진적으로 진행되었다. 가장 대표적인 여성운동으로 가족법 개정운동과 민중 차원의 노동자·농민운동을 중심으로 살펴보면서 사회 전반의 가부장적인 인식을 깨뜨리고 여성의 권리와 연대 의식을 확대하였던 주요 사건을 살펴보았다. 나아가 경제적인 차원에서 자신의 경제적 권리를 지키고자 여성이 사회에서 어떻게 그들의 목소리를 내고자 하였는가를 주요 여성단체 및 조직의 활동 그리고 다양한 계층의 여성 참여를 중심으로 살펴보았다. 한편 여전히 사회 전반적으로 여성문제에 대한 낮은 인식, 정권 편향적인 우익 여성단체 활동의 한계, 여성 성 정체성 자각의 미숙 등이 존재하였음도 지적하였다. 그러나 이 시기의 여성운동은 궁극적으로 1980년대 들어 민주화를 위한 사회 변혁운동의 토대로 작용하는 기반을 제공하였고, 적극적인 성 평등의 실현과 인권을 위해 투쟁하는 향후 여성운동의 기본 토대를 구축할 수 있는 바탕이 되었다.

2장

여성과 정치

설혹 남성은 해방이 되엇다 하더라도

여성이 해방이 되지 못한 국가와 민족은

맛치 발은 풀럿다 하더라도

팔은 여전히 묵구워논 것이니까 결국은 해방은 아닐 것입니다.

그러므로 우리가 욕구하는 해방이란 곳

전 인민이 해방되는 것을 가리쳐 말하는 것이며

전인민이란 곳 모든 남성과 모든 여성을

통터러 말하는 것입니다.

8 · 15광복과 여성해방

1. 8 · 15광복: 절반의 해방인가

우리 부녀는 유사 이래로 국가와 사회에서 천시바든 계급으로서 도덕상으로나 인도상으로도 도저히 용납못할 구박과 박해에 억눌려 왓습니다. 그러나 이제는 전 세계 부녀들이 해방을 구하여 혈투하고 잇고 또 조선의 부녀들도 해방의 길을 차지려고 과감히 싸우고 잇슴으로 … 조선의 자주독립을 쟁취해야 할 일이며, 제2로는 전 민족이 완전히 해방되는 해방의 길을 바로잡아야 할 것입니다. … 자주가 업시는 해방이 업스며 또 해방 없는 자주도 잇슬 수 없는 것입니다. 그러면 자주독립이 곳 해방됨이라 한다면 우리는 해방이란 것을 또 한번 생각해 봐야겠습니다. … 설혹 남성은 해방이 되엇다 하더라도 여성이 해방이 되지 못한 국가와 민족은 맛치 발은 풀렷다 하더라도 팔은 여전히 묵구워논 것이니까 결국은 해방은 아닐 것입니다. 그러므로 우리가 욕구하는 해방이란 곳 전 인민이 해방되는 것을 가리처 말하는 것이며 전인민이란 곳 모든 남성과 모든 여성을 통터러 말하는 것입니다.[1]

'여성해방'[2]이라는 이슈는 해방 후 '건국'만큼이나 많이 거론되었다. 여성해방은 이념이나 성별의 차이에 따라 혹은 여성 내에서도 그 의미가 다양하였다. 8·15광복과 여성해방의 관계는 두 가지 입장에서 살펴볼 수 있다. 첫째, 8·15광복은 완전한 해방이 아니며 그것은 조국의 통일된 독립국가를 수립함으로써 완성된다는 견해다. 둘째, 8·15광복은 절반의 해방이며 여성의 진정한 해방이 있어야 비로소 완전한 해방이 된다는 견해다. 그러나 후자의 입장에서 본 여성해방은 전자의 입장에 곧 포함되고 만다. 일제강점기 여성운동이 조국의 독립을 위한 민족운동에 포함된 것과 같이, 이 시기 역시 조국의 통일된 독립국가 수립이 진정한 해방이며 이를 위해 여성해방은 부차적 과제거나 독립국가 건설 후의 문제[3]로 인식되었다.

실제로 1945년 8월 15일 일제로부터의 해방으로 전 국민은 남녀노소, 이념의 차이를 불문하고 감격과 흥분에 휩싸였으며 해방이 진정한 자유와 평등을 가져다 줄 것으로 믿었다. 여성은 8·15광복을 여성해방과 남녀에게 완전한 동등권을 실현해 주는 해방으로 이해하였다. 그러나 그것은 모든 것으로부터의 해방이 아니라 일제로부터의 해방만을 의미하였으며 남성만의 해방을 의미하였다.

역사적으로 볼 때도 혁명과 해방의 의미가 모든 사람에게 동일하게 다가오지는 않았다. 모든 혁명에는 참여와 배제가 뒤따르게 마련

1 고명자a, 자주독립과 부녀의 길, 『신천지』 1946. 5.
2 8·15광복으로 여성이 해방되지는 않는다는 점에 대한 다양한 논의가 있다(여성해방좌담회, 『여성문화』 1945. 12). 자유주의 계열의 여성해방론자가 여성해방을 위한 법률적 제도적인 조치를 강구할 것에 초점을 두었다면, 사회주의 계열의 여성해방론자는 법률상의 기회 균등은 공허한 것이며 진정한 여성해방이란 가정의 사회화 혹은 문화적인 향상, 혹은 경제적·사회적 압제에서 해방되는 것 등으로 보았다(유병묵, 건국과 여성해방, 『인민』 1964. 4; 여성문화평론, 여성운동의 현 단계, 『여성문화』 1945. 12; 고명자a, 1946; 양재경, 여성과 정치, 『신세대』 1948. 2).
3 조선의 완전한 해방은 여성의 완전한 해방이 없이는 불가능하다. 그러나 여성 참정권도 조선의 해방과 독립이 실현될 때 해결될 문제라 생각한다(이경선, 조선 여성에게 호소함, 『개벽』 73, 1946. 1). 즉 여성이 해방되어야 조선이 완전히 해방됨은 좌우 동히 인식하고 있으나 이를 실현하는 과정에서 선후의 문제에 차이가 있다.

이다. 서구에서는 르네상스를 맞으면서 중세의 암흑으로부터 인간의 이성이 해방되었다고 생각하였으나, 이때 인간에는 여성이 포함되지 않아 오히려 여성은 중세보다 더한 암흑의 시기를 겪어야 했다. 프랑스 대혁명 후 1793년 국민의회에서 발표한 인권선언에서도 여성의 인권은 배제되어 있었다. 뿐만 아니라 그 이후로부터 의회는 여성의 정치적 결사를 금지하고 의회와 모든 집회의 참정권까지 박탈하여 여성의 정치적 활동을 반역죄로 취급하였다[4]. 프랑스 인권선언에 나타난 시민이 남성만을 의미하는 것에 저항하며 "여성과 여성 시민의 권리 선언"을 한 여성은 처형당하였다.[5] 즉 프랑스 시민혁명으로 모든 시민은 진정한 자유를 얻었다고 생각했지만 그 '시민'은 부르주아 계급의 남성만을 의미하였다.

더 세분해서 말하면 시민권은 남녀 모두에게 인정되었으나, 여성에게는 정치적 권리인 공민권이 인정되지 않았다.[6] 혁명의 과실 배분에서 노동자 계급과 여성이 시민 계급에서 제외되었음은 혁명 후에 드러나게 된 것이다.

그 동안 우리 여성에게 가해진 억압의 실체는 전 사회 속에 광범위하게 형성된 봉건적인 인습과 가부장적인 구조 등이었으며, 일제의 억압은 그것들에 또 하나의 억압을 추가한 것이었다. 그러나 일제로부터의 해방이 사회 전체 구조 속에 뻗어나간 억압의 그물 모두를, 특히 여성과 관련한 모든 사슬을 절단해 줄 것으로 처음에는 인식되었지만 결과적으로 빈 껍데기의 여성해방이었음을 깨닫는 데는 그리

---

4 유병묵(1946).

5 시민의 개념에 여성을 포함시키려는 노력은 프랑스 대혁명 이래 계속되었다. 1789년 프랑스 대혁명의 '인간과 시민의 권리 선언'의 '인간'에 여성이 포함되어 있지 않다면서 올랭쁘 드 구주Olympe de Gouge라는 여성이 '여성과 여성 시민의 권리 선언'을 발표하다 처형당하였다(백영경(1999), 여성의 눈으로 역사 읽기, 『여성과 사회』 10, 175~184); 그러나 1945년 UN의 인권선언과 1948년 세계인권선언 초안 작성 과정에서는 미국 측 여성 대표단의 주장이 받아들여져서, 남성men을 인간human beings으로 바꾸면서 다음과 같이 좀더 중립적인 개념으로 발전되어 나갔다. "All human beings are born free and equal in dignity and rights"(Bock, G.(2002), 233~234).

6 슬레지예프스키, 엘리자베트, G., 전환점으로서의 프랑스 혁명, 뒤비, 조르주, 페로, 미셸 편/권기돈 정나원 옮김(1994), 『여성의 역사』 4(상), 새물결.

오랜 시간이 필요하지 않았다.

축첩제도가 엄연히 행세를 하고 있고 남자에게만 이혼의 자유가 있는 한 여성해방이란 있을 수 없는 거짓말이다. 공문서와 말만의 해방으로는 진정한 해방이 아니다. 여성의 해방은 여성의 땀 섞인 노력을 통해서야 오는 것이니 겉 해방에 날뛰지 말고 우리의 실력으로 참 해방을 만들자(황기성, 1950).

광복 이후 여성해방의 구체적 · 현실적인 주장으로 '남녀동등권'이 제창되기 시작하였지만, 또 다시 '국가 건설'이라는 민족적인 과제 뒤로 밀려났다. 이는 일제강점기 여성운동이 '애국운동'과 '민족운동'이라는 거대 목적 속에 편입된 것과 유사하다. 광복 이후 모든 국민이 너나 할 것 없이 '국가 건설', '새나라 건설'이라는 과제를 외치면서 국가 건설은 온 국민에게 회자되는 시대의 유행어가 되었다. 대다수의 여성운동 역시 온 힘을 다하여 조국 건설에 이바지할 것을 다짐하고 있다. 광복 후 여성단체의 첫 회합은 1945년 12월 22일부터 3일간 서울 휘문학교 강당에서 개최된 '조선부녀총동맹대회'에서 시작되었다. 이들의 강령은 여성해방에서 건국의 과제까지 포괄적이다.[7] 이들은 국가 건설이라는 대사업을 남성에게만 맡기지 말고 여성도 적극 참여할 것을 주장하였다. 각 여성단체는 조국에 완전한 민주주의를 건설하면 여성의 완전한 해방도 이루어질 것으로 인식했다. 이처럼 이념에 따라 추구하

7 '조선부녀총동맹'은 조선공산당의 외곽단체로서 여성의 정치적, 경제적, 사회적 완전 해방을 목표로 하고 있으며(문경란(1988), 『미군정기 한국 여성운동에 관한 연구』, 이화여자대학교 석사논문), 다음과 같은 구체적인 행동 강령을 제시하고 있다. ① 남녀평등의 선거권과 피선거권의 획득 ② 여성의 경제적 평등과 자주성의 요구 ③ 남녀임금차별 철폐 ④ 탁아소, 아동공원 등의 설비 완비 ⑤ 공 · 사창 인신매매 철폐 ⑥ 문맹퇴치기관 설립 ⑦ 모자보호법 제정 (대동신문 1945. 12. 24).

는 국가의 형태는 달랐지만 여성단체 모두가 국가 건설을 최우선 과제로 내걸었다. 이들 단체는 여성해방의 과제를 국가 건설이 완수되고 나면 자연스레 제기되어 해결될 문제로 보았다.

2. 여성운동, 자주독립 과제 속으로

1945년 8월 15일 광복 후 미·소공동위원회의 결렬로 남북한 통일정부의 수립은 좌절되고, 1948년 5월 10일 남한만의 단독선거로 대한민국이 탄생하였다. 결과적으로 남북 양쪽에 상이한 두 개의 체제가 형성되면서 분단이 고착화되었다. 1945년에서 1948년까지 3년의 기간은 모든 가능성이 열려 있는 시기였지만, 어찌 보면 출발부터 단독정부 수립으로 갈 수밖에 없는 구조적인 한계가 설정된 기간이기도 하였다.

미군정이 남한에 자유민주주의 국가 및 제도를 이식한 목적은 냉전체제 속에서 남한 내 자국의 우위를 확보하기 위한 것 이상은 아니었다. 이러한 자유민주주의는 광복 후 혁명적인 변화를 주장한 다양한 집단이 넘지 못할 최소한의 한계로 작용하였다. 따라서 여성단체의 활동 공간도 우익 중심으로 구성된 단일한 이념 지형으로 축소되었다.[8] 그 결과 적극적으로 여성해방과 여성문제를 제기했던 좌익단체의 활동 공간은 축소되었다.

광복 직후 여성단체는 초기에는 좌우 이념의 구분 없이 출발할 수도 있었다. 그러나 1945년 결성된 건국부녀동맹에서 우익계가 탈퇴하면서 명백히 좌익 여성단체가 되었고 그 이후 조선부녀동맹으로 명칭이 변경되었다. 우익계 여성은 탈퇴하여 독립촉성중앙부인단, 대한여자국민당, 한국애국부인회 등을 결성하였다. 그

8 부녀국은 여성단체의 활동에 적극적으로 개입하기 위해 여성운동 단체를 부녀국에 등록할 것을 권고하면서 좌익 여성단체를 탄압, 배제시켜 나갔다.

女性의力量集結
全國婦人代表大會開幕

전국부인대표대회개막: 여성의 역량집결(동아일보 1946. 6. 19)

후 여성운동의 최초의 균열은 신탁통치 찬반을 중심으로 갈렸고, 우익 여성단체는 신탁통치에 반대하고 단독정부 수립에 찬성하는 쪽으로 결집하였다. 독립촉성애국부인회는 전국대회를 개최하여 신탁통치 반대를 위해 단결할 것을 촉구하였다.

> 모스크바莫府 삼상회의가 한국의 즉시 완전독립의 차질을 가져오게 되는데 전 민족은 한 사람도 빠짐없이 신탁통치에 반대하였것만 일부의 분자만이 반동을 일으켜 민족적 분열을 가져와 남북을 분할한 정책은 더욱 굳어지고 … 국제적으로 공약된 한국의 완전독립을 위하여 3천만의 동포여 단결하자. 독립촉성애국부인회의 전국대회는 이 목적에서 개최되는 바이다. 우리 1천5백만 여성은 단결한다. 1천5백만의 남성이여, 또한 단결하소서. 그리하여 3천만의 총의로 연합국에 우리의 염원을 전달하자.[9]

미군정 기간 동안 한국 여성운동은 좌익 여성운동의 패배와 우익 여성운동의 승리로 요약된다. 우익 여성단체는 점령당국과 유착 관계를 맺어 미군정의 지원을 받으며 성장하였다. 좌익 여성단체의 패배로 여성운동에 있어 여성해방론적 성격은 사상되었으며, 우익 여성단체의 여권중심적 입장만이 이후 여성운동의 이념으로 합법성을 부여받았다.

이제 여성해방의 방향은 자유민주주의라는 제도적·이념적 틀 속에서 국가 건설과 권력구조에 관한 것으로 축소되었다. 따라서 해방 후 초기 여성운동의 내용은 국가 건설을 위한 여성의 교육과 기회 균등이라는 제도적인 참여 중심으로 전개되면서, 상층 여성의 하층 여성에 대한 계몽과 여성 개발 등이 중심 내용이 되었다.

9 대동신문 1946. 6. 19.

국가 건설 과정과 여성

1. 미군정과 과도입법의원

해방 후 미군정은 1946년 점령군 사령관 하지^{John R. Hodge}의 자문기구로서 이승만을 의장으로 하는 '남조선대한민국대표민주의원'을 출범시킨데 이어, 1946년 12월 12일 김규식을 의장으로 하는 '남조선과도입법의원'을 발족시켰다. 이 과도입법의원 구성 과정에 여성단체가 적극적으로 개입하였다. 1946년 1월 28일 전국 8개 여성단체가 가입하여 결성한 '전국여성단체총연맹'은 자주독립과 통일을 위해 각자의 주의주장을 초월하여 동일한 노선을 갈 것을 표명하였으며,[10] 입법의원에 최소한 여성이 1/3이 대표되어야 함을 요구하는 진정서를 1946년 9월 28일 러취^{A. Lerch} 군정장관에게 제출하였다.

그러나 관선의원 중 여성계에 할당된 의석은 총 45석 중 4석에 불과하였다. 미군정은 1946년 12월 12일 관선의원 45명과 민선의원 45명, 총 90명의 의원으로 입법의원을 개원시켰다. 여성 관선의원은 신의경, 황신덕, 박승호, 박현숙 4명이었다.[11]

이 최초의 선거에서 선거권은 남녀 만 20세 이상이 전부 유권자라고 규정했음에도 불구하고[12] 실제 선거에서는 일제강점기의 선거 규정[13]이 원용되어 세대주 중심의 선거가 되었다. 선거권 및 피선거권의 자격으로 1년 혹은

10 동아일보 1946. 11. 14.
11 관선의원의 선정 배경에 대한 군정청의 입장은 다음과 같다. 관선의원은 군정 장관이 독단적으로 한 것이 아니라 좌우합작위원회의 추천 및 기타 정당 사회단체의 추천을 받고, 오랫동안 조선독립을 위하여 희생적으로 투쟁하여 온 공헌과 실력과 경험을 기준으로 한 것이다. 4명의 여자의원들 역시 조선 녀성계의 대표로서 과거 일제강점기 및 이번 대전 후에 있어 조선을 위하여 훌륭한 지조와 모범적인 노력을 발휘하여 온 분들이어서 조선녀성계를 대표할 만한 분들이다(농민주보 1946. 12. 21).
12 입법의원 설치에 관한 법령 118호에 근거.
13 일제강점기 '조선지방선거취체규칙' 중 府制 및 邑面制 규칙 각 9조를 보면, 선거 자격은 연령 25세 이상 독립된 생계를 영위하는 남자로서 1년 이상 부내(읍면) 거주하면서 부세(읍면세) 연 5원 이상 납부한 자에 한하고 있다. 이는 급진 청년과 유식자를 배제하고 노년층과 친일적 인물 중심으로 선거를 하기 위함이었다(최유리(1997), 『일제 말기 식민지 지배 정책 연구』, 국학자료원).

| 표 1 | 과도입법의원의 주요 포부(과제)

포부(과제)	국가 건설	민주개혁	민생/ 균등사회	혁명	여성개발	농민문제	통일	친일파 척결 등	기타
남	48	8	10	2	—	2	6	2	4
여	4	—	—	—	3	—	—	—	—
총 89	52	8	10	2	3	2	6	2	4

주 1: 총 입법의원 60명 (여성의원 4명 포함): 한 의원당 여러 포부를 말한 경우 각각의 포부로 계산, 총 89개의 포부를 분류한 것이다.
주 2: 신의경 (조선여자기독교청년회연합회): 건국사업과 조선여성계발운동
　　　 박승호 (독립촉성애국부인회): 건국사업과 여성계발사업
　　　 박현숙 (조선녀자 국민당): 독립국가 건설에 전력
　　　 황신덕 (독립촉성애국부인회): 독립국가 건설과 녀성교육
출처: 농민주보 1947. 1. 25; 2. 1; 2. 15에서 작성함.

2년 이상의 거주 요건을 규정하고 있었기 때문에 대부분의 귀환동포는 배제되었다. 또한 피선거 연령 25세 이상 규정에 의해 청년층 역시 제외되었다. 선거가 세대주 남자 중심으로 이루어진 일제의 규정과 관행에 의해 최초의 선거에서 여성도 자연스럽게 제외되었다.

여성해방 이전에 자주독립정부 수립　해방 후 정부 수립까지 3년간은 온 국민의 관심이 국가 건설에 집중되었다. 이러한 일관된 민족적 목적 앞에서 누구도 다른 주장을 할 수 없었다. 과도입법의원 총 60명이 언급한 포부를 이슈별로 정리하면 〈표 1〉과 같다. 대부분이 국가 건설을 최고의 목표로 인식하고 있으며 나머지 과제들은 부차적이었다.

그 중 여성의원은 모두 관선의원인바 한결같이 국가 건설을 우선 과제로 그리고 여성 계발 혹은 계몽은 부차적 과제로 내세우고 있다. 대부분의 여성단체는 초기에는 좌우이념으로 구분되었으나 단독정부 수립이 기정사실화되면서 좌익이 배제되고 우익중심으로 단일화되었다. 이 과

1946년 12월 개원한 입법의원 총 90명 중 4명의 여성대표를 사점홍(四點紅)에 비유하고 있다(부녀일보 1946. 12. 14).

정에서 우익중심의 여성단체는 국가 건설에 매진할 것을 최우선 목표로 삼고 있다. 전국여성단체총연맹 회장인 황애덕은 "우리 1천3백만 여성은 일심단결하여 성심협조함으로 우리 민족의 최고 지상목표인 '조국의 자주독립정부 수립'을 완수하는 데 우리 여성도 떳떳한 국민으로서 최선최대의 정력을 발휘할 수 있기를(황애덕, 1948)" 호소하였다.

최초의 여성할당제　국가 건설 과정 혹은 민주화 과정에서는 다양한 세력의 목소리가 나타나게 된다. 특히 이 과정에서 여성이 정치세력화되었다면 여성을 정치적으로 대표할 수 있는 주장이 받아들여질 가능성은 제고될 것이다. 광복 후 3년간의 국가 건설 과정에서 여성단체는 초보적인 수준이지만 과도입법의원과 군정장관에게 진정서를 제출하는 등 여성의 이해를 반영시키고 여성의 정치세력화를 위해 노력하였다. 과도입법의회의 여성의원은 일정 수준의 여성의원이 대표되어야 한다는 인식하에 제헌의회를 구성할 보통선거법 제정 과정에서 '여성할당제'[14]라는 당시로서는 획기적인 주장을 하였다.

한편 미군정 당국은 과도입법의원에서 조속히 '보통선거법'을 완성시킬 것을 촉구하였다. 1947년 6월 말까지 보통선거법을 제정하지 못할 경우 군정청 법령으로 선거를 실시할 법령을 기초하기 위해 사법부에 그 안을 요청할 것이라는 서한을 입법의원에 보냈다.[15] 당시 입법의원이 통과시킨 가장 중요한 법의 하나가 보통선거법이었으며, 이 보통선거법의 통과 과정에서 미군정 측의 입장과 입법의원의 의견이 첨예하게 엇갈렸다.[16] 물론 입법의원 내에서도 다양한 입장이 개진되었다.

특히 여성계의 입장을 대변하는 네 명의 여성의원은 보통선거법 심의과정에서 여성할당제, 즉 여자대의원 참여를 보장하는 특별취급안을 실시할 것을 주장하였다.[17] 그러나 의회 내의 가부장적 구조를 유지하려는 남성의원들

14 여성할당제는 미국에서 최초로 1920년대에 실시되었다. 1980년대 이후 세계 각국에서 구체적인 조치로 취해졌으며, 우리나라에서는 1990년대 정부 부문의 여성 진출에 잠정적 우대조치를 취하면서 구체화되어 현재는 정부만이 아니라 민간 부문을 포함하여 모든 부문에서의 여성참여를 위한 적극적 조치가 법제화되고 있다.

15 부녀일보 1947. 4. 1.

16 1947년 6월 27일 통과된 선거법(선거권자 만 23세, 피선거권자 만 25세의 규정 등)은 군정장관의 이의제기로 다시 본회의에 회부되었으나 (1947. 8. 12), 입법의원 측은 본 원의 견해에 변함이 없다는 회신을 군정장관에 보내어 동년 9월 3일 군정장관이 인준서명하여 과정 법률 5호로 공포되었다. 그러나 실제로는 1948년 3월 17일 군정법령 175호를 발포하여 군정 측의 주장인 선거권 21세, 피선거권 25세, 특별선거구의 삭제 등의 내용으로 전면개정하여 이 법령에 의해 1948년 5월 10일 제헌국회의원 선거를 실시하게 되었다(김혁동(1970), 『미군정 하의 입법의원』, 범우사).

17 선거법 작성 과정에서 첨예하게 대립된 부분이 '특별선거구' 설정 문제였다. 미군정은 특별선거구의 설치를 바라고 있지 않았으며, 입법의원 측은 북한 측을 대표할 수 있는 특별선거구의 설치를 주장하였다. 법제사법위원회 수정안은 해외동포 대표의 특별선거구 8석과 여성의석 22석을 할당하고 있다(박찬표(1997), 『한국의 국가형성과 민주주의』, 고려대학교 출판부; 조선일보 1947. 5. 14; KILA Daily Report 1947. 5. 13).

로부터 조롱과 무관심 혹은 실력으로 정정당당하게 진출하라는 무책임한 응답만 받았다. 다음은 1947년 3월 25일 입법의원 제37차 회의에서 보통선거법 논의 과정을 발췌한 내용이다.

신의경 의원 오늘 선거권, 피선거권에 있어서 성별이 없다고 이렇게 나타나 있는데 실제 문제에 있어서 여성은 선거라든지 피선거의 권리를 향유할 만한, 여러 가지 점에 있어서 아주 불리한 점이 많습니다. 여기에는 남녀의 구별이 없이 동등히 규정되어 있지만은 실제에 있어서는 여러 가지 조건으로 여성의 진출이 어려우니 그 여성이 많이 나올 수 있는 그런 방법이 있는지 알고저 합니다.

김붕준 의원 그 선거법을 기초한 사람은 조곰도 여성의 권리를 침해한 일이 없습니다. 〈웃음〉. 그 권리의 행사는 여러분 자신에게 있습니다.

신의경 의원 아니올시다. 침해했다고 그것을 여쭈는 것이 아닙니다. 여성이 그 권리를 향유할 수 있게 하기 위하야 여성을 도와주는, 무슨 그런 것까지 생각해 보았습니다.

김붕준 의원 그것은 부녀운동을 잘하면 남자보다도 투표를 많이 할 수 있고, 의원도 더 많이 나올 수 있다고 봅니다. 〈웃음〉.

중략 : 다른 남성의원이 다른 안건을 제안하고 나옴.

황신덕 의원 아까 어떤 의원이 대답하시기를 여기 보통선거법을 실시하는 데 있어서 여자의 권리를 박탈한 것이 아니니까 이번 운동을 잘 진행해 나가는 것이 좋다고 말씀하셨는데 그것은 원칙입니다. 그렇지만 다시 한번 생각해 볼 때 이 보통선거법을 실시하는 원칙이 어디 있느냐 하면 민주주의를 실시하자는 것에 있는 것입니다. 그러면 이 선거법에 의지해서 이것이 실시가 될 때 가령 여자 대의원이 몇 사람이나 나오느냐 하는 것을 우리 자신이 퍽 의심합니다. 그러면 3천만의 반이나 되는 1천5백만 조선 여성이 참정권을 얻게 해 달라고 결코 무리하게 요구하는 것은 아니지만 현 단계에 있어서 1천5백만 여성을 대표할 수 있는 대의원이 한 사람도 나지 못하고, 또 다시 과거와 같이 남성만 정치에 참여하게 된다면 그 결론이 어떻게 되겠습니까. 그러니 여기에 대해서 한 마디 말씀할 것은 현재는 과도기니만큼 여기 대하야 어떤 편법으로, 가령 50명 하면 거기의 2할 가량은 여자를 낼 수가 있다는, 이러한 방법을 강구하는 것이 좋겠다고 생각합니다. 예를 들어 말하면 지난 번의 적십자사 위원도 그렇습니다마는 어떠한 편법으로 가령 4분의 1은 여자 대의원으로 한다는 이러한 편법이 있었으면 좋겠습니다. 그렇게 해서 조선 민족 전체가 그야말로 민주주의 원칙에 의지해서 평등한 권리를 향유할 수 있게 해 주시기를 희망합니다.

김봉준 의원 법은 법이고 사실은 사실입니다. 사실은 그렇습니다. 법은 그렇지 못합니다. 그런데 이것은 암시는 아닙니다마는 그러면 두 사람을 뽑는데 하나는 여자 하나는 남자 이렇게 하면 꼭 같은 수가 나오리라고 생각합니다. 거기 대하여는 여러분이 맹렬한 활동을 하시기를 바랍니다.[18]

선거법기초위원회에서 작성한 보통선거법 초안은 결국 격론 끝에 법제사법위원회에서 수정안을 내도록 결정되었고, 이에 따라 법제사법위원회는 1947년 5월 13일 수정안을 제출하였는바, 이 수정안에는 '총 의석 266석 중 여성 의석 22석 이상을 할당하는 특별조례'가 들어가 있었다.[19] 이 22석

18 남조선 과도입법 의원속기록 제41호, 1947. 3. 25. 제37차 회의.
19 조선일보 1947. 5. 14. 이 부분 회의(제72차 본회의)는 속기록에서 누락되어 미군정의 입법의원 일지와 당시 신문 자료를 참조하였다. 따라서 구체적인 조항은 확인할 수 없었다.

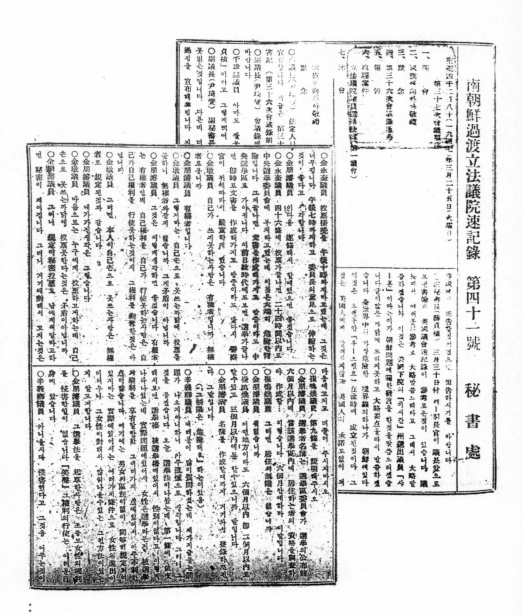

남조선 과도입법 의원속기록 제41호(1947. 3. 25)

은 서울시 5석과 각 도별 2석으로 구성되어 있었다.[20] 신의경, 황신덕 양 의원은 "현하 기형적 조선의 정세에 비추어 여자의원 선출 편법과 특별 선거구도 타당하니 제 의원의 양해를 요청한다"는 취지의 변론이 있었 다.[21] 이에 대해 김약수 의원은 '한국 여성도 외국 여성이 과거에 했던 것 과 같이 정계에 들어오기 위해서는 투쟁해서 승리해야 할 것'이라는 주 장을 하면서 여성 의석 22석 특별조례를 비난하였다. 결국 보통선거법의 법제사법위원회 수정안에서도 여성 의석 22석 특별조례는 통과되지 않 았다. 당시 보통선거법의 최대 쟁점은 여성 의석특별조례보다는 선거권 과 피선거권의 연령, 거주요건의 제한 등 선거권의 자격문제에 관한 것 이었다.

보통선거법에서 법률상 기회의 평등이 주어졌으나, 사실상 여성이 대 표되기 어려운 과도기적 상황에서 여성의원은 실질적으로 여성이 대표 될 수 있는 잠정적인 우대조치를 주장하였다. 이에 대해 남성의원은 객 관적 평등, 기회의 평등 등 원칙론을 주장하면서 여성우대조치의 편법 은 민주주의에 위배된다고 응수하였다. 또한 여성의원의 주장에 대해 웃음으로 받아넘기고 다른 논점을 제안하고 나오면서 논의의 초점을 흐 리거나 무시해 버렸던 것이다. 다음은 1947년 6월 보통선거법이 통과된 이후의 선거법기초위원회와 법제사법위원회 위원으로 활동한 두 여성의원의 소감이다.[22]

20 KILA Daily Report 1947. 5. 13.
21 제74차 입법의원본회의, 조선일보 1947. 5. 17.
22 선거법기초위원회 위원: 김붕준(위원장), 최 동작, 이봉구, 하경덕, 박승호(여), 손문기, 김 철수, 이주형//법제사법위원회 위원: 백관수 (위원장), 홍순철, 신익희, 양제박, 이원생, 서 상일, 황보익, 하상훈, 윤기섭, 최동오, 이응진, 이봉구, 엄우룡, 변성옥, 황신덕(여).

보통선거법 통과 과정에서 여자 대의원 문제가 부결된 것은 여러 이유가 있겠으나 그 중 몇 가지 중요한 것은 다음과 같다. ① 조선은 민주주의 국가 를 형성한다고 하는 것이 국제적으로 인정받고 있는데 여자에게만 특별 편법을 쓴다면 아직도 민주주의 국가가 될 수 없다는 측면을 미국에 선포하게 되는 것 ② 편법을 쓰게 되면 여성 자체의 투쟁력이 없어지고 노력 없이 될 것을 기대하기 때문에 여성운동에 추진력이 없어지는 것 ③ 남녀동등권은 부여된 것인데 편법을 쓰는 것은 보통선거법을 위반하게 된다는 것 ④ 투쟁해서 실력으로 선거가 되어야 한 사람이 나와도 가치가 있고 귀하다는 것 등의 이유로 부결되었다. 입법의원의 한모퉁이에서 여섯 달 동안 느낀 것은 남녀동등권의 말만 해도 구역이 나서 못 견디어 하는 남성이면서도 자기들을 유리하게 할 때는 남녀동등권이 뚜렷하다는 것을 주장한다. 요새는 필요할 때마다 남녀동등권이 있으니 실력있는 데 투쟁하라고 하는 말을 무책임하게 할 때이다(박승호, 1947).

과도기적 현실에 맞는 '여자특별취급안: 여자 대의원 최저 정원수를 요구하는 안'을 다소 주장도 하여 보았으나 결국 여자 자신의 자존심을 꺾는 일도 쉬운 일이 아니고, 더군다나 국제적으로 조선 여성의 정도가 미약하다는 것을 알게 함은 조선의 민도가 얕다는 것을 폭로하는 결과를 가져오게 되므로 민족적 자존심이 허락하지 아니하야 단연 여자특별취급안을 나 개인으로는 포기하였다(황신덕, 1947).

당시에는 여성에 대한 우대조치라는 편법은 민주주의의 원리에 어긋나고, 이는 우리나라가 민주화되지 못한 것을 전 세계에 알릴 뿐이라는 판단하에 여성 스스로 이러한 주장을 거둬들였다. 남녀동등권의 실현과 사실상의 평등을 실현하기 위한 적극적 조치가 차별적인 것이 아니라 오히려 평등을 촉진시키는 합리적인 조치라는 인식이 형성되기에는 아직 시기상조였다.

普選法遂上程

七二次 立議

總員二六六中女子二二名以上

全文十章六十二條로 構成

數日間에걸처 論爭이 熾烈튼 普選法案을正 全文十章六十二條 女子代議員의 最低人員 二十二名이 特別條例로 附白協力者等處에 亘하는 法案 第二讀會는 結論式上程로 同法案起草委 全文權者는 性別의區別이없 包含되여있으며 選擧有 울맺지못한채 立法議院員 白覺派議員의 滿二十五歲以上된者 議員選擧法案의 第一讀朗讀과 大體說明이있었 被選擧者·資格은滿三十 實이 끝날때까지 暫時中止 選擧法案의 骨子 二歲以上의 年齡에達한準 保留하기로되어 卅三日의 로되여있다 그런데特別 에 臼籍을둔同胞나 三·八以北 第七十二次立議本會議에 百六十六名으로서 其中 에現在留해있는 海外 에 現地에서 選擧를 하도록 考慮한點等의 說明이 있었다

'여자의원 22명 이상 특별편법'이 들어간 법사위원회 보통선거법 수정안(조선일보 1947. 5. 14)

비록 입법의원이 미군정에 의해 수립된 자율성이 결여된 기관이었으며, 그곳에서 통과된 선거법이 최종적으로 선거 연령을 21세로 개악하는 등의 우여곡절을 겪게되지만, 그 속에서 여성의원이 여성할당제를 주장한 것은 상당히 진보된 주장이었다. 이들은 남녀 성별 분리에 입각한 전통적인 여성의 역할을 인정하면서도, 여성할당제를 추진하기 위해서는 여성의 참여를 보장하기 위한 적극적인 제도적 조치가 수반되어야 함을 충분히 인식하고 있었다.

1947년 6월 통과된 보통선거법과는 별도로 1948년 3월 군정청 법령 175호로 발표된 국회의원선거법에는 특별선거구가 삭제되고 소선거구 기명투표제, 선거권자 21세 피선거권자 25세로 연령이 하한조정되었다. 정부 수립 이후 여성의 참정권이 최초로 부여된 것도 동법 제1조 규정에 의해서다. 결국 동 선거법은 여성의 참정권만 보장하였지 소선거구제를 일률적으로 채택함으로써 여성이 실질적으로 대표될 수 있는 제도적 보완장치는 없었다.

공창제 폐지

> 지난 1945년 8월 15일 이후 이 땅에도 자유와 평등을 부르짖는 해방의 집뿜으로 진동하게 되었다. … 아즉도 역사의 밧구임을 모르고 있는 곳이 있었으니 그 곧 유곽이었다(김용년, 1948).

1945년 광복이 모든 사람에게 동일하게 다가온 것은 아니었다. 그중에서도 특히 매매춘에 종사하고 있는 여성은 여전히 이전과 동일한 억압의 사슬에 놓여 있었으며 이들에게 세상의 변화는 무의미하였다.

과도입법의원에서 통과된 법률 총 18건 중 유일한 여성관련 법안이

공창이 폐지되자 사창이 난무(1947)

'공창제도 폐지령'이다.[23] 동 법안은 1947년 8월 8일 본회의에서 당일 별 다른 이의 없이 통과된 유일한 법률이었다. 그 후 10월 28일 군정장관이 인준했으며, 3개월 후인 1948년 1월 28일부터 효력을 발했다.

공창제의 폐지는 가장 초보적인 단계에서 좌우익의 여성단체가 연대하여 공창폐지연맹 등을 결성하여 아래로부터의 요구에 의해 입법의회의 안건으로 상정하여 통과된 정책이라는 점에서 의의가 크다.

미군정은 1946년 5월 '인신매매금지령' 75호를 발포하여 사람을 사고파는 악습을 폐지시키려 하였다. 그러나 '인신매매금지령' 발포 이후 법망을 피해서 자유계약이라는 형태로 여전히 인신매매는 지속되면서 공창은 사

23 공창제도 폐지령은 총 4개조로 구성되어 있는데, 축조심의과정에서 논란이 된 것은 위반자에 대해 벌금을 5만 원 이하로 한다는 조항이었다. 너무 작으니 5만 원 이상으로 하자는 주장도 있었으나 논란 끝에 원안대로 통과되었다. 홍성태 의원은 '벌금 5만 원, 100만 원이 중요한 것이 아니라 오늘의 사회정세가 할 수 없어서 죽을 수 없어 매춘을 하고 있다는 사실을 알아야 하며, 그들로 하여금 매춘을 하지 않으면 못살게 한 그 책임이 이 사회에 있는 것이므로, 그런 사람들에게 5만 원 이상이라고 하면 너무 심하다"는 의견을 피력하고 있다(과도입법의원 속기록, 1947. 8. 8. 제126차 회의).

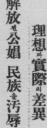

위 : 공창 비난 기사 "해방된 공창 민족을 오욕"(대중일보 1946. 6. 23)
아래 : '희망원'은 갱생을 상징 : 백만 원의 폐창구제연맹(조선일보 1946. 8. 11)

창으로 변했다. 창기 대표 역시 '먹을 것이 있어야 나가지'라는 내용으로 시경에 항의하였으며[24] 오히려 해방을 원망하였다. 이러한 상황하에서 창기를 보는 일반인의 시각은 이들이 미군을 상대로 민족적 수치를 저지르고 있다는 것이었다.[25] 이에 '공창폐지연맹'이 결성되어 본격적인 공창 폐지를 추진하였다.[26] 이 공창폐지연맹은 독립노동당부인회 김말봉 씨가 위원장이며 19개 여성단체로 구성되었는바, '1천만 여성의 수치인 공창제도를 사력을 다하여 폐지하기에 노력할 결심'을 표명하였다.[27] 이 단체는 여성 입법의원을 통해 공창제 폐지를 건의하였다.

이러한 공창제 폐지에 대한 창기의 반대 등은 여성집단 내의 '다름'을 나타내는 것이라기보다는 이들의 경제권, 생존 수단의 확보와 관련한 것이라는 점에서 제도 자체에 관한 여성 간의 본질적인 균열은 아니었다. 즉 이들의 반대는 폐지와 관련한 제반 후속조치의 마련으로 해결될 수 있었다. 그러나 법만을 폐지하고 후속조치는 마련하지 않은 채, 창기들이 계속 공창으로 남아 있는 것에 대한 사회적인 비난은 더욱 가속화되었다.

공창제 폐지 후 실시한 인천 시내의 조사에 의하면 인천의 공창 총 118명 중 당국의 알선으로 취직하겠다는 희망자가 40명, 화류계로 다시 나오겠다는 자가 32명, 출가 12명, 귀향 11명, 나머지 23명은 농중籠中[28]에서 해방을 당하면서도 빚이 있어 어쩔 수 없이 갇혀 있는 창기들이었다.[29] 여기서 보듯 법령의 제정보다는 공창의 해방이 가능한 실질적인 보완 대책이 더욱 중요하다. 단지 '인신매매 금지'와 '공창제도 폐지'의 법령만으로는 여성에게 얽힌 사슬이 사라지지 않는다. 그 후속조치란 우선 공창을 단체로 취급하지 말고 구호를 요하는 일반시민과 동일하게 개인 취급을 할 것이며, 아울러 이들의 교화지도와 직업 알선을 해주는 것이었다.[30] 시경후생국에서 황신덕, 고황경, 박순천, 김분옥 등으로 구성된 공창폐지대책위원회에서 부녀국장 고황경은 "쓰레기치르다 싶이 처치할 예산인 국가 예산에 맡길 것이 아니라 그들의 인재를 적극적으로 이용하여야 될 것이니 그들을 자매와 같은 마음으로 마지 합시다"라고 하였다.[31]

24 우리신문 1946. 2. 17.
25 대중일보 1946. 6. 23.
26 14개 단체로 구성된 공창폐지연맹에서는 불행한 여성의 자력갱생을 도모하기 위하여 자본금 100만 원으로 희망원을 창설하였다(대동신문 1946. 8. 11).
27 동광신문 1947. 4. 2.
28 농중籠中이란 기생을 새장 속에 갖힌 자유 없는 새에 비유한 농중조籠中鳥에서 나온 말임.
29 대중일보 1948. 2. 3.
30 김용년, 공창이 없어지는 날까지, 『새살림』 1948. 4.
31 부인신보 1947. 11. 25.

2. 제헌의회와 여성참정권

제헌의회 선거 1948년 3월 발표된 국회의원선거법에 의해 1948년 5월
10일 단독정부 수립을 위한 남한만의 총선거가 실시되었다. 이 선거는
자주 민족국가 수립을 위해 실시한 최초의 선거였다는 점에서 의미가 크
다. 이 선거에는 남북협상파와 사회주의 세력이 불참하였다. 북한에 배
정된 100석을 제외하고 총 200명을 선출하는 이 선거에서 무소속이 85
명이나 당선된 현상은 정당정치가 본격적인 궤도에 오르기 전의 혼란을
보여주는 것이다.

후보의 난립은 좌익 세력과의 경쟁 속에서 민족진영이 자멸하는 것이
며 비애국적 행동이라고 경계하면서 가급적
민족주의 진영에서는 단일후보를 세워 무투표
당선되기를 종용하는 분위기였다.[32] 그 속에서
여성이 입후보한 것 자체를 이채로운 현상으
로 보았다.[33] 동 선거에는 총 930명이 입후보
하였다.〈표 2〉, 〈표 3〉 참조 여성은 대한독립촉성애국
부인회와 대한여자국민당 등에서 총 20명이
입후보하였으나 모두 낙선하였다.

서울 중구 선거구는 13대 1이라는 최고의
경쟁률을 보였다. 김 선대한독립촉성국민회, 황애덕여
성단체총연맹, 강용희무소속 여성 후보도 서울 중구에
입후보하여 후보경쟁에 가세하였다.[34]

이 최초의 선거에서 여성은 단 한 명도 의회
내로 진출하지 못하였다. 이승만을 지지한 대

32 민족진영에서 어떤 개인이나 어떤 단체가 승
  리할 것인가가 우리의 문제가 아니요, 오직 독
  립주의와 독립반대주의와 또 이것도 저것도
  아니고 기회만 엿보는 중간의 이 세 가지 중에
  서 어떤 주의가 성공해야 될 것인가를 생각해
  서 투표하여야 할 것이며 민족과 국가를 위하여
  투쟁할 가장 양심적이고 … 애국인사만을 선
  택하여야 될 것(이승만, 총선거특보판: 총선거
  를 앞두고, 국내투표권자에게, 『민주조선』 통
  권5호2권3호, 1948. 4)임을 지적하면서, 가급
  적 민족주의 진영 내의 다수의 입후보를 규제
  하였다.
33 동아일보 1948. 4. 18; 4. 24.
34 중구 선거구에서는 한국민주당의 윤치영 후보
  가 유효투표의 43.5퍼센트를 획득하여 당선되
  었다. 여성 후보 김선, 강용희, 황애덕은 각각 4
  퍼센트, 1퍼센트, 7퍼센트를 득표하는 데 그쳤
  다(www.nec.go. kr:7070/sinfo/sinfo.htm;
  동아일보 1948. 4. 18).

| 표 2 | 역대 여성 입후보자 현황 및 여성의원 당선율

구분	입후보자 수		당선자 수		여성의원 비율	여성 당선율	총 입후모자 중 여성 후보 비율
	총 수(A)	여성(B)	총 수(A)	여성(D)	D/C(%)	D/B(%)	B/A(%)
1대	930	20	200	0→1(보궐)	0.5	0	2.1
2대	2,199	11	210	2	1.0	18.2	0.5
3대	1,198	10	203	1	0.5	10.0	0.8
4대	837	5	233	3	1.3	60.0	0.6
5대	1,555	7(7+0)	233	1(1+0)	0.4	14.3	0.5
6대	839	8(5+3)	175	2(1+1)	1.1	25	1.0
7대	696	8(4+4)	175	3(1+)	1.7	37.5	1.1
8대	575	8(2+6)	204	5(0+5)	2.5	62.5	1.4
9대	337	12(2+10)	219	12(2+10)	5.5	100.0	3.6
10대	468	13(5+8)	231	8(1+7)	3.5	61.5	2.8

주: 5대는 민의원 선거임. 6, 7, 8대는 전국구 포함, 9, 10대는 유정회 포함하여 당선율을 계산하였음.
　여성(B) : 여성입후보자 수의 ( )은 지역구+전국구(혹은 유정회) 후보 출마자 수를 나타냄.
　5대는 지역구 +참의원임.
　여성(D) : 당선된 여성의원 수의 ( )은 지역구+전국구(혹은 유정회) 의원 수를 나타냄.
출처: 중앙선거관리위원회(1971), 『역대 국회의원 선거상황』; 송은희(1996), "한국 의회의 어제와 오늘, 그리고 여성"; 신명순(1985), "한국여성의 정치참여"; 이효재 · 김주숙(1978), 『한국 여성의 지위』, 이화여자대학교 출판부; 중앙선거거관리위원회, 『역대선거상황자료』(http://home.nec.go.kr:7070/sinfo/sinfo.htm) 참조.

한독립촉성국민회와 한국민주당이 각각 55석과 29석을 차지하여 원내 제1당의 지위를 확보하였다. 그 후 1949년 장 면, 이승만, 정현모 의원의 보궐선거에 황신덕, 황현숙, 임영신이 출마하였다. 그 중 임영신 의원만 이 당선되어 최초의 제헌의회에서 여성의원의 수는 1명으로 의회 내의 여성참여 비율이 0.5퍼센트가 되었다.

| 표 3 | 여성 입후보자의 소속 현황

구분	지역구		비고/보궐선거 등
	소속 정당/단체	성명	
1(1948.5.10)	여성단체총연맹	황애덕(낙선)	
	대한독립촉성국민회	김선(낙선)	
	독립촉성애국부인회	박순천(낙선)	
	조선여자국민당	황현숙(낙선)	
	무소속	김활란(낙선)	
	조선여자국민당	김 선(낙선)	
	독립촉성애국부인회	박승호(낙선)	
	독립촉성애국부인회	이순선(낙선)	
	독립촉성애국부인회	이기정(낙선)	황애덕(전국여성단체총연맹,
	독립촉성애국부인회	김현숙(낙선)	낙선/1949. 3. 30)
	대한독립촉성국민회	이춘자(낙선)	황현숙(무소속, 낙선/1948. 10. 30)
	대한부인회	박옥신(낙선)	임영신(대한여자국민당,
	무소속	김선인(낙선)	당선/1949. 1. 13)
	애국부인동지회	최은봉(낙선)	
	애국부인회	김철안(낙선)	
	무소속	김필애(낙선)	
	대한독립촉성애국부인회	최정선(낙선)	
	대합독립촉성애국부인회	이정숙(낙선)	
	부녀회	박인순(낙선)	
	무소속	강용희(낙선)	
2(1950.5.30)	무소속	김선(낙선)	
	대한부인회	**박순천(당선)**	
	여자국민당	강신상(낙선)	
	부인회	박봉애(낙선)	
	무소속	김영덕(낙선)	
	대한부인회	임영자(낙선)	

구분	지역구		비고/보궐선거 등
	소속 정당/단체	성명	
2(1950.5.30)	대한여자국민당	**임영신(당선)**	
	무소속	변석화(낙선)	
	대한부인회	김철안(낙선)	
	무소속	양한함(낙선)	
	대한부인회	한신광(낙선)	
3(1954.5.20)	무소속	박순천(낙선)	*공식적으로 정당공천제를 실시
	무소속	노마리아(낙선)	
	여자국민당	임영신(낙선)	
	자유당	**김철안(당선)**	
	무소속	편정자(낙선)	
	무소속	박 영(낙선)	
	민주국민당	안기선(낙선)	
	민주국민당	이정숙(낙선)	
	자유당	전항자(낙선)	
	무소속	고수선(낙선)	
4(1958.5.2)	무소속	양순이(낙선)	자유당: 공천방식은 지명제
	자유당	**김철안(당선)**	
	통일당	이정숙(낙선)	
	민주당	**박순천(당선)**	
	자유당	**박현숙(당선)**	
5(1960.7.29)	무소속	김옥선(낙선)	박은혜(민주당, 낙선/1960. 10. 10)
	사회대중당	김갑임(낙선)	*참의원 선거(중선거구 58명)에
	무소속	이신득(낙선)	입후보한 여성 없음.
	무소속	**박순천(당선)**	
	민주당	박현숙(낙선)	
	무소속	강인숙(낙선)	

출처: 이효재 · 김주숙(1978), 『한국 여성의 지위』, 이화여자대학교 출판부; 중앙선거관리위원회, 『역대선거 상황 자료』참조.

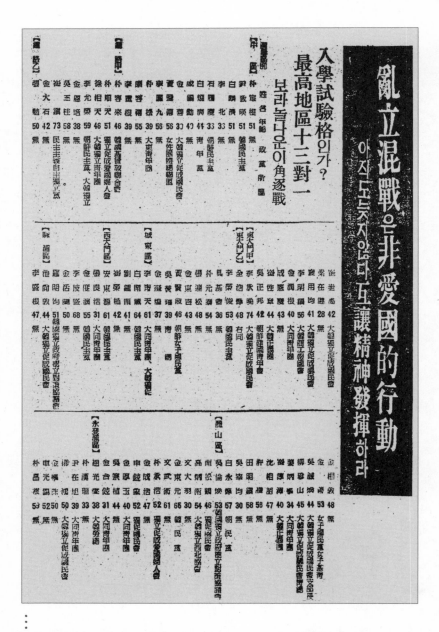

입학시험격인가? 서울 중구 선거구는 13대 1의 경쟁율을 보이고 있다(동아일보 1948. 4. 18)

국무회의를 마치고 중앙청 앞에서 담소하고 있는 임영신 상공장관

최초의 투표권 행사 최초로 여성에게 참정권이 부여된 '국회의원선거법'에 의하여 "만 21세 되는 사람이면 남녀의 구별이나 재산의 유무, 교육을 받고 안 받은 것, 종교를 믿고 안 믿는 것 같은 구별이 없이 투표할 자격이 있게 되었다".

그러면 국민이란 무엇인가. 어떠한 사람을 국민이라고 말하느냐 하면 조선에 호적을 가진 사람이거나 또는 그 부모가 모다 조선 사람이거나 혹은 아버지만이 조선 사람이라도 다른 나라의 국적이나 시민권을 가지지 않은 사람을 가리켜 말한 것이다.[35]

기권은 국민의 수치, 나가자 투표장으로
(동아일보 1948. 4. 6)

선거의 완수만이 독립의 기초 (동아일보 1948. 4. 6)

그러므로 5월 9일 현재로 만 21세 되는 사람이면 남자든 여자든 교육과 종교의 여부에 관계없이 모두 투표할 수 있었다.

좌익이 배제된 상태에서 5·10총선을 둘러싼 균열 구조는 오히려 단순하였다. 그것은 단일국가 수립과 관련한 선거의 참여 여부를 놓고 벌어진 갈등이었다. 선거의 핵심 이슈는 '총선거로 자주독립'이었으며, 이 선거에 참여하는 것은 개인의 권리를 행사하는 측면보다는 국가와 민족을 위한 의무 수행을 강조한 선거였다. 즉 "투표=독립"으로서 투표는 국민의 권리라기보다는 의무로 다가왔다.

그러면 1948년 5월 10일 최초의 선거에 여성이 동원되었는가, 아니면 자발적으로 참여하였는가? 미군정과 이승만 그리고 여성단체 모두 여성 유권자의 투표 참여와 여성의 의회 참여를 강력히 권고하였다. 남한의 단독정부를 수립하는 이 제헌의회 선거에 대한 미군정 당국의 이해는 가능한 한 많은 사람이 선거에 참여하여 정통성을 확보하는 것이었다. 따라서 대대적인 동원을 위한 조직적인 선거 개입이 일어났다.[36] 이 과정에서 미군정은 부녀국과 여성단체를 동원하여 여성유권자들이 선거에 참여할 것을 강요하였다.

이승만은 여성해방을 위해 여성의 의회 진출을 장려하면서, '완전한 민주정부를 세우는 데 있어서 전 민족의 반 수가 되는 부녀해방이 또한 필요한 것이다. 이를 위해 부녀를 국회에 보내는 것이 건국에 도움이 될 것'임을 역설하였다.[37] 여성단체 역시 선거를 통해 여성의 이

---

35 백주, 총선거와 국민의 각오, 『민주조선』 1948. 4.

36 미군정 당국이 남한에서 단독정부 수립의 정통성을 확보하기 위한 수단은 '자유선거를 통한 정권 수립'을 의미하였기 때문에, 이 정통성 확보의 관건은 얼마나 광범위한 국민이 투표에 참여하느냐에 달려 있었다. 이를 위해 군정은 경찰력은 물론 경찰보조역의 준국가기구인 황보단까지 조직하고 선거등록 및 투표에 참여하도록 압력과 위협을 행사하였다. 동시에 토지개혁과 같은 사회경제적 개혁 작업과 함께 보통선거제 도입을 핵심으로 하는 자유민주주의 제도의 도입과 자유민주주의 이념의 대대적 선전작업을 통해 국민을 선거로 유인, 동원하고자 했다(박찬표, 1997).

37 동아일보 1948. 4. 24.

互讓없이는民族陣營自滅

單一候補選出時急

亂立에右翼公選制實施

婦女出馬도無妨
李博士談話

이승만 박사 담화: 부녀 출마도 무방(동아일보 1948. 4. 24)

익이 대표될 수 있도록 적극적으로 참여하였다.[38] 미군정과 여성단체의
이해는 상이하였지만 외형적으로는 선거에 참여함으로써 각자의 이해를
관철시킬 수 있다고 보았다. 따라서 여성단체는 여성의 독자적인 이해를
대표시키기 위해 여성의 참여가 필요하며, 이상적인 국가 건설을 위해
여성도 국민으로서 동참해야 함을 역설하면서 여성유권자에게 선거에
적극 참여할 것을 호소하였다.

남자와 여자의 이익이 상반될 때 그런 권리를 가진 남자에 대하여 부인의 이익을 보호할 방침으로서 참정권은 부인의 특별한 이익을 위해 필요합니다(T. S. 1947); 내 남편 내 아들이 설마 나를 해롭게 하랴는 생각으로 판단력을 잃을런지도 모릅니다. 그러나 남성은 남성이요 여성이 아니므로 여성의 행복을 어떠한 남성에게 의뢰할 바가 아닙니다. 여성 동지여 우리는 우리 손으로 우리 행복을 빚어 냅시다. 우리 여성이 오늘에 모처럼 얻은 참정권을 절대로 허수히 생각하여서는 안 됩니다. 여성은 여성을 투표하도록 힘쓸 것입니다(황애덕, 1948); 여자 참정권 문제는 결코 일부 여성 참정권을 반대하는 사람들의 말과 같이 허영에서 소위 여자의 직책을 버리고 탈선하는 것이 아니라 오히려 현모양처의 직책을 더 잘하기 위하야 좀 더 이상적인 국가 사회를 건설하는 데에 직접 국민의 자격을 가지고 참가하는 당연한 일이라고 아니할 수 없습니다. 그렇게 함으로써, 즉 여자가 직접 정치, 사회, 각 부문에 드러가 활동함으로써 여자의 지위가 향상되고 일반 국민의 문화가 발달되는 것입니다(황신덕, 1947).

38 미군정은 부녀국을 통해 여성단체를 관리하였으며, 남한에 자유민주주의의 이식과 자본주의 국가 건설이라는 일반 목표에 따라 우선 이를 지지하는 우익 여성단체를 적극적으로 지원하였으며, 그것을 반대하고 인민민주주의 국가 건설을 목표로 한 좌익 여성단체를 탄압하였다(이배용, 미군정기, 여성 생활의 변모와 여성의식, 1945~1948, 『역사학보』 150). 1946년 6월 이승만의 단독정부수립에 대한 정읍 발언과 1947년 10월 2차 미·소공동위원회 결렬 이후, 단독정부수립이 공식화되면서 우익 여성단체는 이를 적극 지지하였다. 반면 좌익 여성단체는 단독정부수립에 반대하면서 점차 합법적 공간을 상실하고 정치 영역에서 배제됨으로써 여성단체도 우익 중심으로 단일화되었다.

이런 의미에서 볼 때 이 최초의 선거에 여성이 객체로서 동원되었다는 평가는 사실의 한 측면만을 이해한 것으로 볼 수 있다. 민주주의 제도는 다양한 정치집단의 이해를 대표하기 위해 끊임없이 개선되어 왔다. 그 당시 이미 계급, 인종, 민족뿐만 아니라 성별 차이에 따른 이해의 상이성을 인식하기 시작하였다. 나아가 성별 대표도 반영되어야 한다는 주장과 이를 위해 직접 정치와 사회 각 부문에 들어가

투표소에 함께 나온 시아버지와 며느리

세력화할 것이 필요함을 본격적으로 개진하고 있음을 볼 수 있다. 여성 문제를 남성이 대표할 수 없고, 여성만이 대표할 수 있다는 주장과 여성 정치세력화의 필요성에 대한 인식은 '계급'과 '젠더'에 대한 논쟁이 지속되는 오늘날의 입장에서 볼 때도 상당히 진보된 주장이다.[39]

여성 정당, 대한여자국민당 광복 후 국가 건설 과정에 여성이 적극적으로 참여하였던 모

39 '여성' 문제는 '계급' 문제 속에 포함될 수 있다는 주장, 혹은 '젠더'의 독자적 범주의 필요성 등에 대한 논의는 1970년대 및 1980년 초에 좌파 이론지를 중심으로 논쟁이 활발하게 야기된 점을 고려할 때 상당히 진전된 견해를 피력하고 있는 것으로 볼 수 있다. 정현백, 여성사 연구의 이론과 방법, 『역사비평』 1994 가을호; J. W. Scott, 1999 *Gender and The Poitics of History*, Revised edition (New York: Columbia University Press)

습 중의 하나가 여성 정당의 결성이다. 최초의 여성 정당인 대한여자국민당은 1945년 8월 18일 임영신, 이은혜 등이 주축이 되어 결성되었다. 이 당은 당수를 중심으로 구성되었는데 최초의 당수는 임영신, 부당수는 이은혜와 김선이 되었다. 당원의 자격은 당의 이념에 호응하는 만 20세 이상의 대한민국 여성이며, 그 절차는 당원 2인 이상의 추천에 의하여 감찰위원회의 심사를 얻어야 했다.[40] 당수 임영신을 비롯하여 고위 간부층이 전국 각지에서 유세 · 계몽 · 선전 등을 전개하며 각 군 · 읍을 아우르는 지방 조직에 주력한 결과 약 30만 명이라는 다수의 당원을 지니게 되었다. 이 당은 정부 수립 과정에서 '신탁통치 절대 반대'로 전국적인 투쟁을 하면서 이승만과 한민당을 지지하고 좌익과 과감히 투쟁하였다. 당의 강령과 선언은 아래와 같다.

| 강령 |

1. 전 국민의 요구에 의하여 실현된 정부를 지지한다.

1. 우리는 남녀평등권리를 주장한다.

| 선언 |

1. 일치단결하자. 단결은 우리의 전 생명이다. 삼천리강산은 우리의 조국이요, 우리 민족의 것이다. 우리는 단결하여 우리 정부를 지원하며 신 국가건설의 기초가 되자.

2. 위대한 아내와 어머니가 되자. 우리는 좀 더 잘 살기 위하여 새나라의 위대한 아내와 어머니가 되어야 할 것을 각성하자. 위대한 아내와 어머니 없이는 위대한 인물이 있을 수 없다. 가정은 나라의 근본이요, 기초다.

40 이기하(1960), 『한국정당발달사』, 의회정치사.

3. 우리 여성의 전 노력을 국가에 제공하자. 오늘날 우리 여성의 전 노력은 새나라 건설의 원동력이 됨을 잊지 말자. 우리는 대한 여성의 자격을 향상하며 정치, 경제, 사회적 지위를 확보하며 우리 민족 국가 건설에 기초가 되기 위하여 대한여자국민당을 결성한다. 동지들은 주저하지 말고 우리 깃발 아래로 모이자.

| 정강 |

1. 우리는 여성의 힘을 모아 남성으로서만이 이루어질 수 없는 진정한 민주사회 건설을 기하자.
2. 우리는 자본주의가 가지고 있는 그릇됨을 배제하고 근로자 및 여성의 생활을 향상하는 건전한 민주경제 확립을 기하자.
3. 우리는 자주독립 민족으로서 민족 문화의 향상으로 진정한 세계 평화와 인류의 번영을 기하자.

강령에서 보듯이 남녀동등권을 건국과 동일한 비중으로 주장하고 있다. 하지만 기본적으로 남녀 역할 분리를 고수하여 가정은 나라의 기본이며 여성의 기본적인 역할을 가정에서의 위대한 아내와 어머니가 되는 것으로 명시하고 있다. 그럼에도 불구하고 선언을 살펴보면 여성의 정치, 사회, 경제적 지위를 확보하는 것이 창당 목적의 하나임을 역설하고 있기도 하다. 실제 운동과 주의주장에서도 아내와 어머니로서의 역할만을 강조한 것은 아니었다. 즉 가정에서의 의무, 사회에서의 여성 지위 향상과 더불어 국민으로서의 임무를 각성시키면서 국가 건설에 공헌할 것도 강조하고 있다.

1946년 5월 31일 이틀에 걸쳐 대한여자국민당은 여자국민당대의원회 및 전국여성대회를 개최하였다. 여기서 1천5백만 조선 여성의 해방과 건국 사명으로서의 여성의 임무가 논의되었다. 당수 임영신은 개회사에서 "우리 1천5백만 여성은 다만 안해, 어머니로서의 임무만이 전부가 아니다. 한국민으로서의 책임을 이저서는 안 된다"고 강조하였다.

조선의 해방은 여성의 해방이 없이 완전한 해방이 있을 수 없는 것이다. … 민주주의 해방 조선을 건설함에 잇어 여성들이 부하負荷한 임무로는 남성 이상으로 중대하다는 것을 알어야 할 것이니 여성은 그 나라의 어머니인 동시에 그 나라의 국민인 까닭이다. … 그러나 여성은 봉건적인 질곡에서 완전히 해방되엿다고 하지는 못할 것이다. … 아직도 봉건적 법률 제도가 우리를 억압하고 있는 한 여성의 지위가 남성과 대등한 지위에 이르지 못하였고 또 사회적 분위기가 봉건적인 유풍에서 완전히 탈피하지 못한 것이다. 여성운동의 목표가 이러한 봉건성을 철폐하기 위하야 여성 스사로의 과감한 투쟁이 요청된다는 것은 물론이다.[41]

1946년 미군정하의 민주의원에 당수 김선과 총무 황현숙은 당의 추천을 받아 피선되었다. 그리고 1948년 5·10총선에서 김선, 황현숙 등이 출마하였으나 모두 낙선되고, 같은 해 1948년 8월 임영신이 상공부장관에, 박현숙이 초대 감찰위원회 위원으로 임명되었다. 1949년 1월 13일 경북 안동군 을구 국회의원 보궐선거에서 임영신은 초대 외무장관 장택상 외 6명의 후보와 경합하였다. 이 선거구는 양반마을로 유명한 하회 유씨河回 柳氏와 도산 이씨陶山 李氏 마을을 끼고 있어서, 유림의 여성 후보에 대한 외면은 예측 이상으로 심했다. 하지만 임영신은 다른 입후보자들을 누르고 당선되어 여

41 동아일보 1946.6.1.

성으로서는 최초로 국회의원이 되었다.[42] 1950년 5 · 30총선거에서도 임영신은 전북 금산군^{현재 충남 금산군}에서 국회의원에 재선되었다. 1952년 5월 부산 피난지에서 대한여자국민당 전국대의원대회를 열고 8월 5일에 시행되는 정부통령 선거에 대통령 후보로 이승만, 부통령 후보에 임영신으로 결의하고 선거에 임했으나 낙선되었다. 한편 1952년 10월 박현숙은 무임소 장관에 임명되었고 1954년 5월 20일 시행된 민의원 총선거에서 대한여자국민당 출신이며 자유당 공천으로 입후보한 김철안은 경북 금릉군에서 3대 민의원으로 당선되기도 하였다.[43]

1952년 임영신이 부통령 선거에서 떨어진 후로 대한여자국민당은 당세가 약화되고 당원의 이탈, 자유당의 압박 등으로 실제적인 활동을 못하고 명맥만 유지했다. 1961년 5 · 16군사정변 후 정당 및 사회단체를 해체하려는 국가재건최고회의의 방침에 따라 대한여자국민당도 해체되었다.

대한여자국민당은 정부 수립 이전에 여성의 힘으로 결성한 최초의 여성 정당이자 마지막 정당이었다는 점에서 의의가 있다. 또한 1960년 해체되기까지 두 명의 국회의원^{임영신과 김철안}과 두 명의 장관^{임영신 상공장관, 박현숙 무임소 장관}을 배출시켰으며, 두 번의 부통령 후보^{2대 및 5대 선거, 임영신}를 내는 등 당시의 여성 정치참여 수준과 가부장적 관습이나 제도에 비추어 본다면 그 활동은 획기적이라 볼 수 있다.

여성해방과 남녀평등과 관련해서는 기존의 한민당 등 우익계 정당보다는 광복 전후 등장한 민족주의계 정당과 좌익계 정당의 강령 및 정책이 더욱 진보적인 내용을 담고 있다. 1945년 결성된 한국독립당의 강령에는 '부녀자의 지위를 제고하야 남자와

42 이옥수(1985), 『한국 근세 여성 사회(下)』, 규문각.

43 중앙선거관리위원회(1968), 『대한민국정당사』.

의 균등발전을 도모할 것'이 포함되어 있다. 또한 1945년 12월에 결성한 신한민족당의 기본 정책에는 '여성 및 아동보호제의 실시와 양로제 및 불구자 보호제 확립'이 명시되어 있다. 조선건국동맹의 정강에는 '부인 및 소년 노동자의 야간직업, 갱내 작업, 위험 작업의 금지' 및 '부인해방과 남녀평등권 확립'을 표명하고 있다. 건국동맹을 모체로 발족된 건국준비위원회에서도 남녀평등의 확립을 정책 중 하나로 설정하였다. 이외 1946년 결성된 사회노동당, 1947년 결성된 근로인민당에서도 남녀평등과 관련한 법령의 제정을 제시하고 있다. 그러나 이 좌익계 정당들은 제헌의회 선거에 불참하였고 그 후 합법적인 활동 공간을 상실한 채 지하로 들어가거나 해체되었다.

3. '혼인의 순결'과 '가족의 순결' 논쟁

> 제헌헌법 제20조 "혼인은 남녀 동권을 기본으로 하고 혼인의 순결과 가족의 건강은 국가의 특별한 보호를 받는다."

국가 건설의 가장 기본이 되는 작업 중의 하나는 헌법을 마련하는 것이다. 1948년 보통선거법에 의해 국회의원 총선을 치른 후 같은 해 5월 31일부터 7월 17일에 이르기까지 국가 통치 규범의 기본인 제헌헌법과 국가조직법 등이 마련되었다. 원래 헌법기초위원회의 초안은 내각책임제였으나 이승만 대통령의 반대로 대통령중심제의 헌법안으로 수정되어 헌법안 3독회 마지막 날인 1948년 7월 12일 재석의원 163명 전원 만장일치로 통과되었다.[44]

최초의 제헌의회가 남성의원으로만 구성되었기 때문에 헌법작성 과정도 이들만의 참여

44 1948. 7. 12. 국회 제28차 회의.

로 이루어졌다.[45] 제헌헌법 초안에서 여성관련 조항은 제2장 국민의 권리
와 의무의 장 중 제8조 1항에 다음과 같이 나타나 있다. "모든 국민은 법
앞에 평등이며, 성별, 신앙 또는 사회적 신분에 의하여 정치적 경제적 사
회적 생활의 모든 영역에 있어서 차별을 받지 아니한다". '성별에 관련
없이 평등하다'는 이 조항에서 유일하게 남녀동등권을 도출할 수 있다.[46]

그러나 이러한 객관적인 기회의 평등은 구체적이고 실질적인 평등조
항으로 보완되어야 한다는 인식하에 제20조 혼인 관련 조항은 초안에
는 없었는데 헌법심의 과정에서 권태희 의원 외 38명의 제안으로 삽입
되었다.

> 헌법 전문前文 끝에 '자손의 안전'을 말하야 놓고 국민과 자손을 넘려하고
> 국민과 자손을 살피는 혼인 문제와 가정 문제에 대해서 한 조목도 두지 않
> 을 뿐 아니라 … 국민이라고 설흔한 번이나 말한 이 헌법에서 1천5백만의
> 여자가 있는 사실을 잊어버리고 더욱 우리들의 자손의 복리를 말하면서 자
> 손에게 가장 밀접한 관계가 있는 가정 문제를 맡은 여자 문제에 대해서 한
> 마디도 말이 없다는 것은 이 헌법의 기초적인 착오로 생각합니다. … (웃음,
> '옳소' 하는 이 있음). 또 어째서 제85조에 재산권 및 농지의 소유 제도를 법
> 률로써 정한다고 명문을 밝혀 놓고 한 남자가
> 안해를 둘도 셋도 소유한다 (웃음) 하는 데 대
> 해서 아무런 명문에 제한이 없다고 하는 것이
> 너무나 현실을 부인할 뿐만 아니라 비도덕적
> 비양심적인 행동을 그대로 묵과한 것으로 봅
> 니다.[47]

45 제헌의회의 유일한 여성의원 임영신 의원은
   1949년 보궐선거에 의해 의원이 되었기 때문에
   그 당시는 의원이 아니었다.
46 제헌헌법에서 여성관련 조항은 제8조 평등 조
   항과 20조 혼인 관련 조항 이외에도 근로의 권
   리와 관련한 제17조 3항 "여자와 소년의 근로
   는 특별한 보호를 받는다"는 규정이 있다.
47 권태희 의원, 제헌의회 헌법안 제1독회,
   1948. 6. 25.

유진오 헌법 초안: 국민의 권리에 관한 장 제8조의 남녀 동등권 조항은 초안에서 삭제되었으며, 제20조는 혼인 관련 조항이 아니라 청원권에 관한 내용이다. 제헌헌법 20조 혼인 관련 조항은 그 후 국회의 헌법안 제2독회 과정에서 삽입된 것이다.

권태희 의원 외 38명은 "혼인은 남녀 동등을 기본으로 하며 가족의 순결과 건강에 관하여서는 법률이 정하는 바에 의하여 국가의 특별한 보호를 받는다"라는 조항을 삽입할 것을 제안하였다.[48] 이 제안은 장면, 조헌영, 이윤영 의원 등이 적극 지지하여 3차에 걸친 표결 끝에 이윤영 의원이 "혼인은 남녀동권을 기본으로 하며 '혼인의 순결'과 '가족의 건강'은 국가의 특별한 보호를 받는다"라는 문구로 수정하여 겨우 가결 통과되었다.[49] 장면 의원은 헌법에 남녀 동등을 제정해 놓고 실질적인 법률상 보장이 없는 점을 지적하였다.[50] 이윤영 의원은 이 조항을 부결할 까닭이 없으며 부결될 경우 1천5백만 여성이 국회를 어떻게 생각할 것인가를 알아야 한다고 주장하면서 만장일치로 통과시킬 것을 호소하였다. 조헌영 의원 역시 우리 사회에서 가장 큰 세 가지 문제는 노동자, 농민, 여성문제라고 지적하면서 이 3대 문제를 균형있게 취급할 것을 주장하였다.

> 이미 헌법에서 농민에게 토지를 준다고 하는 것을 결정했고, 노동자에게도 과거에 노동자의 예속적 조건을 해방한다고 했습니다. 그러면 우리나라에 가장 중대한 것이 사회적으로 남존여비 사상, 이것이 개척되지 않으면 안 될 중대한 조건입니다. … 국회 대의원 2백 명 중에 여자 대의원이 하나도 없다는 것은 역시 남존여비 사상의 결과라 하겠습니다. 여자 대의원이 하나도 안 나왔다고 여자 문제를 얘기도 안 했다는 것은 대단히 유감된 문제인데 …[51]

그러나 헌법안 최종 축조심의과정에 상정된

48 제헌의회 헌법안 제2독회, 1948. 7. 5.
49 1차 표결(재석의원 162, 가 68, 부 61)과 2차 표결(재166, 가 64, 부 62)에서는 미결되었으나 3차 표결에서 재166, 가 102 부 19명이 되어 가결되었다(1948. 7. 5. 25차 본회의 헌법안 2독회).
50 유진오는 회고록에서 "장면 의원 등의 활약으로 20조 규정이 신설된 것이 제2독회에서의 성과 중의 하나였다"고 회고하고 있다(유진오, 『헌법기초회고록』, 일조각, 1980).
51 조헌영 의원, 제헌의회 헌법안 제2독회, 1948. 7. 5.

동 조항은 '혼인의 순결과 가족의 건강' 대신 '가족의 순결과 건강'이라는 문구로 수정하여 제안된 바 있으나, 의원들의 반대로 2독회 때 통과된 원안대로 '혼인의 순결'로 통과되었다. 권태욱 의원 등 수정제안 측의 이유는 '혼인의 순결'이라는 문구는 결혼 후 축첩이 허용될 여지가 있다는 것이다. 반면 '가족의 순결'은 혼인 당시만이 아니라 결혼 후의 순결의 의무까지 포함한다는 것이다. 그러나 장면 의원 등 수정반대 입장은 '혼인의 순결'에는 당연히 축첩제도를 반대하는 것이 포함된다고 주장하였다. 또 다른 반대 입장은 '가족의 순결'이라는 문구가 가족 중 장남이나 둘째 아들이 호주가 될 수도 있으므로 문제가 있다는 것이다. 그 결과 "혼인은 남녀동권을 기본으로 하고 '혼인의 순결'과 '가족의 건강'은 국가의 특별한 보호를 받는다"로 최종 통과되었다.[52]

그러나 이 조항은 가장이 주체가 된 가부장제도의 골간을 그대로 나타내고 있다. 물론 축첩제도와 관련해서는 민법에서 구체적으로 규제할 수 있지만 헌법 제20조에서 '가족의 순결' 대신 '혼인의 순결'이라는 표현을 채택함으로써 결혼 후에는 순결하지 않아도 되는 규정으로서 축첩제도를 명시적으로 반대하는 표현을 비켜갔다. 또한 '가족의 건강'이라는 문구 역시 개인 중심의 양성평등보다는 가장을 중심 단위로 한 가부장적 가족제도를 헌법이 보장하고 있음을 보여 주었다. 이렇게 여성의원이 제헌의회에 진출하지 못한 상태에서 남성의원에 의해 여성문제를 시혜적 차원에서 삽입한 조항은 그 심의과정에서도 잘 나타나듯이 가부장적 한계를 극복하지 못하고 있다.

4. 새 국가 건설을 위한 부녀 계몽 정책

전재민은 광복 후 해외나 38선 이북에서 귀

---

52 제헌의회 헌법안 제3독회, 1948. 7. 12.

환하는 전재동포를 말한다. 일제강점기의 1920년대 이래 토지조사사업과 산미증식계획의 실패는 농촌의 경제적 파탄을 가져왔다. 그 결과 해외로 떠난 다수의 농민과 1930년대 후반 해외 각지에 징용된 남녀는 해방 후 '전재민'으로 고국에 귀국하였다. 해방 이후 해외 각 지방으로부터 크나큰 포부와 기쁨을 안고 따뜻한 고국산천을 찾아온 동포 중에는 농촌으로 돌아가 조국 농촌 재건에 헌신할 희망자가 수만 호에 달하였다.[53]

광복 후 시작된 이들의 귀향은 1948년에는 206만여 명에 이른다.[54] 남한 인구는 1944년 1,500만여 명에서 1946년에는 1,900만여 명으로 증가하였다. 이는 남북한 총 인구 3,000만여 명 중 3분의 2를 점하는 것으로서, 해외 전재동포의 귀환과 경제 또는 정치적 이유로 북조선으로부터 다수의 동포가 남하한 데 그 이유가 있다.[55] 광복 직후 귀향 전재민에 대한 통계는 〈표 4〉와 같다.

220만여 명이라는 급작스런 인구의 이입으로 당시 인구성장률은 10퍼센트까지 달했고 이는 민생을 더욱 어렵게 하는 결정적인 요인이 되었다.[56] 이러한 전재민에게 자활의 길을 열어 주기 위해 '조선전재민공생협의회'가 1947년 3월 14일 장충단 수용소에서 전재민 유지들의 발기로 탄생되었다. 그 당시 전재민에 대한 구호 대책은 중요한 사회적 이슈였다.

그러나 전쟁이 끝나도 돌아올 수 없는 많은 일본군 위안부에 대한 관심은 제기되지 않았다. 미군의 호남선 열차 능욕사건에 대해 전 민족이 공분을 느끼고 이를 민족적 수치로 인식하면서도 일제강점기 때 해외에 나가 성적노예가 된 여성문제에 대해서는 왜 민족적 공분이 제기되지 않았을까? 이는 여성에 대한 이분화된 성 의식에 기인한다. 즉 보호해 주어야 하는

53 부녀일보 1947. 4. 13.
54 대중일보 1948. 2. 1.
55 민주일보 1947. 7. 5.
56 윤종주(1986), 해방 후 우리나라 인구 이동의 사회사적 의의, 『인구문제논집』.

| 표 4 | 광복 직후 귀환한 전재민 수

지역	자료원				
	외무부	보건사회부	일본총리부 (1945~1947)	미군정청 (1945~1946.5.20)	국세조사
일본	1,117,819	1,407,255	9373323	1,030,549	936,000
만주	317,327	382,348	—	—	212,000
중국 본토	72,848	78,442	—	—	42,000
기타	32,864	157,916	—	—	181,000
북한	648,784	456,404	—	—	—
계	2,189,642	2,482,365	937,323	1,030,549	1,641,000

출처: 윤종주(1986), 해방 후 우리나라 인구 이동의 사회적 의의, 『인구문제논집』

모성과 남성의 성욕을 만족시켜야 하는 매춘여성이라는 두 부류가 존재함을 전제하고 있었기 때문이다. 민족주의는 이와 같이 소외된 여성에 대해 '선택적 관심'을 보였다. 소외된 여성은 민족의 어머니로 상징화되면서 숭고하고 존엄한 존재가 되기도 하고 민족적 자존심에 상처를 낸 여성으로 매도되기도 한다.

일제강점기 해외로 끌려 나간 여성인 일본군 위안부, 군수공장에 동원된 여직공 및 카페 등지로 떠돌아 다니는 조선 부녀자 중 일부는 전재민으로 귀국하였지만, 이들 대다수는 고향으로 돌아올 수 없었다. 이러한 처지에 있는 조선 여성을 구하고자 부녀 277명으로 구성된 '상해한국부녀공제회'에서는 이들의 귀환과 구호 활동을 전개하였다.

25일 상해에서 제2차선이 부산에 도착하였는데 그리운 고국으로 돌아온 3천 수백 명 중 특히 상해의 귀국동포 중 가련한 사고무친한 동포의 부녀자

조국 광복과 함께 찾아 온 전재민(1946)

들 3백여 명을 구제옹호해 온 단체가 있다. 우리 동포가 일본의 압박으로 만주 혹은 북지, 중지로 살러 갔다가 거기서도 그들의 착취로 생활을 못하고 집을 잃고 가족을 잃고 유랑하는 부녀자가 인간 사회에 가장 무서운 화류병을 어더 정처없시 유랑하다가 이번 8·15해방 이후는 더욱 가련한 처지에 이르러 있는 것이었다. 갈 곳 없는 그들은 배를 타고 … 적수공권 빈 몸으로 결국 항구, 상해에 몰려들어 가진 고생을 다하였든 것이다. 이러한 불쌍한 자를 상해에서는 현재 구제하는 단체 혹은 자선사업가가 한 군데도 없었든 모양이다. 이들을 전부 수용해서 배를 태워 고향을 보내고 있는 단체가 이 공제회다. … 요컨대 외국서 돌아오는 불쌍한 동포를 구제하는 기관을 설비하야 이들을 구제해서 사회질서를 문란하지 않게 해주었으면 좋겠습니다. 부산도 그런 단체는 많이 있는 모양이나 좀 더 적극적으로 그런 사업을 해주기를 바라는 바이올시다.[57]

이들은 일제 식민정책과 공출의 대상이 된 피해자였다. 그러나 광복 이후에는 민족적 수

饑餓에 우는 歸國同胞
十萬餘名이 釜山서 彷徨

기아에 우는 귀국동포 10만여 명이 부산서 방황(민주중보 1946. 3. 2)

고향에 왔다만 갈 곳 없는 부녀(민주중보 1946. 4. 27)

치로 여겨져 고국으로 돌아올 수 없는 가련한 처지가 되었다. 즉 일제 식민정책에 의해 희생당한 이들은 광복 후 민족주의에 의해 민족의 숭고한 존엄성을 유지시킨다는 명분으로 다시 한 번 희생되었다. 식민지 정부 정책과 식민지 지배 남성에 의한 조선 여성의 강간은 민족적인 공분을 불러일으키지만 그 이상은 아니었다. 민족적인 공분 뒤에 이들 피해 여성은 순결을 상실한 죄책감 때문에 해방이 되었으나 그리운 고향으로 돌아오지 못하고, 이국에서 방황하면서 술집 등을 전전하였다. 이들의 굴레는 식민정책에 의한 것만이 아니라 민족주의와 가부장제라는 이데올로기에 의한 것도 있었다. 민족의 이름으로 씌운 굴레는 일제로부터의 해방과 무관하게 벗겨지지 못했으며 국가 역시 전재민의 보호 정책에서 소외된 여성을 인식하지 못했다.

6·25전쟁, 4·19혁명, 그리고 5·16군사정변과 여성

　6·25전쟁을 통해 체제와 이념에 대한 갈등은 종식되고 자유민주주의 이념은 확고한 위치를 차지하였다. 전쟁 결과 자유민주주의는 반공을 앞세웠고 국가는 더욱 강력해졌다. 정치·사회의 주요 갈등은 여야의 정권 장악을 위한 투쟁으로 축소되었으며 여성의 정치참여도 이러한 구도에서 벗어나지 못했다. 전쟁극복이라는 국가적 과제 앞에서 여성문제와 여성정책은 부각될 수 없었던 것이다.

　특히 전쟁은 1950년대 전체에 걸쳐 사회구조적인 일대 변혁을 가져왔다. 전쟁으로 인한 유동 인구의 증가는 농가 경제를 파탄시켜 새로운 균열층을 형성하였다. 특히 사모님과 주부, 식모, 전쟁미망인 등이 등장하면서 여성 간의 독특한 균열 구조를 전개시켰다.

　1951년 '전시생활개선법'에서 매매춘여성에 대한 국가의 편의적인 통제정책, 전쟁미망인을 대하는 사회적 편견과 남성 위주의 군경유가족연금정책의 성 차별화된 정책 등을 통해 젠더화된 국가의 성격을 발견할 수 있다. 1953년은 전쟁과 가뭄 등이 겹쳐 식량난 해결이 휴전회담보다 더 중요한 해였다. 그리고 1955년의 '계 소동'[58]은 국가의 경제안정정책이 가정 생활의 주체가 된 주부보다는 경제성장과 기업의 발전 등에 있었음을 보여 주는 사회 현상이었다.

1. 정권투쟁 속으로

　일제강점기의 여성운동이 '민족독립운동'으로, 광복 후에는 '자주독립 정부의 수립'으로 전개된 것처럼, 정부 수립 후의 여성운동은 여야의 정권투쟁 구도 속

으로 말려들었다. 정권과 야당 간의 주요 균열이 독재와 민주혹은공산주의와민
주주의 간의 갈등인 상황에서 여성문제를 중심으로 한 균열의 장은 형성되
지 않았다. 정치의 주요 이슈는 '국가 건설'이었으며 전쟁 후에는 '반공'
이라는 이름으로 탈바꿈하였다. 1955년 사사오입 개헌 후 야당과 시민사
회는 자유당에서 이반離反되면서 정치의 주요 투쟁은 '독재에 항거하는
민주화'로 이어졌다. 이러한 일련의 과정 속에서 제도권 내에 진입한 여
성의원도 여야의 정권투쟁 구도 속에서 활동하는 데에 그쳤다.

정당이 여성정책을 본격적으로 제시하기 시작한 것은 1963년 제6대
총선 이후부터다. 1950년대 정당을 통한 여성의 정치참여의 내용은 여성
문제 이전의 것이었다. 정당 혹은 의회 내의 여성은 그들의 활동을 여성
문제에만 집중할지 아니면 보다 광범위한 문제까지 개입할지 고민했다.
또한 그들의 목적이 남성과의 평등 속에 추구되어야 하는지 아니면 여성
의 특별성을 강조하여야 하는지 등에 관해 선택해야 했다. 이러한 이슈
와 문제는 항상 있었지만 그 이슈가 작용하는 맥락이 변화된 것이다.[59]
일제강점기 여성문제가 민족운동에 흡수된 것과 같이 전쟁을 겪으면서
1950년대 여성문제는 또 다시 부차적이고 주변적인 문제가 되었다. 소수
의 여성 정치 엘리트들은 개인적인 능력에 의해 정치적 공간에 들어갔으
며 그곳에서 생존을 위해 기존 당의 주요 정책을 벗어난 독자적인 노선
을 견지할 수 없었다.

개인의 능력으로 의회에 진출 최초의 선거였던 제헌의회 선거에 이은 제
2대 국회에서는 여성 입후보자가 총 11명 출
마하여 박순천대한부인회과 임영신대한여자국민당이 당
선되었다. 전쟁을 치른 후 1954년 실시된 제3

59 Hannam(1999), "Women and Politics", in
Women's History: Britain, 1850~1945, ed.
Puruis, Junen (London: Routledge).

대 5 · 20 총선에서는 총 10명의 여성이 입후보하여 자유당 소속의 김철안만 당선되었다. 1958년 4대 국회에서는 김철안^{자유당}, 박순천^{민주당}, 박현숙^{자유당} 3명의 여성이 당선되었다. 1960년 4 · 19혁명 이후 실시된 내각제 하의 제5대 선거에서는 민의원 선거에서 민주당의 박순천 의원만이 당선되었으며, 참의원 선거에 입후보한 여성은 없었다. 여성 정당 혹은 여성단체가 여성후보를 내서 당선시킨 경우는 2대 총선 때 대한여자국민당의 임영신과 대한부인회의 박순천이다. 이와 같이 여성의원이 당선되는 비율도 극히 저조했지만 독자적인 여성 정당의 활약상도 그리 활발하지는 못했다.⟨표2⟩, ⟨표3⟩ 참조

이 시기 여성의원의 당선 여부를 여성의 지위나 권한과 연결시켜 주장할 수 있는 근거는 보이지 않는다. 여성해방을 위한 여성의 정치참여가 확대되어야 한다는 주장과는 달리 이들의 원내 활동은 여성문제와 대부분 관련이 없었다. 이들은 여성으로서 당선되고 대표되기보다는 자신의 개인적인 능력 혹은 당의 후광을 안고 의원이 되었다. 결국 이들의 당선과 당선 후의 활동에서 여성이라는 의식과 그 의식에 고취된 흔적을 발견해 내기는 쉽지 않다.[60] 1958년 4대 총선 후 좌담회에서 박순천과 박현숙은 모두 당을 위해서 일할 것인가 여성을 위해 일할 것인가라는 질문에 단호히 당을 위해 일해야 한다고 답한다.[61]

이들의 당선과 원내 활동은 여성문제가 제기되기 이전의 단계였기 때문에 여성관련 정책을 제안한 흔적은 없다. 오히려 1950년대 이들 여성의원의 활동은 미군정 시대의 보통선거법 작성 과정에서 여성의원이 보여준 여성

---

60 손봉숙 · 박의경 편(2000), 『한국민주주의와 여성 정치』, 풀빛.

61 한 여성지 좌담회에서 민주당 의원 박순천과 자유당 의원 박현숙은 다음과 같이 당을 우선하는 답변을 하고 있다. 기자: 앞으로 두 분께서 당을 위해서 일하시렵니까? 또는 여성을 위해 일하시렵니까? 박순천: 당을 위해야 하겠지요. 박현숙: 앞으로 국리민복을 위해 더욱 활발하게 일할 수 있는 자유당을 만드는 데에 협력하겠습니다(『주부생활』 1957. 8, 108~110).

여성 후보자를 홍이점으로 이채롭다고 표현(동아일보 1950. 6. 2)

선거구 특별할당제 주장보다 훨씬 퇴보한 듯하다. 여성의원의 본격적인
활동은 1970년대 이후에나 찾아볼 수 있다.

본회의 활동   여성의원의 본회의 활동은 여성의원 발의 법률안과 여성
의원의 상임위원회 활동을 중심으로 볼 수 있다. 〈표 5〉에 의하면 1대에
서 5대 기간 동안 본회의에서 발의된 여성관련 법안은 전체 1,660건 중 3
건으로서 총 0.2퍼센트를 차지한다. 이 3건도 여성과 직접적으로 관련 있
는 법이라기보다는 그 법에 의해 여성이 간접적으로 불이익을 받고 있다
는 것이었다. 따라서 여성관련 법률안은 전무했다고 볼 수 있다.
  즉 전쟁을 전후하여 통과된 '전시생활개선법'과 '전몰군경유족과상이
군경연금법'은 여성을 위한 정책이라기보다는 여성관련 정책에 불과하
다. 그 주요 내용은 국가에 의한 매춘의 도구적인 허용과 전쟁미망인의

| 표 5 | 여성관련 법률안 분석

	건명	총 법률안 제안 건수	의결	발의자	처리 상황
1대	없음	234	—	—	—
2대	전시국민생활개선법안 (수정 전시생활개선법안)	398	1951.10.19	사회보건 위원장	가결
	전몰군경유족과상이군경연금법중 개정법률안		1953.5.7	사회보건 위원장	가결
	전몰군경유족및상이군경연금법안		1952.9.5	윤재근	가결
3대	없음	410	—	—	—
4대	없음	322	—	—	—
5대	없음	296	—	—	—

출처: 국회도서관(1983), 『의정30년사료』; 대한민국국회사무국, 『국회사』.

재혼 규제 등이었다. 이는 여성을 통제하기 위한 정책이었다는 점에서 여성정책이라고 볼 수는 없다.

상임위원회 활동　이 시기는 국회가 본격적으로 상임위원회 중심으로 운영되기 이전의 시기로 여성의원의 수도 2, 3명에 불과하였고 국가의 총력은 전쟁극복에 집결된 시기였다. 따라서 여성의원의 상임위원회 활동에서 여성주의적 발언이나 내용 등은 아직 발현되지 않고 있다.^{〈표6〉 참조}

1대 국회에서 임영신은 외무국방위원회에서 활동하였다. 2대 국회에서 임영신은 문교, 외무, 예산결산위원회에서 활약하였으며 박순천은 사회보건위원회에서 활동하였다.

3, 4대 국회에서 김철안은 내무위, 사회보건위, 예결위 및 농림위원회에 소속되었고 최초로 사회보건위원회 위원장을 역임하였다. 이로써 김철안은 최초의 여성 상임위원장이 되었다. 오히려 이 시기는 성 역할 분리 규범에 의해 사회보건위원회나 문교위원회 등 여성적인 위원회라고 분류되는 위원회에만 여성의원이 소속되어 활동한 것이 아니라 다양한 상임위원회에서 활약하였음을 볼 수 있다.

| 표 6 | 역대 국회의원 상임위원회 소속 현황(1~10대)

포부(과제)	국회 운영	예산 결산	법제 사법	외무	내무	재무	경제 과학	국방	문교 공보	농수산	상공	보건 사회	교통 체신	건설
여성의원 소속회 수	–	2	–	10	3	1	–	3	13	6	1	19	2	1

주 1: 1대에서 10대까지 여성의원 총 38명(중복된 여성의원 별개로 계산)이 61개의 상임위원회에 소속(중복된 상임위원회 별개로 계산)된 것으로 계산하였음. 따라서 연임 등으로 동일한 위원회에 소속되었어도 국회의 대수가 변경되면 2회로 계산하였으며, 한 의원이 임기 중 위원회를 변경한 경우 별개의 상임위 소속 회수로 계산하였음.
주 2: 유사한 명칭의 상임위원회는 같은 위원회로 간주하였음.
출처: 김원홍 외(2001), 『해방 후 한국 여성의 정치참여 현황과 향후 과제』, 한국여성개발원.

2. 삼종지도의 투표 행태

당시의 여성은 아직껏 개인으로서 자기 정체성이 형성되지 않은 상태였기 때문에 선거의 참여와 여성의 정치세력화는 거의 찾아보기 어려웠다. 1950년 5 · 30총선을 맞이하는 여성계의 입장은 진정한 여성해방, 남녀동등권을 확보하기 위한 것이었다.

> 남녀동등권, 여성해방을 부르짖고, 피투성이가 되어 과거 수개성상을 두고 투쟁한 결과가 겨우 한 명만의 국회의원을 정치 무대에 내어 보내기 위해서였든가. 그렇다. 우리 천5백만 여성의 대가는 너무나 적었든 것이다. 단한 명의 국회의원이 선출되었다는 이 사실은 아직도 남성 전체가 여성에 대한 인식이 부족하였다는 것도 있거니와, 그 원인은 여성 자체에 있었던 것이다. 다시 말하면 한 가족의, 아니 남성의 식모요, 침모요, 종 … 으로서 아직도 자기의 위치를 그대로 두고, 그 환경의 한계 내에서의 생활을 감수하는 결과밖에는 안 되었다는 것이다. … 이번 선거 때에는 우리 여성은 분연히 이러서서 절대다수의 여성 국회의원을 우리 국회에 보내여 여권 옹호와 명실공히 남녀동등권을 사회에서 차지하여야 할 것이다.[62]

자유민주주의 제도로서 남녀 차별 없이 선거권이 부여되었지만 여성유권자의 의식이 여기에 걸맞게 변화되지는 않았다. 여전히 남편 혹은 아들의 의견을 따르는 전근대적이고 타자화된 투표 행태를 나타내고 있다.

> 여성들은 자기들의 이야기를 남편들의 얼굴 가운데서 만들어냈고 자기들의 행동을 그들의 시선에서

62 유각경, 여성과 정치, 『부인경향』 1950. 5.

찾으려 했던 것이다. 평등은 법률에 있는 것이 아니라 자각에 있고 정치는 위정자의 독단이 아니라 바로 우리들의 것이며, 또 정치의 영향은 위정자의 출세와 몰락에 있는 것이 아니라 밥 한 그릇에 국 한 그릇 먹는 우리들의 하찮은 밥상에 있는 것이다.[63]

이러한 삼종지도三從之道의 투표 행태는 동원되기도 쉽지만, 그런 만큼 쉽게 포기하는 투표이기도 하다. 1960년 영일 을구 재선거구에서 부인끼리 투표장에 오면서 '잘못 찍으면 손해본대이 …'라는 대화를 나누고 있다. 이는 동회에 쌓여 있는 밀가루를 타 먹으려면 표를 잘 찍어서 보여야 한다는 것이었다.[64] 아울러 1960년 3·15 총선에 대비하여 서울시 당국은 대한부인회 지부장 등 280명의 부녀자를 동원하여 아홉 대의 관용차로 능암동 시립아동보호소의 운영 상황을 시찰시킨 후 시청 구내 식당에서 점심을 대접하는 등 대대적으로 여성 표를 동원하였다. 또한 일반 농촌 여성이나 도시 근로여성이 이 투표권 행사에 관심이 없었음은 말할 것도 없고 귀중

1960년 시국관과 생활관을 보여 주는 고바우 만화

선거에 동원되는 여성단체(동아일보 1960. 2. 5)

한 자신의 권리를 헌신짝처럼 소홀하게 내던지는 것이 보통이었다.[65]

　1950년대 여성유권자의 투표 행태에 관한 체계적인 여론조사는 없으나 도시의 젊은 여성층을 중심으로 시행한 조사결과에 의하면 전반적으로 전근대성을 보이고 있다.[66]

　　동 조사에서 25개의 질문 중 정치의식을 추론할 수 있는 3개 항목의 조사결과는 〈표 7〉, 〈표 8〉, 〈표 9〉와 같다. 3개의 항목 중 '가정에서의 주요 결정권이 어디에 있는가'라는 질문

63 이태영, 현대 여성은 지성을 상실했는가, 『여원』 1960. 7.

64 동아일보 1960. 1. 27.

65 동아일보 1960. 3. 2.

당신은 무엇으로 생활을 즐깁니까?

대답이 없는 것	그저 그렇다	기타	없다	산보	아이들의 성장	일을 통해서	영화나 음악 감상	독서	종류
2	9	5	3	5	8	6	38	24	%

순서

집안에 문제가 생기면 누구의 의견으로 결정합니까?

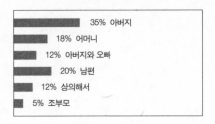

35% 아버지
18% 어머니
12% 아버지와 오빠
20% 남편
12% 상의해서
5% 조부모

여자는 가정에만 있어야 한다는 의견과 사회활동도 해야 한다는 의견이 있는데 어느편을 찬성하십니까?

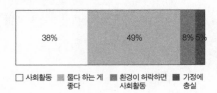

38%　49%　8% 5%

☐ 사회활동　■ 둘다 하는 게 좋다　■ 환경이 허락하면 사회활동　■ 가정에 충실

여자의 결혼 후 직장 생활을 어떻게 생각하십니까?

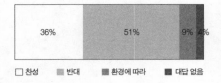

36%　51%　9% 4%

☐ 찬성　■ 반대　■ 환경에 따라　■ 대답 없음

결혼 상대자의 직업은 무엇이 제일 좋습니까?

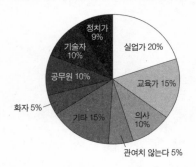

정치가 9%
기술자 10%
공무원 10%
화자 5%
기타 15%
실업가 20%
교육가 15%
의사 10%
관여치 않는다 5%

영화를 한 달에 몇 번이나 봅니까?

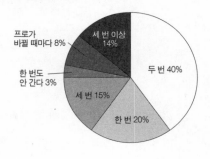

프로가 바뀔 때마다 8%
세 번 이상 14%
한 번도 안 간다 3%
두 번 40%
세 번 15%
한 번 20%

연애 결혼과 맞선 결혼의 어느 것을 찬성하십니까?

70%　20%　5% 5%

☐ 연애 결혼　■ 맞선 결혼　■ 둘다 찬성　■ 글쎄요

당신은 어느 정당을 지지하십니까?

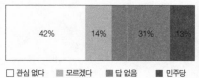

42%　14%　31%　13%

☐ 관심 없다　■ 모르겠다　■ 답 없음　■ 민주당

출처: 집단조사: 젊은 여성들의 생활과 의견(『여원』 1957. 1. 132~144))

| 표 7 | **자발적인 의사결정 수준** (단위 : %)

질문	아버지	남편	아버지와 오빠	어머니	상의	조부모
집에 어떤 문제가 생겼을 경우 누구의 의견이 결정적입니까?	35	20	12	18	10	5

출처: 집단조사: 젊은 여성들의 생활과 의견(『여원』 1957. 1. 132~144))

| 표 8 | **여성의 사회 참여** (단위 : %)

질문	가정에 충실	사회활동	둘 다 하는 게 좋다	환경이 허락하면 사회활동
여자도 사회활동을 해야 한다는 의견에 찬성하십니까?	49	38	8	5

출처: 집단조사: 젊은 여성들의 생활과 의견(『여원』 1957. 1. 132~144))

| 표 9 | **지지정당** (단위 : %)

질문	관심없답	모르겠다	무응답	민주당
당신은 어느 정당을 지지하십니까?	42	14	31	13

출처: 집단조사: 젊은 여성들의 생활과 의견(『여원』 1957. 1. 132~144))

에 대해서 여성 응답자의 67퍼센트가 집안의 주요 결정은 남자가 한다고 답변하였다. 물론 이것은 여성 응답자 자신이 남성의 의견에 따른다기보다는 주요 결정이 남자 중심으로 이루어진다는 객관적인 의사결정 구조와 환경을 말해주는 조사결과다. 따라서 이 조사결과에서 '자발적인 투표 행태'를 추론하기는 약간의 무리가 따른다. 그러나 일상적인 삶에서 주요 문제를 결정하는 데 남자의 의견이 결정적으로 반영되는 가부장적 구조는 투표시 후보자의 선택 과정에도 영향을 미칠 것이라는 추론이 가능하다.

66 여원 편집부는 여성의 생활과 의견을 조사하기 위해 25개 문항을 작성하여, 도시의 젊은 여성 500명에게 질문지를 보냈다. 이 중 193통이 회수되었고, 특히 가정주부들이 비교적 많이 회답해 주었다. 피응답자의 연령 구성은 다음과 같다. 18~20세 9명; 20~25세 118명, 25~30세 39명, 30~35세 18명; 35세 이상 9명(여원 편집부, 집단조사: 젊은 여성들의 생활과 의견, 『여원』 1957. 1. 132~144).

여성의 사회활동에 대해서는 가정에만 충실해야 한다는 의견보다는 어떤 형태로든지 사회활동을 해야 한다는 의견이 약간 앞서고 있다. 그러나 전체적으로 약 반 수가 가정에 전념하는 것을 바람직한 여성상으로 보고 있다.

그 당시 국회의원 총선거에서는 일반적으로 정당보다는 인물을 보고 투표할 것을 호소하는 분위기였다.[67] 정당과 관련한 문항에서 볼 수 있듯이 무응답을 포함하여 총 87퍼센트가 정당에 대한 무관심을 보여 준다. 그리고 지지 정당이 있다고 표현한 응답자는 모두 민주당을 지지하였는데 이는 당시 자유당에 대한 반감이 극에 달했기 때문이다. 그러나 이상과 같은 전근대적인 투표 행태는 1960년대로 나아가면서 보다 합리적이고 발전적인 전환을 맞게 된다.

3. 전쟁 극복 과정과 부녀 보호 정책

전쟁의 영향은 모든 계층에 동일하게 나타나지 않았으나, 기존의 역사적 해석은 한민족 전체가 동일한 경험과 의미를 공유하는 것으로 전제하곤 했다.[68] 그러나 전제되고 있는 것과 실제 역사적 주체가 경험한 것은 상이하며, 특히 여성이 경험한 전쟁의 의미는 더욱 다르다. 전쟁은 전통적인 성 역할 규범을 변화시켰다. 6·25전쟁은 여성의 삶과 전통적인 성별 규범 그리고 국가의 여성정책 등을 어떻게 변화시켰을까?

전쟁을 극복하는 여성의 모습으로부터 당시 국가의 주요 정책과 사회경제적인 상황을 도출해 볼 수 있다. 1950년 전쟁에 이은 1952년

67 1958년 4대 총선을 앞두고 송금선은 "당에만 치우치지 말고 인물 본위로 선거해야 합니다. … 또 여자 후보를 적극 지지해야 하겠습니다"(『주부생활』 1957. 4). 이건혁 역시 "인물 본위로 깨끗한 한 표를 던지기 위해서 지금부터라도 노력하도록 권하고 싶다"(『주부생활』 1957. 4)고 인물 본위 투표를 강조하였다.

68 윤택림(2003), 『한국의 모성』, 지식마당.

처절한 피난길(1950)

의 극심한 가뭄으로 인한 흉년, 전쟁 후 인플레와 물가 앙등, 1957년 미
국의 원조 삭감, 1959년 태풍 사라호 등은 피난민과 이재민을 증대시켰
고 가족을 해체시키는 등 사회구조적인 변동을 초래하였다.

휴전보다 급한 식량문제 1953년 임시 수도 부산에는 각지에서 몰려든
피난민으로 발 디딜 틈이 없었는데, 1, 2월부터는 서울 환도설이 나돌아
술렁였다. 전쟁과 가뭄으로 배고픔의 고통은 너나 할 것 없이 전국적인
현상이었다. 그러나 구호대책은 주로 도시 중심으로 이루어졌기 때문에
농민의 배고픔은 상대적으로 더욱 컸다. 더구나 수송난까지 겹쳐 부산

낙동강변을 따라 남하하고 있는 일가족(1950)

부두에는 쌀이 썩어 나갔지만 농민에게는 돌아가지 않았다.

1953년 도별 식량 문제에 관한 국회 조사보고는 두 가지의 공통된 문제점이 있었다. 첫째, 구호양곡이 문서로만 배정이 되고 현지에 도착되지 않았다는 점, 둘째, 구호양곡은 유상이기 때문에 설사 현지에 도착한다 하더라도 농민은 현금이 없어 구매할 수 없다는 점이다.

첫째 문제와 관련하여 임영신 의원은 당시 누적된 10만 톤의 양곡을 20일 안에 모든 부처의 트럭을 동원해서 농촌에 보낼 긴급대책을 세울 것을 제안하면서 이 절량농가 문제는 휴전문제보다 더 급박함을 언급하였다.[69]

둘째는 구호대책이 구호농민에게 실제 혜택이 되었는가의 문제다. 도시에 비해 농촌의 장정은 상대적으로 출정이나 보국대에 많이 징용, 징집되었다. 특히 충남 어느 농가의 마흔 살 가량된 부인은 "남편은 일선노무자로 나가고 아들은 군인으로 나갔는데, 자기는 토지가 댓마지기 있으므로 세농이 아니라고 해서 그것마저 못 타먹었다"고 토로하였다. 구호미의 배급도 어렵고, 구매도 어렵고, 더군다나 구호의 대상이 되는 것도 어려운 상황이었다. 실제로 구호미를 사먹을 능력이 있는 사람은 구호대상도 아니기 때문에 이러한 구호대책은 구호대상자에게는 거의 도움이 안 되었다.

창원군 내에서도 대표적인 한해旱害 지구로 불리우는 동면 일대의 절량 마을에는 40여 명을 헤아리는 부황증 환자가 잇달아 발생하고 있는가 하면, 굶주림에 지친 어린애들은 시력마저 줄어들어 '엄마 … 눈앞이 캄캄해' 하는 비명이 나오고, 춘궁기가 닥치자 부쩍 늘은 처절한 절량민들은 그래도 주린 창자를 메우기 위해 오

69 2대 국회 15회 정기회, 1953. 5. 26.

늘도 초근을 찾아 산과 들을 헤맨다.[70] ; 음력 섣달 그믐날 아이를 난 그녀는 집도 없는 처지에 이웃의 단간방을 빌려 순산하였다. 그 후 이틀 동안 동네 사람들이 불을 들이고 미역오리를 보내주어 첫국밥은 먹고 지냈으나 사흘째부터는 다시 끼니가 막연하게 되었다 … 한겨울을 맨발로 네 살짜리도 나물캐러 가고 … 남편은 보다 못해 뛰어나간 채 소식 없고 ….[71]

농촌에서 대다수의 청장년이 징용, 징병으로 끌려간 상황에서 농촌 여성은 힘겹게 보릿고개를 넘겨야 했다. 당시 의원의 보고에 의하면 절량 농가 중 쑥이나 풀에 약간의 곡식을 넣어 먹으면 상부류에 속했고, 대부분은 주로 겨나 짚 혹은 흙에 물을 섞어 주린 배를 채워가며 보릿고개를 넘겼음을 알 수 있다. 이러한 보릿고개는 전쟁 후에만 나타난 일시적 현상이 아니었고 전쟁 이전에도 이후에도 지속적으로 반복된 구조적인 문제였다.

계 소동과 '사설계 해체 명령'

광주에서 이러난 사건은 퍽 비참합니다. 신문지상에 발표된 숫자로 말할 것 같으면 그와 같이 많지 않다고 하지만 자살한 부인이 17명입니다. … 그러면 경찰에서 이것을 여러 가지 면을 참작해서 처리해야 되는데 졸지에 일시에 청천벽력으로 전부 해산을 명령했다 말이에요.[72]

1955년은 계 소동으로 사회 전체가 흔들렸다. 당시 계는 참여한 사람의 80퍼센트가 여성이어서 '부인계'라는 통칭이 생길 정도로 광범한 사회현상이었다.[73] 그러나 계바람은 주부

70 서울일일신문 1961. 3. 27.
71 한국일보 1961. 3. 27.
72 김준연 의원, 3대 국회 19회 본회의, 1955. 1. 19.
73 안순덕(2002), 『1950년대의 도시부녀자 계소동 일고찰』, 성균관대학교 석사논문.

의 무계획적인 허영이나 사치스런 금리 생활 때문은 아니었다. 그보다는 전쟁을 극복하는 과정에서 직접적인 생계를 여성이 부담하는 경우가 많아지면서 주부는 경제적 자립을 해야 했고 그 주요 수단의 하나가 계를 통한 것이었다. 따라서 계 파탄의 주요 원인은 가정주부 개인의 허영과 사치에 기인하는 것이 아니라 다음과 같은 사회·경제적인 요인에 의한 것이었다.

첫째, 계 파탄은 전쟁 후 통화팽창을 억제하기 위한 물가안정 정책에 기인한다. 그러나 물가안정을 위한 '저금리'는 이중으로 고물가 인플레의 촉진을 낳았고, 특권층에 인플레 이득을 독점시킴으로써 소득 구조의 불균형과 구매력의 편재로 인플레를 가일층 악화시키고 말았다. 그 결과 구매력의 편재는 투기와 고리에 동원할 수 있는 '소득 계층'과 생계비 앙등과 실질소득이 줄어든 '서민대중'이라는 양대 계층을 발생케 하였다.[74]

둘째, 서민대중과 동떨어진 금융정책에 기인한다. 1954년 3월 말 계 규모는 100억 환인데 비해 금융기관 예금은 166억 환, 대출금은 180억 환이었다. 이 숫자는 이미 금융의 주도권이 금융기관에서 계로 넘어 갔음을 의미한다. 당시 계에 비해 금융기관의 융자 액수는 너무 적었고 100만 환 이상의 액수에 편중되어 서민금융을 무시하고 있었으며, 100만 환 이상의 경우도 공적 부문에 편중되었다. 이러한 융자 정책은 계를 성행시켰으며 서민층은 자구행위로 계에 의존하였다.

셋째, '휴전회담'과 '서울환도설'이다. 휴전회담이 시작되자 상업자금과 생산자금의 수요는 늘었고 인플레로 인한 투기적 자금 수요도 급격히 늘어 사금융이 다시 성행하기 시작하였다. 계의 유통 분야는 상업자금, 소규모 생산자금에서 소비자금에 이르는 민간 활동의 전 분야에

74 국회 진상보고서, 3대 국회 20회 본회의, 1955. 3. 31.

이르렀다. 계의 금리는 고리대금의 금리보다는 훨씬 낮았기 때문에 주요 자금조달원이 되었다.

넷째, 한미협약에 따른 화폐 공급량의 한정에 기인한다. 계는 높은 이율의 복리제도를 채택하기 때문에 계에 의한 증식 이식도 무제한으로 팽창되어야 할 것이다. 그러나 계에 흡수될 화폐수량은 사회의 유통 가능 화폐로 한계가 정해져 있다. 따라서 계의 팽창은 필연적으로 붕괴와 파탄을 초래하게 된다. 특히 한미협약에 있어서 1년간 대출할 수 있는 증가한도액은 불과 50억 환

계소동, 의정단상에 파급(조선일보 1955. 1. 20)

이었기 때문에 매월 평균 4억 환 이상 늘 수 없는 상태였다. 그런데 1954년 3월 말, 계는 모든 금융기관의 대출 증가액의 두 배 반을 차지하였다.[75] 이런 상황에서 통화량의 유통보다 사설계에서 유통되어야 할 화폐량이 많았고, 그 결과 계는 파탄에 이를 수밖에 없었다.

다섯째, 1954년 3월부터 5월 총선거에 대한 선거 비용으로 막대한 곗돈이 정치권에 흡수되기 시작하였는바, 정치자금화된 곗돈은 당선여부를 고사하고 자체적으로 회수가 곤란하여 계 운영을 또한 어렵게 만들었다.[76]

이와 같은 요인 탓에 1955년 '계 소동'은 거

75 김영선 의원, 3대 국회 20회 본회의, 1955. 3. 31.

76 안순덕(2002).

1955년 계 파탄을 풍자한 고바우 만화

의 전국적인 규모로 일어났다. 특히 광주 지역은 전체 계의 약 85퍼센트가 파탄되었다. 1954년 8월 광주 시내에 연이은 계 파탄을 해결하기 위해 광주경찰서장은 동년 10월 25일에서 11월 25일까지 한 달 내 채권채무관계를 청산할 것을 행정조치로 명령하였다. 그러나 사설계라는 것이 본래 자유계약의 원칙에 입각한 조합적인 성질의 것으로, 광주경찰서장의 '사설계 해체명령'은 법적 근거가 없는 불법부당한 것이며 더욱이 1개월이란 단기간을 정하여 강제해체를 명령함으로써 10월 25일 이전에 이미 파탄된 것은 고사하고라도 순조롭게 진행 중이던 계마저 해체해야 할 운명에 빠졌기 때문에 혼란을 가일층 촉진시켰다. 경찰에서 엄중처단한다는 방침에 따라 채권회수에 혈안이 된 채권자동시에 채무자는 가택침입 또는 폭행, 가옥의 강탈 심지어 권력기관을 이용하기도 하였다. 부도덕 또는 불법행동으로 준법정신은 미약해지고 사회정의의 존재를 의심할 지경에 이르렀다. 채무자는 경찰에서 문초를 당하였고 문초를 당한 채무자는 채권회수를 하여야만 의무이행이 가능하므로 타지로 도피하거나 자살, 또는 정신이상자가 되었다.

> 부인들이 서로 자기의 받을 것을 받아야 줄 수 있는데 … 광주 시내의 부
> 인들은 이와 같이 4천 명이나 되는 부인이 자기의 집에서 자는 부인이 없는
> 이런 현상을 나타내고 있습니다 …. 자살자 6명, 자살미수 3명, 정신병자 3
> 명, 이혼 20명 등 …. 이 혼란이 광주에서 파급되어 순천, 여수, 목포로 가고
> 한 도道를 넘어서 전주, 군산에서 벌써 자살자가 6명이 났다는 소리를 듣고
> 있습니다 ….[77]

국회의 진상조사 결과 광주 시의 계 파동은 경찰서장의 인위적인 계해
체 명령에 기인하므로 '경찰 등 소위 권력기관은 차후 어떠한 민사관계
에도 관여하지 못하도록 할 것이며 더욱이 채권채무청산관계에는 경찰
의 관여를 일체 불허하게 할 것'을 주요 건의안으로 제시하였다. 그러나
김철안 의원은 경찰이 손을 뗀 다음의 구체적인 조치가 있어야 함을 역
설하였다.

> 부녀자들이 전부 보따리를 싸들고 광주 시내를 텅 비어 놓고 돌아다니는
> 것입니다. 그래서 애들은 고아가 되어서 거리를 돌아다니는 이러한 기맥힌
> 현실이란 말이에요. 이들이 좌우간 집에 들어가서 살림을 살게 만들어 주어
> 야 되겠단 말이에요. 조사위원께서 수고를 해주셨으나 경찰이 손을 뺀 다음
> 의 대책이 있어야 되겠다 이 말이에요. 그러니
> 민간정책위원회를 만들어 가지고 자치적으로
> 해결해 달라든지 또는 정부에다 어떻게 건의
> 해서 여기에 대한 융자정책을 …[78]

77 정성태 의원, 3대 국회, 19회 임시회, 1955.
  1. 19.
78 김철안 의원, 3대 국회, 20회 본회의, 1955.
  4. 1.

| 표 10 | 미망인 부양가족 수

연도	미망인 총수	자녀가 있는 미망인	자녀가 없는 미망인	자녀 외 노부모 부양자
1955	492,591	423,419	31,248	37,924
1956	499,709	422,106	34,971	42,722
1957	425,090	358,735	26,327	40,028
1958	429,809	365,416	26,530	37,863
1959	507,995	436,722	30,093	41,180
1960	549,694	478,242	30,673	40,779

출처: 보건사회부(1964), 『보건사회백서』, 191.

이처럼 계 파탄을 통해서도 전쟁 후 가정경제의 중심이 된 주부의 삶을 재조명할 수 있다. 전쟁 후의 물가안정정책과 저금리정책, 소수를 위한 특혜금융정책 등 여러 정책의 부정적인 결과가 계 파탄으로 드러났다. 따라서 계 파탄의 중심이 되었던 평범한 주부들은 자기도 모르는 사이 국가정책의 최대의 희생자가 된 것이다. 그러나 사회적으로는 가정을 박차고 계 모임이나 다니면서 사치를 하는 자로 비난하였다. 계 파탄으로 희생된 여성 역시 파탄의 주 원인이 국가의 경제정책 등의 실패에 기인함을 인식하지 못하였다.

전쟁미망인 등의 삶과 국가정책의 괴리   1951년 8월 당시 전재민 수는 총인구의 38퍼센트에 이르는 782만 명으로 추산된다. 이러한 전재민은 전쟁 이후 판자촌을 중심으로 하는 도시빈민집단을 형성하였다. 1950년대 이촌향도의 물결은 농촌의 파탄과 전쟁으로 인한 전재민의 대거 유입에 기인한다. 도시에 유입된 전재민은 약 220만여 명으로 추산된다.[79] 도시에 유입된 전재민 중 〈표 10〉에서 보는 바와 같이 1950년대 후반 미망인

위 | 광복 당시 남대문시장 풍경(1945)
아래 | 부산 국제시장의 여성 상인들(1951. 6)

의 수는 약 40~50만 명에 이르렀으며, 그 중 다수가 전쟁미망인이다.

이들 전재민의 상당수는 전쟁으로 월남한 여성을 포함한 것으로 추정된다. 이들은 생계책임자로서 힘들게 생업에 종사하였다. 당시 남대문 자유시장[80]은 주로 월남민이 모여 장사를 한 곳이었다. 동대문시장이나 남대문시장 등에서의 상권은 이들 여성이 장악하였다.

처음에는 나한테 있는 반반한 미천을 삼어 가지고 가정에서 생활난으로 들고나오는 저고리 치마감 같은 것을 사서 도로 파는 '데도리' 장사를 하였습니다.[81] ; 그리하여 콩나물 장사, 미역 장사, 더덕 장사부터 시작해서, 양담배 장사, 양주 장사, 양과자 장사, 딸라 장사, 양말 장사, 나이론 장사, 좌우옆 포목전의 주단이 모두 다 묘령의 처녀가 아니면 허우대 좋은 점잖은 중년부인들이다 … '오마니'는커녕 묘령의 색시들도 부끄럼없이 '무엇을 사가시랍니까' '참으로 싸디오' 하고 손님을 붙잡아서 물건을 사게 만든다. 이들은 귀부인 상인이라고나 할까. 상권은 완전히 여자에게로 넘어가고 말았다.[82]

그러나 이들에 대한 사회적인 편견과 왜곡된 국가정책 등은 이들 여성의 삶을 부정적으로 묘사하고 있다. 다음은 한 미망인이 당시 미망인을 대상으로 한 영화를 본 후의 느낌에 대한 묘사다. 사회는 미망인의 구체적인 삶의 모습을 보려 하지 않고 이들을 육체적인 욕구만 갈망하는 존재로 재단하고 있다.

79 이영환, 해방 후 도시빈민과 4 · 19, 『역사비평』 1999 봄호.

80 자유시장이란 말은 지금은 고유명사가 되었지만, 당시는 미제품이 거래되는 곳을 가리키는 말이었다(조풍연, 말씨: 〈해방〉에서 〈재개봉〉까지, 『여원』 1959. 8, 77~85).

81 김춘실, 나는 이렇게 살아간다! 월남 여성의 생활감투기, 『부인경향』 1950. 2.

82 박종화, 해방 후의 한국 여성, 『여원』 1959. 8.

:::
전쟁 미망인의 행로(동아일보 1955. 6. 26)

팔령회八鈴會의 불쾌감: 정비석의 〈유혹의 강〉은 미망인의 이야기라 해서 구미가 동했다. 이 영화에서는 팔령회의 여덟 여성 모두가 다만 육체적인 고민에서 빚어내는 추태와 여성으로서의 약점을 노골화한 데 대한 불쾌감이라 할까 감상의 수확은 수모감뿐이라 하겠어요. 좀 더 꿋꿋이 사는 강한 여인상을 주제로 한 것이었으면 좋으련만 정말 비위에 거슬리는 영화였지요.[83]

이러한 왜곡된 인식은 관련 정책에서도 발견된다. 미망인에 대한 사회적 규정은 '보호의 대상'이며 성적으로 '규제되어야 하는 대상'이었다. 이들은 남편이 부재한 상태에서 독립적인 가장의 역할을 하고 있었음에도 불구하고 죽은 자 혹은 행방불명자의 아내로 규정되었고 군경유족연금법에 의해 재혼을 통제받았다.[84] 미망인을 위한 대표적인 정책은 군경유가족의

83 이계현, 미망인의 수기: 꿈속에서라도 돌아오소서, 『여원』 1959. 6.
84 이임하(2000), 한국 전쟁이 여성생활에 미친 영향: 1950년대 '전쟁미망인'의 삶을 중심으로, 『역사연구』 2000.

이발 기술을 배우는 미망인(서울모자원)

연금정책과 모자원 설치 등을 들 수 있다.

　그러나 첫째, 군경유가족의 연금정책은 이들 미망인을 위한 정책이 아
니라 유가족을 위한 정책이었고 미망인에 대한 사회적인 통제장치로 작
용하였다. 1952년 '전몰군경유족과상이군경연금법'에 의하면, 연금혜택
자는 전몰군경의 조부모, 부모, 배우자^{사실상 배우자 포함}, 자녀 등이었다. 전몰
자의 배우자^{미망인}가 다른 사람과 혼인하거나 자녀가 결혼할 경우 그 권리
가 박탈되었다. 이러한 규정은 미망인이 재혼할 수 없는 경제적 규제로
작용하였다. 이는 조선시대 수신전^{守信田}의 지급으로 과부의 재가를 통제
하던 모습과 유사하다. 그 당시 사대부층의 과부가 재혼할 경우 수신전

의 혜택을 더 이상 받을 수 없었으며, 자손의 벼슬길이 막히는 등의 제재가 수반되었는 등[85] 과부의 수절을 강요하는 가부장적 억압 구조가 경제적 규제 장치로 작용하고 있었던 것이다.

둘째, 보건사회부는 거처할 곳이 없는 미망인을 임시 수용할 수 있는 '모자원'[86]을 설치하였다. 또 거처할 곳이 있는 자를 대상으로는 '수산원'을 설치하여 이들의 자립을 위한 기술을 가르쳤다. 그러나 이들 시설은 미망인을 수용하기에는 턱없이 부족하였으며 상징적으로 존재하는 정도에 불과했다.[87] 그럼에도 이들에 대해 숭고한 모성애를 강조하면서 사회적 통제를 하였다. 여성 역시 이러한 희생정신을 모성애로 철저히 내면화하였다.

사회와 국가가 그들에 대한 뒷받침을 못해 줄 뿐더러 봉건적 윤리도덕 관념으로 그들의 행동에 감시의 눈초리를 돌린다… 남자의 경우 새로 맞은 아내에게 아이가 달렸을 경우 그 아이를 좀처럼 받아들이려 하지 않는다. 이런 모순이 한국 여성으로 하여금 재가할 꿈도 못 꾸게 하는 연유가 된다. 한국 여성의 모성애야말로 그들 스스로가 자신을 구제하는 유일한 길이 된다.[88]; 개성 땅에서 공습을 받아 피하고 보니 … 애 아버지는 개성의 이름모를 산모퉁이에서 세상을 떠났습니다 … 나의 일과는 아침에 일어나 시아버님 상을 보아드리고 애

85 조은, 모성, 성, 신분제: 〈조선왕조실록〉 '재가금지' 담론의 재조명, 『사회와 역사』 51, 1997 봄.

86 보건사회부에서는 1953년 8월 1일 '국립중앙전재미망인수용소'를 발족하였으며, 1954년에는 명칭을 '모자원'으로 개칭하였다(이는 1963년 11월 16일 '국립부녀직업보도소'로 개정되어 10여 년간 전재미망인과 그 자녀들을 구호하였으며, 1983년 '국립여성복지원'과 통합되어 현재의 '한국여성개발원'이 되었다). 1956년 국립모자원은 27개소에 불과했으며, 보사부는 전재미망인을 위한 사설모자원의 설치를 적극 권장하였다.

87 1958년에 이르면 모자원 60개소, 자매원 6개소, 수산장 87개소 등에 미망인 4,987명과 자녀 4,505명을 수용할 수 있었다. 그러나 이곳에 수용된 미망인과 자녀들은 전체 미망인의 겨우 2퍼센트에 해당하는 실정이었다(이상록(2001), 위험한 여성, '전쟁미망인'의 타락을 막아라, 여성사연구모임, 『20세기 여성 사건사』, 여성신문사).

88 정충량, 미망인의 유혹, 재가, 딸린 아이, 『여원』 1959. 6.

들을 학교에 보내고는 그저 밥 한술 뜨는 둥 마는 둥하고 집안일을 대강 보살피고는 상점으로 나오는 것입니다 ⋯ 나는 그 애들의 한 부속물로서 애들의 성공을 도와서, 즉 자식들의 성공이 나의 성공이니 자식 둔 어머니로서 그 이상 더 바랄 것이 무엇이 있겠습니까.[89]

'전시생활개선법'과 '유엔마담' 1951년 7월 7일 국회는 전쟁 중 '전시생활개선법안'을 두고 열띤 공방을 벌였다. 논쟁의 초점은 제6조 '전시 중에는 음식점에서 노역에 종사하지 않고 접객만을 주로 하는 부녀자를 사용할 수 없다'는 조항과 부칙 2조 '정부는 외국인 접대에 관하여 필요할 때에는 당분간 특례를 둘 수 있다'는 조항이었다.

공창이 미군정 당시 법률로 폐지되었지만 여전히 사창의 형태로 온존하고 있었으며, 피난 당시 부산에는 약 3만여 명의 접대부가 있었다. 국회 논쟁의 핵심은 접대부에 대한 규제를 법으로 할지 행정조치나 국민운동으로 할지에 대한 것이었다. 그러면서도 국회는 외국인 접대의 필요성을 인정하면서 부칙 조항에 대한 정치적 결단이 필요함을 역설하였다. 전쟁 중 군과 외국인 매춘의 필요성을 인정하는 것은 남성화된 국가의 모습을 보여 주는 대표적인 사례다.

이 전쟁을 수행해 감에 있어서 한국에 오는 외국 손님을 가장 유효히 접대함에 있어서는 그 필요한 현 단계에 요청되는 면을 정치적인 의도로 보아서도 필요하다.[90]; '외국인 접대에 관하여 필요하다고 인정할 때에는 대통령령의 정하는 바에 의하여 특례를 둘 수 있다.' 이렇게 되어 있는데 여기에다가 군을 상대로 하는 이러한 기관에 대해서는 외국인

89 임명숙, 미망인의 수기: 다시는 나같은 사람이 없기를, 『여원』 1959. 6.
90 사회보건위원장, 2대 국회 11회 임시회, 1951. 7. 7.

상대와 같이 특례를 두어야 될 것입니다.[91]

이 법안은 다시 수정안이 제출되어 제4조 '전시에 있어서는 특수음식점 영업을 할 수 없다. 단, 특수음식점 영업의 범위는 대통령령으로 정한다'의 문구로 통과되었다. 대신 부칙 3조 '외국인 접대에 필요하다고 인정할 때에는 대통령령의 정하는 바에 의하여 당분간 특례를 둘 수 있다'는 법안을 삭제하였다. 접대부를 법률상으로 인정하지 않으면서도 제4조 특수음식점의 범위를 대통령령으로 정할 수 있게 함으로써 사실상 같은 효과를 볼 수 있도록 통과시켰다. 즉 동 법안이 국민생활개선을 위해서 도덕적으로 완벽한 내용이어야 하므로 부칙 3조와 같은 조항을 법문상 나열하는 것은 위험하고 또 정당성이 없어 보이기 때문에 삭제하였다. 외국인을 상대하는 접대부를 허용하는 조치는 본문 조항 4조의 규정만으로도 충분하게 운용될 수 있다는 판단하에 재석의원 121명 중 가 87명, 부 0명으로 통과되었다.

> 아까 '전시에 있어서 특수음식점은 대통령령으로 정한다'는 조문을 살리면 이것은 부칙 3조 삭제하드라도 대통령이 필요하다고 해서 외국손을 접대한다든지 정부의 필요한 것을 인용한다는 것을 얼마든지 정할 수가 있을 것 같아서 우리나라의 법을 정하면서 외국손 접대한다는 것을 너무 분명히 살려준다는 것은 조금 국민생활 또는 개선에 있어서 재미 없는 줄로 생각하고 이것은 삭제한다는 것으로써 제 의견을 말씀드립니다.[92]

접대부의 상당수는 전쟁미망인이었다. 접대

91 김성식 의원, 2대 국회 11회 임시회, 1951. 10. 19.
92 박성하 의원, 2대 국회 11회 임시회, 1951. 10. 19.

부 중 특히 미군을 상대하는 자를 당시는 '유엔마담'이라 불렀다. 부산 해운대에는 1952년 7월 당시 368명의 '유엔마담'이 전국 각지에서 몰려 들어 영업을 하고 있었다. 이들 중 미혼은 122명에 불과했고 나머지 246 명은 기혼자였다. 246명 중 미망인이 101명, 출정자의 아내 52명, 사별한 과부 17명, 이전의 접대부 76명인 것에서 알 수 있듯이 상당수가 미망인 혹은 남편이 없는 기혼 여성이었다. 이들의 95퍼센트가 생활난으로 인해 '유엔마담'이 되었으며 가정불화는 불과 5퍼센트를 차지하였다.[93]

전재민과 전쟁미망인 대책과 이들을 보호하기 위한 각종 정책을 세우고 사회적인 지원을 하는 것은 1950년대 전반의 일반적인 모습 중의 하나였다. 그러나 전쟁미망인 중의 상당수가 '유엔마담'으로 살아가고 있음에도 불구하고 '유엔마담'의 필요성을 인정하는 정책은 국가의 성 윤리에 대한 이중적인 태도를 보여 주는 것이다. 사회적으로도 전쟁미망인에 대해서는 대대적으로 지원을 아끼지 않으면서 이들 '유엔마담'에 대해서는 미국인에게 매음을 하는 민족적 수치의 상징으로 여겨 비난했던 것이다.

4. 4·19혁명과 여성참여

1956년 대선에서부터 나타나기 시작한 민심이반은 드디어 1960년 3·15부정선거를 계기로 분출되어 정권이 와해되게 된다. 4·19혁명은 표면적으로는 이승만정권의 부정부패와 부정선거 및 인권유린에 대한 학생투쟁이 직접적인 계기지만, 그 이면에는 1950년대 한국 사회의 구조적 모순을 배경으로 억압 속에서 성장해 온 민중운동의 저력이 드러난 것이었다. 물론 국민 생활의 전반적인 파탄과 1957년 미국의 원조 삭감 이후의 경제불황 등도 주

93 엄효섭, 한국사회 10년사, 『사상계』 1955. 10.

3 · 15부정선거 시 3인조, 5인조로 구성된 투표 행렬(1960. 3. 15)

요한 계기가 되었다.[94]

　4 · 19혁명 이후 정치제도적 차원에서는 내각책임제로의 개헌이 기존의 헌법에 의거해서 국회 내에서 이루어졌다. 내각책임제와 양원제 국회를 중심으로 하는 개헌안은 국회에서 1960년 6월 15일 총 재적 의원 218명 중 211명이 기명으로 투표하여 208명의 찬성으로 확정되었다.[95] 개헌안 확정 후 남은 절　**94** 이영환, 1999.

차는 1960년 제5대 국회의원 선거였다.

7·29총선에 대한 여성의 기대 3·15부정선거와 4·19혁명으로 제1공화국은 와해되고 제2공화국 수립을 위해 1960년 7월 29일 총선이 실시되었다. 7·29총선은 혼돈과 혁명의 와중에서 다시 한 번 새 국가를 건설한다는 희망에 부푼 선거였다. 따라서 총선에 대한 여성유권자의 태도는 과거보다 훨씬 적극적이었다. 다음은 총선을 맞이하는 여성유권자의 태도다.

> 연령이 지나친 후보자는 피해야겠다. … 그리고 소속 정당이 있는 사람보다 개인적으로 애국심이라든가 인간적인 면을 찾으려 한다(천경자, 화가); 온 집안 사람이 정치에 대한 관심이 없기 때문에 선거 기간이 와도 서로 의견 교환은 없다. 본래 고집 때문에 남편이나 그 밖의 사람들의 말을 듣는 사람은 없지만 라디오 방송, 입후보자들의 강연회, 선전 인쇄물을 보기도 하고 그 사람의 과거도 바르게 알아보려 한다. 기성 정치인이나 무슨 정당 소속의 인물보다는 실력있고 참신한 새 사람을 보내고 싶지만 … (최순애, 가정부인)[96]

여성유권자의 투표 행태는 정당 중심보다는 인물 중심이다. 물론 인물 본위보다는 정당 본위로 투표하는 것이 바람직한 투표 행태이나, 정당정치가 아직 제도화되기 이전의 단계에서는 정당보다는 인물 본위로 투표하는 것이 훨씬 합리적이다. 또한 동 선거에서 여성단체와 여성유권자는 여성관련 문제를 구체적으로 인식하고 정책화해 줄 것을 기대하

95 4대 국회 제35회 임시회, 1960. 6. 15.
96 동아일보 1960. 7. 14.

위 | 3·15부정선거를 규탄하며 데모를
벌이는 부산 시내 여학생들 모습(1960)
아래 | 한 부인이 탱크 위에서 '이 정권
물러가라'고 외치고 있다(1960)

다신 안 속는다!
「여보 엉터리거든 그 파라치온을 뿌려요!」(農民의 夫人)

다신 안 속는다(『여원』 1960. 9)

고 있었다.

… 1960년 7월 2일 전국 30여 개의 여성단체 대표들이 대한YWCA연합회
에서 4·19 학생혁명을 보답하는 의미에서 이번 7·29 선거를 올바르게 하
자는 운동을 전개하기로 논의 결정하였다. 거기서 결정한 것이 "아내 밟는
자 나라 밟는다"라는 확신 아래 ① 우리는 축첩자에게 투표하지 않는다 ②
우리는 반혁명자에게 투표하지 않는다는 원칙을 세우고 그 실천을 위해서
노력하기로 하였다(김자혜, 대한여학사협회 총무; 무엇보다도 양심적인 인격을 갖춘 사
람을 찾는다… 한국 여성단체에서 외치고 있듯이 사생활이 시끄러운 사람

은 아니어야겠다[김한림, 여교사; 애국반인가 무언가 그 일제강점기의 지긋지긋한 잔재를 없앨 것, 산아제한을 성문화하여 주었으면 … 안석자.[97]

또한 총선에 대비하여 여성운동 지도자는 전근대적인 투표 행태를 경고했으며, 제5대 총선에 대비하여 여성 자신의 독자적인 투표를 함으로써 여성의 정치세력화가 가능하다는 주장을 박순천은 다음과 같이 피력하고 있다.

"… 새로운 여성사女性史를 위해 … 지금 우리에게 귀중한 것은 남성을 떠나서 독자적인 인간 행세를 해보는 것이 아닐까요? 나의 개성, 나의 주체성이 완성됨으로 인간으로서, 사회의 한 분자로서 커갈 수 있을 뿐더러 전체 사회발전을 가져올 수 있을 것이라 믿기 때문이다. 이번 7월 29일만은 우리들의 교양을 산 교양으로서 활용해 봅시다. 혈연 관계, 친분 관계, 금력 관계, 모든 봉건적 잔재를 씻고, 새로운 여성사를 내딛어야 하겠습니다."[98]

7·29총선의 좌절과 여성계의 단합 7·29총선의 총 입후보자 수는 무려 1,555명에 달하였으며, 이 중 여성 후보는 7명이었다. 그러나 기대와는 달리 총 7명의 후보자 중 민주당 박순천 의원만 당선되었다. 박순천 의원은 대통령 후보로도 출마하였다. 의원내각제를 채택한 제2공화국의 대통령 선출 방식은 의회의 간접선거였다. 8월 12일 대통령 선거에 민주당 구파의 윤보선 후보가 총 259표 중 208표를 획득하여 대통령에 당선되었다. 박순천 의원은 1표를 획득하는 데 그 쳤으나 최초의 여성대통령 후보였다는 점에서 의미가 크다. 7·29총선과 8·12대통령 선

97 여원 편집부(1960).
98 박순천(1960).

민의원 의원들의 선서. 앞줄 중앙이 박순천 의원이다(1960)

거 결과 오직 박순천 의원 1인만이 의회에 진출함으로써 여성주의적 투표가 자리매김하기에는 아직 많은 시간이 필요함을 볼 수 있다.

비록 선거에 의한 의회 진출은 실패했지만 주요 정책결정직 진출을 위해 여성계는 단합하기 시작했다. 1960년 한 해의 여성계의 활동은 어느 때보다도 활발하였다. 이들은 박순천을 보사부장관에, 법무부 사무차관

에 이태영을 등용하여 달라는 요청서를 정부에 제출한 바 있었고, 현석
호 내무장관이 전국의 군수를 임명할 때 시험삼아라도 각 도에 한 명씩
여성 군수를 발령하여 달라는 진정서를 제출한 일이 있었다. 이에 현 장
관은 "매우 이채롭고 흥미있는 일이다. 인선은 끝났으나 앞으로 고려하
겠다. 나의 재직시 이 일이 실행된다면 나도 확실히 혁명적이요, 혁신적
인 장관이 될 것이다"고 말했다.[99]

이렇게 민주당 정권에 대한 여성의 기대도 컸고 적극적인 참여의 움직
임도 있었지만 결국 자유당보다 못한 민주당이 되고 말았다. 자유당 시
절보다 더 어려운 조건에서 자유당 정치와 조금도 다를 바 없는 정치를
하고 있으니 자유당만도 못한 민주당이라는 말을 듣는 것도 당연했다.
"국민은 꿈을 상실하였다"고 민주당 소장의원들이 신풍회 운동을 일으키
는 것도 당연했다.[100] 결과적으로 이승만정권에서 여야의 정권투쟁이 민
주당 내의 신구파 간의 주도권 경쟁으로 나타난 것이다. 결국 민주당의
신구파 분열과 대립은 극한에 이르렀으며 장면 정부는 혁명적 과제를 수
행할 능력이 없는 허약한 정부였다. 이러한 제2공화국은 5·16군사정변
으로 쉽게 와해되었다.

'국민총화', '한국적 민주주의'와 여성

4·19혁명으로 수립된 제2공화국은 민주화
를 바라는 시민의 의지를 관철시키기에 너무
허약하였다. 그 결과 1960년 7·29총선을 거
친 제2공화국은 1961년 5·16군사정변에 의

99 동아일보 1960. 12. 15.
100 송건호, 역사적 대전환의 서막, 『세대』 1961.
   12.

해 붕괴되었다. 국가재건최고회의가 정한 2년 7개월 동안의 군정을 거쳐 1963년 12월 17일 제3공화국이 출범하였다.

1961년 군사정변으로 정권을 장악한 박정희 대통령은 집권 18여 년 동안 취약한 정권의 정통성을 확보하고자 지속적인 선거 조작을 통해 '제조된 다수'를 만들어 나갔다. 박정희정권은 선거 때마다 '국민총화'의 기치하에 만들어진 다수를 유지하기 위하여, 헌법과 선거법의 개정 등 '게임의 규칙'을 반복적으로 변경시켰다. 이와 동시에 선거를 전후하여 '자금', '조직' 및 '이념'을 보강시키면서 유리한 선거의 장을 마련하였다. 선거를 위한 자금의 확보를 위해서는 한일국교정상화와 베트남파병 강행 등의 무리수를 두었다. 또한 통반장 조직과 말단 공무원 조직을 이용하여 끊임없이 관제 민의를 창출해 나갔다. 안보 이념을 강조하면서 반대세력을 공산세력으로 몰아 탄압하면서 최소한의 정치적 균열 구조 속에서 선거를 실시하였다. 그 결과 집권당은 득표율과는 상관없이 의회 내에서 높은 의석율을 확보하였다. 제4공화국 때에는 유신정우회 제도의 도입으로 집권당은 선거와는 무관하게 2/3 의석을 안정적으로 확보하였다.

선거가 정권유지를 위해 권위주의적으로 운용되었지만, 다음과 같은 두 가지 기능을 하였다. 첫째, 1971년의 대선 및 총선과 1978년 10대 총선은 위기선거로서 결국은 정권의 와해를 초래하는 데 지대한 영향을 끼치게 되었다.[101] 둘째, 선거에 의해 무력해진 의회였지만 정권이 허용한 최소한의 공간 내에서 여성의원은 여성문제를 제안하였고 이러한 활동은 1980년대 본격적인 여성운

101 1978년 10대 총선에서는 제1야당인 신민당이 32.8퍼센트, 집권당이 31.7퍼센트를 득표함으로써 사실상 정권교체의 의미를 가진 선거가 되었으며, 이로써 허약해지는 정권은 결국 1년 후에 와해되었다. 이처럼 선거에 의해 정권의 중대변화나 와해가 초래되었다는 점에서 1971년과 1978년의 선거는 위기선거critical election였다.

동을 위한 기틀을 마련하였다. 정권에 대한 도전과 민주화의 요구 등이 허용되지 않는 강력한 권위주의 정권하에서 의회의 기능은 최소한으로 축소되었다. 그러나 정권에 도전하지 않는 정책 논의는 가능하여 여성의원 대부분은 보건사회위원회나 문교공보위원회 등에 소속되어 적극적인 여성정책 등을 제안할 수 있었다.

이처럼 이 시기는 국민총화라는 미명하에 다양한 갈등 구조가 허용되지 않았으며 온 나라가 근대화에만 매진한 시기였다. 따라서 여성문제가 인식될 여지도 없었고 정책의제로 상정될 수도 없었다. 여성 후보가 공천 과정에서 탈락되고 한정된 수만이 입후보한 상태에서 여성주의적 투표나 여권주의적 투표 행태 역시 표출될 수 없었다. 그러나 여성유권자는 자발적인 투표 결정과 경제적 이해에 입각한 합리적이고 도덕적인 투표 행태를 보였다.

여성의원이 여성문제를 인지하고 여성정책을 주장한 데 반해, 정권이나 각 정당은 여전히 여성을 계몽하고 선도해야 할 대상으로 인식하면서 여성정책이 아닌 부녀정책을 입안하였다. 박정희정권은 '국민생활개선운동', '한일협정' 체결 과정에서 배제되는 위안부문제, '가족계획정책' 및 '윤락행위등방지법' 등을 통해 여성을 국가발전 정책에 도구적으로 이용하였다.

1. 헌법 개정과 여성의 목소리

제3공화국 수립을 위한 헌법 개정을 위해 1962년 7월 11일 30명의 위원으로 구성되는 헌법심의위원회가 발족되었다. 위원은 최고회의 의원 9명과 민간인, 학자 및 전문가 21명, 총 30명으로 구성되었으나, 여기에 여성은 한 명도 참여하지 못했다. 위원회에서는 헌법 개정에 다양한 목소리를 반영하기 위하여 8월 23일부터 29일까지 전국 7개 지역에서 공청회 및 좌담회를 개최하였다. 서울 지역 공청회 연사 28명 중 여성대표 2명을 선정하였으며, 지방 공청회 연사 15명 중 부인 대표 1명을 여성계에 할당하였다. 그러나 전남 지역 공청회 조아라 부녀 대표는 15대 1로 여성을 대표하기 위해 나온 것에 대하여 "좀 섭섭한 감이 있으며, 하나의 장식품으로 나왔는가 하는 마음이 없지 않다"고 표현하였다. 여성을 주변화된 소수집단 중의 하나로 인식한 당시의 태도를 이같은 공청회 연사 선정에서도 잘 볼 수 있다.

초청된 118명의 연사 중 여성대표는 총 7명으로 전체 연사 비율 중 5퍼센트를 차지하여 인구의 절반을 차지하는 집단으로서는 너무나 초라한 대표성이었다. 총 7명은 정충량서울, 황신덕서울, 김상렬강원, 허용이충남, 조아라전남, 엄숙희경북, 나선옥경남이다.[102] 헌법심의위원회는 "헌법제정이냐 개정이냐의 여부, 기본권 관련 유보조항을 어떻게 둘 것인지, 권력 구조 및 경제심의회를 둘 것인지"에 대한 여론을 공청회에서 수렴하려 하였다. 여성대표들은 이외에 여성관련 문제를 제기하고 나왔다. 즉, 실질적인 남녀동등권 실현, 여성할당제, 상하양원제하의 상원에서 여성의 대표 보장, 축첩자의 입후보 제한 및 가족계획의 필요성 등이 헌법상 보장될 것을 촉구하였다.

첫째, 실질적인 남녀동등권의 실현과 관련하여 여성대표의 의견은 다음과 같다. 여성대표들은 헌법 9조에 명시된 평등권 조항을 실질적으로 실현하기 위한 방안을 아래와 같이

102 공청회에 초청된 연사 구성은 다음과 같다. ① 서울특별시 27명: 학계 6명, 법조계 4명, 언론계 2명, 예술계 1명, 실업계 5명, 기타 9명(제헌 국회의원 대표 1명, 대한노총 대표 1명, 부인 대표 2명, 재향군인 대표 1명, 농촌 대표 2명, 정치인 대표 2명) ② 각 도청 소재지 15명: 정치학계 대표 1명, 법률학계 대표 1명, 언론계 대표 1명, 법조계 대표 1명, 상공회의소 대표 1명, 노총 대표 1명, 부인 대표 1명, 재향군인 대표 1명, 농촌 대표 2명, 농업 협동조합 대표 1명, 중소기업 협동조합 대표 1명, 정치인 대표 1명, 기타 2명(헌법 개정심의록, 2, 3집 참조); 강원도의 부녀 대표 김상렬은 여성관련 문제를 특별히 제기하지는 않았다. 충북 공청회에서는 여성대표가 없었다.

주장하였다.

> … 헌법에 남녀동등권은 분명히 명시되어 있읍니다. 명문으로 나와 있지
> 만 이 남녀동등권이 현실화 되었느냐 여러분 생각해 보시면 잘 아실 것입
> 니다. … 가정에 있어서도 우리가 헌법에 보장된 남녀동등권이 민법에 가
> 서 그대로 반영이 안 되었기 때문에 우리는 아직도 법적인 보장을 못 받고
> 있는 것이 너무나 당연합니다(조아라, 1962. 전남); … 기존 헌법이 남녀동
> 등권을 명시하였는바, 법과 현실이 괴리가 멀다는 것을 지적하지 않을 수
> 없습니다. … 가정의 주인공들로 하여금 같이 할 수 있는 특별한 기회와 선
> 행된 방법으로서만이 그 효과를 거둘 수 있다고 봅니다(엄숙희, 1962. 경북
> 공청회).

나선옥 역시 여성의 입장에서보다도 이 나라 국민의 한 사람으로서 남
녀평등을 보장할 수 있는 구체적이고 명확한 조항을 절실히 요구한다고
하면서, 법으로서 남녀평등이라고 하지만 사실상 우리 여성은 음으로 양
으로 남녀평등의 원칙에 많은 침해를 받고 있는 것이 사실임을 지적하고
있다. 이에 더해 여성의 기능을 충분히 발휘하기 위해서 유능하고 확실
한 대책이 있기를 촉구하였다.

둘째, 여성할당제를 위한 구체적인 조치를 마련해 줄 것을 촉구하였
다. 기본권과 관련하여 황신덕은 헌법에 명시되어 있는 대로 남녀평등
원칙에 입각하여 모든 입법이 획일적으로 주어지는 것은 오히려 불평등
이라고 주장하고 있다. 이러한 주장은 오늘날의 여성할당제 혹은 적극적
조치를 여성에게 마련해 주어야 헌법상의 평등이 실현될 수 있다는 주장
과 맥을 같이 한다.

… 우리 여성보다 앞서 있는 남성들이 양해와 이해와 아량을 가지고 이 뒤
떨어져 있는 여성의 지위를 향상시켜 주지 않는 한 똑같이 헌법에 규정지어
있으니까 자유경쟁해서 너희들이 직접 못해 나가고 왜 약한 소리를 하느냐
꾸중을 하시는 것은 너무 가혹합니다(황신덕, 1962. 서울 공청회).

　　사실상 남성에 의한 정계 진입 제한이 상당히 심해서 여성의 정치참
여가 어렵다는 것을 지적하고 있다. 남성은 국민학교 졸업하고도 국회
의원·도의원·시의원이 되는데, 여성은 대학 졸업하고도 국회·도의
회·시의회에 들어가 여성의 의사를 대표한 적이 없다고 조아라는 지적
하고 있다.

　　셋째, 대부분의 여성대표는 공청회에서 상하양원제 직능대표제로 여
성대표의 진출을 촉구하고 있다. 정충량은 하원 120명, 상원 60명으로
구성되는 양원제를 채택할 것을 제안하였다. 특히 상원의 2/3는 직능대
표제를 도입하여 40명 중 10명은 여성대표로 선출하고 농민, 노동자 및
국가원로, 애국지사, 예술가, 학자 등에 나머지 30명을 배정하자는 제안
을 하였다. 황신덕 역시 양원제를 제안하고 상원 60명 중 반은 지역 대
표로 하고 반은 국가 유공자나 각계각층을 대표하는 참의원으로 구성할
것을 제안하였다. 조아라 대표도 상하양원제를 채택하되 상원 50명 중
25명은 직능대표로, 25명은 민선으로 구성할 것을 주장하였다. 대통령
이 선정하는 직능대표 25명의 절반은 여성이 대표되어야 할 것을 제안
하였다.[103]

　　… 과거를 미루어 볼 때 사회 구성의 기반을 이루
고 사회건설의 동력을 이루는 농어민, 여성, 근로자

103 헌법 개정심의록 2, 3집 1967.

의 대표가 선출되기는 어려운 것으로 믿기 때문에 직능제 투표를 하자는 것
입니다(정충량, 1962. 서울 공청회); … 지금까지 경험을 보면 양심적인 학자
나 교육가, 예술인 또는 농민, 노동자, 여자 … 이러한 처소는 애국적이면서
도 금전을 마음대로 뿌려가면서 수단과 방법을 가리지 않고 싸우는 선거전
에는 나가기를 원하지 않고 있습니다.(황신덕, 1962. 서울 공청회).

넷째, 여성대표들은 축첩자의 입후보를 원천적으로 제한할 것을 요구
하고 있다. 허용이 부녀 대표는 단원제 국회를 지지하고 중선거구제 다
수대표제로 선출할 것을 제안하면서, 입후보 자격 제한을 통해 축첩자의
의회 진출을 막는 방안을 제안하였다.

입후보구역에서 어떠한 일정 기간 동안 거주한 그러한 사람에 한해서 입
후보를 시키는 것과 연령에 있어서는 만 28세, 학력에 있어서는 고등학교
이상 졸업자, 다음 우리 여성으로서 특별히 강조하고 싶은 것은 축첩자 입
후보를 엄격히 통제해 주시기 바랍니다(허용이, 1962. 8. 충남 공청회).

마지막으로 가족계획의 필요성을 헌법 조항으로 명시할 것을 요구하
였다. 경제성장을 위한 수단적인 의미의 가족계획을 주장한 점에서 여성
주의적인 가족계획 정책과는 괴리되어 보인다. 그러나 가족계획을 헌법
상 명시해서 국가가 책임지도록 해야 한다는 주장은 혼인과 가족 생활에
대한 국가의 보호를 규정한 제6공화국 헌법의 단초가 되었다.

… 인구문제를 해결하지 아니하면 경제발전을 국가의 지상목표로 삼고 있
는 우리의 과업이 완전히 이루어지지 않으리라고 확신합니다. … 우리나라

도 가족계획에 대한 조항을 규정해서 국가적으로 시책에 강력한 실천이 있기를 바라마지 않습니다(허용이, 1962. 충남 공청회).

제3공화국 헌법 개정과 관련하여 헌법공청회의 주요 이슈는 기본권 조항, 의회 제도의 유형, 선거구제, 정당 관련 조항, 헌법 개정 절차 등이었다. 여성관련 문제는 양원제를 채택할 경우 상원을 직능대표제로 하여 일정 비율을 여성에게 할당할 것, 제9조 평등권 조항을 실질적인 남녀동등권이 실현되도록 민법 등 하위법을 정비할 것 등이 논의되었다. 헌법 개정 결과 제2공화국의 의원내각제 및 양원제는 제3공화국에서는 대통령중심제 및 단원제로 환원되었다. 그러나 권력 구조의 근본적인 변화를 채택하였기 때문에 헌법 개정이라기보다는 사실상 헌법 제정에 가까웠다.[104] 그러나 여성문제와 관련하여서 획기적인 변화는 없었다.

2. 조작되는 선거 제도와 여성대표성

선先국민투표 후後선거   이승만정권이 정당과 의회를 무력화시키면서 국부로서 통치하려 한 것과 같이 박정희정권도 의회 및 일체의 반대세력을 탄압하면서 정권에 대한 지지를 직접 국민에게 묻는 '국민투표 민주주의'에 의존하였다.[105]

박정희정권 통치 17년 동안 5번의 총선과 5번의 대선, 그리고 4번의 국민투표가 실시되어 총 14번의 선거가 있었다. 민심이 이반되고 반대세력의 득표율이 증가할수록 선거법의 조작은 강화되었다. 박정희정권은 정권의 지지에 대한 위기가 보일 때마다 선거관련 규칙을 유리하게 변경하여 장기집권을 도모하였다.

104 김철수(1996), 『헌법학개론』, 박영사.
105 박명림(1998), 1950년대 한국의 민주주의와 권위주의, 역사문제연구소 편, 『1950년대 남북한의 선택과 굴절』, 역사비평사.

108

남녀차별은 매수되는 표값으로도 차이가 나는가? 3선개헌안 찬반투표시 매수되는 표, 남자표는 100원, 여자표는 20원(1969)

| 표 11 | 선거제도에 의한 득표율 대비 의석율의 왜곡

국회의원 선거	득표율 퍼센트(A)		선거제도	의석율(B)	이득율(B/A)	제1당과 제2당의 이득률의 차이
1대(1948)	무소속	38.1		42.5	1.12	—
	독촉	24.6		27.5	1.12	
	한민당	12.7		14.5	1.14	
2대 (1950)	무소속	62.9		60	0.95	—
	국민당	9.7	지역구: 소선거구	11.4	1.18	
	민국당	9.8		11.4	1.16	
3대(1954)	자유당	36.8		56.2	1.53	—
	무소속	47.9		33.4	0.70	
	민국당	7.9		7.4	0.94	
4대(1958)	자유당	42.1		54.1	1.29	0.30
	민주당	34.2		33.9	0.99	
5대(1960)	민주당	41.7	민의원: 소선거구	75.1	1.80	1.35
	무소속	46.8	참의원: 중선거구	21.1	0.45	
6대(1963)	공화당	33.5		62.9	1.88	0.72
	민정당	20.1		23.4	1.16	
7대(1967)	공화당	50.3	지역구: 소선거구	73.7	1.47	0.68
	신민당	32.7	전국구: C 참조	25.7	0.79	
8대(1971)	공화당	48.4		55.4	1.14	0.14
	신민당	44.4		44.6	1.00	
9대(1973)	공화당	38.7	지역구:중선거구	66.6	1.72	0.7
	신민당	32.5	(1구2인제)	33.3	1.02	
10대(1978)	공화당	31.7	유정회: 간선 D 참조	62.8	1.98	0.85
	신민당	32.8		37.2	1.13	

주 1: C: 전국구 배분방식 ① 제1당은 1/2 이상 2/3 미만 보장 ② 제2당은 제1당 배분 후 나머지의 2/3 보장 ③ 제3당 이하는 나머지 의석을 득표율에 따라 배분 ④ 득표율 5퍼센트나 지역구 의석 3석 획득하지 못한 정당은 전국구 의석에서 배제.

　　 D: 유정회 선출: 전체 의석의 1/3에 해당하는 의석을 통일주체국민회의에서 선출.

주 2: 1대에서 3대까지는 집권당과 제1야당이 제1, 2순위를 확보하지 못하였기 때문에 무소속도 포함하여 계산하였음. 5대 국회는 민의원 선거 결과만 포함시켰음.

출처: 조기숙(1996), 64, 81쪽 참조하여 재작성.

1972년 유신헌법의 확정을 위한 국민투표와 한국적 민주주의를 뿌리박자는 슬로건

〈표 11〉에서 보는 바와 같이 박정희정권은 항상 선거 제도를 통하여 과반수 이상을 확보할 수 있는 장치를 마련했다. 8대 총선 결과 집권당과 야당의 이득율의 차이가 가장 좁혀지자 0.14퍼센트 다시 헌법 개정을 단행하였다. 소위 말하는 한국적 민주주의의 실현을 위한 유신헌법의 도입이었다. 유신헌법과 선거법 개정에 의해 전국구 제도 대신 유정회 제도가 채택되었고, 제1당은 선거와 거의 무관하게 2/3 다수의석을 의회 내에서 확보할 수 있었다. 그 결과 9대, 10대 총선의 경우 집권당은 66.6퍼센트, 62.8퍼센트의 의석을 확보하여 득표율이 야당에 밀린 경우도 의회 내에서 제1당을 차지하였다.

그러나 집권당에 의해 조작된 다수가 창출되는 선거일지라도 각 선거는 나름대로의 기능을 하였으며, 특히 1971년 및 1978년의 공화당의 사실상의 선거 패배는 체제 변형과 정권의 와해에 결정적으로 기여하였다. 1978년 12월 12일 실시된 제10대 총선에서는 민주공화당이 31.7퍼센트, 신민당이 32.8퍼센트, 민주통일당이 7.4퍼센트를 득표함으로써 집권당은 야당인 신민당에게 패하였다. 68석을 획득한 공화당은 유정회 77석을 합해서 개헌선인 2/3석은 넘었지만 정권에 대한 지지여부는 선거법에 의해 제조된 다수 의석보다는 득표율로 판단되었기 때문에 이 선거는 사실상 정권교체적 의미가 있는 선거였다.

'국민총화' 대 '민주화' 구도 속의 여성관련 이슈 여성의 의회 진입은 선거 제도만이 아니라 선거의 주요 이슈와도 관련이 있다. 이 시기 국가의 주요 이슈는 조국 근대화와 경제성장, 이를 위한 '국민총화'였다. 이에 대한 반대 세력의 이슈는 '민주화'였다. 즉 선거는 개별 지역구의 이해를 대표하기 위한 기능보다는 전국적인 이해를 대표하고, 국가의 정통성 혹은 통치기반을 강화하기 위해 실시되었다. 여성문제는 일제강점기에는 독립운동과 민족운동, 그리고 광복 직후는 국가 건설, 정부 수립 후에는 조국 근대화와 민주화 등의 문제보다 항상 부차적인 것이었다. 따라서 이 시기 역시 여성관련 문제가 선거의 주요 이슈로 대두될 수 없었다.

뿐만 아니라 선거에서 여성후보자가 여성문제만을 주요 공약으로 제시할 경우는 제한적인 지지밖에 받지 못할 위험성이 있다. 따라서 여성투표에서 여권 투표로 투표 성향이 발전된 단계에서도 일반적으로 여성후보자는 가급적 광범위하고 균형된 정책을 우선 제시함으로써 전체적으로 유권자의 지지를 흡수하려 할 것이다. 대부분의 여성후보자는 여성

문제 발전 단계와 상관없이 일반적인 정책을 우선적인 선거공약으로 제시한다.[106]

선거 제도의 조작과 여성의 의회 진입 여성은 인구의 절반 이상을 차지하고 있지만 10대까지의 국회에서 여성의원의 비율은 전체 의원 중 평균 1.8퍼센트에도 못 미쳤다.<표2> 참조 그 당시 여성의 정치참여가 아직 일천한 상태에서 소선거구 제도는 여성의 의회진입 가능성을 더욱 어렵게 하였다. 이는 여성이 여성에게 표를 안 주는 투표 행태에 기인하기보다는 선거 제도와 공천 과정에 주 원인이 있었다. 즉 정당의 공천이 후보 출마 요건인 상황에서 공천 과정에 여성이 배제되었기 때문에 여성의원의 당선율이 낮았던 것이다.[107] 또한 공천을 받아 조직과 자금이 부족한 상태에서 어렵사리 출마한다고 하더라도 당선 가능성을 고려한 유권자는 사표死票를 방지하기 위해 더욱 당선 가능성이 높은 기존의 남성 후보에게 표를 던지는 경향이 있다.

그러나 소선거구제에 전국구 혹은 유정회 제도를 가미한 혼합선거구제를 채택한 제3공화국 및 제4공화국 선거제도하에서는 여성의 의회 진입율이 그나마 증가하기 시작하였다. 여성의원 입후보자가 지역구에서 공천도 힘들고 당선되기도 힘든 상황이었지만 전국구 후보로는 쉽게 진출할 수 있었다. 제3공화국 후기로 갈수록 전국구 순번도 당선권 내의 번호를 배정하여 여성계에 일정한 의석을 정권 차원에서 고려하였다.

여성의원 수는 제4공화국 유신정권을 수립하기 위해 국회의원 선거법을 새로 만들고 이

106 조기숙(1995), 선거제도와 선거행태의 변화, 광복50주년기념사업위원회, 『광복50주년기념논문집』 2 정치.

107 오유석(2000); 김현희 · 오유석(2003), 여성은 여성에게 투표하지 않는가: 16대 총선결과를 중심으로, 한국사회과학연구소, 『동향과 전망』 57; 송은희(2004), 여성의 정치참여 현황과 여성정책 과제, 2004년 한국국제정치학회 춘계학술회의 여성분과.

1967년 7대 총선 결과를 번복시킨 13표, 김옥선 의원 당선

법에 의거해서 유신정우회가 생기면서부터 더욱 증가하였다. 이 제도에 따르면 전 국회의원 1/3을 대통령 선거인단인 통일주체국민회의가 선출하도록 되어 있었다. 이때 집권당인 공화당에서는 9대 국회에서 10명의 여성을 유정회 의원으로 할당한 데 이어 10대 국회에서는 7명을 지명하여 총 17명의 여성의원을 유정회 소속으로 의회에 진출시켰다.

그러나 박정희정권은 통치 기간 내내 지역구에서 여성의원을 한 번도 공천하지 않았다. 이는 지역구에서의 당선 가능성이 낮다는 판단에도 기인하겠지만, 여성보다는 남성이 정치에 적합하다는 전통적인 가부장적 정치 정향에 기인한 바가 컸다. 그 대신 전국구와 유정회에서 일정 비율의 여성의원을 할당함으로써 정권의 정통성 시비를 완화시키려 하였다. 특히 유정회 여성의원의 경우는 직능단체별 참여의 보장이라는

| 표 12 | 여성 입후보자의 소속 현황

대	지역구		비고/보궐선거 등	
	소속 정당/단체	성명	소속 정당	성명
6대(1963.1.26)	민주당	**박순천(당선)**	공화당	**박현숙(9번:당선)**
	신민당	임순옥(낙선)		
	민정당	김옥선(낙선)	민주당	이만희(14번:낙선)
	자유당	김철안(낙선)	추풍회	이양전(5번:낙선)
	무소속	김갑임(낙선)		
7대(1967.6.8)	자민당	이종혜(낙선)	공화당	**이매리(22번:당선)**
	신민당	**김옥선(당선)**	신민당	**박순천(1번:당선)**
	자유당	김옥향(낙선)	자민당	홍유성(4번:낙선)
	한국독립당	권애라(등록무효)	민주당	이만희(5번:낙선)
8대(1971.5.25)	대중당	서우자(낙선)	공화당	**모윤숙(12번:당선)**
			공화당	**김현숙(26번:당선)**
			공화당	**편정희(27번:당선)**
	대중당	정기영(낙선)	공화당	**김옥자(28번:당선)**
			공화당	박정자(36번:낙선)
			신민당	**김윤덕(24번:당선)**
9대(1973.2.27)	신민당	**김옥선(당선)**	유신정우회	**김옥자**
				서영희
				이범준
				이승복
				정복향
	신민당	김윤덕(당선)		**박정자**
				윤여훈
				이숙종
				허무인
				구임회
10대(1978.12.12)	신민당	**김윤덕(당선)**	유신정우회	**서영희**
	무소속	최명수(낙선)		**김영자**
	무소속	한상필(낙선)		**김옥렬**
	무소속	김성자(낙선)		**박현서**
				신동순
	무소속	임진출(낙선)		**윤여훈**
				현기순

출처: 이효재·김주숙(1978), 「한국 여성의 지위」, 이화여자대학교 출판부; 중앙선거관리위원회, 「역대선거 상황 자료」
(http://home.nec.go.kr:7070/sinfo/sinfo.htm) 참조하여 작성.

수준에서 여성계에 일정 비율을 할당함으로써 정권의 정통성을 확보시키고자 했기 때문에 여성의 정치적 대표성을 고려해서 나온 것은 아니었다.

따라서 제3, 제4공화국에서 어느 정도 증가한 여성의원은 지역구보다는 전국구나 유정회 출신이다. 제3, 제4공화국 여성의원 총 30명 중 지역구 출신은 5명이며 전국구와 유정회 출신이 25명인 것을 보면, 자발적 참여보다는 선거 제도에 의한 동원된 여성의원 수가 대부분이었던 시기다.

제6대부터 제10대 국회까지 지역구에서 출마한 여성 후보자의 수는 총 17명이며 그 중 야당 출신 5명이 당선되었다. 제3공화국 제6대 총선부터는 당의 공천이 입후보 요건이었다. 제6대 총선 결과 총 839명의 지역구 후보자 중 민주당의 박순천 의원이, 전국구에서는 공화당의 박현숙 의원이 의회에 진출하였다. 제7대 총선에서는 지역구의 김옥선 의원과 전국구의 공화당 이매리 의원, 신민당 박순천 의원이 당선되어 총 3명의 여성이 의회에 진출하였다.[108] 제8대 총선에서는 지역구에서 공화당과 신민당 모두 여성 후보를 내지 않았으며 대중당에서 낸 2명의 여성 후보는 모두 낙선하였다. 전국구에서는 공화당의 모윤숙, 김현숙, 편정희가 그리고 신민당의 김윤덕이 당선되었다. 그 후 공화당의 김옥자가 길재호 의원이 탈당한 자리를 승계함으로써 제8대 국회의 여성의원은 총 5명이 되었다. 제9대 총선은 지역구에서 신민당의 김옥선, 김윤덕 두 후보가 모두 당선되어 여성 후보의 100퍼센트 당선율을 보인 선거로 기록된다. 유정회에서는 총 10명이 진

108 1967년 7대 총선에서 지역구에서는 한 명의 여성의원도 당선되지 못하였다. 충남 보령지구 국회의원 선거는 1968년 6월 3일 대법원이 13표 차로 공화당 이원장 씨의 당선을 뒤엎고 신민당의 김옥선 씨를 당선자로 확정판결함으로써 이 소송은 6·8총선 이후 361일만에 당락이 전복된 첫 케이스였다(한국일보, 『해방30년』, 1975).

출하여 1, 2기를 합쳐 총 12명으로서 제9대에는 여성의원을 가장 많이 배출한 선거였다. 제10대 총선에서는 신민당의 김윤덕 의원이 지역구에서 당선되었으며 무소속으로 출마한 4명의 여성 후보는 모두 낙선하였다. 유정회 소속으로는 7명이 1, 2기 합쳐 총 8명의 여성의원이 의회에 진출하였다.〈표12〉참조

3. '국민총화' 대 '범국민민주화' 구도 속의 여성유권자

투표 행태에 대한 일반적인 가설은 산업화가 진행될수록 근대화되고 민주적인 투표 행태가 초래된다는 것이다.[109] 특히 여성의 정치 행태는 "남성에 의해 지배되며, 보수적이며, 정치를 개인화하며, 도덕적이고, 비정치적이다"라는 전통적인 성차gender gap가 존재한다고 주장한다.[110] 이와 같은 여성유권자의 일반적인 행태에 대하여 최근의 연구는 여성유권자에 대한 일반적인 고정관념상의 성차가 더 이상 존재하지 않거나 혹은 새로운 성차가 발견된다는 주장을 제기하고 있다.[111]

근대화와 민주화 중 어느 것을 먼저 추진할 것인가를 중심으로 단일의 정치적 균열 구조만 허용된 이 시기는 성차를 중심으로 한 또 다른 갈등이 제도적으로 표출될 수 없었다. '국민총화'에 대해 야당은 '범국민민주화'라는 이슈로 대항하였다. 이렇게 단일한 갈등 구도 속에서 도덕적인 의무만이 강조되었기 때문에 여성유권자에 대한 여성관련 이슈는 제기될 수 없었다.

109 배성동 · 길영환 · 김종림(1975); 김광웅 (1985); 이남영(1985); 길승흠(1992).

110 배성동 외(1975); 길승흠(1992); 김현우 (1993); 한국여성유권자연맹서울지부(1993); 비키 랜달 지음, 김민정 외 옮김(2000); 조기숙 (1998).

111 여성문제연구회(1967); 이대 정치외교학과 (1971); 주준희(1997); 이승희(1992); 전경 옥 · 노혜숙 · 김영란(1999); 김현희(2001); 김 현희 · 오유석(2003).

개인 투표 이전의 마을 투표[112]　그 당시 농촌 사회는 근대사회 이전의 공동체적인 특징이 강한 전통 사회였다. 여당에 의한 지방개발 공약이 농촌 유권자에게 크게 호소될 수 있었던 것은 농촌이 아직 전통적 봉건사회의 성격을 벗어나지 못했기 때문이다. 공동운명체적 사회라는 성격과 전통적 가치 기준은 '우리 마을 앞의 다리', '우리 동네의 학교', '우리 군으로 들어오는 도로'와 '우리 고장에 선 공장'이라는 구호들이 농촌에 매력적으로 자리잡는데 기여하였다. 때문에 공화당은 일부의 비판 속에서도 지방사업 공약에 주력했으며 어느 정도의 성과를 거두었다.[113]

여촌야도 현상이 두드러졌던 7대 총선에서 집권당인 공화당은 서울, 부산을 비롯한 도시에서 철저히 참패하였다. 반면 신민당은 총 27개의 승리 지구 중 농촌에서 승리한 지구는 단 3개 지구밖에 되지 않을 정도로 도시에서 압승하였다.[114]

선거민은 투표권을 자기 또는 자기 고장의 이익과 관련시키려는 경향이 컸다. 권위주의 정권의 일방적 선전이 효력을 발휘하기에는 이미 유권자가 너무 실리적이 되었다.[115] 실제로 1967년도와 1974년도의 여론 조사 결과를 비교하면 대도시는 '경제문제'에 가장 관심이 높았으나 50.8퍼센트, 36.5퍼센트 농어촌에서는 '우리 마을' 문제에 더욱 큰 관심을 나타내고 있다.

1967년 여성유권자 의식 조사에서는 경제 문제가 25.8퍼센트로서 1위였으나 1974년도 조사에서는 우리 지방에 관한 문제가 25.3퍼

112 여기서는 이 시기 여성유권자의 정치의식에 관한 다음 세 가지 조사 자료를 이용하여 여성 투표 행태의 변화추이를 기술하는 자료로 사용하였다. 물론 응답자의 구성이 상이하고 조사 지역의 한정성 등의 차이가 있지만 전반적인 추세를 비교하는 데는 큰 무리가 없으리라 본다(여성문제연구회(1967): 이대 정외과 (1971); 윤연상(1974)).
113 이자헌, 6·8총선이 남긴 것: 여촌야도와 로 칼현상, 『세대』 1967. 8.
114 여당인 공화당이 서울 14개 선거구 중 단 1개, 부산 7개구 중 2개 지역에서만 겨우 승리한 데 반해, 신민당은 경북 의성, 경남 창영과 6·8총선의 뒤처리 과정에서 잡음 끝에 얻은 경기 화성을 제외하고는 25개 지구의 승리는 서울과 부산에서 18개, 인천에서 2개, 광주, 대구, 대전, 목포, 원주 등 도시 전역이었다.
115 이종식, 6·8총선이 남긴 것: 권위주의의 몰락, 『세대』 1967. 8.

센트로서 1위를 차지하고 경제문제는 21.3퍼센트로서 2위로 내려앉았음을 볼 때, 이들의 투표 행태가 마을이나 공동체에 정향되어 있었음을 쉽게 추정할 수 있다. 그 투표 행태는 단순히 전통적인 준봉 투표라기보다는 합리적 투표로 볼 수 있다. 경제개발 사업이 구체화되고 마을마다 개발 사업이 진행되면서 유권자의 관심은 경제문제보다는 더욱 구체적인 지역문제로 전환되었다.

여촌야도 현상은 과거에도 나타났다. 그러나 특히 제7대 이후 두드러지게 나타난 것은 공화당이 추진한 지역개발 사업과 관련하여 농민의 합리적 투표 행위가 발생한 데 기인한다.[116] 그러나 이러한 합리적 투표가 이루어지는 판단의 단위는 아직은 개인이 아니라 마을이었다.

삼종지도 투표에서 자발적 투표 행태로   흔히 여성의 투표 성향은 배우자의 영향이 지배적이며 "부인에게 투표권을 주는 것은 남편에게 투표권을 두 개 주는 것과 같다"는 주장이 있다. 다음 대화 내용은 여성이 남편의 투표 행태에 의존하는 모습을 보여 준다.

'순자 엄마넨 순자 아버지께서 관청에 나가시니까 어차피 X에 찍겠구…', '어이구, 누가 관청에 나간다고 다 X에 찍나요? 뭐, 하기야 애 아버지 말은 들어 봐야지. … 근데 만수 엄만 어떻수?' '글쎄, 애 아버지는 통 말씀을 안 한다우, 언제든 마음대로 하라고 …', '에유, 우리 순자 아버지는 어떻구. 늘 투표날 아침이 돼서 누구에게 찍어야 하우 물으면 아무에게나 찍어—볼멘소리 한 마디 꽥 지르구는 고만이라우.'[117]

116 조기숙(1996), 『합리적 선택: 한국의 선거와 유권자』, 한울 아카데미.
117 동아일보 1965. 5. 5.

그러나 1971년 실시한 조사에 의하면 한국 여성은 "투표시 본인 스스로 결정한다"는 응답자가 70퍼센트 이상으로 나타났다. 이는 일반적으로 여성의 삼종지도 투표 성향이 극복되었음을 보여주는 수치거나 그 가설을 뒤엎는 조사 결과라 할 수 있다. 1978년 도시 여성유권자의 의식 조사에서도 '입후보자 결정시 본인 스스로 한다'가 72.9퍼센트로 높은 비율을 나타냈다.[118]

그러나 입후보자의 지지 이유에 대해서는 아직까지는 정당이나 정책보다는 개인을 보고 선택하는 비율이 50~60퍼센트 이상 되는 것으로 나타났다.[119] 따라서 자발적인 투표 행태로 발전하였지만 여전히 인물 본위라는 전근대적인 투표 행태가 공존되어 나타났던 단계로 볼 수 있다. 정당이 수시로 변하고 여당과 야당의 정치적 이슈가 정권 유지 및 민주화 투쟁 두 가지만 부각된 상황에서 유권자는 정당 특유의 정책을 비교할 수 없었다. 정당별 구체적 정책이 제시되지 않은 상황에서 유권자는 입후보자와 그의 공약을 참조해 투표하는 것이 오히려 더 합리적이다.

1971년 여성유권자 의식 조사에 따르면 대통령 선거나 국회의원 선거 모두 정당보다는 인물 본위로 투표하고 있다.[120] 단, 대통령의 경우 62.6퍼센트로서 52.9퍼센트인 국회의원의 경우보다 그 비율이 약간 높게 나타났다.

[118] 이 조사 역시 서울에 거주하는 여성을 대상으로 조사하였기 때문에 역시 대표성의 한계는 있다. 조사는 계층 구분, 연령층, 교육 정도에 따른 투표 행태의 차이를 알아보기 위해 상류층을 여의도 지역 50평 이상 아파트로, 하류층을 연희동 지역 11평짜리 철거민 아파트 지역을 선정하였다. 회수된 질문지는 상류층이 70개, 하류층이 97개호 총 167개다. 조사 결과 입후보자 선택시 반영되는 의견은 다음과 같다. 본인의 의견 72.9퍼센트, 남편의견 15퍼센트, 깊이 생각하지 않고 8.4퍼센트, 기타 3.7퍼센트다(정엔다(1979), 한국 여성의 정치참여와 정치 의식에 관한 연구, 『사회학연구』1(15)).

[119] 1971년 7·14에서 9월 중순까지 서울시 중구와 성북구 여성유권자 1,159명을 대상으로 여성유권자의 정치 성향에 관한 조사를 실시한 결과에 의한 한국 여성의 투표 성향이다. 도시 유권자에 한정된 조사지만 1970년대 여성의 정치 행태를 설명할 수 있는 자료다(〈부표 1〉 한국 여성의 지지투표 결정 요인 참조).

[120] 정당보다는 인물 위주로 투표한다는 것은 1990년대 최근에 조사한 결과에서도 마찬가지인데, 이는 역대 어느 선거에서도 정책적 쟁점을 동반하지 않았던 사실에도 기인하며(오유석, 2000), 인물 위주의 투표 행태는 남성도 마찬가지고, 그 차이는 미미해서 이에 대한 성차는 없다고 볼 수 있다(〈부표 2〉 특정 입후보자의 지지 이유 참조).

그리고 개인을 지지한 경우 공약보다는 후보자의 인격이나 학벌 등 개인적 요인을 보고 지지한다는 비율이 79퍼센트로 나타났으며, 정당을 지지한 경우, 정당 자체의 요인에 의해 지지한 유권자는 7.9퍼센트에 불과했다.

'국민총화' 속에 투표는 '국민의 의무' 박정희정권은 조국 근대화라는 국가의 최고 목적을 위해 개인의 모든 능력을 투입할 것을 요구했다. 투표도 개인의 구체적인 이해관계 때문에 참여하는 것이라기보다는, 국가의 발전을 위해서 국민이 수행해야 할 의무이기 때문에 참여해야 하는 것으로 인식되었다.

'국민총화'라는 지극히 도덕적인 슬로건 앞에서 유권자의 투표 행태 역시 도덕적으로 나타났다. 따라서 정치적 인지나 효능감이 낮음에도 불구하고 유권자의 투표율은 높게 나타났다. 이를 투표 행태의 이중성으로 볼 수도 있으나, 이 시기의 높은 투표율은 국가가 도덕적인 의무를 강조하면서 동원한 투표로 보는 것이 더 타당할 것이다.

1967년과 1974년의 정치 의식에 관한 조사에 의하면 '투표를 국민의 의무로서 한다'는 비율은 각각 49.7퍼센트, 50.9퍼센트로서 '개인의 권리를 행사하기 위해서'라는 비율 35.6퍼센트, 46.5퍼센트보다 앞선다. 농어촌의 경우 1967년에 투표의 동기를 의무로 보는 사람이 권리행사로 보는 사람보다 15.9퍼센트 높았으나, 1974년에는 29.3퍼센트 더 높은 비율로 나타났다. 이러한 경향은 도시 지역에서도 마찬가지였다. 1971년 도시 여성유권자 의식 조사 결과에 따르면, 투표를 국민의 의무감에서 반드시 해야 한다는 비율은 전국적으로 조사한 평균보다 훨씬 높아 91.3퍼센트로 나타났다.[121]

각 조사마다 조사 대상이 약간 다르고 시대적인 차이에 따른 상황이 상이하여 단순비교는 어렵다. 그러나 국민의 의무로서 투표하는 유권자가 점차 높아지고 있다는 사실과, 이해관계에 입각한 투표 혹은 나와 상관없는 투표라고 응답한 비율이 점차 낮아지는 것을 볼 때 이 시기의 선거가 정권의 창출과 유지를 위한 요식행위로 치러진 면을 엿볼 수 있다.

역대 선거에서 여성유권자는 남성유권자 수보다 약간 많지만 실제 투표율은 전체적으로 여성이 남성보다 약간 낮다. 그러나 의미 있는 정도는 아니다.[122]

여성 투표, 여권 투표 이전의 투표 행태　여성의 정치참여를 적극적으로 제기하였으나 실제로 여성 후보의 의회 진출이 낮은 것은 유권자의 의식과 행동 간의 괴리 혹은 이중적인 투표 행태 때문으로 볼 수 있다.[123] 그러나 한편으로는 여성관련 쟁점이 선거에서 부각되지 않았기 때문으로 볼 수도 있다.[124] 따라서 '새로운' 성차의 문제가 제기되기 위해서는 여성 투표 중에 더 많은 여권 투표가 포함되어야 한다.[125] 여성 투표women's vote는 전통적으로 투표 행태를 말할 때 성별 변수에 따라 구분하는 여성유권자의 투표 선택을 의미한다. 반면 여권 투표feminist vote란 남녀평등헌법 개정안, 낙태, 보육, 고용평등과 같은 여성문제의 정책적 쟁점을 의식하고 후보자를 선택하는 투표 행태를 말한다.[126]

[121] 1971년 도시 여성유권자 투표 행태 조사결과(이대)(〈부표 3〉 여성유권자가 투표를 하는 이유 참조); 의무감 때문에 투표한다는 응답은 거의 20여 년이 경과된 1998년 전경옥이 조사한 연구결과에서도 여전히 높게 나타나고 있음을 볼 때, 투표를 당위적이고 도덕적으로 임하는 행태는 지속되고 있다.
[122] 〈부표 4〉 선거별 남녀 유권자 수와 투표율 참조.
[123] 이승희(1992), 한국인의 정치적 태도와 행태의 성차연구, 『한국정치학회보』 26(3).
[124] 특정한 쟁점에 대해 여성이 남성과는 분명히 구분되는 입장을 취하고 있음이 발견되었으나, 설사 여성이 남성과 정책적 쟁점을 달리한다고 하여도 이들 여권 쟁점이 선거에서 중요한 쟁점으로 등장하지 않았기 때문에 여성 투표의 증거를 발견할 수 없는 경우도 있다(조기숙, 1998).
[125] 조기숙(1998); 김현희(1999).
[126] 오유석(2000).

제3, 4공화국 동안 여성문제는 정부나 집권당이 제도적인 차원에서 개발하거나 입안하지 않았기 때문에 구체적인 여성정책은 거의 없다. 여권 투표는 유권자에게 여성관련 쟁점이 구체적 정책으로 제시되어야 나타날 수 있다. 이 시기에 유권자의 여권 투표 행태가 나타나지 않은 것은 여성정책이 정치적 쟁점으로 부각되지 않았기 때문이다.

1967년 여론조사에서 "당신은 여성도 정계국회에 많이 진출하여야 된다고 봅니까?"라는 질문에 많이 진출하여야 한다가 76.1퍼센트, "시기상조다"가 8.4퍼센트인 반면, 1974년 조사에서는 각각 90.1퍼센트, 5.6퍼센트로 나타나서 여성의 정계진출에 대한 유권자의 의식이 적극적으로 발전되고 있음을 볼 수 있다. 또한 1971년 여성유권자 의식 조사를 보면 국회의원 선거시 여당과 야당의 여성 지위 향상을 위한 정책안 제시에 대하여, "적극적으로 찬성한다"는 사람이 51.9퍼센트로서 과반수 이상이고, "여자가 뭘 그러느냐" 혹은 "생각해 본 적이 없다"가 40.8퍼센트였다.[127]

여성유권자의 성향 자체는 여권 투표 성향을 보인다. 따라서 여권 투표의 성향이 투표 결과로 나타나지 않은 것은 여성 입후보자가 없었기 때문으로 볼 수 있다. 즉 여성유권자가 여성 후보자에게 투표하지 않은 것이 아니고 여성에게 투표를 하고 싶어도 입후보한 여성과 여성정책이 없었기 때문에 여권 투표가 이루어지지 않은 것이다.

4. 여성의원, 여성정책을 제안

지역구와 전국구, 유정회를 통해 제한적으로 출마한 여성의원이 그 당시 적극적으로 여성주의적 시각에서 여성정책과 법률 등을 입

[127] 1971년 도시 여성유권자의 투표 행태 조사 결과(이대). 〈부표 5〉 여성유권자의 여성 지위 향상에 대한 태도 참조.

안하는 데 주도적인 활동을 할 수 없었던 이유는 근대화를 위한 국민총화, 전통적인 성역할 분리 규범, 정당 수뇌부의 공천권 장악 등에 기인한다.

그 당시의 국가 슬로건인 '국민총화'란 소수 의견과 반대 세력의 존재를 전제하지 않는 것이었다. 따라서 사회적 주변집단이었던 여성의 목소리가 대변되어야 한다는 인식이 형성될 여지조차 없었다. 또한 전통적인 성역할 분리 규범은 정치, 경제, 사회 전 영역의 조직 및 규범 등에서 나타나는데 의회에서도 예외는 아니었다. 의회 내의 상임위원회 위원 구성에서도 성역할 분리 규범이 뚜렷이 작용하였다. 특히 제3공화국에서는 무소속 출마가 금지된 상태였기 때문에, 여성의원이 공천권을 장악하는 정당 수뇌부의 의견을 무시한 채 독자적인 여성관련 활동을 할 수 없었으며 대부분 재출마를 위해 기존의 정당 대결 구도 속에서 주어진 역할을 담당하는 데 주력했다.[128] 특히 의회에서의 토의나 심의가 형식적이고 재선이 정당의 당수에 의해 좌우되는 상황에서 집권당에 소속된 여성의원이 사회단체가 요구하는 여성정책을 독자적으로 추진하는 데는 한계가 있었다.[129]

그러나 이와 같은 구조적인 한계가 존재했지만, 그 한계가 여성의원이 여성정책을 제안하는 데는 장애가 되지 않았다.

[128] 제4공화국에서 무소속의 출마를 허용하였지만 일반적으로 무소속으로 당선될 가능성은 희박하며, 여성 후보자의 경우 10대 국회 지역구에서 4명의 무소속 여성 후보가 출마하였으나 모두 낙선한 것을 볼 때 이 시기 당선 가능성은 전무했다고 볼 수 있다.

[129] 조기숙(2001).

의회 내에서의 여성의원의 활동　여성의원의 본회의 활동은 발의 법률안과 상임위원회 활동 중심으로 살펴볼 수 있다. 〈표 13〉에 의하면 이 기간 동안 본회의에서 발의된 여성관련 법안은 전체 2,093건 중 6건으로서 총 0.2퍼센

| 표 13 | 여성관련 법률안 분석

대	건명	법률안 제안 건수	의결	발의자	처리 상황
6대	모자보건및국민의자질향상에관한법률안	658	—	박규성	폐기
7대	가정의례준칙에 관한 법률안	535	1968.12.29	정부	가결
8대	가족계획연구원법안		1970.12.31	정부	가결
	없음	138			
9대	민법중개정법률안	633	1974.12.6	이숙종 외 48	철회
	혼인에 관한 특례법안		1977.12.17	이도환 외 50	가결
	민법중개정법률안(대안)		1977.12.17	법제사법 위	가결
	민법중개정법률안		1977.12.17	이숙종 외 19	폐기
10대	없음	129	—	—	—

자료: 국회도서관(1983), 『의정30년사료』; 대한민국국회사무국, 『국회사』, 1971, 1976, 1985, 1992 참조하여 작성.

트를 차지하고 있다.[130] 여성관련 법률안이 안건으로 제안되기에는 아직은 이른 시기였다.

여성의원의 활동은 본회의보다는 상임위원회에서 중심적으로 이루어졌다. 이는 제6대 이후부터는 국회가 본회의보다는 상임위원회 중심으로 운영되었기 때문이다. 법안의 제출, 심사, 수정을 하는 방식으로 국회의 기능이 분화되면서 의원의 입법 활동도 본회의 활동보다 상임위원회를 중심으로 활성화되는 것이 보통이다.[131] 역대 여성의원의 상임위원회 활동은 보건사회,보건복지 교육, 행정자치, 환경노동위원회 등에 치중되었다. 〈표 14〉에서 보면 상임위원회에서 여성이 가장 많이 속해 있는 위원회는 보건사회위원회와 문교공보위원회다. 여성의 전통적인

130 특히 동 기간 중 여성의원이 발의한 법률안은 총 2건에 불과하다. 8대 김윤덕 위원이 제안한 '미수복등에서귀순한의약업자에관한특별조치법안중개정법률안'과 9대 김옥선 의원 외 50인이 제안한 '지방세법중개정법률안'이 그것이다.

131 손봉숙(2000).

| 표 14 | 역대 국회의원 상임위원회 소속 현황(6~10대)

상임위원회	6대	7대	8대	9대	10대
국회운영	–	–	–	–	–
법제사법	–	–	–	–	–
외무	박현숙	이매리	–	서영희, 이범준	김옥렬, 서영희
내무	박순천	–	–	–	–
재정경제(재무)	–	–	김옥자	김옥자	–
경제과학	–	–	–	–	–
국방	–	–	김현숙	–	–
문교공보	박순천	이매리, 박순천, 김옥선	김윤덕, 모윤숙	이범준, 이숙종	박현서, 신동순
농림(농수산)	–	김옥선	김옥자	김옥선, 박정자	현기순
상공	–	–	–	정복향	
보건사회	박순천, 박현숙	이매리	김옥자, 김현숙, 김윤덕, 보윤숙, 편정희	김윤덕, 구임회, 이승복, 허무인, 윤여훈	김영자, 김윤덕, 윤여훈
교통체신	–	박순천	–	이승복	–
건설	–	–	–	서영희	–

주: 재정경제위원회 재무위원회: 8대 국회부터 변경; 경제과학: 8대 국회부터 신설.
  농림위원회 농수산 위원회: 9대 국회부터 변경; 김윤덕: 8대 보건사회위원회 간사.
출처: 국회도서관(1983), 『의정30년사료』; 김원홍 외(2001), 『해방후 한국여성의 정치참여 현황과 향후과제』 참조하여 작성.

역할이 가사와 육아, 자녀 교육 등이라는 성별 분리에 의한 역할 규범이 이 기간의 상임위 배정에서도 그대로 나타난다. 김윤덕 의원이 8대 국회에서 보건사회위원회 간사를 역임하고 활동한 이외에는 주요 상임위원회 위원장이나 원내총무, 국회의장이나 부의장직에 여성의원의 진출은 없었다.

그러나 여성적 위원회에 소속되었다는 평가 자체도 기존의 전통적 성별 규범을 전수하는 태도에서 나온 것이다. 따라서 여성의원이 그 당시 여성문제를 담당하는 보건사회위원회에 소속되어 적극적으로 여성문제를 제안할 수 있었던 것을 한정적인 역할로 평가해서는 안 된다.

여성의원의 상임위원회 발언 내용을 보면 이들이 단순히 정권에 동원되어서 주변적인 역할을 한 것만은 아니었다. 당시 여성문제는 보건사회위원회에서 관장하였고 여기서 여성의원들은 여성문제를 적극적으로 제기하였다. 여성의원의 여성관련 발언 내용은 국가의 부녀정책과는 다른 여성주의적 입장에서 나온 것이다. 따라서 '개인적인 것이 정치적인 것이다'라는 말과 같이 여성문제가 주변적·부차적인 문제가 아니라 인구의 절반인 집단과 관련한 문제로 볼 때 여성의원들은 국가 전체적인 이슈를 취급한 것이었다. 이들 여성의원은 국가가 여전히 여성을 '부녀정책'으로 선도 계몽하려 했음에도 불구하고, 이미 여성의 지위 개선을 위한 '여성정책'을 제안하는 성숙한 단계에 이르렀던 것이다.

여성문제 안건화[132] 주요 정책결정직에 여성이 많이 참여하는 것보다는 여성주의적 시각을 가진 자가 많이 진출하는 것이 여성정책이 효과적으로 추진될 수 있다는 점에서 훨씬 바람직하다.

그 동안 여성의 정치참여 수준을 논할 때 여성 참여 의원 수와 여성관련 법률의 수를 중심으로 설명하였다. 그러나 여성의원이라도 여성 정책이 논의되기 이전의 단계라면 일반적인 정책 입안을 위해 노력할 것이다. 아울러 여성 의원이라도 여성주의적 시각이 부재한 경우도 있고 남성이라도 여성주의적 관점에서 주요

132 여성정책은 여성발전기본법(1995)에 의하면 '남녀평등의 촉진, 사회참여 확대 및 복지증진을 위한 정책'이다(주준희(1997), 여성정책과 여성의원의 역할, 한국여성정치문화연구소, 『여성과 정치』). 이러한 여성정책은 수단형과 합목적형으로 구분된다. 수단형 여성정책은 정권이 특정한 정책 목표를 위한 수단으로 동원하는 것이며, 합목적형은 여성주의적 입장에서 평등을 실현하기 위해 요구되는 정책이다(손봉숙, 2000).

정책을 입안 추진하는 경우도 있다.

따라서 여성의 정치참여 수준을 파악하기 위해서는 의회에 여성이 몇 명 진출하였는가에 대한 수적인 대표descriptive representation를 파악하는 것보다는 통치 구조 혹은 과정governors, governing, government이 얼마나 젠더화되었는지를 밝히는 것이 더욱 중요하다. 즉 의회 내에서 여성주의적 관점의 법률과 정책 등이 어떻게 논의되는가, 그 과정이 젠더화되어 있는가gender of governance approach[133]를 중심으로 살펴보는 것이 의회 내 여성참여의 질적 수준을 파악하는 데 훨씬 더 적절하다.[134]

6대에서 10대까지의 여성의원이 발언한 내용은 6대부터 8대까지의 제1기와 9대부터 10대의 제2기로 구분해 볼 수 있다. 우선 제3공화국에 해당되는 제1기에는 여성관련 논의보다는 정권에 대한 비판이 주였다. 첫째, 한일회담과 관련하여 박순천 의원은 청구권 대신 무상원조 혹은 독립축하금으로 받는 것에 대하여 '저자세 굴욕외교'라고 열렬히 비난하였다.[135] 또한 박 의원은 공화당의 한일협정비준 동의안을 저지하기 위해 민중당 소속의원 55명의 의원직 사퇴서를 이효상 국회의장에게 전달하고 국회 출석을 거부하는 등 적극적인 대여투쟁을 전개하였다.[136] 뿐만 아니라 1967년 본회의 기조연설에서 선거를 앞두고 1967년을 '민권승리의 해'로 설정하는 등 민주화를 위한 정치투쟁을 주도하였다.

둘째, 3선개헌과 관련하여 김옥선 의원은 본회의에서 국무총리가 오히려 3선개헌에 앞장서고 있다고 적극 비난하면서, 헌법 69조의

133 Brush, Lisa. D.2003, *Gender and Governance*, Oxford: AltaMira Press.

134 예컨대 서구 복지국가에서 정당이나 의회에서의 여성의 참여율은 높다. 그러나 이것은 국가가 조합주의적 결정 구조를 가지고 있기 때문이다. 따라서 단순히 참여율의 비교만으로는 국가의 젠더화된 성격을 파악할 수 없다.

135 6대 국회 49회, 본회의 질의, 1965. 4. 20 ; 6대 국회 54회, 국회 본회의 기조연설, 1966. 1. 20.

136 이 후 민중당의 강경파는 온건파가 1965년 국회 복귀를 비난하면서 탈당하여 동년 11월 윤보선을 중심으로 신한당을 결성하였다. 민중당은 박순천을 중심으로 10월 온건주류중심으로 개편되었다(한국현대정치사, 1997).

'계속 재임은 3기에 한한다'는 조항의 철회 등을 요구하였다.[137] 나아가 가족계획 요원이 선거 요원으로 이용되는 문제를 지적하면서 공정선거에 대한 우려를 표명하였으며, 여군처우 개선과 관련하여 여군시설비에서 예산을 삭감하는 것에 대한 유감을 표명하고 있다.[138]

이상에서 볼 때, 제1기 여성의원의 의회 내 발언 내용은 주로 정권의 굴욕외교와 베트남 파병 반대, 부정선거와 집권연장을 위한 개헌반대 투쟁 등 주로 정권에 반대하는 것이었다.

여성관련 문제 및 정책 제안 내용은 제2기에 해당되는 1970년대 9대 국회부터 활발히 제기

1975년 10월 13일 94회 정기국회가 마비될 순간 '더 이상 사태가 악화되는 것을 바라지 않아 사퇴한다'는 요지의 성명을 읽고 있는 김옥선 의원.

되기 시작했다. 이는 유신체제라는 정권의 성격과도 연관된다. 유신체제를 수립하면서 박정희정권은 반대 세력에 대한 초강도의 탄압을 시도하여 정권에 대한 반대를 일체 허용하지 않았다. 1975년 10월 7일 94차 국회 본회의에서 김옥선 의원은 대정부질의에서 체제를 비판하여 제명처분을 받았다.[139] 체제 자체에 대한 비판과 정권에 대한 도전에는 가차없는 제재가 가해지는 시기였다.

그러나 여성문제는 체제 이외의 문제였기 때문에 탄압받지 않고 활발히 논의될 수 있었다. 유신체제하에서 여성의원은 유정회 소속으로 여성계에 일정 비율이 할당됨으로써 역대 국회 중 가장 많이 의회에 진출하였다. 이들 여성의원은 의회 내에서 여성관련 문제를 제기하고 관련 정책을 수립할 것을 적극적으로 제기하였다. 정권은 여성문제와 여성정책에 대한 의식이 없었으나 여성의원이 제기하는 여성관련 정책이 정권에 대한 도전은 아니었기 때문에 의회 내에서의 논의를 규제하지 않았다. 또한 여성유권자의 표를 동원할 수 있다면 여성계가 요구하는 주장을 정권이 반대할 이유도 없다. 따라서 여성의원이 이 기간에 제시한 획기적인 주장은 즉시 집권당의 정책에 반영되어 여성문제를 정권 차원에서 고려할 수 있는 기반이 되었다.

여성정책 제시　9대, 10대에 걸쳐 상임위원회에서 여성의원이 제안한 내용은 국가 차원에서 부녀부의 신설 필요성 및 여성문제 인식 촉구, 부녀정책이 아닌 여성정책의 필요성, 가족계획 정책의 재고, 윤락여성문제, 부녀단체와 여성운동, 세계 여성의 해를 맞이하는 정부의 입장 및 성 인지적性認知的 예산의 필요성 등에 관한 사항이었다. 구체적 내용을 보면 다음과 같다.

　　첫째, '부녀부'의 신설과 정부의 여성문제 인식을 촉구하는 내용은 다음과 같다. 2001년 여성부가 신설되기 17여 년 전 국회 본회의에서 유정회 소속 의원의 발의로 부녀부 신설이

137 7대 국회, 66회 본회의, 1969. 6. 17; 7대 국회, 71회 본회의, 1969. 8. 19; 7대 국회, 72회 본회의, 1969. 9. 12.
138 김옥선 의원, 국회 예결특위, 1970. 11. 26; 국회 예결특위 1970. 11. 28.
139 김옥선 의원은 1975년 10월 8일 국회 본회의 대정부 질의에서 전쟁심리조성은 독재자의 영구집권욕에 가장 효과적으로 동원되는 방편이라고 지적하면서, 민생고가 국가안보라는 절대적인 명제 아래 묻히게 됨으로써 국민은 독재체제를 뒷받침하는 사병이 되고 국민의 생활은 끊임없는 전투와 같은 상황하에 놓이는 것이라고 연설하였다 (9대 국회 94회 본회의, 1975. 10. 8).

제안되었다.[140] 그러나 부녀부의 신설이나 그 당시 임명직이었던 서울시 부시장에 여성을 임명하라는 주장은 심각히 고려되기보다는 웃음거리 정도로 받아들여졌다.

> … 정부의 한 기구로서 '부녀부' 창설 용의는 없는가? '부녀부'의 창설이 어려우면 국무총리 직속 하의 '부녀청'이라도 신설하셔서 여성 인적 자원을 활용할 용의는 없는가, … 여성 인구 300만을 포함한 600만 도시 살림을 책임질 수 있는 서울시의 부시장 한 자리쯤은 … (웃음소리) … 행정부의 중요한 직책을 개방하실 용의는 없으십니까?(서영희 의원, 국회 본회의, 1974. 10. 12)

또한 여성문제가 방향 감각도 없이 산발적으로 나오는 것에 대해 경고하고 정부의 여성문제에 대한 인식이 사회발전 수준보다 지체되어 있음을 윤여훈 의원은 다음과 같이 질책하였다.

> … 심각하게 잠재되어 있는 여성문제에 대해 인식하려 하지 않고 여성문제를 전반적으로 불평등에 항거하고 여성해방운동을 하겠다고 나서는 행위를 가지고 여성문제라고 생각하고 있다. 여성들은 남성의 영역을 침범하는 것을 여성문제라 생각한다 … 따라서 우리나라 여성문제는 여성문제에 대한 올바른 과학적 인식부터 시작하는 데 있다 (윤여훈 의원, 국회 보사위, 1977. 6. 29); 여성에 대한 문제가 확실히 제시되어 있고 사회에서 이렇게 오랫동안 여론화되어 왔는데 아무래도 정부에서 '여성문제'를 생각하는 태도와 수

140 이에 앞서 박순천 의원이 '… 사실 부녀과 이런 것은 소용이 업고 그것만 직접 맡아보는 〈部〉가 있어가지고 통솔되어야 한다'(동아일보 1956. 1. 20)는 주장을 한 것을 볼 때, 부녀부 (여성부)의 설치 필요성은 오래 전부터 제기되어 온 것으로 볼 수 있다.

준, 방법이 가장 뒤떨어져 있다는 생각이 든다(윤여훈 의원, 국회 보사위, 1978. 10. 25).

둘째, 여성의원은 여성정책 수립의 필요성과 여성문제 전담기구를 설치할 것, 그리고 여성 인력의 체계적인 활용 필요성을 제기하였다. 일부 남성의원도 여성문제 전담기구의 필요성을 인식하였다.

… 1,700만 여성을 대변하여 부별 심의가 아닌 종합적인 여성문제에 문제점을 제기한다. 총력안보와 평화적 남북통일, 반공, 그리고 고도의 경제성장이 국가의 당면시책이라면 어찌 여성정책에 소홀히 할 수 있겠습니까? 참뜻의 여성 사회 참여는 우선 사회지도층으로의 진출, 특히 정치 행정면의 진출이 긴요하다. 정부의 여성 능력이나 적소를 고려한 여성등용계획이 있으면 밝혀 달라. '여성잠재능력개발연구위원회'를 총리 직속으로 설치할 의사는 없으신지?(박정자 의원, 국회 예결위, 1974. 11. 28)

… 여성에 대한 사회적 경멸이라 할까 혹은 차별이라 할까 하는 것이 은연 중에 존재하고 있다. … 진정한 한국에서의 인권문제는 바로 여성문제이다. … 많은 돈을 들여가지고 길러낸 인재들을 집에서 밥이나 짓게 해서 되겠느냐 이 얘기다. … 여성 인력 자원을 사회적으로 동원하기 위한 제도적 조치는 어떻게 구상하고 계신지(이승근 의원, 국회 본회의, 1977. 10. 11).

… 우리가 선진국을 바라보면서 여성들의 지위 향상 문제는 왜 그렇게 무관심합니까? 저는 제도적으로나 경제적으로 여성 지위 향상을 정책에 반영시켜야 된다고 생각하고 … 전담 연구부 같은 것을 설치할 생각은 없는지(이

만섭 의원, 국회 본회의, 1979. 3. 24).

정부가 주도하는 직업훈련 프로그램에 여성이 배제된 것에 대해서 노
동청장은 "지금 국가 훈련기관에서 남자만 훈련하는 것이 사실이다. 그
러나 출발부터 여자를 배제하는 제도는 아니다"라고 답변하였다. 제도
자체는 배제시키지 않는다고 답변하고 있으나 당시의 상황으로 볼 때 여
자를 포함시켜야 한다는 적극적인 언급이 없는 한, 대부분 남자만을 대
상으로 하는 제도로 볼 수 있다.

셋째, 피임에만 의존하는 가족계획 정책을 비난하면서 가족계획을 위
한 가족법 개정의 필요성을 제안하였다. 1962년 제1차 경제개발 계획과
함께 추진된 정부의 가족계획 정책은 여성주의적 입장에서 입안된 정책
이라기보다는 경제성장을 위해 걸림돌이 된 인구증가를 막기 위한 수단
이었다. 당시 가족계획의 내용은 피임뿐이었으며 이 피임은 남자보다는
여자에게 강요되었다.

> 가족계획을 금년에는 실적 위주로 하고 싶다. 상대가 여자니까 될 수 있으
> 면 여자를 쓰는 것가족계획 요원이 좋다고 생각한다(보사부장관 박주병, 국회 보사
> 위, 1964. 1. 15); 금년도 루으프 피임수술은 30만 명을 예정하고 있다. 이 중
> 20만 명은 무료이고 10만 명은 유료이다. 그 이외 정관절제수술은 2만 명을
> 책정하고 있다(보사부국장 차윤근, 국회 보사위, 1965. 1. 22).

즉 가족계획의 대상은 여성이었다. 이러한 가족계획 정책에 대해 1970
년대 여성의원들은 성차별적인 가족계획을 비난하였다. 김윤덕 의원과
이승복 의원은 남성보다 여성에게 강요되는 피임시술이 의학상, 예산상

으로 불합리하며 남녀불평등에 기인하고 있음을 다음과 같이 지적하고 있다.

　… 우리나라에서는 인공중절하는 것이 일천한데 … 모체를 갖다가 기계로 마구 망가뜨리는 것보다도 오히려 남자들이 정관수술하는 것이 더 바람직하지 않느냐(김윤덕 의원, 보사위, 1976. 11. 2); … 가임 여성이 9세에서 40세까지 1,000만여 명인데 지금 이 가임 여성에게 홍보해 가지고 난관수술 해라 이것이 될 얘기예요? 그래가지고 1만5,000원씩 주고 생활이 어려운 사람에게는 1만8,000원씩 주는데 … 왜 갸날픈 여성 배에다 칼을 대느냐, 여러 가지 방법이 있는데 왜 그 방법을 택하고 권장하느냐? … 정 그렇게 하려면 홍보하고 설득하고 취지를 알려서 스스로 선택하게 해야 됩니다(김윤덕 의원, 국회 보사위, 1977. 6. 29).

　… 여성 불임 시술에서 복강경은 1인당 시술비가 1만5,000원, 남자 불임 시술이 5,000원인데 굳이 연약한 여성만 자꾸 시술을 시킬 것이 아니라 … 또 예산면으로 보더라도 남자 세 사람을 할 수 있는 비용이 여자에게 들어간다. 그리고 시술과정도 남자가 간단하며 의학상 부작용도 남자가 적다고 보아도 과언이 아니다. 그렇다면 남자의 불임시술이 이상적이라고 생각한다(이승복 의원, 국회 보사위, 1977. 6. 29); … 금년도 예산을 보면 남자가 6만 건이고 여자가 16만 건을 시술하는 것으로 되어 있는데 이것은 균형상으로 안 된다. 여성에게 너무 과중한 부담이며 모자보건적 측면에서 다시 생각해야 한다. 막대한 예산을 들여서 여성들의 배만 지질 필요는 없다고 생각한다(이승복 의원, 국회 보사위, 1977. 10. 28).

이와 같은 가족계획 정책은 여권론에 입각하여 출산의 당사자로서 정책 과정에 여성이 참여하여 자생적으로 결정된 것이 아니라 국가주도의 경제발전을 추진하기 위해 입안된 것이다. 4차 경제개발 5개년 계획 동안 예산 중 가족계획을 위한 예산에만 10억 원을 증액해 준 것도 경제성장을 위해 가족계획이 도구적으로 채택된 것이다. 그리고 그 가족계획의 주 대상은 여성이었다. 이에 대해 여성의원은 인구 억제를 위한 가족계획사업을 효율적으로 운영하기 위해서는 남성 위주의 호주상속이나 재산상속제 등과 관련한 가족법을 개정해야 함을 지적하였다(김윤덕 의원, 국회 보사위, 1977. 5. 30).

넷째, 윤락여성문제를 근본적으로 해결할 방안을 강구할 것을 제안하였다. 윤락여성문제는 이들이 매춘말고는 다른 직업을 선택할 수 없는 사회구조와 경제적 곤궁에 그 일차적 요인이 있다. 그러나 국가의 윤락여성정책은 이들을 계몽선도하는 부녀정책에 입각하고 있다. '건전주부'에 대립되는 '윤락여성'은 무단가출한 탈선 여성으로서 사회정화의 대상으로 인식되었다. 따라서 이들에 대한 국가의 해결책은 직업의 마련이 아니라 귀가조치시키는 것뿐이었다.

… 전국의 윤락여성 수는 보사부 통계에 의하면 1972년에 1만5,732명, 1973년도 현재 7만6,746명 … 대개가 농촌에서 가출해서 윤락가로 들어가는 예가 많다. … 보사부나 시도 부녀과에서 계몽선도 귀가조치는 하고 있는데 1974년도 예산안을 보면 윤락여성을 위한 사업비로 표어인쇄비 혹은 표어당선자 상품비로 180만 원이 계상되어 있다(허무인 의원, 보사위, 1973. 10. 29); 직업소개소로 하여금 우리 어린 딸들이 얼마나 피해를 입고 있느냐, 결국은 윤락행위를 강요당하고 있다는 사실 … 한편으로는 경제성장을

하고 선진국대열에 서겠다고 하면서, 한쪽 구석에서는 이렇게 울부짖는 구석이 있다는 사실을 우리는 알아야 한다. … 이 직업소개소의 운영을 사회단체나 여성단체에 주어서 건전한 청소년을 선도하는 것이 도리어 우리 사회를 위해 좋은 일이라 생각 … (이승복 의원, 국회 보사위, 1976. 11. 1).

여성의원은 유료직업소개소를 공공직업소개소로 전환하여 이들 업소에서 원천적으로 여성을 접객업소에 소개하는 관행을 방지할 것을 제안하는 등[141] 국가보다는 좀 더 적극적으로 여성주의적 입장에 서 있었다.

다섯째, '세계 여성의 해'를 맞이하여 국가가 여성문제에 보다 관심을 가져줄 것을 요구하였다. 국가가 아직 부녀정책의 단계에 머물러 있던 1975년은 '세계 여성의 해'였다. 당시 우리나라에서는 이매리 씨를 수석대표로 하여 이효재, 박혜경, 김정태, 이유숙 씨 등이 본회의에 참석하였다. 반면 북한에서는 허정숙최고인민회의 부의장을 수석으로 23명이 참가하였다.[142] 여성의원은 세계 여성의 해를 맞이하여 국가가 적극적으로 여성정책에 관심을 가지고 입안해 줄 것을 촉구하였다.

… 북괴와의 외교전에 다각적인 총력 외교를 총동원 해도 모자라는 정도인데 오직 여성문제라는 이유 하나만으로 UN이 주재한 멕시코 세계여성대회를 정부가 소홀히 해서 북괴의 많은 남녀대표들의 선전활동을 능가할 수 있는 대응책을 마련하지 못했다. … 또 이 북괴 대표는 세계여성대회가 개최되기 한 달 전부터 그 자리에서 선전공세하였는데, 이것은 국가 전체의 발전과도 직결되는 가족법 개정안을 내용도 검토하지 않고 단순히 여성문제라는 선입관 때문에 남성의원 여러분께서 그 의

141 허무인 1974. 3. 13 보사위; 이승복 1977. 6. 29 보사위.
142 이옥수(1985).

위 | 국제 여성의 해 행사장
아래 | 1975년은 국방에도 여성의 해: 서울 영등포구 과해동에는 미혼 여성 60명으로 조직된 최초의
여성 향토예비군이 창설되었다.

의와 중요성을 과소평가하는 경향과 흡사하다(이범준 의원, 국회 본회의,
1975. 7. 1).

이상과 같이 여성의원은 이미 1980년대를 바라보면서 여성문제를 언급
하고 있는데, 정부는 여전히 시대를 거스르는 부녀정책만을 입안하였다.
　끝으로 성 인지적 예산 배정을 제안하였다. 국가의 성격은 예산 배정
을 통해서도 파악할 수 있다. 현재는 예산에 대한 성 인지적 접근이 논의
되는 수준이지만, 그 당시는 여성정책과 관련하여 종합적인 예산 배정이
논의될 수 있는 단계가 아니었다.[143] 여성의원은 전체 국가 예산에서 여
성정책이 차지하는 비중이 너무 작은 반면 국가 주도의 부녀정책에는 상
대적으로 예산 배정이 너무 많아 불합리하다고 지적하였다.

　… 우리 국가 전체 예산 중에 보사부 예산이 1.45퍼센트라는 것은 아주 미
미한 예산이다. … 그 예산을 가지고 복지사회를 위한 사업을 해야 할 장관
님을 비롯 말단 직원의 애로가 … (허무인 의원, 국회 보사위, 1973. 5. 30). …
보사부 예산은 전체 예산 중 2.8퍼센트로서 예년수준을 유지하고 있는데(김
윤덕 의원, 국회 보사위, 1979. 11. 20).

　… '국립부녀직업보도소'는 시설이 국립으로서의 면모도 아니고 전국적
이지도 않고 단지 서울에만 있는데 여성문제라고 항상 예산을 쥐꼬리만큼
주기 때문에 … 전국적으로 그 불행한 서민층의 부녀자들이 혜택을 입을 수
있도록 해주셔야 될 것인데 … (허무인 의원, 국회 보
사위, 1974. 11. 18).

143 상임위원회에서 논의된 여성정책은 예산결
　산위원회까지 가서 예산이 거론되어야 실효성
　있는 정책이 된다(주준희, 1997).

여성문제가 해결되기 위해서는 여성관련 정책이 구체적으로 안건화되어 결정되는 것도 중요하지만 그 정책이 실행되는 것 역시 중요하다. 아무리 좋은 정책이 수립되더라도 실행 과정에서 성차별적으로 집행되거나 혹은 그 정책이 실행되기에 충분한 예산 배정이 안 될 경우 의미가 없다. 개별 여성정책에 충분한 예산이 배정되어야 할 뿐만 아니라 국가의 전체 예산 배정도 성 인지적으로 보았을 때 균형적으로 배분되는 것이 중요하다. 당시 보사위 여성의원이 성 인지적 예산 배정의 필요성을 주장한 것은 시대를 앞선 주장이었다.

5. 조국 근대화를 위한 부녀정책[144]

근대화 및 행정 효율성을 추구하는 발전국가로서 제3, 제4공화국은 사회의 모든 반대 세력을 철저히 봉쇄하였다. 따라서 이 시기는 시민사회의 정책 요구가 원천적으로 차단된 상태에서 대부분의 정책이 정권에 의해 주도적으로 산출되었다. 초보적인 부녀정책도 정권 혹은 정당에 의해 계몽적·시혜적 차원에서 입안되고 주어진 것에 불과하였다.

최초의 부녀정책: '여성의 사회적 지위 향상' 집권당과 야당이 당 정책 차원에서 여성정책을 모색하기 시작한 것은 1970년대 후반에 이르러서다. 그 이전에는 정당의 부녀정책이 존재하였지만 이것은 여성을 위한 것이 아니라 여성을 조직적으로 동원하여 선거구를 관리하고 표를 모으기 위한 도구로서 입안되는 수준이었다. 집권당과 야당의 부녀정책 전개 과정을 보면 다음과 같다. 집권당인 민주공화당은 1963년 2월 창당되었고 6대 총선에 대

144 부녀정책은 여성정책과 구분된다. 특정 정책을 추진하기 위하여 여성을 대상으로 수단적으로 채택되는 정책은 여성정책이 아니라 부녀정책으로서 이 시기의 정부 및 집권당이 추진한 여성관련 정책의 대부분이 이에 해당된다.

비하여 '민주정치의 실현', '자립경제의 확립', '사회안정 및 복지의 증진'을 그 기본 정책으로 정하였다. 사회안정 및 복지의 증진을 위한 세부 항목의 다섯 번째가 '여성의 사회적 참여를 적극 장려하고 여성운동을 지원하여 그 사회적 지위의 향상을 기한다'는 것이었다. 이는 최초로 집권당 차원에서 여성정책을 공약으로 내걸고 있다는 점에서 의미가 있다. 그러나 유의할 것은 여성의 '정치참여'가 아니라 '사회참여'의 장려라는 점이다. 즉 여성의 사회참여란 여성의 권리를 정당이 보호하는 차원보다는 여성의 사회봉사 의무를 강조하는 동원의 성격이 더욱 짙다. 즉 이 단계에서의 정당의 부녀정책 역시 여성을 계몽과 선도 및 동원의 대상으로 보고 있음을 알 수 있다.

공화당은 7대 총선에 대비하여 1966년 "지역에서 부녀단체와 적극 협조하여 부녀 활동에 참여할 것"을 당 지침으로 하고, 총선에서 '가정의 보호 및 여성의 동권, 모성보호'를 정책으로 제시하였다. 이를 위해 공화당은 중앙상임위원회와 시도지부에 부녀분과위원회를, 지구당에 부녀위원회를 두고 부녀 조직 강화와 부녀 활동 선도를 위한 교육을 실시했다. 7대 총선 이후 여성과 관련한 특별 정책은 제시되지 않았다. 주로 경제 자립에 초점을 두다가 1978년 10대 총선에서 공약으로 10개의 기본 방향을 제시하였는바, "여성의 지위 향상과 건전 청소년의 육성"이었다. 보다 구체적으로는 "남녀가 평등한 위치에서 협동하는 분위기를 만들기 위하여 여성문제 전담기구 설치, 여성 인력 개발과 근로조건 개선, 여성단체의 활동 지원, 여성의 재교육 기회 확대 및 모자복지사업의 확충"을 공약으로 제시하였다.[145] 특히 1978년 대선과 총선의 양대 선거를 앞두고 갑자기 가족법이 개정된 데에는 정부

145 김원홍 · 김혜영 · 김은경(2001), 『해방 후 한국여성의 정치참여 현황과 향후 과제』, 한국여성개발원.

의 종합인구대책 발표와 공화당의 수정처리 방침에 기인한다. 당시 국가가 주도했던 경제개발정책의 극대화를 위하여 정부는 여성정책을 수단으로 삼았으며, 공화당은 1978년 선거를 앞두고 갈등적인 이해를 가진 사회세력들을 어떤 식으로든 만족시킬 필요가 있었다. 여성단체의 가족법 개정 요구와 '가족법개정저지범국민협의회'의 반대 세력을 모두 만족시키기 위한 해결책이었다.[146]

이처럼 10대 총선에 대비하여 집권당이 여성정책을 적극적으로 제안한 것은 1975년 유엔이 '세계 여성의 해'를 선포하고 1976년부터 1985년까지 10년을 '세계 여성 10년'으로 제정한 결과 가해진 국제적인 압력에도 기인한다.[147]

야당의 부녀정책 발전과정 또한 집권당과 비슷하다. 1965년 5월 민주당과 통합하여 탄생한 민중당도 1965년 부녀정책의 하나로서 '부녀자의 지위 향상'을 내걸고 있다. 그러나 부녀자의 사회적, 경제적, 정치적 지위 중 무엇을 말하는지 애매하여 상징적 수준에 불과할 뿐이다. 통합된 민중당의 대표 최고위원에 여성으로서는 최초로 박순천 의원이 당수가 되었는바,[148] 동 정당은 부녀부를 포함한 11개부를 두었는데 주 활동은 사회봉사 활동이었다. 이와 같이 부녀정책이라는 것이 부녀를 대상으로 이들의 사회봉사를 이끌어 내는 것과 선거시 부녀자의 표를 동원하기 위한 것에 그 목적이 있는 것은 야당의 경우도 마찬가지였다.

부녀정책에서 여성정책으로의 전환   당시 정당의 부녀정책은 사회단체와는 유리된 채 각 정당의 성격에 따라 도출되었다. 집권당인 민주

146 조기숙(2001).
147 백영옥(2001), 여성과 정당 그리고 선거, 이범준 외, 『21세기 정치와 여성』, 나남.
148 1965년 박정희정권의 한일국교정상화 추진에 반대하기 위해 야권은 민중당으로 통합되었다. 통합된 민중당 제1차 전국대의원대회에서 박순천(513표)은 윤보선(460표)을 누르고 최고대표위원으로 당선되었다.

공화당의 부녀 활동은 주로 득표 향상을 위한 당원관리와 일반 유권자의 계몽활동에 초점을 두었다. '주부응접실'을 설치하여 여성의 생활계몽을 주도하였으며, '주부합창단'을 구성하여 전국을 돌며 건전가요를 보급하였다. 아울러 대민봉사활동으로 원호대상자 위문활동 등이 부녀 활동의 주 내용이었다. 그러나 1978년 이러한 부녀정책이 여성정책으로 획기적으로 전환되었다. 공화당은 1978년 총선에서 선거공약으로 '여성의 지위 향상과 청소년의 건전육성'을 위한 정책방안을 구체적으로 내걸었다.[149] 1979년에는 '여성지위향상위원회'를 구성하고 여성의 법적, 사회적, 제도적 불평등의 현황을 파악하고 그 해결책을 모색하는 간담회 등을 개최하였다. 또한 여성계와의 적극적인 연대를 구축하기 위하여 친여단체를 지원하는 등 여성주의적 정책으로의 전환을 모색하였다.

야당은 집권당보다 여성주의적 정책을 시도한 시기가 조금 앞섰고 그 내용도 훨씬 구체적이었다. 신민당은 민주공화당보다 앞선 1971년에 '여성지위향상위원회'를 발족하였으며, 농어촌 여성계몽운동과 여성유권자 캠페인 운동을 전개하였다. 통일사회당은 여성정책 분야에서는 기존의 제도권 진입 정당 중 가장 진보적이었다. 1972년 '여성 지위 향상을 위한 투쟁'을 위시해서 1974년의 '근로여성의 기본권 신장을 위한 투쟁' 그리고 1975년의 '여권신장을 위한 투쟁' 등을 부녀국 중심으로 전개하였다.

이와 같이 각 정당이 부녀정책에서 여성정책으로 전환한 결정적인 계기는 1970년대 여성의원들이 의회 내에서 활발하게 여성문제와 여성정책을 제시하였기 때문이다. 이들은 소수였지만 사실상 국가와 각 정당이 여성문

[149] 공화당은 1978년 총선에서 10대 선거공약을 제시하였다. 그 중 '여성의 지위 향상과 청소년의 건전육성'을 위한 과제로는 ① 사회의 모든 영역에 걸쳐 남녀가 평등한 위치에서 협동하는 풍토의 조성 ② 모자복지를 향상시키며 어린이의 건전성장 보호를 들고 있다(중앙선거관리위원회, 1988).

제를 인지하고 기존의 부녀정책에서 여성정책으로 전환하게 만든 핵심적인 역할을 담당하였다는 점에서 여성발전사의 한 획을 그었다.

'조국 근대화'를 위한 '부녀 동원정책' 국가의 정책은 국가의 성격을 나타낸다. 여성의 정치·사회적 지위가 개선되지 않고 불평등한 상태에서 국가가 '젠더 중립적'이라 말하는 것은 오히려 '젠더 편향적'이라는 말이다. 제3, 제4공화국의 국가는 조국 근대화를 추구하기 위해 행정의 효율화를 강조한 '발전국가'였다.[150] 발전국가에서의 국가정책은 아래로부터, 그리고 의회가 주도하는 것이 아니라 소수의 전문 행정관료의 도움을 받아 정권이 결정한다.

박정희정권이 추구한 '조국 근대화'와 이를 위한 일련의 경제성장 위주의 정책은 여성을 발전목표 속에 통합 내지 동원시킴으로써 여성의 삶에 지대한 영향을 미쳤다. 이 시기 조국 근대화를 위한 각종 부녀정책은 실제로 국가의 발전목표를 위한 정책상의 필요 때문이었고, 따라서 그 성격은 분배와 재분배보다는 규제적인 측면이 강했다.[151]

박정희정권이 수립한 '국민생활개선운동', '한일협정', '가족계획' 및 '윤락행위등방지법'은 여성이 젠더 편향화된 발전국가의 정책에 어떻게 도구적으로 편입되었는지를 보여준다. 첫째, 국민생활개선운동을 전개하면서 건전한 가정 및 주부와 윤락여성을 이중적으

[150] 국가가 전략적인 발전목표를 수립하고 이를 추진하기 위해 필요한 일정한 국내 정치 제도의 기반구축, 자율적인 관료제 조직, 지배적 산업집단과 제휴관계 등을 형성하는 '발전국가'의 개념은 1960년대 한국의 부녀정책을 이해하는 데 매우 시사적이다. 박정희 체제는 경제기획원을 중심으로 일련의 발전목표를 입안하고 이의 달성을 추진하였다. 부녀정책 역시 이와 같은 발전목표의 달성을 위해 여성과 가정을 동원하고 계몽하려는 국가의 관심을 반영하고 있는 것이다(황정미(2000), 발전국가와 모성: 1960~1970년대 '부녀정책'을 중심으로, 심영희·정진성·윤정로, 『모성의 담론과 현실』, 나남).

[151] 공공정책의 유형(Thodore Lowi, 1964)을 분배, 규제, 재분배 정책으로 구분할 수 있는데, 규제정책은 주로 사적 영역의 활동을 규제하는 성격이 강하다(조기숙, 2000).

┌─ 가정의례준칙실천 ─┐
○ 결혼은 군청
　　　이동예식장에서
○ 상례는 상복대신
　　　상장 달고 100일 탈상
○ 부락 결의사항은
　　　내가 먼저 지키자
○ 절사는 추석절 아침에
　　　직계조상으로 제주집(종손)에서
○ 지방은 한글로
　　　"선조 어른 신위"라 쓴다
○ 절미 저축은
　　　1일 1인 두 수저씩
○ 집집마다
　　　절미저축 통장갖기
└─　당　진　군　─┘

┌─ 가정의례준칙실천표어 ─┐
○ 집집마다 의례준칙
　　　마을마다 알찬살림
○ 일소하자 허례허식
　　　실천하자 의례준칙
○ 가정의례 생활화로
　　　근대화에 앞장서자
○ 가정의례 간소화로
　　　부강찾고 번영찾자
○ 낭비막는 의례준칙
　　　근심걱정 덜어준다
○ 돈 안들고 간편한
　　　이동 결혼식장을 활용하자
└─　당　진　군　─┘

가정의례준칙의 실천 포스터

로 구분하였다. 여기서 나온 가정의례준칙은 건전한 주부가 건전한 가정을 이끌기 위한 모범적인 규범을 말한다. 반면 건전한 주부에 대립하는 윤락여성은 단속과 규제의 대상이며 조국발전을 위해 외화를 벌어들이는 도구화된 정책 대상이었다. 둘째, 한일협정은 그 체결 과정에서 대일 저자세굴욕외교였다는 점에서 야당과 학생 등 반대 세력의 대대적인 저항에 부딪혔다. 이 협정에서 일제가 자행한 징병, 징용, 일본군 위안부 등의 문제는 해결되지 못하였다.[152] 특히 체결 과정에서 청구권을 산출하는 방식의 모호성과 청구권이 아닌 무상원조 혹은 독립축하금 형

152 장석흥, 해방 후 귀환문제 연구의 성과와 과제, 『한국근현대사연구』 2003 여름호, 45.

반상회는 자율적이기보다는 정부시책을 알리고 홍보하는 조직으로 활용되었다.

식으로 지불하는 것에 대한 민족적 자존심의 손상 등이 반대의 이유였
다. 청구권 산출 과정에서 소외된 위안부문제 등은 국가가 얼마나 남성
중심으로 젠더화되어 있는지를 보여 준다. 셋째, 가족계획 정책은 경제
성장의 장애요인이 되는 인구성장을 억제하기 위하여 여성의 몸을 국가
가 직접적으로 통제하고 나선 정책이었다. 가족계획은 피임과 관련하여
남성의 몸을 통제하는 대신 여성의 몸을 직접적으로 규제하였다. 아울러
'윤락행위등방지법'의 성립과정과 기생관광 및 외국인 상대 매춘에 대한
국가의 관용적 태도는 국가의 성윤리에 대한 이중적인 모습을 보여 주며
외자도입을 위해 여성을 도구화하는 일면도 보여 주었다.

　이상과 같이 제3, 제4공화국 시기는 국가가 여성을 대상화하고 도구
화하는 정책을 수행하면서 여성문제를 중심으로 한 균열 구조는 부각되

지 않은 시기였다. 그러나 여성의원은 권위주의적 정권이 지배하는 제한적인 의회 구조 안에서 여성문제가 인지되어 정책과 제도로서 반영되기 위한 기틀을 마련하였다는 점에서 여성사 발전을 위한 지대한 공헌을 하였다. 이들의 정치참여는 국가 및 정당이 부녀정책에서 여성정책으로의 요구에 부응하도록 전환시키는 고리 역할을 했다는 점에서 의미가 크다.

좌절된 민주화

1. 10·26사태와 혼돈 속의 7개월

1979년 YH무역 여성노동자 농성 사건과 신민당 김영삼 당수 제명 사건은 박정희정권 와해의 전주곡이 되었다.[153] 신민당 의원들이 의원직 사퇴서를 제출한 상태에서 여당 단독으로 김영삼 당수를 제명시키는 사건이 일어나자 부산과 마산 지역에서 시위가 일어났다. 이는 학생과 시민이 대대적으로 참여하여 독재에 대항한 범국민적인 저항운동으로 확산되었다. 이 부마 민주화운동은 결국 10월 26일 박 대통령 시해사건으로 이어졌다. 동년 10월 26일부터 다음 해인 1980년 5월 17일 계엄확대와 정치 활동 금지 조치가 이루어지기까지 약 7개월 간에는 민주화로의 전환을 위한 개헌 작업이 이루어졌다. 이 기간은 가장 혼돈스러웠지만 모든 가능성이 열려 있는 희망의 기간이기도 하였다.

[153] 1979년 8월 9일 YH무역의 여성노동자 187명이 사기성 폐업에 항의하여 야당인 신민당사 4층을 점거하고 벌인 항의 농성 사건. 한편 박정희정권은 동년 8월 야당의원 3명을 사주하여 대의원 자격이 없는 22명이 참석해 투표했기 때문에 무효라는 이유로 신민당 총재로 선출된 김영삼에 대해 '직무정지가처분신청'을 하게 하였고, 『뉴욕타임즈』와의 회견에서의 김영삼의 발언이 사대주의적이며 반국가적이라는 이유로 국회에서 제명처분하였다(강준만 (2002), 『한국 현대사 산책』 1970년대 편, 인물과 사상사).

1979년 8월 YH 여성노동자 신민당사 농성(조선일보
1979. 8. 14)과 강제해산과정에서 끌려 나오는 김영삼
신민당총재

희망의 핵심은 민주화였고 민주화로의 전환을 위한 핵심은 개헌 작업이었다. 이 7개월 동안은 개헌 논의로 온 나라가 들끓은 개헌정국이었다. 국회뿐만이 아니라 시민사회의 다양한 세력은 모두 각자의 개헌안을 제시하였다. 여성계도 여성관련 조항이 보다 적극적이고 구체적으로 헌법에 반영될 것을 요구하였다.

다양한 시민단체들은 1979년 12월 3일 발족한 국회의 헌법 개정특별위원회가 주도하는 개헌안에 자신들의 요구가 반영되도록 압력을 가하였다. 국회 헌법개정특위는 시민사회의 다양한 요구를 수렴하고 여야가 협의하여 단일안을 마련하기 위해 노력하였다. 이 과정에서 1980년 3월 정부 주도의 또 다른 개헌안에 대해 국회 주도로 개헌안이 마련되어야 함을 주장하는 등 개헌의 주도권을 잡기 위해 여러 정치세력이 노력하였다.

그러나 민주화를 향한 개헌 작업은 1980년 5월 17일 계엄조치의 전국적인 확대와 정치활동금지조치로 중단되었다. 이에 따라 논의 중이었던 개헌안은 역사 속으로 사라지고 개헌의 주도권은 정부로 넘어갔다. 1980년 9월 1일 기존의 4공화국 헌법 절차 안에서 통일주체국민회의의 간접선거에 의해 전두환이 제11대 대통령에 취임하였다. 정부가 주도한 헌법심의위원회에서는 국회안과 각계각층안을 참조하여 헌법심의위원회안을 확정하였다. 대통령 7년 단임의 간선제를 골간으로 하는 새 헌법안은 10월 22일 국민투표에 의해 확정되었다. 새 헌법에 의거한 대통령 선거인단의 간접선거에 의해 1981년 3월 12대 대통령에 전두환이 당선되었다. 이어 11대 국회의원 총선거가 거행되어 민정당이 과반수를 장악함으로써 제5공화국은 외양상 제도적인 절차를 마치고 공식적으로 출범하였다. 그러나 민주화를 향한 여성과 국민의 염원은 다시금 좌절되었다.

2. 개헌정국과 여성참여

민주화로의 이행기에는 여성에게도 많은 기회가 열렸다. 일제강점하에서의 민족주의 운동, 광복 후 국가건설 과정, 전쟁극복 과정, 민주화운동을 거치면서 여성계의 주장은 항상 부차적인 위치에 있었다. 그러나이 모든 과제가 극복되고 난 다음에는 여성의 목소리가 반영될 수 있는좀 더 많은 기회와 공간이 열리게 된 것이다. 여성정책의 입안과 실현 가능성은 민주화운동에 대한 여성의 참여 정도, 단일화된 여성운동의 존재유무, 여성관련 요구가 정책에 반영될 수 있는 기존의 정책 기구의 존재여부 등에 따라 다양하게 나타난다.[154]

개화기 이후 구국운동, 민족운동, 국가건설운동 등 다양한 형태로 전개된 여성운동은 1980년 드디어 여성주의적 요구를 여성운동의 핵심으로 자율적으로 주장할 수 있는 단계에 진입하였다. 그리고 그 방향은 국회의 헌법개정안 과정에 참여함으로써 구체적으로 나타났다.

1979년 국회는 개헌안을 위한 헌법개정특별위원회를 구성하였다. 동특위는 김택수 위원장을 중심으로 총 28명의 의원으로 구성되었으나 여성의원은 단 한 명도 없었다. 이 헌법개정특별위원회는 권력구조, 기본권, 경제사회 분야를 중심으로 개헌 작업을 시작하였다. 개헌안의 핵심은 늘상 그래왔듯이 권력구조에 관한 것이었다. 대통령제, 의원내각제, 이원적집정부제二元的執政府制[155]의 세 가지 유형의 권력 구조를 놓고 국회는 전국을 순회하면서 총 여섯 차례의 공청회를 개최하여 각계의 의견을 수렴하였다.

154 Okeke-Ihejirikam Phillo-mina and Franceschet 2002, "Democratization and State Feminism: Gender Politics in Africa and Latin America", *Development and Change*, 33(3), June 2002.

155 이원적집정부제는 대통령제와 의원내각제가 절충된 정부 형태로서 행정부 권력이 이분화된 형태다.

6회의 공청회에 선정된 공술인은 총 50명이었으며, 그 중 여성대표는 4명에 불과하였다. 공청회는 1980년 1월 16일부터 29일까지 서울, 대전, 광주, 부산, 대구, 서울의 순으로 개최되었다. 각 공청회는 학계, 법조계, 언론계, 상공계, 문인, 여성계 등의 대표가 공술인으로 참가하여 개헌안에 대한 의견을 개진하였다. 공술인 50명 중 여성계 대표로는 윤후정 교수서울, 김진정 부산YWCA총무부산, 현애숙 대구YWCA총무대구, 이경숙 교수서울가 참석하였다. 이 공술인의 선정 기준에 대해서도 의회 내에서 많은 논란이 있었다. 특히 여성계의 대표는 학계나 각계에 포함될 수 있으므로 여성계를 성별로 구분할 필요가 없다는 주장(김수한 위원, 헌법개정특별위원회 1980. 1. 14)이 제기되기도 하였다. 결국 헌법개정과정에서 기존의 가부장적 구조를 유지하기 위한 세력과 이를 와해시키고 새로운 양성평등 사회를 구축하기 위한 세력 간의 갈등은 헌법 9조 평등권 조항 및 31조 혼인관련 조항 중심으로 첨예하게 대립되어 나타났다.

　여성의원이 국회의 헌법개정특별위원회에는 포함되지 않았고, 또 공청회에서 여성 공술인의 수가 총 50명 중 4명, 곧 8퍼센트에 불과했는데도 성별 대표성은 필요없다는 분위기였다. 하지만 여성 공술인은 여성계의 목소리를 대변하고자 노력하였다. 선정된 여성 공술인은 권력구조, 지방 자치제, 교육권, 개헌 절차 등에 대해 각각의 의견을 개진하였을 뿐만 아니라 헌법에 여성관련 조항이 구체적으로 명시될 것을 요구하였다. 특히 여성 공술인은 헌법에서 평등권 조항과 혼인관련 조항을 중심으로 공통된 의견을 제시하였다. 우선 현행 헌법 9조 평등권 조항과 관련하여 다음과 같은 주장이 제기되었다.

　헌법 9조　모든 국민은 법 앞에 평등하다. 누구든지 성별, 종교 또는 사회적 신분에 의하여 정치적, 경제적, 사회적, 문화적 생활의 모든 영역에 있어서 차별을 받지 아니한다(4공화국 헌법).

… "양성은 본질적으로 평등함을 기반으로 하며 성별을 이유로 어떠한 차별과 특권도 받을 수 없다. 여성은 가정이나 직장에서 차별을 받지 아니한다"라는 규정을 삽입하여야 한다(윤후정, 1980. 1. 16. 헌특위 서울공청회).

… 헌법 9조2항에다 "남자와 여자는 동등하다. 누구든지 종교 또는 사회적 신분에 의해서 정치적 경제적 사회적 문화적 생활의 모든 영역에서 차별을 받지 아니한다"라는 규정을 다시 한번 넣어서 여성차별을 철폐하고 모든 입법 제도를 확립시켜야 한다(김계환, 1980. 1. 18. 헌특위 대전공청회).

… "남녀 양성은 본질적으로 평등함을 기반으로 하여 성별을 이유로 어떠한 차별도 받을 수 없으며, 여성은 가정이나 직장이나 사회에서 차별받지 않는다"라는 등의 내용과 "부부는 동등한 권리를 가지고 있음을 기반으로 하는" 등의 내용이 삽입되어야 한다(김진정, 1980. 1. 19. 헌특위 광주공청회).

… 새 헌법에는 성별의 이유로 어떠한 차별도 받을 수 없다는 여성의 평등권을 위해 구체적인 명시가 되어야 할 것이며 실질적으로 평등권이 보장되도록 상세한 규정이 들어가야 한다(현애숙, 1980. 1. 23. 헌특위 대구공청회).

… 현행 헌법에서 남녀평등과 관련하여서는 9조 단 한 개의 조항밖에 없다. … 이번 헌법개정과정을 통해 여성의 인권과 평등권을 보장하기 위해서는 각 조문에 보다 상세하고 구체적으로 남녀평등권을 명시해서 실제의

차별을 방지해서 여성은 가정에서나 직장 사회에서 남성과 동등한 지위를 누릴 수 있도록 헌법으로 보장해야 한다(이경숙, 1980. 1. 29. 헌특위 서울공청회).

즉 여성계의 주장은 9조 평등권 조항에 '양성평등' 혹은 '부부동등권'이라는 용어를 추가하고 혹은 관련 장에 구체적으로 삽입하여 제헌헌법 이래 추상적으로 선언된 데 불과한 성별 평등 조항이 보다 구체적으로 헌법상 조문으로 보장되어야 한다는 것이었다.

이에 대해 정부 주도로 이루어진 헌법연구반의 보고서에 의하면 9조 남녀평등에 관한 구제척인 규정을 헌법에 두자는 의견여성계과 현행대로 두자는 의견이 있는바, 연구반은 "남녀평등에 관한 규정을 상세화하는 경우에는 종전에 규정하고 있던 바와 같은 혼인의 순결보호 조항에 '혼인은 남녀동권을 기본으로 한다'는 규정을 두는 것과 근로의 권리조항에 '동일노동에 대한 동일임금제보장 규정을 두는 것'이 검토될 수 있다"고 제시하였다.[156]

즉 남녀평등과 관련하여 구체적인 실천 조항을 헌법에 명시할 것인가 아니면 하위 법률인 일반 법률에 명시할 것인가가 논쟁의 핵심이었다. 여성계는 이를 헌법에 구체적으로 명시해야 한다는 입장이었다. 이와 관련하여 31조 혼인 관련 조항이 문제가 되었다.

[156] 정부 측의 헌법연구반은 개헌안과 관련된 보고서를 1980년 3월까지 작성하여 정부의 헌법개정심의위원회에 제출하였다. 헌법개정심의위원회는 신현확 국무총리를 위원장으로 하여 68명으로 구성되었다. 동 위원회는 5월 12일부터 28일까지 공청회를 개최하여 국회안과 각계 각층의 안을 참조하여 개헌안을 완성하였다. 이 안이 10월 22일 국민투표에 부쳐져 5공화국 헌법으로 확정되었다(헌법연구반보고서, 1980. 3).

헌법 31조 모든 국민은 혼인의 순결과 보건에 관하여 국가의 보호를 받는다(4공화국 헌법).

… 31조에 "부부는 동등한 권리를 가지고 있음을 기반으로 상호협력하고 유지해야 하며 친권, 재산권, 상속 주거의 선정, 이혼 및 혼인, 그리고 가족에 관한 법률 규정에 있어서는 개인존엄과 양성의 본질적 평등에 입각하여 제정하지 않으면 안 된다"는 규정을 두어야 한다(윤후정, 1980. 1. 16. 헌특위 서울 공청회).

제헌헌법에서 규정되었던 "혼인은 남녀동등권을 기반으로 한다"는 규정이 3공화국 헌법에서 삭제되었다. 여기에 남녀동등권 규정을 다시 넣어야 한다는 주장이 제기되었다. 국회 헌법개정특별위원회하의 6인 수권위원회에서 사실상 확정한 최종헌법안 33조는 이와 같은 여성계의 의견을 수렴하여 보다 구체적으로 혼인과 가족생활의 평등에 관해 규정하였다.

국회개헌안마무리(동아일보 1980. 5. 16)

33조 ①: 혼인과 가족 생활은 개인의 존엄과 양성의 평등을 기초로 성립되고 유지되어야 한다. 혼인이나 재산권 또는 가족생활에 관한 법률은 개인의 존엄과 양성의 평등을 기초로 하여 제정되어야 한다(국회 헌법 개정특별위원회 최종안, 1980. 5. 15). ② 모든 국민은 개인의 건강과 가족의 보건에 관하여 국가의 보호를 받는다.

국회 헌법개정특별위원회 헌법안(동아일보 1980. 5. 16)

그러나 최종 통과된 5공화국 헌법에는 "혼인과 가족생활은 개인의 존엄과 양성의 평등을 기초로 성립되고 유지되어야 한다. 모든 국민은 보건에 관하여 국가의 보호를 받는다"는 조항으로 축소되었다.[157] 즉, 민법 등 모든 하위법 제정시 근거 규범이 될 수 있는 '혼인이나 재산권 또는 가족 생활에 관한 법률은 개인의 존엄과 양성의 평등을 기초로 하여 제정되어야 한다'는 내용은 결국 들어가지 못했다. 아울러 33조 2항에서 '개인의 건강과 가족의 보건'에 관한 국가의 보호 규정 역시 '모든 국민의 보건에 관한' 국가 보호 규정으로 축소되었다.

한편 정부는 개헌에 대한 국회안과 정부안은 비공식, 공식 막후절충을 벌여 사실상 정부와 국회 공동 개헌안을 마련할 것이며 '내주부터 개헌 요강심의가 본격화될 것'이라고 밝혔다.[158] 반면 국회는 국회대로 5월 14일 개최된 제22차 헌법개정특별위원회에서 다음 날인 15일까지 헌법 전문과 기타 합의되지 않은 모든 조항을 의결하여 개헌안을 모두 마무리 짓고 5월 20일 국회 임시회를 소집하여 개헌안을 확정짓기로 하였다. 그러나 5월 14일이 개헌 논의의 마지막 날이 되고 말았다.

3. 1980년 5월 14일 민주화의 중단

1979년 12 · 12 군사반란에 성공한 신군부 세력이 학생 시위를 빌미로 1980년 5월 17일 밤 24시를 기해 전국에 비상계엄을 확대하였다. 그 결과 진행 중이었던 모든 헌정활동이 중단되었다. 이로 인해 국회에서 추진 중이던 헌법개정 작업은 5월 14일 22차 회의를 마지막으로 정지되었고, 국회 주도로 작성되어 거의 마무리가 되던 개헌안은 역사 속으로 사라졌다. 그 후 5 · 18민주화운동을 강

157 이 조항은 그 후 6공화국의 헌법에서 더욱 강화되어 혼인과 가족생활에 대하여 국가의 보호가 아니라 '국가의 보장 의무'로 규정되었다.
158 동아일보 1980. 5. 13.

：
도심을 메운 대학생 데모(동아일보 1980. 5. 15)

경진압한 신군부는 동년 5월 31일 '국가보위비상대책회의'를 설치하여 사실상 권력을 장악하였다. 5·18민주화운동에 이은 범국민민주화투쟁에 의해 1987년 6월 29일 정권으로부터 대통령 직선에 의한 헌법 개정이라는 민주화선언을 받아내기까지 다시 7년의 기간이 소요되었다.

　마찬가지로 여성의 목소리가 헌법에 반영되고 여성이 하나의 정치 집단으로 인식되는 데도 7년의 시간이 더 필요했다. 그러나 지난 1970년대는 여성운동이 독자적인 목소리를 내기 위한 기반이 조성된 시기로서 의미가 크다. 민주화운동이 철저히 탄압을 받았던 이 시기에 여성문제와 여성정책의 제안은 오히려 탄압의 범위 밖에 있었다. 따라서 민주주의의 암흑기인 이 시기가 역설적으로 여성문제에 어떤 열린 공간을 제공해 주었다.

　1980년 모든 헌정 활동은 중지되었지만, 이 중단 속에서 1980년대 여성사 발전의 전환점을 향한 움직임은 중단되지 않았다. 7년 후인 1987년 민주화 헌법이 채택된 이후 여성의 역사는 획기적인 전환점을 맞이한다. 민주주의가 확립된 상태에서 여성계는 본격적으로 정치집단으로 인식되기 시작하였으며, 자율적인 여성계의 목소리가 정부 부문만이 아니라 민간 부문에도 반영되면서 여성의 정치세력화가 시작되었다. 미약한 수준이지만 정치세력화하기 시작한 여성계는 국가, 사회, 가정, 모든 부문에서의 성불평등 구조를 타파해야 함을 인식하고 이를 실천하기 시작하였다.

3장

여성과 경제

얼굴에는 버즘이

민들레 꽃씨처럼 번져가고,

감기가 심해져 축농증마저 생겼다.

그래도 나는 일을 안 하면

죽는 줄 알고 무섭게 일했다.

… 하지만 부러울 것이 없는

마음의 여유와 산업전사로서의 강한 자부심도

갖게 되었다

여성 경제 활동의 의미

1. 왜 여성 경제 활동사인가?

삯바느질로 자식을 대학까지 교육시켰던 어머니, 평생 김밥 장사를 해서 모은 돈을 장학기금으로 내놓은 할머니, 오빠나 남동생의 학업을 위해 어린 나이에 공장 노동을 했던 누이 등은 우리 주변을 살펴보면 어렵지 않게 만날 수 있는 사람들이다. 어머니나 할머니, 누이는 이처럼 끊임없이 '돈이 되는 활동'을 통해서 가족의 생계와 미래를 책임져 왔다.

하지만 과거의 여성은 대부분 자신이 경제활동을 하고 있다는 생각을 하지 못했다. 여성들 스스로 장사나 산업 전선에 뛰어들어 가족을 빈곤과 기아에서 구해내는 '보조적인 돈벌이' 정도로 인식해 왔다. 당사자인 여성은 물론이거니와 다른 가족이나 사회적인 평가에서 이런 노동은 사회적인 경제활동이라기보다는 가족을 위한 사적인 봉사나 희생으로만 생각되었다.

여성은 남성과 더불어 열심히 돈벌이를 했고 국가적·사회적 혼란기를 지나오는 동안 어떤 형태로든지 경제활동에 참여해 왔다. 허드렛일

위 | 시장에서 좌판을 벌여 놓고 물건을 파는 여성들(1960)
아래 | 동생을 업고 사과를 파는 피난민 소녀행상

등 이것저것 가릴 여유 없이 뛰어들어야 했던 일들이었지만, 이 과정을 거쳐서 우리의 가족사가 형성되었고 국가 경제가 발전했다. 한국 경제가 중심을 잡고 서는 데 여성이 벌어들인 외화와 허리띠 졸라매고 절약한 돈이 기반되었다는 사실은 누구도 부인할 수 없다. '경제불모지', '최빈국'의 오명을 딛고 경제개발국으로 성장할 수 있었던 중심에는 여성이 있었다.

그러나 이 시기를 연구한 문헌들에서는 남성의 돈벌이가 사회나 가정에서 당당하고 공적인 것으로 인정받았던 것에 반해 여성의 돈벌이는 부수적이고 사적인 것으로 평가되었다. 이는 대부분의 역사나 경제사가 국가 또는 남성 중심의 연구로 일관되었기 때문이다. 그러므로 특수하게 여성성을 강조해야 하는 것이 아닌 경우에는 '국민의 노력'이라는 무성적인 언어를 사용해왔다. 한국사 연구 자체가 광복 직후 정치적 격변과 사회적 혼란을 증언하는 데 치중하면서 분단과 전쟁, 정치적 혼란과 경제적 빈곤 속에서 누구보다도 열심히 가족의 생계와 안전을 지키기 위해 할머니, 어머니, 그리고 딸이었던 여성의 삶이 얼마나 치열했던가를 말해 주는 기록은 누락되고 만 것이다. 경제사나 사회사의 대표적인 연구 방법인 통계분석 속에서도 역시 여성은 남성에 비해 늘 소수였고, 단순노동·저임금·비정규직 노동자였기 때문에 여성의 경제활동은 공식적 통계로 잡히지 않았다.

권위주의적인 정치문화와 전통은 여성의 능력과 활동이 남성에 비해 열등하다고 인식시켰다. 따라서 산업 현장에서 여성노동자는 남성 관리자에 의해 통제되었으며, 노조활동에서도 여성노동자는 남성의 뒷전으로 밀려났다. 정부나 기업과의 협상에서도 '모든 노동자를 대표하는' 남성 노동자에 의해 여성노동자의 요구는 제대로 반영될 수 없었다.

남성에 의해 대표된 경제활동은 농촌 여성의 삶에서도 잘 나타나고 있다. 농촌 여성은 남성과 함께 농업생산 노동을 하면서 일반주부와 마찬가지로 가사와 자녀의 출산 및 양육을 이중으로 담당해 왔다. 남성 농민에 비해 노동강도가 결코 작지 않았음에도 불구하고 농촌의 여성은 '농민'이라기보다는 '농가 주부' 내지 '농사보조자'로 생각되었다.[1] 이는 농촌 여성이 응답한 설문조사에서 잘 표출되고 있다. "자신을 무엇이라고 인식하는가"라는 질문에 대해 '주부+농사보조자'로 답한 사람이 32.4퍼센트, '주부+농업종사자' 29.8퍼센트, '전적인 농업종사자' 9.8퍼센트로, 자신을 '전적인 농업종사자'라고 응답한 사람이 9.8퍼센트에 불과했다.[2]

실제로는 남성과 더불어 농업생산 노동에 직접 참여하면서도 여성 농민은 자신을 농민으로 생각하기보다는 농가 주부나 농민의 아내 정도로 의식하고 있으며, 자신의 농사 일에 대해 생산을 위한 경제활동으로 인식하지 못하였다. 여성의 농업생산 노동은 예외적이고 임시적인 일로 간주되었던 것이다. 그렇기 때문에 농촌 여성은 '일하지 않는 집단'으로 인식되는 결과를 초래하였다.[3]

광복 이후 1980년대는 여성 경제활동 인구의 절대다수가 농민이었다. 비록 경제발전을 위한 수출이나 외화획득에 직접적인 기여는 하지 못했지만 산업화와 도시화 과정에서 희생되고 피폐화되던 농가 경제를 회생시키기 위해 쏟았던 여성 농민의 노력이 무시되어서는 안 될 것이다. 따라서 한국여성사를 완성하

1 농업생산비 책정에서 여성노동을 계산하지 않거나 여성 농민의 취업을 단지 농가 주부의 부업으로 평가절하하면서 급료를 삭감했던 것, 농업협동조합 조직에서 1가구 조합원 원칙에 의해 남성은 조합원으로 가입시키면서 여성은 저축과 소비를 위한 계몽대상이 되었던 경우에서 잘 볼 수 있다.
2 김주숙(1994), 『한국 농촌의 여성과 가족』, 한울, 232.
3 최근에 와서는 농촌 여성의 경제활동 여부에 따라 경제활동 인구에 속하는 여성을 '농민'으로 정의하며 농민으로서 여성의 사회적 지위를 부각시키려는 움직임이 시도되고 있다.

기 위해서는 여성 농민의 경제활동에 관한 연구가 중요하게 다루어져야
만 한다.[4]

'여성 농민'이라는 개념을 통해 이 시기 농촌 사회에서 여성이 담당했
던 경제활동과 이에 따른 사회적 기여에 관해 분석함으로써 여성 농민을
여성 경제활동사 연구의 중요한 부분으로 인식시키는 것은 중요한 과제
이다. 또한 이 장은 '왜 한국경제사에서 여성의 경제활동이 부각되지 못
하였는가'라는 물음에 답하고, 여성이 한국경제발전사의 주역이라는 사
실을 논의를 통해 밝히고자 한다.

"경제적 독립만이 여권 보장"[5]은 1975년 '세계 여성의 해' 기념식 보고
서의 제목이다. 여권신장 내지 여성해방을 위한 많은 회의와 실천에서
결론적으로 도출되는 것은 바로 경제적 독립이 여성의 지위를 결정한다
는 사실이다. 러시아의 여성해방론자 콜론타이[Alexandra Kollintai] 역시 여성의
진정한 해방은 경제적인 독립으로부터 시작된다고 지적하였다.[6] 어느 사
회, 어느 국가를 막론하고 여성의 권익과 지위 보장은 여성 자신의 의식
과 경제적 위상 변화를 통해 이루어지고 있음을 알 수 있다. 여성의 경제
활동에 대한 균형 잡힌 이해와 여성주의적 관
점을 통한 분석은 한국 여성의 정체성 및 역사
적 주체성에 대한 새로운 인식 변화를 가져오
는 데 중요한 기반이 될 것이다.

2. 경제성장과 여성 경제활동

광복 직후 한국은 자원도 자본도 없는, 세계
에서 가장 못사는 나라였다. 당시 유엔에 등록
된 120여 개국 중 필리핀의 국민소득이 170달

4 대체로 여성 경제와 관련된 연구는 일제강점기
연구나 1960~1980년대의 노동운동 분석에 초
점이 맞춰져 있고, 구체적인 분석은 1990년대
이후의 시기로 국한되어 있는 편이다. 그러나
한국여성경제사는 해방 이후부터 현재까지 여
성이 종사했던 산업별 분석 속에서 진행되어야
보다 입체적으로 분석될 수 있을 것이다.
5 윤석민(1975), 세계 여성의 해 국제회의보고,
한국여성단체협의회, 『여성』 109, 4.
6 A. Kollontai, 1980 *Alexandra Kollontai
Selected Writings*, W. W. Norton.

러, 태국 220달러였는데 한국은 76달러에 불과하였다. 하지만 1964년의 국민소득 100달러 달성과 1965년 수출 1억 달러를 달성하면서 세계적으로 '한강의 기적'이라 불리우는 경제발전을 이루게 된다. 그 비결은 많은 기업과 정부를 비롯한 '국민 모두'의 저력이라고 이야기되지만, 그 속에서 여성의 경제활동 또한 중요한 경제발전의 원동력이었음을 부인할 수 없는 것이다.

한편 과거에 비해 경제성장 수준이 대거 상승하였음에도 불구하고 연일 노동쟁의나 파업, 농민 시위는 끊이질 않았다. 이는 그 동안 가장 중요한 목표였던 경제발전을 위해 참고 인내해 왔던 '국민'이 더 이상의 희생을 강요당할 수 없다는 의지를 표현한 것이고, 최소한 자신의 노동에 대한 공정한 대가를 임금과 노동조건의 개선을 통해 인정해 달라는 움직임이었다. 경제활동이 직업을 통해서 소득을 창출하는 생산적인 기능과 자신의 정체성과 역할에 대한 사회적인 위치를 확보하는 사회적인 기능을 수반한다는 차원에서 볼 때, 이러한 노동·농민운동은 노동자와 농민으로서 사회 속에서 인정받고자 하는 투쟁이었다.

그렇다면 여성 역시 경제활동을 통해서 사회적 위상과 경제적 지위를 확보할 수 있었는지가 자연스레 의문이 제기된다. 대한민국 정부 출범부터 여성 및 여성 경제활동에 관련한 법률은 존재했지만 현실적으로 이것들은 사문화되어 여성의 사회적 지위와 노동환경 개선에 별 도움이 되지 못했고, 오히려 취업이나 노동 과정에서 여성을 차별화시키는 법 실천이 만연하였다. 1948년 제정된 헌법에 의해 남녀평등과 근로권이 보장되고 1953년 근로기준법 제정으로 여성 근로자에 대한 사용자의 차별금지와 근로여성의 보호 및 모성보호가 명시되었으나 노동 현장에서는 법 조항과 무관하게 남녀차별이 관행적으로 이루어졌던 것이다.

정부의 행정제도나 법제도 실제적인 지원이나 보호의 역할보다는 국가의 경제개발우선정책을 위해 여성 노동력을 기업의 편에서 동원하는 수단이었다. 1980년대를 전후하여 국내 여성노동자의 투쟁이나 여성단체 활동, 나아가 UN을 비롯한 국제단체 및 선진국 여성단체의 활발한 움직임에 의해 국가와 정부 차원에서도 여성노동자에 대한 태도는 조금씩 변화되어 갔다. 1975년 UN의 '세계 여성의 해' 선포, 1980년대 한국여성개발원 설립, 여성정책심의위원회 설치, 남녀고용평등법 제정 등을 계기로 여성 불평등에 관한 문제가 제기되었다. 더불어 1980년 이후 국내 여성노동자의 활발한 노동운동과 국제 여성운동의 흐름은 한국 사회에서 여성의 지위와 경제활동을 위한 법·제도적인 환경개선을 촉진시켰다. 이를 통해 여성에 대한 사회인식의 변화와 여성의 지위향상이 어느 정도 이루어지게 된다.

여성 의식과 사회 여건의 변화는 경제활동과 삶에 많은 변화를 초래하여 전문직과 소위 '남성의 영역'으로 알려져 왔던 직종에 종사하는 등 과거와 비교해 다양한 활동이 전개되었다. 그러나 한국 여성의 경제 진출이 규모에 있어서는 대폭적인 변화를 보이고 있으나, 여성 경제활동에 대한 사회의 부정적인 인식과 여성을 가정에 묶어두려는 가부장적 전통 탓에 상대적으로 중·상류층에 속하는 여성들의 경제진출은 극히 제한되었다. 오히려 도시 빈민 여성과 농민 여성 등 대체로 소득 수준이나 교육 수준이 낮았던 여성이 영세한 노동 현장이나 가내부업 등에 적극적으로 참여하였다. 이들은 성차별적 노동조건과 환경 아래 놓여 있었다. 곧 근로 환경 개선이나 복지 정책 등의 사회적 재분배가 제대로 실행되지 않아 수적으로 다수를 점하고 있었음에도 불구하고 남성노동과의 경쟁에서 현저하게 뒤진 상태였다. 현재까지도 여성노동은 저임금과 한시적

노동, 비정규직에 집중되어 있으며, 열악한 노동 환경이나 이직에 대한 불안을 느끼고 있는 실정이다. 뿐만 아니라 저소득층 여성은 경제활동과 자녀양육의 이중부담으로 노동현장은 물론 가정에서까지 제대로 인정받지 못하고 있는 실정이다.

최근 들어 여성의 경제활동참여는 활성화되고, 스스로를 경제 주체로 생각하는 여성이 증가하고 있다. 따라서 여성도 남성과 마찬가지로 사회의 한 성원으로서 자신의 정체성을 확보하려는 의지가 과거에 비해 강화되고 있는 것이다. 나아가 국가와 법ㆍ행정적인 차원에서도 여성이 자신의 경제활동과 국민으로서의 권리를 확보하기 위한 노력을 경주하고 있다. 고된 노동과 성차별적 노동 현실을 극복하면서 여성은 지속적인 자기개발과 발전을 시도함으로써 국내외 질서에 능동적으로 대처할 수 있는 실력을 배양하고자 노력하고 있는 중이다.

이제 여성과 여성 경제활동에 대한 정치ㆍ사회적 인식 변화는 세계적인 흐름이다. 남성을 앞세워 여성의 능력을 사장시켰던 가부장적이고 권위주의적인 시대 의식으로는 전세계적인 경쟁에서 살아남을 수가 없다. 21세기는 어느 국가가 먼저 여성 인력을 효율적으로 개발하고 활용하느냐에 따라 그 경쟁력이 평가될 것이다. 여성 경제활동에 대한 정리와 평가 또한 여성의 주체적인 경제활동과 양성평등 노동의 확보, 나아가 국가경쟁력 확보를 위한 여성인력 개발이라는 측면에서 중요한 의미를 갖게 될 것이다.

생존을 위한 노동

1. 농촌 여성의 역할 변화

노동 역할 증가　과거 전통 사회에서의 경제활동은 가족 단위 소농경영을 통한 미곡과 면포 생산이 주류를 이루었다. 남성은 논농사, 여성은 밭농사를 주로 하였고 여성은 면포의 재료를 생산하며 길쌈으로 베 짜는 일을 하였다. 가족제 생산 양식에서는 가족이 기본 생산 단위가 되고 남성 가장은 모든 집안 여성과 손아래 남성들에 대한 노동력의 통제권과 감독권을 가졌다. 비록 가부장제 사회였지만 농사일에 있어서 여성과 남성의 노동은 동일하게 평가되었다.

여성은 생산, 소비, 분배와 관련한 경제활동이나 소득생산형 활동에 참여하지 않고 집안에서 소비활동 내지 소비를 위한 생산, 가사 관리 등 가사에 관계된 일을 주로 하였다. 그러나 일제강점기와 광복, 전쟁 등의 사회 격변을 겪는 과정에서 갈수록 농촌 여성의 노동 역할이 확대되었다. 결국 남녀평등적 성별 분업이 점차 차별적으로 변화하였고, 사회적 생산의 분업화를 통해 가사노동과는 구별되는 임노동이 농촌에도 생겨나게 되었다. 하지만 이러한 흐름과는 달리 여성 농민은 대개 농사일에 가족 종사자의 신분으로서 참여하였으며 노동 교환을 위해 공동 작업이나 품앗이에 참가하는 게 전부였다. 다음은 1950년대 농촌에서 흔히 볼 수 있는 여성의 고된 노동과 낮은 품삯에 대한 글 중 일부다.

부인들이 생선함지 3, 40근씩 되는 것을 머리에 이고 어린애기를 업고 또 손에 무엇을 들고 산을 넘어와서 생선을 팔아가지고 도라가는 것을 매일 같이 보았다. … 십여 명의 부인네가 함지에 진흙을 가득이 담아서 이고 가서 다른 곳에다 옮기는데 주인은 나와서 흙을 너무 작게 담는다고 삽을 가지고 가득가득 담아 실는 것을 볼 때 너무도 잔인하다고 생각하였다. 그 부인들에 하루 삯은 30전이었다.[7]

1960년대 농촌 여성의 경제활동과 생활 모습을 농업협동조합 중앙회에서 있었던 좌담회에서 엿볼 수 있다.

현기순 우리 농촌 부녀자의 노동이 너무 심합니다. 그래서 수면 시간도 짧고 휴식 시간이 없고 경제적으로 가난하고 불쌍하기 짝이 없습니다. 전에는 여자가 모심기는 별로 하지 않았는데, 지금은 많아졌습니다. …

사회 남자는 할 일을 다하고 나면, 그대로 낮잠도 자고 술도 마시는 시간이 있는데, 여자는 점심과 저녁을 해 먹으랴, 어린이들을 거두랴 참 불우한 처지에 있다고 봅니다.[8]

밭일, 논일 외에도 여성은 각종 부업에 종사하였고 직접 소득생산을 하는 것은 아니라도 각종 소득대체형 노동에 참여하였다. 즉 가족이 소비할 목적으로 식품을 생산 · 가공 · 건조하는 일이나 축산과 양계, 연료 채취, 물긷기, 길쌈과 재봉 등 가족 중에 생산하지 않으면 돈을 들여 구입해야 하는 소득대체형 생산 노동에 여성 노동력이 투입되었다. 농촌 여성이 농업 노동을 하면서도 가사 노동을 위해 남자보다 일찍 일어나고 밤에도 늦게 자는 것은 농촌의 일반적인 현상이었다. 농번기에는 거의 대부분 새벽 4~5시 이전에 일어나고, 오후 10~11시 이후에 취침했다.

7 배민수(1956), 농민 생활의 암이 되는 폐풍교정, 『농민생활』 18(3), 82~87.
8 좌담회(1963), 농촌 여성에게 사는 재미를, 『새농민』 1, 6~7.

1966년 이후 농가의 평균노동량을 살펴보면 대체로 남성의 노동량은 감소 추세를 보이나, 여성의 경우는 계속 증가하는 현상을 보이고 있다.[9] 이는 과거에 남성이 주로 해왔던 벼베기, 논매기, 가축매매, 타작일에 여성의 참여가 높아졌음을 의미한다. 농번기에는 농가 여성의 농업 노동 및 가사 노동 시간이 더더욱 증가되어 실제 과중한 노동을 하는 것으로 조사되었다.[10] 한 농가 마을 조사에서 남성의 농사일 참여가 82.3퍼센트 인데 비해, 여성의 참여율은 85.8퍼센트로 나타나 실제로 여성의 농사일 참여는 남성을 웃돌았다.[11]

남성이 주로 하는 일은 대개 농사일의 시작과 마무리 작업으로 노동강도가 높은 일이기는 하지만 도구나 기계가 많이 사용된다. 과거에는 논밭갈이나 땅파기에 소의 힘을 빌었으나 점차 기계를 이용해서 작업하게 되었다. 무엇보다도 탈곡기를 비롯한 콤바인, 트랙터, 바인더 등 농기계나 도구는 남성용으로 만들어졌다. 농약 살포도 기계를 사용하거나 기구를 사용하고, 비닐하우스를 설치하는 일도 마을 내 남성들이 함께 하는 경우가 많았다.

그런데 여성은 밭작물과 과수농업 등에서 주로 손으로 하는 일이나 김매기, 채소를 이식하고 솎아주고 수확·포장하는 등 강도는 약해 보이지만 지속적인 노동을 요구하는 일을 담당하였다. 가축의 구입과 판매는 남성이 하고 가축 사육에 필요한 노동의 대부분은 여성이 담당했다. 이밖에도 정부에서 농촌개발을 촉진하기 위한 대상으로 여성을 동원하고 생활개선과 의식변화 운동을 전개하는 등 농촌 여성운동은 실질적으로 당시 농업노동의 대부분을 담당했다고 해도 과언이 아니다.

9 조형(1981), 한국 농촌 사회의 변화와 농촌 여성, 『한국사회개발연구』, 고대 아세아연구소.
10 농촌진흥청(1966).
11 김주숙(1994), 40.

농민이 아닌 농가 주부 광복 이후 귀속재산 처분과 농지개혁 실시 과정에서 유상몰수, 유상분배의 원칙을 적용하였기 때문에 대부분이 무산자였던 당시 농민은 실질적으로 농지개혁의 혜택을 별로 받지 못했다. 정부의 공업화 우선정책과 미국 잉여농산물의 대량 도입 역시 농촌 경제를 궁지로 몰아갔다. 경지 규모가 작고 개별가족 중심으로 행해지던 한국의 농업노동 속의 농민은 소작농, 영세빈농, 농업 노동자로 전락하거나 도시 빈민으로 편입되었다.

농지개혁 이후 한국 농업 구조의 기본적인 성격은 영세소농경영으로 변화하였다. '소농'이라는 개념은 가족의 노동력으로 경작하여 생계를 유지하는 농가를 말한다. 가족중심적인 소농 경영의 특징은 농가의 노동량에서 가족 노동이 차지하는 비중이 높은 편이다. 1962년, 1965년, 1969년 농가당 노동 시간을 비교해 보면 가족노동량이 전체적으로 높은 비중을 보였다.[12] 대부분의 노동이 가족 노동으로 구성되어 있고 보조적인 수단으로 고용 노동과 품앗이가 행해졌다.

영세소농경영 방식으로 인해 농가는 점차로 공동체적인 성격에서 벗어나 개별화, 유연화되었다. 경영의 목적이 가족 부양에 있으므로 농민은 스스로가 노동자고 지주이며 농업 자본가였다. 하지만 농업노동의 가장 중요한 목적은 가족부양이었다. 농가의 과반수가 가족 노동에 의존하는 영세농 형태이기 때문에 경지 규모와 작물에 따라 소득의 격차가 벌어지기도 했다.

농촌에서의 노동은 여성을 비롯한 가족 구성원 모두가 동원되었지만 주체적으로 자신을 농민이라고 여기는 것은 농부인 남성뿐이었다. 대부분의 가구에서 남성은 소농이긴 하지만 농가의 경영자이자 법적으로 호주며, 사회적으로   12 〈부표 6〉 농가의 노동투하량 비교 참조.

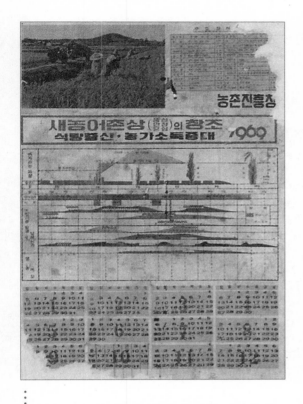

표어에 보이는 것처럼 농촌 개발의 주 목적은 식량 증산에 있었다.

는 가부장의 특권을 가졌다. 또한 여성 농민은 농지에 관한 권리에서도 공동소유자가 아니었으며 농지처분권도 행사하지 못했다. 심지어 남편이 사망한 후 장남이 농사지을 의향이 없거나, 농사를 짓지 못하게 되어도 호주상속과 더불어 농지까지 장남에게 상속되는 경우가 많았다. 뿐만 아니라 가사 운영에 있어서도 살림살이에 들어가는 돈은 아내가 가지고 쓰지만 융자나 빚을 얻는 등 규모가 크거나 중요한 경제적 결정에서는 남편 혼자 결정하는 경우가 많았다.

농협에서도 '1가구 1조합원' 규칙에 따라 가구주인 남편이 농협의 조합원으로 가입되었다. 때문에 남편이 생존해 있는 동안 아내는 농업 종사자임에도 불구하고 정식 조합원이 될 자격이 없었다. 다만 여성은 남성농민의 아내로서 판매고를 높이는 고객이자 저축 장려 대상으로서 존재할 뿐이었다. 농촌 여성을 지도하는 행정기관이나 관련 민간기구 역시 여성 농민의 지위와 역할에 대해 경시하였고 여성에 대한 사회적 통제 기능에만 초점을 두고 있는 경우가 많았다.

농가의 보조 노동력이나 농민의 아내로서 농촌 여성에 대한 지도나 정책은 주로 농업 생산 역할을 강화하기 위해 요구되는 공동 식사, 농번기 탁아소 운영 등에 초점이 맞추어졌다. 농촌 근대화를 위한 '부녀정책' 역시 마을 단위의 소규모적인 형태를 벗어나지 못하였으며, 정부의 동원이나 계몽을 위한 조직에 불과하여 실제로 여성 농민의 의식 변화나 정체성 확립 내지 지위 향상에 큰 영향력을 미치지 못하였다. 정부의 농촌 근대화를 위한 조직화 작업에서도 여성조직은 남성 중심의 전체 조직 속에서 보조적인 위치로 설정되었다. 이와 같이 농촌 사회 전반에 걸친 남성의 우월성 인정과 남성의 여성 지배 현상은 여성 농민의 개발과 정체성 확립에 커다란 장애로 작용하였다.

6·25전쟁 이후 실시되었던 농촌협동운동과 4H클럽 사업은 농촌의 남녀 청소년을 대상으로 전개되었다. 그 교육 내용은 농촌 청소년에게 어떻게 하면 농민으로 잘 살 수 있는지 그리고 민주 국민의식을 함양하는 정신교육이 주요 내용이었다. 특히 여성 부원에게는 음식, 재봉, 가정 미화 등과 관련한 과제를 이수하게 함으로써 전통적인 '농촌 여성의 역할'을 자연스레 수용하게 했다.

이와 같이 농촌에서 여성은 전통 관습과 가부장제 이데올로기, 남성에 의한 토지독점권 등으로 농민이 아닌 농가 주부나 농가보조자의 지위에서 벗어나지 못하였다. 하지만 농촌 여성들은 농가의 생존과 빈곤을 해결하기 위해 늘어나는 농사일을 철저하게 수행해야 하는 현실에 놓여 있었다. 국가 역시 '부녀 계몽'이라는 측면에서 농촌 사회의 변형된 성별 분업 형태를 지원함으로써 농촌의 근본 문제를 해결하기보다는 여성노동을 증대시키고 여성 농민에 대한 사회적 통제를 강화하는데만 치중하였다.

농촌의 가부장성을 풍자한 그림

2. 가장이 된 여성노동자

전쟁과 여성의 생계 책임　농촌과는 조금 다른 형태긴 하지만 도시 역시 광복 이후 정치·경제적인 혼란을 채 수습하지도 못한 채 미군정과 6·25전쟁의 소용돌이에 다시 빠져들었다. 일제 식민지 경영으로 인한 기형적인 공업 구조마저 전쟁으로 붕괴되었다. 피난민을 포함한 대규모의 인구 이동과 급속한 도시화 현상 속에서 경제성장을 위한 공업·제조업이 아닌 상업을 중심으로 서비스 산업이 팽창하고 있었다. 국가 재정 상태

역시 막대한 미국의 원조 정책에 전적으로 의존하는 산업 구조를 그대로 유지하였다.

산업의 위축 및 대량실업의 결과, 여성의 경제활동은 남성에 비해서 현저하게 감소하였다.[13] 또한 미군정청에 의한 남성 노동력의 '1차 고용' 및 여성 노동력의 '예비 인력화' 정책은 여성의 경제활동을 더욱 위축시켰다. 광복 직후 여성 경제활동의 참가율은 일제 말기의 30~40퍼센트에서 26.6퍼센트로 감소하였다.[14] 미군정청에 의한 '아동 노동법' 실시는 유년 여공의 수를 크게 감소시켜 이것 역시 여성 노동력의 감소 요인 중 하나로 작용하였다.[15]

1950~1960년대에도 국가경제는 여전히 원자재 결핍, 자본과 기술 부족으로 인한 공업 생산의 위축으로 힘든 시기를 겪고 있었다. 뿐만 아니라 당시 국민 경제의 기반이 되는 농지와 산업 시설의 황폐화로 일반 대중은 '생존' 그 자체를 위협받았다. 정부는 전 국민적 빈곤 탈출을 위한 경제발전을 국가 목표로 설정하고 국민경제 기반 조성을 위해 노력하였다. 기반 시설이나 자본이 부족했던 한국경제는 축적되어 있는 노동력에 집중할 수밖에 없었고 여성 역시 국가경제 기반 조성과 수출 신장을 위한 주요 노동력으로 동원되었다.

해방 직후 대부분의 여성 인력은 농업에 집중되어 상업, 공업에 종사하는 비율은 낮았다.[16] 공업 부문에서 여성은 주로 방직 공업에 집중되었고, 그 비율이 72.5퍼센트[1946]에서

13 북한 출신 월남민은 거의 반 수 이상이 서울과 대도시에 정착하였고, 월남민의 급증은 전쟁과 사회 불안으로 가속화되던 여성노동자의 실업을 더욱 촉진시키는 계기가 되었다.

14 강이수(1993), 1920~1960년 한국 여성 노동 시장 구조의 사적 변화, 『여성과 사회』 4, 창작과 비평사, 187.

15 미군정청은 1946년 9월 법령 제112호 '아동 노동법규'에 근거하여 14세 미만 아동의 고용을 금지시키고, 14, 16, 18세 미만의 남자, 21세 미만의 여자에 대한 노동 시간, 취업 직종의 규제와, 법령 제121호에 근거하여 '최고노동시간'의 규제를 실시하였다. 이로 인해 유년공의 비율이 축소되었고, 가뜩이나 생계가 어려웠던 형편에서 이런 조치는 가계를 더욱 어렵게 하였다.

63.4퍼센트[1948]로 점차 감소하였으며, 전체 공업 내에서 여성 비율 역시 29퍼센트[1946]에서 23.3퍼센트[1948]로 저하되었다.

대조적으로 1950년대 전후의 통계를 비교해 보면 해방 직후에 비해 모든 영역에서 여성의 참여가 높게 나타났다. 당시 농업 이외의 직업에서 여성의 참여는 기하급수적으로 증가하였다. 교통업의 경우 10배 이상, 공무·자유업의 경우는 4배 이상, 수산업·공업·상업·기타 직업의 경우에도 2배 이상 늘었다.[17] 전쟁 파괴로 인해 공업 분야는 위축되었지만 공업 이외의 분야에서 여성 노동력이 남성 노동력을 대체하고 있었음을 알 수 있다.

1952년에는 전체 노동력의 43.4퍼센트를 여성 노동력이 차지하여 과거에 비해 농업 부문의 비율이 다소 감소하면서 상업, 자유업 등 3차 서비스업 분야의 여성 노동력 투입이 확대되었다. 6·25전쟁은 여성의 삶에 커다란 영향을 미쳤다. 여성은 전쟁터에 나간 남성을 대신해서 가족을 책임져야 했으며 노약자를 이끌고 안전한 곳으로 피난해야 했다.

특별한 기술이나 학력이 없었던 여성 가장은 소규모 장사나 공장일 또는 단순 노무직에 매달릴 수밖에 없었다. 전쟁으로 인한 남성 역할의 공백을 메우기 위해 여성은 과거 '남성적 활동 영역'이던 생산 영역에 급격하게 진출하여 여성의 경제활동 참여를 증대시켰던 것이다.

6·25전쟁 기간 중 전체 인구의 사망률은 3.6~4.7퍼센트로 1945~1950년에 비해 두 배에 이르고 있다. 특히 20~34세 연령의 남자가 집중적으로 사망함으로써 심각한 성비의 불균형이 초래되었다. 따라서 15~49세 여성 가운데 사별한 여성의 비율이 6·25전쟁 직전 6퍼센트에서 1955년에는 16.1

16 강이수(1993), 189. 해방 직후에는 여성뿐만 아니라 전체 경제활동 인구 중 압도적인 다수 (78.8퍼센트)가 농업에 종사하고 있었다. 〈부표 7〉 해방 직후 여성의 산업별 분포 참조.
17 『한국여성발전 50년』, 1995.

외국으로부터 온 구호물자를 받기 위해 서 있는 여성들

퍼센트로 상승하였다. 1952년 당시 남편을 잃고 혼자된 여성이 293,852
명인데, 그 중 전쟁 때문인 경우가 101,845명이었다.[18] 게다가 전쟁으로
주택마저 파괴되어 1952년 완전히 파괴되거나 소실된 가구 수가
414,825호, 반파 또는 반소된 가구가 각각 100,120호로 전체 3,283,529
가구의 12.6퍼센트와 3.0퍼센트에 해당했다.

　전쟁으로 인한 손실은 단순한 숫자상의 변화만을 의미하는 것은 아니
었다. 인명피해로 인한 가족의 상실은 심리적으로도 큰 상처를 안겨 주
었다. 전쟁은 모든 산업을 초토화시켰고 대량 실업을 가져왔다. 공업 생
산의 위축으로 인한 대량실업은 노동자의 수를 약 30만 명에서 12만 2천

명으로 59.4퍼센트 감소시켜 가족의 생계를 위협했다.[19] 기아와 만성적 실업상태에 물가 폭등까지 겹쳐 남성 가장이 생존한 가족이라 하더라도 가장의 수입만으로 생계를 꾸려 갈 수 없는 상황이었다.[20] 겨우 찾는 일자리는 생계유지조차 어려운 저임금과 장시간 노동조건을 감수해야만 하는 직종이었다. 일자리를 얻는다는 것 자체가 어려웠기 때문에 여성은 노동 환경과 임금에 대해 어떠한 권리나 주장은커녕 어떤 차별적인 조건이나 힘든 상황도 참고 견뎌야 했다.

나아가 전쟁은 물가를 급등시켰으며 식량을 위시한 각종 물자부족에 허덕이게 하였다. 인플레이션에 따른 물가상승, 실질임금 저하, 식량난은 노동자뿐 아니라 사회 전체적으로 매우 어려운 상태에 빠지게 하였다. 전국의 물가지수를 살펴보면, 당시 여성의 고충이 얼마나 컸는지를 알 수 있다.[21] 실례로 쌀 1등급이 1945년에 21환이던 것이 1952년에는 9,300환으로 급등하였으며, 소고기 역시 1945년에 15환하던 것이 1949년 378.75환으로, 또 1952년에는 7,520환으로 증가하였다. 물가는 앙등하고 현금 수입원은 없는 상태에서 가장은 물론이거니와 어린 아이들까지 포함하여 모든 가족이 생계 노동에 투입되었다. 때때로 남성 가장 중에서 가문이나 체면 때문에 막일에 뛰어드는 것을 꺼렸던 것과는 달리 여성은 공장이든, 남의 집살이든, 매춘이든지 간에 돈이 되는 일이라면 어디라도 뛰어들었다.

이처럼 사회의 격변 속에서 여성 노동은 농사일을 넘어서 공업, 상업을 비롯한 분야로 확산되었다. 일자리를 구하려는 여성의 열기는

18 이들 가운데 13세 이하 자녀의 수가 516,668명임을 고려해 볼 때, 전후 혼자된 여성의 경제적 고통과 심리적 부담이 얼마나 컸는가를 짐작할 수 있다.

19 공제욱(1991), 1950년대 한국 사회의 계급 구성, 『1950년대 한국사회와 4·19혁명』, 태암, 67.

20 한국은행조사부(1957), 『경제연감 IV』의 노무자 생계비 조사표에 따르면 가구주의 수입이 실수입의 75퍼센트 정도였으며, 가족의 총 수입에서 가구주의 수입은 35퍼센트밖에 되지 않았다고 밝히고 있다.

21 〈부표 8〉 전국 물가지수 동향 참조.

과거에는 '뱃일'이라고 천하게 여겼던 인천 지역 부두노동자 모집에서도 나타났다.

> 모집 정원의 3배를 넘는 여성들이 인천부두 노조 사무실에 취업신청을 하였다. 이들이 하는 일은 맥주 같은 주류를 쌓거나 운반하는 일이었다. 이미 28일에 주간 50명, 야간 130명을 채용하였는데, 여자도 감당할 수 있고 반응이 좋아 추가로 모집하였다. 1,200명이 지원하고 있으며 주·야간 총 500명이나 600명이 취업하게 될 것인데, 1일 노임은 150환이었다.[22]

평상시에는 사회 전통과 남존여비 내지는 가부장제 이데올로기로 인해 교육이나 사회참여의 기회를 갖지 못했지만 여성은 가정이나 국가가 난관에 봉착했을 때는 위기관리자로서 또 생계담당자로서의 역할을 담당해 왔다. 물자의 부족과 물가의 앙등으로 기본적인 의식주조차 영위하기 힘든 상황에서 여성은 가족의 생존을 책임지고 일했다. 그러나 여성의 이런 노력은 전쟁에 참여했던 남성의 역할에 비해 '보조적인 희생'으로 평가되었고, 이것마저도 전쟁의 기억과 함께 잊혀져 갔다.

성별 분업화 된 여성 노동 전쟁이 끝나고 남성이 다시 산업 부문으로 돌아오자 그동안 가족의 생계를 위해 상업과 서비스업에 집중되었던 여성 노동력이 다시 농업 인력으로 복귀하는 현상이 발생하였다. 이와 같이 가정이나 사회적으로 어려운 시기에는 여성이 공업이나 상업에 적극적으로 종사했지만 남성 노동력의 유동성 여부에 따라 다시 농업으로 회귀하는 단기적이고 임시적인 불안정한 노동이었다. 즉 여성은 보조적인 노동자로 노동 시장에   **22** 인천일보 1953. 5. 30.

가족의 생계를 위해 좌판을 벌여 놓고 국수를 말아 파는 여성(1961)

충원되었다가, 불필요해지면 즉시 퇴출되는 예비 노동력이었던 것이다. 노동 시장에서 작용하는 가부장제의 힘은 여성의 지위를 대단히 취약하게 만들어 위기 시에는 상대적으로 쉽게 해체될 수 있는 것으로 만들었다.[23] 곧 여성 노동력을 '산업예비군화'하고 있음을 알 수 있다. 불균형한 산업구조 문제로 야기되는 여성 노동력에 대한 성별 직종 분리와 산업예비군화 현상은 광복 이후에도 일제강점기와 별 차이 없이 반복되어 나타났다.

공업 부문 내에서 성별 직종 분리 현상은 일제 식민기부터 해방 이후까지 여성노동자의 대부분인 80~90퍼센트를 방직, 식료품, 화학 공업에 집중시켰다. 더불어 일제강점기의 성별 임금격차와 남녀 차별적인 노동 조건 관행이 전쟁 이후에도 지속됨으로써 여성노동자의 임금과 노동조건은 여전히 성차별적 저임금 상태와 경기 변동이나 경제 상황에 따른 고용과 실업의 불안정한 상태를 반복하였다.

1950년대 중반 이후 경공업의 발달과 3차 산업의 확대는 사회 간접자본 및 서비스업에서 여성의 진출을 빠른 속도로 증가시켰다.[24] 여성은 3차 산업에서도 주로 영세 상업 및 서비스업인 고아원 보모, 시장거리의 반찬 장사, 농업 노동자로 일했다. 이 밖에도 삯바느질, 식모, 가사노동, 매춘에도 종사했다. 결국 이들은 공장 노동자 내지 영세 상인이 되어 도시 빈곤층을 형성하게 되었다.

당시 여성의 주요한 일자리 중 하나는 식모였는데, 사실 일자리라기보다는 먹는 입을 하나 더는 형태로 어려서부터 남의 집에서 기거하며 집안일을 맡아 했던 일종의 가사노동자였다.[25] 그러나 식모는 여성이 손쉽게 할 수 있는 일이지만 사회적으로 천시받던 직업이었다.

"그래 식모살이 하는 것보다 공장 다니는 게 났수?" "아주머니도 그걸 말이라고 하세요. 우릴 식모하고 같이 취급하지 마세요. 기분 나빠요." … "공장에 다니면 우선 식모살이보다

23 신경아(1985), 『한국의 수출지향적 공업화와 여성 노동』, 서울대학교 석사논문, 182.

24 해방 이후 1960년대까지의 여성 노동력의 산업별 분포 양상은 농업 부문에 가장 집중되어 있었다. 이후 6·25전쟁을 비롯한 정치·경제의 상황변화에 따라 공업과 상업 부문에도 여성 노동이 상당히 진출하게 된다.

25 김홍식 외(2002), 『경기여성발전사』, 경기도, 101.

기차 객실 내에서 교통부 갱생회 소속 여 판매원이 물건을 팔고 있는 모습(1961)

사람 대접을 받잖아요. 자유가 있구요. 근무시간 외엔 자유니까요. 사람이 돼지가 아닌 바에야 배부르고 등 뜨뜻하다고 다는 아니잖아요."[26]

   비록 사회적으로 천시를 당하기는 하지만 여성들이 가장 손쉽게 구할 수 있는 일자리가 식모였기 때문에 이를 직업으로 정착시키기 위해 1966년 YWCA에서 '시간제 가정부' 훈련을 가정부업 장려 실천 프로그램으로 개발하였다. YWCA는 서류심사와 간단한 상식문제 시험을 통해 훈련생을 선발하였다. 몸가짐, 말씨, 전화받기 등 예절, 위생, 알뜰부엌살림, 아이 돌보기, 환자 간호, 차 끓이기, 전자기구 사용법 등을 교육하여 오전 9시～오후 6시까

26 박완서(1978), 노동과 여성, 『광장』 1, 15.

YWCA에서 1966년 실시했던 '시간제 가정부' 훈련을 받고 있는 여성들(1966)

지 근무하고 점심 제공 및 일당 3백 원을 받도록 하였다.[27]

이 밖에 미용사도 여성의 주요 취업 직종 중 하나였다. 1956년 미용사 자격 시험에 280명이나 응시하였다. 응모자의 60퍼센트가 초등학교 졸업자로 학력이 낮은 여성에게 적합한 직종이었다.[28] 여성은 사무직 같은 경우에도 사무보조 내지 경리와 같은 이른바 '여성스러운' 직무를 담당하였다. 대체로 타자수, 전화교환원, 경리 · 출납원 등과 같은 일부 사무직과 판매직에 여성 집중 직종[29]이 분포되어 있었다.

여성에 대한 성별 분업화는 여성 노동력이

27 1967년부터는 외국 가정을 위한 가정부 훈련을 시작하였고, 1972년에는 가사보조원 교육을 실시하여 미국으로 보냈다.

28 경인일보 1956. 5. 6.

29 여성 집중 직종은 노동부의 10인 이상 사업체 통계자료에서 여성 근로자 수가 10,000명 이상이면서, 해당 직종 전체 근로자 수의 50퍼센트 이상을 차지하는 직종을 말한다.

: 작업에 열중하고 있는 한국모방의 여공(1965)

남성 노동력에 비해 단순하고 열등한 것으로 인식하도록 하며, 결과적으로 여성노동자가 남성 노동자에 비해 저임금과 열악한 근로 대우를 받게 하였다. 즉 기존의 가부장적 지배-종속 관계를 활용하고 강화·발전시켜 특정 직종의 여성화를 통한 저임금화의 문제를 야기시킨다. 자본주의 사회에서 성별 분업화는 여성에 대한 남성 지배의 가부장적 체제 유지와 자본가의 이윤극대화를 위한 기제로 이용된다.[30] 이런 현상은 특정 부문에서 여성 노동력을 배제시켜 남녀 분업 체계를 촉진시킨다.[31] 사회적 노동을 여성 영역과 남성 영역으로 나눠 여성을 특정 부문으로 배

30 박숙자(1993), 여성과 노동시장, 『여성과 한국사회』, 사회문화연구소, 255~259.

제시키는 횡적 차별, 기술책임이 덜 요구되고 지위·수입 등이 낮은 자리를 여성이 채우게 되는 종적 차별, 그리고 교육·숙련도·경험 등의 차별로 인한 수입상의 불평등을 야기시키게 된다.

1950년대 후반을 지나면서 점차적으로 전 직업 영역에서 여성의 참여가 고르게 증가하였다. 공업화 정책으로 공업 부문에도 여성의 참여가 뚜렷하게 증가하여 1955년 제조업 부문 내 전체 노동자 중 여성의 비율이 42.7퍼센트를 차지하였다. 1950년대 이래로 여성의 경제활동 참가율은 남성에 비해 크게 증가하였다.

1962년부터 정부 주도의 산업화는 경제개발 5개년 계획에 따라 매우 급속한 속도로 진행되어 경제 구조가 점차적으로 1차 산업 중심에서 3차 산업 중심으로 변해 갔다. 여성 취업자의 산업별 분포도 급속히 변화하였다. 1965년 이후의 변화 추세를 살펴보면 1차 산업이 급격히 감소하는 반면 2차 산업과 3차 산업은 증가 추세를 보였다.[32] 정부는 이 시기에 '소비재 중심의 공업화' 정책을 전개하여 면방·제분·제당 공업을 집중적으로 육성시켰다. 특히 국내에 생산 시설을 갖추지 못한 상황에서 소비재 공업의 급격한 증가는 소비재의 유통과 분배의 확장을 초래하였고, 각종 서비스업의 확장은 여타 3차 산업의 팽창 또한 가져왔다.

한편 산업화 과정에서 수반되었던 도시화·저곡가 정책은 농촌의 청장년층 남성과 청년 여성을 도시로 몰리게 하는 요인이 되었다. 농촌으로부터 이동된 여성 노동 인구가 공장으

[31] 산업혁명 이후 자본주의 경제발전에 따라 여성노동자는 경제적 필요에 의해 사회적 노동에 참여하였다. 그러나 차츰 여성 노동을 사회적 노동으로부터 분리하는 '전업주부'의 개념이 등장하였다. '전업주부' 개념은 노동 시장에서 여성노동자를 산업예비군적 성격으로 전화시켜 노동자를 위협하는 기제로 사용되었다.

[32] 박숙자(1993), 237. 1965년에는 농림수산직이 61.8퍼센트, 판매직 15.6퍼센트, 생산직 8.8퍼센트, 서비스직 8.7퍼센트, 그 밖에 사무직, 전문직 순으로 대부분의 여성 경제활동 인구가 농업에 분포되어 있었다. 그런데 1991년에 가면 생산직이 24.8퍼센트로 가장 많고, 농림수산 18.6퍼센트, 서비스 17.3퍼센트, 판매직 17.1퍼센트, 사무직 13.8퍼센트, 전문직 8.5퍼센트로 나타나 여성 인력이 다양한 직종에 분산되고 있음을 볼 수 있다.

신발 수출업체였던 국제 진양화학에서 일하는 여성노동자(1965)

로 유입되었는데, 이들은 주로 섬유 제조 · 의복 제조 · 전자 조립 · 구두 제조 등과 같은 노동집약적인 산업에 분포되어 있거나 단순 사무노동과 관련된 업종에 종사하였다. 특별한 기술을 요하지 않고 단순 노동으로 작업할 수 있었던 방직 · 식료품 · 화학 공업 분야에 14~18세의 유년 여공의 비율은 이 분야의 남성 노동자보다 훨씬 큰 비중을 차지했다.

빈곤으로부터의 탈출

1. 미래에 도전하는 도시 노동자

농가를 살리는 공장 노동자 농가의 낮은 경제력, 빈곤한 생활 환경과 대조되는 도시의 유복한 생활은 농촌 소녀에게 도시에 대한 환상을 불러 일으켰다. 농촌에서는 가난이나 가부장적 전통 이데올로기 때문에 여자는 의무교육인 국민학교 졸업에 그치는 경우가 많았다. 농촌의 어린 소녀는 벗어날 수 없는 가난과 좌절된 배움의 길 아무리 노력해도 더 이상 나아질 수 없다는 좌절감으로 더 이상 농촌에 남고 싶어 하지 않았다.

> 박 대통령은 수행원들과 공장을 순시하러 나갔다. 10대 소녀가 대통령이 옆에 와 있는 줄도 모르고 열심히 일하고 있었다. 박 대통령이 갑자기 그 소녀의 손을 덥썩 잡으며 소원이 뭐냐고 물었다. 소녀는 너무 당황하여 아무 말도 하지 못했다. 대통령이 재차 소원이 뭐냐고 묻자 그 소녀는 기어들어 가는 목소리로 또래 아이들처럼 교복 한번 입어보고 싶다고 말했다.[33]

농촌 소녀는 배움의 기회와 부의 창출에 대한 꿈을 안고 도시로 향했다. 이들은 곧 값싼 노동력을 필요로 하는 도시로 유입되어 1950~1960년대에는 식모로, 1970년 산업화 과정에서는 공장 노동자로 흡수되었다. 산업화가 한창 진행되고 있던 도시의 산업 현장 역시 대단위 인력 수급을 위해 농촌 소녀를 적극 영입하였다. 이 시기 수출 공단 근처에서 흔히 볼 수 있는 여공의 퇴근 정경을 작가 박완서는 다음과 같이 묘사하고 있다.

[33] 이근미(2003), 국운을 좌우한 위대한 선택, 박정희 인터넷 기념관.

각 공장에서 쏟아져 나온 여자 종업원들로 그 일대가 인산인해를 이루어 그야말로 살아 움직이는 꽃밭이었다. … 한꺼번에 쏟아져 나온 여 종업원의 수효도 엄청났지만 연령적으로 봐서 몇 해 전만 해도 서울의 중류 이상 가정에선 거의 다 부리던 가정부 또래의 이십대 전후였기 때문이다. 그러고 보니 가정부의 구인난과 우리 경제발전과는 공동 보조를 취했던 것도 같다.[34]

1960년대로 접어들면서는 2차 산업의 노동력 증가율이 3차 산업에서의 증가율보다 급상승하였다. 이러한 추세는 남녀 구별 없이 나타났지만, 여성 노동력의 증가에서 더욱 뚜렷했다. 농업 부문에서는 기혼 여성의 노동력이 증가하였고 2차 산업에서는 미혼 여성 노동력이 절대다수를 차지하였다. 특히 수출산업을 주도했던 제조업 분야에 미혼 여성 노동력이 집중되었다.[35]

이 시기 여성 경제활동의 두드러진 특징은 섬유 · 전자 · 의류 · 고무 제품업에서 여성 노동력의 비중이 남성 노동력을 앞지른 점이다. 특히 전자 부문은 저연령층의 미혼 여성이 대부분이었다. 실례로 마산 수출자유지역 내의 1971년 고용 현황은 총 1,248명 중 남자가 129명, 여자가 1,119명으로 전체 노동자 중 여성노동자가 89퍼센트였다. 이들의 취업 연령은 만 18~25세가 94퍼센트를 차지하였고, 학력은 대부분 중졸 이상 고졸 이하가 67.4퍼센트였다.[36]

서울과 대도시로 올라온 젊은 여성은 당시 비교적 임금 및 노동 환경이 괜찮다고 알려져 있던 반도상사, 동일방직, YH무역, 원풍모방

34 박완서(1978), 14.
35 조은, 한국의 산업화와 여성인력의 활용, 『여성연구』 1984 봄, 8 참조. 〈부표 10〉 산업별 인구 분포의 변화 참조.
36 강인순(1986), 마산수출자유지역 미혼 노동 여성들의 노동 실태, 『사회연구』 2, 경남대 사회학과, 33~39.

YWCA 대학생들과 함께 공부하고 있는 평화시장 여직공

등 모두 1,000명이 넘는 노동자를 고용하는 섬유업체에 취업하기를 희망하였다. 대규모 공장에 취직하기 위해서는 2~4년 동안 식모로 일하거나, 더 열악한 노동 환경이었던 소규모 영세기업에서 일하며 기회를 기다려야 했다.[37] 이들은 대기업의 공장 노동자로 흡수되거나 영세한 제조업체에 잠정적으로 취업하였다가 도시 생활에 어느 정도 익숙해지면 다른 곳으로 옮겨가는 형태를 띠었다.

　도시의 공장 상황은 농촌 소녀의 생각과는 거리가 멀었다. 마산 수출자유지역 내에 있는 공장은 원칙적으로 하루 8시간 근무에 한 달에 25~26일 근무였다. 그러나 원칙과 상관없이 작업량에 따라 잔업을 했다. 때문에 실제

[37] 이 기간 동안 식모로 일하거나, 열악한 노동 환경에 내맡겨 있으면서 많은 여성들은 원하던 공장에 취업하지 못하고 당시 급속도로 번져가고 있던 서비스 산업 또는 성 산업 등에 흡수되었다. 김영옥(2002), 70년대 근대화의 전개와 여성의 몸, 『여성학논집』 18, 30.

노동시간은 규정 시간보다 훨씬 많아 한 달 총 노동시간은 25일 근무, 8시간 외에 70~100시간을 더 일하게 된다. 보통 잔업을 하루에 2~4시간 정도로 일주일 동안 2~4번, 일이 많을 때는 매일 함으로써 한 달을 30일로 계산하면 하루도 쉬지 않고 평균 7시간에서 잔업이 많으면 10시간씩 일한 셈이었다.[38]

기업주는 식모보다 좀 나은 월급이면 여성 근로자의 봉급의 가장 적정선이라는 신념까지 갖고 있는 모양이다. … 고작 식모보다 낫기를 원하는 그들의 소망이 불만스럽기보다는 차라리 슬프다.[39]

공장 노동자들은 이렇게 해서 번 임금을 고향으로 보내 오빠나 동생의 학비와 생활비로 내놓았다. 농촌 소녀는 낯선 도시 생활에 적응하고 도시에 살고 있었지만, 이들은 늘 농촌과 연계를 갖고 있었다. 대다수 젊은 여성이 도시로 간 이유는 일자리를 얻어서 가족의 생계를 도우려는 것이었기 때문이다. 이들의 주된 책임은 형제, 특히 오빠나 남동생의 교육비를 대는 것이었다. 농촌 출신의 여성노동자의 취업 동기는 가족의 생활비 보조와 동생 학비 보조가 높은 비중을 나타냈다.[40]

빈곤에 시달리는 농촌 집을 생각하며 돈을 보내거나 도시에서 쓰는 물건을 틈틈이 보냈다. 대체로 저학력 여성노동자일수록 가족의 생계를 위해 송금하는 경향을 보이고 있어, 농가의 경영 규모와 송금 보조액이 반비례하는 것으로 나타났다. 김주숙의 농가경제에 대한 분석에서 0.5정보 미만을 경영하는 농가의 송

38 강인순(1986).

39 박완서(1978).

40 가족의 생활비를 위해서 28.9퍼센트, 가족과 독립하고 싶어서 19.2퍼센트, 결혼 비용을 위해서 18.5퍼센트, 동생 학비를 위해서 12.0퍼센트 순으로 나타났다. 한국여성유권자연맹(1980), 『여성 근로자실태조사 보고서—구로, 구미공단을 중심으로』, 32~33; 전순옥(2004), 『끝나지 않은 시대의 노래』, 한겨레신문사, 139.

| 표 15 | 마산 수출공단 여성 생산노동자의 취업 동기(1971)

취업동기	학교진학	경제적 자립	가족생계보조	형제학비보조	사회경험	결혼비용마련
비율(%)	32.50	21.55	21.55	3.53	14.13	6.36

출처: 강인순(1986), 33~39.

금 보조액이 가장 많았다. 딸이 농가로 부쳐오는 돈이 집안 살림에 유용하다는 응답이 42.3퍼센트, 약간의 도움이 된다는 것이 34.1퍼센트로 대부분 농가의 살림에 큰 보탬이 되는 것으로 드러났다.[41]

일례로 Y양은 서울에 취직해 온 후 처음에는 월 5만 원 정도를 받았는데 이 중에서 2만 원 정도를 기숙사비, 적금, 재형저축으로 냈고, 매달 두 번씩 집에 내려가면서 현금 1만5천 원과 동생들 과자, 학용품, 신발, 옷 등을 사들고 갔다. 그러면 한 달 수입 5만 원은 한 푼도 남지 않고 다 쓰게 되는 것이다.

19살에 미싱일을 시작했던 H양은 S면의 집에다 돈을 계속 부쳤다. 집에서는 농사 비용이나 여동생의 학비로 썼다. H양은 공부를 계속하고 싶었지만 집에 송금하고 나면 남는 돈이 없었다. 그 당시에는 야학이나 특수학교 같은 여건도 마련되지 않았기 때문에 중학교 공부를 시작도 할 수가 없었다. H양이 23세 되던 4년 전부터는 둘째 동생을 서울에 데려다가 같이 살면서 고등학교 공부를 시켰기 때문에 그 이후로는 따로 집에 돈을 부치지는 못했다.[42]

이런 모습은 당시 여성노동자에게서 흔히

41 김주숙(1997), 254~158.
42 김주숙(1997), 257.

볼 수 있는 현상이었다. 여성노동자는 처음 농촌을 떠나올 때에 가졌던 배움에 대한 열망과 보다 나은 미래에 대한 꿈은 고달픈 작업 환경과 농촌 집으로 송금해야 하는 현실 속에서 좌절되었고, 식모보다 나은 직업이라는 자부심에서 시작했던 공장 생활은 '여공'이라는 또 다른 형태의 사회적인 냉소거리가 되고 말았다. 결국 이들은 도시 빈곤층으로 전락했으며, 이들의 농촌 집은 도시의 저임금 생산노동자가 된 딸의 송금에도 불구하고 여전히 가난을 면하지 못했으며 이는 사회 구조적으로 고착화되었다.

'시민의 발' 안내양   1961년부터 도시에서 빼놓을 수 없는 '여성 전용' 직업 중 하나가 바로 여차장이었다. 전국 여성조합원 차장의 수는 2만여 명이었고, 서울이 1만 명으로 서울 버스 지부에 속한 안내원 수는 55개 회사 소속 6,749명이다.[43] 이들 중 70퍼센트 정도가 농촌에서 국민학교만을 겨우 졸업하고 무작정 상경한 경우였다. 여차장들은 엄청난 노동시간과 노동 강요 및 신체적 학대를 감수해야 하는 경우가 많았다.

> 많은 차량들 중에서도 특히 시민의 발이라고 부르는 입석 · 좌석버스-통금의 해제와 동시에 통금이 될 때까지 무려 18~20여 시간을 달린다. … 그들을 부리고 있는 버스회사 역시 가지가지, 그들을 혹사시키지 않으면 매질까지 거침없이 해내는 차주가 많다. 그런 상태에서 어린 인권은 어떻게 되겠나?[44]

대부분 농촌 출신이거나 도시빈민 출신으로 국민학교나 중학교를 졸업하고 배움과 가족의

43 전국자동차 노동조합 서울버스지부 부녀지도부(1974), 여성 버스 안내원의 특성과 직업실태, 『여성』 103, 10~11.
44 황인호, 김포교통을 찾아서, 『직업여성』 1972. 12, 83.

생계를 위해 직업 현장에 뛰어든 십대의 어린 여성들이 바로 여차장이었다. 차량을 35대 보유하고 있었던 한 교통회사의 통계를 살펴보면, 안내원의 평균 교육 정도는 중졸이며, 평균 연령은 18~19세다. 대체로 18세 정도에 안내양 생활을 시작해서 대체로 22~23세에 퇴직을 하였다.[45]

버스 안내원 직종은 다른 직종과 달리 고되기는 하지만 침식이 보장되고 경험자와 초보자가 차별이 없어 비교적 임금 수준이 높은 직업으로 여겨졌다. 여차장도 공장 노동자와 마찬가지로 가계 보조나 교육에 대한 기대에서 직업을 택한 경우가 많았다. 다른

버스에 승객을 태우고 있는 안내양

직종에 비해서 보수가 높고 무엇보다도 침식이 제공된다는 사실은 농촌에서 올라오는 유년의 여성에게 상당히 매력 있는 직업이었다.

안내양의 취업 동기는 빈곤 56.0퍼센트, 가정불화 17.0퍼센트, 도시 동경 12.0퍼센트, 친지나 친구의 권유 12.4퍼센트, 기타 2.7퍼센트로 조사되었다.[46] 취직 방법은 48.2퍼센트가 학원의 소개에 의한 것이었는데 초기 입사는 거의 100퍼센트가 학원을

45 황인호(1972), 83~87. 〈부표 11〉 안내양의 교육 정도와 연령 참조.
46 이병태(1975), 『자동차여성근로자연구』, 전국자동차노동조합, 151.

통해 이루어졌다. 안내원의 직업 훈련의 역할을 맡은 곳이 '차장 학원'이었다. 학원은 1개월 동안 교육을 위해 침식비와 교육비를 받고 사전교육을 실시하였다. 그런데 안내원이 부족할 때는 최소한의 교육도 없이 취업되는 경우가 많아 학원은 취직을 위한 대기 장소로 변모했다.[47]

이들의 평균 직업 수명은 3년 정도고 한 회사에서 1년 미만 근무자가 39.3퍼센트로 6개월 이상의 장기 근무가 어려웠던 것으로 나타났다. 단체협약에 의한 노동시간은 격일제로 정해져 있으나 실제로는 '2일 근무 1일 휴무'로 주 78시간의 장시간 근무를 하였다. 또한 기숙사 시설이 제대로 갖추어지지 않은 경우와 촉박한 배차 시간으로 인한 식사시간과 휴식시간 부족 등으로 인해 무좀, 동상, 냉병, 위장병 등의 직업병에 시달렸다. 뿐만 아니라 새벽부터 밤늦게까지 쉬지 않고 연결되는 근무, 승객과의 실랑이, 열악한 복지 시설, 회사와 운전사의 횡포 속에서 안내양은 고달픈 삶을 살았다.

안내원차장이란 직업이 천하긴 천한가보다. 시간이 흐를수록 이런 생활이 싫어진다. 그렇지만 참고 견디어야지 쉬운 일만이 있는 것은 아니니까! 인간에겐 안내가 필요치 않은가? 달래어 보면서도 슬그머니 화가 치민다. 날 때리고 간 그 군인 아저씬 마음이 후련할까? 그렇지도 않겠지. 지금쯤 어데선지 자리에 누워서 나를 때린 행동을 후회할지도 모른다.[48]

직업병이나 근무 환경보다 여차장을 더 괴롭혔던 것은 차주나 관리자에게 당하는 근무 중 감시였다. 승객으로부터 받는 현금과 관련하여 안내양과 회사는 갈등하였다. 승객으로

47 학원을 통한 취직소개비는 4~5천 원 정도였다.
48 황인호(1972), 87.

:
YWCA에서 여차장을 대상으로 실시한 강의와 레크레이션 시간(1966)

부터 받은 현금을 가로채는 '삥땅'과 사업주의 몸수색은 당시 사회를 시
끄럽게 했다. '삥땅' 문제로 불거진 안내양의 검신문제, 부당해고, 사업
주의 횡포는 마침내 안내양의 자살로까지 이어져 이들의 인권문제가 사
회문제로 비화되었다.

급작히 야밤중에 숙소를 침입(?), 검신을 하는가 하면 심지어는 남자 기사
나 간부들까지 급습을 해 어린 소녀들은 굴욕감에다 공포감마저 느끼고 있
다. … 지난번 검신을 받다가 회사 측에서 안내양에게 폭행까지 하자 분통
한 나머지 자신의 결백을 죽음으로 보이고저 할복자살을 기도했던 전농동
소재 태광교통의 사건, 그 일이 아직도 머리에 생생하건만 며칠 전 옥수동-

남가좌동 간을 운행하는 신진운수73번노선에서도 안내양 이덕선19세양이 운전 수에게 1천 원을 삥땅했다는 이유로 욕설을 듣고 머리채를 흔들리는 등 폭행을 당한 뒤 달리는 버스서 뛰어내려 자살을 기도, 중태에 빠졌다는 사건이 이미 일간 사회면을 통해 보도된 바 있다.[49]

이들은 억울함을 호소하거나 노동조합을 이용할 엄두를 내지 못했다. 고생하고 돈벌러 나왔기 때문에 참아야 된다는 생각과 자신의 억울함을 진정해도 아무도 해결해 주지 않는다는 좌절감은 이들을 더욱 고통스럽게 했다. 이같은 안내양의 인권문제는 회사의 강압에 반발해 목숨을 끊으려 했던 몇몇 안내양의 자살기도 사건에 의해 세간의 관심을 끌게 되었다. 몇몇 운수회사는 복지시설 확충과 교양강좌 실시로 안내양에게 꿈을 심어 주는 등 이들의 마음을 사고자 노력하였으며, 윤리 교육을 강화하여 '삥땅' 문제의 근본적인 해결을 시도해 보기도 하였다.

이처럼 열악한 노동환경에서 근무했지만 안내양도 공장 노동자와 마찬가지로 교육에 대한 기대 수준이 높았다. 공부를 계속 하고 싶다는 비율이 82.5퍼센트를 차지하였으며 50퍼센트 이상이 배우지 못한 것을 고민하고 있었다. 나이가 어릴수록 진학을 원하는 경우가 많아 39.0퍼센트 정도였고, 나이가 많을수록 교양이나 기술 습득36.5%을 원했다. 다른 도시 노동자와 마찬가지로 교육에 대한 열망은 강하나 현실적인 근무 환경에서 비롯되는 피로와 경제적인 문제가 교육받는 것에 장애가 되었다.[50] 때문에 이들은 좌절된 학업의 꿈을 좋은 사람을 만나 결혼하는 것으로 보상받고자 했다.

안내양의 입장을 떠나 그들은 여성으로서 갖춰야

49 김태은(1976), 르뽀 버스종점, 『광장』 10(4), 57.
50 전국 자동차 노동조합 서울버스지부 부녀지도부(1974), 11~13.

할 교양에서부터 실생활에 필요한 모든 것을 배워 익히며 주부가 될 꿈에 부풀어 있다. 하루의 일과를 마치고 잠자리에 들면, 그들은 많은 꿈을 꿀 것이다. 내일의 무사고일까, 고향의 푸른 하늘일까, 그보다는 주부가 되고 어머니가 되는 꿈이 더 많을 것이다.[51]

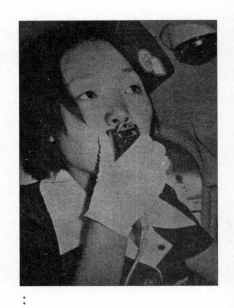

신종 여성 직업이었던 고속 시대의 안내자, 고속버스 안내양의 모습(1972)

한편, 1970년 경부고속도로의 개통과 더불어 고속버스 안내양이 시내버스 안내양과는 다른 의미로 등장하였다. 물론 그 동안 시내버스 안내양의 문제가 사회문제로 대두되어 물의를 빚어 왔던 것과는 달리, 요즘 고속철의 승무원처럼 1970년대 고속버스 안내양은 새 시대의 신종 여성 직업으로 다른 여성 직종에 비해 대우가 좋았다. "고속시대의 안내자 고속뻐스 안내양"으로 불렸던 이들은 한 달 중 약 20일간 일했다. 보수는 25,000~30,000원 이상, 얼마나 많은 거리를 달리느냐에 따라 봉급이 달라졌다. 당시 약 1,500여 명의 고속버스 안내양이 있었다. 이들 역시 결혼 자금이나 가족 생계 지원에 월급을 사용하였다.

2. 취업주부와 가내공업

여성 노동의 이율배반성　결혼 후 혹은 자녀를 낳은 후 직장을 떠나는 것은 여성의 보편적인 현상이었다. 공장 근로여성은 좌절된 배움의 꿈과 상류층 여성처럼 전

51 김태은(1976), 57.

업주부가 되고 싶은 욕구에서 결혼과 동시에 직장을 그만 두는 것을 당연하게 생각했다.[52] 고등교육을 받은 여성은 능력과 경제력 있는 남성과의 결혼을 이상적으로 생각하여 경제활동에 나서는 것을 꺼렸다. 따라서 이들은 직업을 통해 사회활동을 하기보다는 가정주부로 남으려는 경향이 강했으며 사회 전반적인 인식 역시 여성은 가정에 머물러야 하는 것이었다.

여성과 결혼, 일에 관한 당시 사회 분위기를 어느 작가의 이야기를 빌어 충분히 짐작해 볼 수 있다.

> 그렇게 많은 여성들이 문학 작품 속에 나타나건만 그 많은 여성들이 일정한 직업을 가지고 있는 예란 그리 많지 않다. 아니 오히려 극히 드문 편이다. … 직업 여성이나 근로여성보다는 유한 귀부인 쪽의 여성을 더 아름다운 것이라고 … 그래서 문학 작품에 등장되는 여성은 무슨 일을 하는 누구냐로 되어 있기보다는 단지 어머니, 아내, 애인 등 그런 인간관계로만 나타나기가 일쑤이다. … 문학작품에 창녀 유녀들이 많이 등장되는데 이 역시 여성을 일하는 인간으로보다는 성적 도구 정도로 본 타락한 예술관의 소산이라고 할 수밖에 없다.[53]

결과적으로 사회는 여성의 정체성을 가족 관계 내지 남성과의 관계 속으로 제한시켜 여성을 가사전담자로 규정하였다. 남성은 경제활동의 전담자라는 전통적인 성 역할 체계를 그대로 수용함으로써 여성을 가정에서 어머니와 아내로서의 역할 수행자로 규정하였다. 어

52 박보희(1977), 한국 산업 발전에 있어서의 근로여성의 위치, 『여성』138, 12~13. 고용자 측에서도 인건비 증가 때문에 연장자 여성 혹은 경력이 많은 여성노동자를 사용하지 않으려 하였다.

53 박경수(1978), 문학 예술에 나타난 여성과 직업, 『광장』55, 33.

| 표 16 | **직업별 여성 취업자의 결혼 상태(1970)**

직종	계(명)	미혼(%)	기혼(%)	사별·이혼(%)
전문직·기술직	56,539(100.0)	44.0	53.4	2.6
행정·관리직	1,116(100.0)	6.3	92.1	1.6
사무직	90,578(100.0)	92.3	7.1	0.6
판매종사자	266,330(100.0)	74.3	20.9	4.8
서비스직	23,474(100.0)	82.3	17.1	0.6
농축임수렵 등	24(100.0)	22.6	58.9	18.5
생산관련직	111,091(100.0)	89.7	9.2	1.1
계	549,252(100.0)	77.5	19.6	2.9

출처: 탁희준(1972), 여성 노동의 실태와 문제점, 『여성』 127, 12.

느 여성 잡지의 직업 여성에 대한 설문조사에서도 대부분의 여성들이 결혼 후에는 직장 생활을 중단하고 가정에 충실할 것이라고 답한 사람이 압도적 다수였다.[54]

'가정에 충실한' 모범적인 여성이 되기 위해서는 직업을 갖지 않고 가사를 전적으로 담당해야 한다는 것이 당시 사회의 주도적 통념이었다. 따라서 과거에 비해 여성의 교육 기회가 다소 늘어나고 지적 개발 수준이 높아졌음에도 불구하고 고등교육을 받은 여성일수록 사회 활동보다는 가정에 머물기를 원했다. 근대 산업화 과정 속에서도 여전히 전통적인 신분의식과 가부장적 가족주의 원리가 사회통념으로 작용하였고 여전히 현모양처 이데올로기가 지배적인 역할을 하였다.

이같은 사회적 분위기 속에서 여성의 경제 활동은 농업 생산에 절반 이상이 참여하였고 그 외는 저임금을 받는 제조업 분야에 미혼 여

54 특집, 직장 여성의 어제와 오늘, 『직업여성』 1972. 11, 26~29.

성이 대거 몰려 있었다. 전문 지식과 기술을 요하는 직업에 대한 여성 노동력의 진출은 매우 적었다. 이는 사회 전체적으로 '전업주부'를 내세워 여성의 사회적 지위와 노동에 대한 성차별적 이데올로기를 강화시킴으로써 기혼여성을 공식 노동 부문에서 배제시키며 비공식 부문에서는 불안정 고용과 무보수 가사 노동을 감수하도록 하였다.[55]

여성에 대한 불평등 고용과 성별 분업, 직업 능력에 대한 개발 기회 최소화, 핵가족화로 인한 여성의 가정 역할 강화 등의 사회 환경은 고학력 여성의 취업을 가로막는 근본적인 원인이 되었다. 결국 여성은 노동 시장에서 결혼, 임신, 출산 전에 동원가능한 임시 노동력으로 인식되었던 것이다.

노동하는 여성에 대한 정부의 태도 역시 이와 같은 관점에서 크게 벗어나지 않았다. 여성노동자문제를 노동청소년부녀보호위원회에서 '요보호' 대상으로 설정하여 복지와 구제의 차원에서 다루고 있다. 곧 '요보호' 대상 여성은 영세 여성가구주, 미혼모, 가정폭력피해자, 성매매 여성, 빈곤여성 노인, 가출여성, 근로여성을 말하는 것으로 부정적인 의미를 내포하고 있었다.

현모양처와 가부장적 전통 의식이 팽배해 있던 당시 분위기는 비교적 학력이 낮거나 소득 수준이 낮은 여성 그리고 나이 어린 여성의 경제활동을 가난과 더불어 부끄러운 것으로 여기게 했다. 1970년 자료에 의하면 제조업 종사 여성 노동자는 24세 미만이 69.81퍼센트나 됐다. 이들은 나이도 어린 데다가 교육도 제대로 받지 못한 채 임금이 낮은 제조업에 종사하였다.[56] 따라서 많은 미혼의 노동자들은 기회만

55 전업주부 개념은 근대산업사회에서 "여자의 거처는 가정"이라는 중산층의 전반적인 의식 경향이었다. 이 개념은 하층 여성노동자에 대한 편견을 초래하고, 노동시장에서의 차별을 고정화시키는 역할을 하였다. 또한 노동에 있어서의 성별 분업의 결과를 가져와 여성의 저임금 현상을 초래하였다.

있으면 과거의 양가 규수들처럼 꽃꽂이나 수예 등의 수업을 받아 결혼하고자 하였으며 결혼 후에는 더 이상 경제활동을 하지 않으려는 경향이 강했다.

그럼에도 불구하고 당시 여성노동자가 경제활동 인구의 1/3을 차지하고 있었다. 경제활동에 참여한 여성은 대부분 미혼 여성이나 가정형편이 곤란한 중하위 계층의 여성이 대부분이었다. 이와 같이 여성노동에 대한 부정적인 사회인식은 여성의 경제활동에 대해 여성 스스로 굴욕적으로 인식하게 만들었고, 이로 인해 1980년대 중반까지도 여성의 경제활동 참가율은 학력과 반비례하는 현상을 보였다.[57]

도시 빈민 여성의 취업　1970년대 이후 중공업 중심의 급속한 산업화 과정은 여성 노동력에 대한 수요를 변화시켰다. 과거 정부와 기업은 대외 경쟁력을 높이고 비교우위를 확보하기 위해 경기변동의 여파에 따라 쉽게 고용, 해고할 수 있는 단기적이고 값싼 노동력인 여성노동자를 활용하였다. 이 같은 경공업 중심 정책으로 급상승하던 여성노동자의 증가가 1975년부터 46.7퍼센트를 정점으로 하강하기 시작하였다. 이후로 전체 생산직 취업자의 비율은 증가한 것으로 나타나고 있으나, 생산직 내 여성 비율은 크게 감소하였다.[58] 이는 중화학공업의 집중적인 육성 결과 제조업 생산직에 남성이 대량 진입함으로써 상대적으로 여성의 비중이 낮아진 데 그 원인이 있었다.[59]

이에 더해 여성에 대한 사회문화적인 성차

[56] 제조업 분야의 여성노동자 학력은 매우 낮아 국졸이 51.8퍼센트, 중졸 37.6퍼센트로, 이를 합하면 89.4퍼센트에 이르렀다(한국 YWCA, 1977. 4, 13).

[57] 강남식(2003), 여성노동정책과 담론분석, 이영환 편, 『통합과 배제의 사회정책과 담론』, 함께 읽는 책, 295~332.

[58] 생산직 내 여성 비율은 매년 감소하여 38.8퍼센트에서 1990년에 가면 29.0퍼센트로 떨어진다.

[59] 또한 1960년대 경공업화의 중심 노동력이었던 이 연령층의 여성이 산업화의 성격 변화에 따라 노동시장에 나오기보다는 학교교육에 머물게 된 것도 한 요인이 될 수 있다.

별 규범도 영향을 미쳤다. 여성노동자는 결혼과 동시에 공식적 취업 활동이 대부분 중단되었다. 여성에게 결혼과 동시에 퇴직을 강요하는 것을 사회적으로 당연시 했던 것은 가정에서의 가사부담을 여성의 일차적 역할로 규정하고 직업 활동을 부수적인 것으로 규정하는 성 역할 규범에서 비롯된 것이었다.[60] 한편에서는 '조국 근대화의 역군'으로 호명하면서 대다수 미혼 여성을 최저생계 조건만을 허락하는 노동 현장에 묶어 두고, 다른 한 편에서는 '근대적 아내 또는 모성'의 이름으로 여성을 성별 분리의 확고한 틀인 가정의 울타리에 가두어 두었다.[61]

1975년 센서스 자료에 의하면 전국적으로 미혼 여성 55.7퍼센트, 기혼 여성은 44.5퍼센트가 노동에 참가하였다. 도시 미혼 여성의 경우 생산직에 51.1퍼센트, 서비스업에 20.9퍼센트, 사무직에 16.1퍼센트로 나타난 것에 비해, 기혼 여성의 경우 판매업에 37.5퍼센트, 서비스업에 19.5퍼센트, 생산직에 18.3퍼센트가 종사하는 것으로 조사되었다. 여기에서 미혼 여성은 도시와 농촌 간에 큰 차이를 보이지 않으나 기혼 여성의 경우는 도시화된 지역일수록 노동시장 참여율이 낮았다.

그러나 하층 여성은 성차별적 사회문화와 관계없이 불안정한 저임금 노동시장에 고용된 남편 때문에 어떤 형태든지 경제활동에 참여해야만 하는 경우가 많았다. 도시 지역에서는 미혼 여성의 경제활동 참가율이 기혼 여성보다 3, 4배 정도 높은 반면, 농촌을 비롯한 도시 빈민 지역에서는 기혼 여성의 경제활동 참가율이 높게 나타났다. 그리고 미혼 여성의 절대다수가 임금노동을 하고 있는 반면, 기혼 여성의 경우는 절대다수가 자영업, 가족종사자 등 임금을

60 1960, 70년대 본격적으로 산업자본주의 형태를 띠게 된 한국사회는 가정과 공공영역의 분리 구조를 형성하게 된다. 외견상 남녀평등을 실천하는 것처럼 보이는 성 역할분담론은 심리적 성차를 강조하면서 결혼한 여자를 한 남자(남편)의 일인 지배 하에 들어가게 만든다. 여성의 경제활동과 삶이라는 측면에서 볼 때 이것은 대단히 이율배반적인 담론이 아닐 수 없다.
61 김영옥(2001), 32.

받지 않는 노동이나 집에서 할 수 있는 가내공업에 종사하였다.[62]

생계에 도움이 필요한 계층의 여성 경제활동이란 대부분 특별한 사회적 배려가 없는 전근대적 비공식 부문에서 이루어졌다. 실제로 기혼 여성이 취업할 수 있는 영역은 비공식 부문 경제활동을 제외하면 극히 제한적이었다. 도시 빈곤층의 기혼 여성은 공식적으로 노동시장에 진출하지 못하고 가내부업 등의 생계보조적인 활동으로 가족의 생계를 유지하였다.

여성이 종사했던 가내부업은 주로 꽃찍기, 가발 뜨기, 전자부품 가리기, 스웨터 짜기, 봉제완구 손질 등 수출품의 마무리 작업

가족의 생계를 위해 풀빵을 구워 파는 여성

이나 검수 작업에 관한 일이었다. 농촌의 기혼 여성은 농사일은 물론이고 파나마 모자 만들기, 가마니짜기 및 농촌 생활과 관계있는 부업에 종사하여 가계의 현금수입원을 충당하였다. 그나마 가내부업에도 참여하지 못하는 여성은 보사부에서 실시하고 있는 영세민 취로사업에 나갔다. 그런데 여기에서도 여성은 임금에 있어 남성과 차별적인 대우를 경험하였다.

62 조은(1984), 14.

전국의 대상 가구 43만4천8백여 가구 중에서 절반 이상이 여성들이 나오고 있는데, 이들은 대부분이 날품팔이 여성들로서 하루에 5백40원을 받는다고 한다. 남성의 경우는 8백20원이며, 일반 공사장의 여성 품삯 8백~1천원에 비하면 형편없이 싼 임금이다. "남자들보다 돈을 적게 받더라도 매일 벌 수만 있으면 좋겠어요." 어느 아파트 공사장에 아침 6시에 일거리를 찾아 나왔다가 못 얻고 되돌아가며 말하는 어느 여인의 경우는 단적으로 여성 근로자의 일터가 크게 감소되어 가는 것을 나타내고 있는 것 같다.[63]

주로 생산 활동에 참가하거나 돈벌이를 하는 여성은 농촌과 도시 저소득층이 훨씬 많음에 주의할 필요가 있다. 또 저소득층은 중·상층보다 집안에서 남성의 권위와 우위를 인정하는 성향이 훨씬 더 강했다. 도시 저소득층 여성과 농촌의 여성은 엄격한 전통적 남녀 역할분담을 받아들이고 남성 우위의 권력 구조를 수용하였다. 이들은 바깥에서의 돈벌이와 관계없이 집안에서 전통적인 역할을 충실히 담당하는 전형적인 가정주부로서의 부담까지 지고 있었다.[64] 남편이 실직을 하거나 농한기에 별일 없이 쉬고 있는 동안에 이들 여성은 사회적 노동과 가사노동을 병행하였다.

도시 중산층의 경우 취업주부와 전업주부 간의 가사노동에서 상당한 차이가 있으나 취업주부가 가사노동에서 남편의 도움을 받는 일은 거의 없었다. 원칙적으로 가사와 육아를 여성 책임으로 보았으며, 가정부 및 친척의 도움을 받을 지언정 남편의 가사 참여를 기대도 하지 않았던 것이다. 중산층 이상의 취업주부가 '자신의 직장 활동을 허용 내지 이해해 준 남편에

63 김광호, GNP 신화 속에 시들어 가는 여성들, 『재정』 1975. 4, 154.
64 조은(1983), 여성의 적응과 갈등, 한국사회학회 편, 『한국 사회 어디로 가고 있나』, 현대사회연구소, 191~193.

대해 고마움'을 가지는 것이 오히려 사회일반의 보편적인 분위기였다.[65] 그러므로 여성의 경제활동이 가계 유지를 위한 필요에서가 아니었을 경우 경제활동 자체가 곧 여성 역할의 불이행으로 인식되고 있음을 알 수 있다.

가정과 직장의 이분화를 반영하는 사회 구조 속에서 출산과 육아를 책임지는 존재로서 여성의 사회적 노동 참여는 처음부터 불리할 수밖에 없었다. 여성 노동력은 생계보조자로서 사회의 생산 활동에 참여하면서도 가사를 책임지고 노동시장의 하위직을 맡는 대상으로 규정되었다.[66] 이처럼 국내의 독특한 경제구조와 전통적 가족 이데올로기의 결합은 도시 빈민이나 농가 여성에게 '어머니와 임노동자'의 이중역할을 부과시킴으로써 남성과 달리 가사노동과 사회노동, 양자를 여성의 책임으로 간주하는 이율배반적인 경향을 보였다.

3. 농촌 경제의 회생과 여성 농민

농부 없는 농촌 지킴이　전통산업이었던 농업이 정부의 수출제일주의 표방과 도시를 중심으로 하는 공업화를 지향함에 따라 농촌은 찌들고 가난한 전통적인 마을의 모습에서 벗어나지 못하였다.

> 상공농사商工農士만이 살 길 … 보릿고개를 타개하고 실직자들에게 일자리를 마련하려면 원자재를 들여와서 가공수출을 하는 것이 현재로서는 최선이라는 상공부의 의견에 (박 대통령은) 전적인
> 찬성을 표했다.[67]

그 결과 공업 주도의 경제발전은 농촌 인구

65 조은(1983), 191~193.
66 조은(1984), 17.
67 이근미(2003).

의 변화에 직접적인 원인으로 작용하였다. 1960년대 초 농촌에서 잠시 인구과잉 현상이 나타났으나 점차적으로 농촌 인구가 도시로 흡수되면서 인구의 절대감소 현상을 초래하였다. 시간이 지날수록 서울을 포함한 도시 인구는 비대해지고, 농촌은 노동력 부족 현상을 겪게 되었다.[68]

경제개발계획의 추진 과정에서 정부는 중농 정책과 인구분산화 정책을 실시하기도 하였으나 계속되는 도시화와 중화학 공업의 발전에 따른 대도시의 성장과 지역별 인구증감 현상은 더욱 가속화되었다. 이로써 농촌 노동력은 고령화 · 여성화되어 갔으며 나아가 노동력 부족 현상에 허덕이게 되었다.[69] 이촌향도에 의한 농촌의 노동력 부족은 1960년대 이래 비농업 부문의 급성장과 도시의 성장이 초래한 파급 효과의 하나로 도시화 · 공업화에 따른 농촌 경제의 예속성을 보여 준다.

도시로의 인구 이동은 도시와 농촌의 불균형 성장에 따른 것으로서 교육과 취업의 기회가 도시에 집중된 탓에 젊은이의 이동 역시 불가피했다. 이는 농산물 가격이 공업화 정책으로 동결되고 도시 산업에의 집중 투자로 인한 농가 소득의 상대적 저하를 도시 진출로 만회하려는 것이었다. 농촌의 청장년층 인구가 단기간에 급격히 감소함에 따라 농업 노동력 부족과 농촌 인구의 여성화 현상이 가속화되었다. 이것은 농촌 전체 인구와 농가당 인구를 감소시켜 여성 농민의 노동에 직접적인 영향을 미쳤다. 즉 농가의 호당 가구원 수가 계속 감소했던 것에 반해 1965~1974년에 농촌의 순경지 면적은 증가하고 있어 가구당 경지 면적이 자연적으로 증가함을 알 수 있다.

품삯일의 경험에서도 응답 여성 중 24.6퍼

---

68 〈부표 12〉 대도시 인구성장 분포 참조.
69 조형(1981), 63. 1950년대 이후 전국 인구가 지속적으로 증가했던 것에 반해, 농촌 인구는 절대적 감소 현상을 나타내고 있다. 즉 1950년대까지 전체 인구의 60퍼센트가 농가 인구였으나, 1979년에는 30퍼센트 미만으로 감소되었고, 절대수치에서도 1960년에서 1979년 사이에 전체 인구가 50퍼센트 증가한 것에 반해, 농가 인구는 25퍼센트 감소하였다.

센트가 1년 동안에 삯을 받고 남의집 일을 해 준 경험이 있는 것으로 조사되었다. 또한 농토가 전혀 없는 경우에도 남편의 품삯일 비율은 43.1퍼센트인 데 비해, 아내는 53.5퍼센트로 높게 나타났다.[70] 노동력 부족 현상은 노인층과 여성의 일손을 동원하게 하였고 바쁜 농사철에는 품삯을 주고도 일손을 구하기가 어려운 형편이었다.[71] 이같은 인구토지비의 변화와 품삯일 경험은 1960년대 이후 농촌 여성의 경제활동 참가율의 계속적인 증가를 잘 반영해 준다.

한편으론 농촌 인구의 급속한 감소 및 도시 유출과 청장년 노동력 이동은 농업의 기계화를 촉진시켰다. 그러나 농기계 보급률은 매우 낮아 양수기, 병충해 방제기, 인력탈곡기조차 제대로 갖추지 못한 농가가 많았다. 그 원인은 농기계의 가격이 비쌌기 때문이다. 당시 농촌 주민이 가장 필요로 한 경운기나 이앙기 또는 콤바인을 구입하려면 중간 정도의 소득을 갖는 농가가 적어도 3년간의 소득 전액을 투자해야 하는 형편이었다.[72]

당시 일본이 단위면적당 농기계 사용 시간이 17.9시간이었던 것에 비해 우리나라 농촌은 1.8시간에 불과하였다. 여전히 우리 농가는 소와 인력을 많이 사용하였고 그 결과 토지생산성은 일본과 비슷했지만 노동생산성은 일본의 반 정도에 불과하였다. 비료, 농약, 동력경운기와 같은 농업 자재를 공급하는 공업 분야 역시 과거에 비해 성장하기는 했으나,[73]

70 김주숙(1994), 44.

71 농사철에 일손이 부족한 탓에 농업 임금노동이 증가하였고 임금도 해마다 올랐다. 1975년을 100으로 볼 때 1965년에는 15.4였던 농업 임금이 1979년에는 334.7로 인상되었다.

72 정부는 실수요자에게 국고보조나 융자 형식으로 농기구 보급을 촉진시켰고, 아울러 농민 스스로의 필요에 의해서도 농기구의 보급이 비약적인 속도로 증가하였다. 그러나 전체 농가의 현실적인 상태로 보았을 때는 여전히 턱없이 부족한 실정이었다. 비록 정부에서 지불보증과 농협의 신용대부가 가능하긴 했지만 2~6년 내에 이자를 지불·상환해야 했기 때문에 일반 농민에게 농업의 기계화는 현실적으로 어려운 일이었다.

73 1967년 수입의존형에서 국산비료 자급형으로 변모했다. 농약 생산도 1960년대 초기와 후반기를 비교해 볼 때 5.8배가 증가하였다. 경운기 역시 전체 보급률은 여전히 미미하지만, 1960년대와 1970년대를 비교할 때 80배의 성장을 보이고 있다(농업협동조합중앙회(1970), 『농업연감』, 13).

농업의 기계화나 공업화에 대한 정부의 근본적인 배려와 투자가 결여된 상태에서 근대화를 통한 농촌의 발전은 큰 진전을 기대할 수 없었다.

> 해묵은 우리 농촌을 근대화하는 데는 방대한 규모의 정부 자금이 소요되었다. 그와 같은 경제력을 농촌으로부터 조달하기에는 우리 농업의 생산성이 너무 낮았다. 여기에서 박정희 대통령은 우리 경제의 공업화를 앞당김으로써 거기에서 농촌을 근대화시키는 힘을 얻기로 하였다.[74]

농촌의 빈곤과 저개발 문제에 대한 정부 차원의 근본적인 해결책이 없는 상태에서도 여성 농민은 취업을 위해 도시로 나간 남편과 성년 자녀를 대신해서 노부모를 모시고 어린 자녀를 부양하며 영농 작업과 농가 일을 감당하였다. 이런 상황은 전쟁 시에 여성이 담당했던 역할과 비교할 때 크게 다를 바가 없지만 여성은 과중한 노동량과 부양에 대한 책임을 운명으로 받아들일 뿐이었다. 더욱이 정부는 농협을 비롯한 농업관련 정부기관을 동원하여 여성 농민에게 국가 경제에 대한 기여와 책임감 등을 강조하고 농가 부업을 통한 농가 경제의 재건과 농민의 지위 향상이라는 이상을 제시하면서 계속적으로 노동량을 가중시켰다.

농촌에서 이처럼 여성의 노동력이 주도적인 역할을 하였음에도 불구하고 품삯이나 위상에 있어서 여전히 열악한 노동조건에서 일하였다. 농업생산 활동에서 남녀 노동의 성차별적 분리는 여성 노동에 대한 낮은 평가와 함께 농업 노동에 대한 낮은 품삯으로 나타났다. 여성이 하는 일이 남성의 일에 비해 쉽다거나 노동량이 적기 때문이라는 이유를 내세우지만 관행적으로 여성에게 적은 노임을 주는 것을 당연하게 생각

74 박진환(2003), 박정희 대통령과 식량증산 2, 박정희 인터넷 기념관.

하였다.

1970년대 통계에 의하면 남녀별 경제활동 참가율이 남성은 농가거나 비농가거나 간에 10년간 비슷한 수치를 보이는 반면 여성의 경우는 농가 여성이 비농가 여성에 비해 훨씬 높게 나타났다. 또한 농촌 여성의 경제 활동 참가율은 모든 연령층에서 도시 여성보다 높은 것으로 조사되었다.[75] 1970년 통계로 볼 때 25~54세 도시 여성의 노동 참여율이 20.82퍼센트인 것에 비해 농촌 여성은 55.37퍼센트, 55세 이상에서는 도시 여성이 9.12퍼센트 농촌 여성이 29.52퍼센트를 나타냈다.[76] 여기서 보듯이 25~54세, 55세 이상에서는 농촌 여성의 노동 참여율이 도시 여성에 비해 2배 이상이나 되었고 농촌 여성은 고령이 되어도 계속 농사일에 참여하였음을 알 수 있다.

남성 노동력의 부재에서 발생한 노동 공간을 여성 농민이 무조건 충당해야 하는 상황에서 과중한 노동으로 인해 많은 여성 농민이 농업 재해와 관련된 질병에 시달렸다.

> 우리나라의 농촌 부녀들은 대개 2중, 3중의 고된 노력을 부담하고 있다. 즉 자기 자신이 직접 영농의 담당자가 되어, 들에 나가 농사일을 하는 한편, 집에서는 여러 식구들의 식사를 제공해야 할 부엌일에서부터 어린애를 돌보고, 세탁을 해야 하며, 가사 일 등 아주 바쁜 일에 뒤쫓기다 보면, 건강에 무리가 가고, 따라서 위에서 말한 여러 가지 질병에 걸리게 마련이다. … 요즘 위장병, 각기, 신경통, 심장병, 고혈압증 등 여러 가지 질병들이 특히 농촌 주부 중에 많이 나타나고 있다. 특히, 이것은 30~40대의 남성이나 부

75 1979년 농가의 14세 이상 여성 중 54.2퍼센트가 경제활동 참가자였던 것에 비해, 비농가의 여성은 35.9퍼센트로 농가 여성의 노동이 크게 증가했음을 알 수 있다.
76 김주숙(1994), 93 표 9, 10 참조.

녀들이 잘 걸리는 요통, 숨찬병, 수족 냉증 등을 특징으로 하는 병으로, 소위 농업병農事일때문에 생긴 병이라고까지 불리우는 질병들이 특히 농촌 부녀층에 많이 나타나고 있다.[77]

대부분 농가의 여성이 출산 후에도 몸조리를 잘 하지 못한 것은 잘 알려진 일이다. 산후 3일만에 집안일을 시작했던 경우가 48.4퍼센트에 이르고 농사일을 시작했던 경우도 30.2퍼센트에 해당하였다. 대부분의 여성이 아이 낳은 지 1주일 후에는 집안일을 시작하였던 것으로 나타났다. 특히 생활 정도가 낮은 가구일수록 생활 정도가 높은 가구에 비해 산후 몸조리 기간이 더 짧았다.[78] 이러한 노동 환경과 과중한 노동량으로 미루어 볼 때 요통, 신경통, 팔다리 쑤심, 두통, 빈혈 등 주로 과로와 영양 부족에서 오는 질병이 여성 농민에게 나타난 것은 당연한 현상이었다.

빈농 극복을 위한 임노동 이 시기의 여성 농민이 남성 노동력의 부재와 더불어 겪었던 또 다른 어려움은 빈곤과 이를 극복하기 위한 소득 창출의 문제였다. 곧 낮은 농가 소득과 누적되는 농가 부채로 인한 농가의 빈곤문제였다.[79] 한편 1960년대에 노동력 부족과 함께 농촌에 나타난 급격한 경제 변화는 농가경제의 화폐화다. 과거에는 농촌 주민이 물물교환이나 부락 내의 노동력 교환으로 그 필요를 거의 충족시킬 수 있었다. 그러나 과거에 자급자족하던 물품도 이제 시장에서 구입해야 했고 자녀교육비·농기구·농약·비료를 비롯한 일부 생

77 이명수, 농촌 부녀와 과로, 『새농민』 1964. 7, 46.

78 김주숙(1994), 205.

79 김주숙(1994), 411. 1960년대에는 농업소득으로 가계비용을 충족시켰고, 1970년대 초에는 정부의 고미가정책에 의해 농업소득이 증가하여 가계비 충족률이 124.4퍼센트에 이르렀으나, 1977년을 기점으로 급속히 하강하였다. 1970년대 초에 농가소득의 6.2퍼센트였던 농가부채액이 1985년에 가면 35.3퍼센트에 달하게 된다.

활 필수품의 구입을 위해 농가에서는 점점 더 화폐가 필요하게 되었다.

도시 산업의 발달과 화폐 경제의 침투, 농업 노동력의 부족, 물질적 생활 수준에 대한 기대 상승에 대한 농가의 자구책은 전 노동력이 동원되어 부분적인 기계화와 환금작물 재배를 통해 타개해야 했다. 농민이 이같은 현실을 극복할 수 있는 방법은 노동을 많이 하거나 가계 지출을 줄여나가는 방법 밖에는 없었다. 이를 줄이지 못할 경우에는 노동을 더욱 많이 하지 않으면 안 되었다.

가계의 현금 조달과 생활 수준 향상을 꾀하는 농민의 노력은 각

담 화 문

동계 농어민 지도(冬季農漁民指導)에 즈음하여

국민 여러분

희망의 새해를 마지하여 밝아오는 광명과 같이 여러분 가정에 만복이 깃들기를 기원하는 바입니다

지난 한해동안은 혁명과업을 수행하시에 얼마나 수고가 많으셨음니까 재건도상에 있는 우리국민으로서 금반 농한기를 가장 보람있게 활용하기 위한 정부의 방침을 여기에 밝히는 바입니다

우리는 동절기를 으레히 휴식하는 시기라고 생각하며 허송세월로 지새는 경우가 많을 뿐 아니라 일부층에서는 도박 음주등 폐습을 버리지 못하고 있는것이 통례로 되어있읍니다

우리나라 농민은 근면하기로 세계 어느나라에도 못지않는것은 다같이 자부하는바 입니다마는 봄·여름·가을의 세계절을 통하여 그간의 땀을 흘려 일한 노고와는 달리 겨울철을 덧없이 보낸다는것은 시간적으로 보나 경제적으로 보나 큰 손해가 아불수 없읍니다 혁명정부는 지난번 농어촌 고리채정리에 뒤이어 이번 농한기를「동계농어민지도」에 전력을 기우려 현재 전국적으로 추진중에 있으나 무엇보다도 농어민 자신은 물론 전국민의 충분한, 이해와 적극적인 협조가 절요한 것입니다

이 동계 농어민 지도의 목적은 크게 다음과같이 네가지로 나눌수 있읍니다

첫째, 가능한 온갖 부업을 장려하여 농가 소득을 올리게 하고

둘째, 기본적인 농업기술을 습득시켜 농업증산을 꾀하며

셋째, 성인교육을 실시하여 문맹을 퇴치시키고

넷째, 생활개선을 도모하자는 것입니다

이상과 같은 목적을 달성하기 위하여 특히 부탁드리는바는 과거와같이 정부시책에 할수없이 맹종한다는 관념을 버리시고 어디까지나 농어민자신에게는 물론 국민경제에도 큰 이득을 가져온다는 신념으로서 일층 분발하여 정부가 목표하는 이번 동계농어민 지도사업에 유종의미를 거두어주시기를 간절히 바라면서 농어민을 비롯한 국민 여러분의 건투를 비는 바입니다

서기 1962년 1월   일

농림부장관 장 경 순

농한기인 겨울을 이용한 각종 부업을 장려 촉구하는 농림부 장관의 담화문

종 현금소득 활동에서 잘 드러나고 있다. 가내에서 하는 부업은 모두 가내 소비용이라기보다는 교환을 통한 현금소득원이 되었다. 임금 노동 역시 마찬가지다. 자기 농토를 가진 사람도 품삯을 받고 남의 농사를 짓는 경우가 많아, 남자뿐만 아니라 여자도 하루 3,000~5,000원 정도의 임금을 받고 일했다.

그 밖에도 될 수 있는 한 취로사업 등 임금을 받을 수 있는 일에 참여하여 가계에 보탬이 되고자 하였다. 그 결과 농가 소득에서 임금 노동

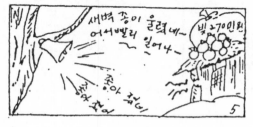

농가 부채 문제와 이로 인한 이농 현상을 풍자

과 부업이 차지하는 비율이 점차 증가하였다. 농가에서 경제성이 있다고 여겨지면 어린 자녀까지 동원하여 부업을 하였다. 그러나 노동량을 늘인다 하더라도 단시간 내에 원하는 수준까지 농가 경제가 향상되기는 쉽지 않은 일이었다.

농촌 사회가 만성적인 빈곤과 이농 현상으로 힘든 상황에서 정부는 농촌 근대화를 위한 중농주의 정책 표방, 농어촌고리채정리령 발표, 농산물가격유지법 제정, 농업 구조 개선을 위한 '농업구조정책심의회'의 발족과 '농업협업화의 조성'을 통한 농업 구조 개선 등의 정책을 발표했으나 어느 것도 실효를 거두지 못하고 흐지부지 되고 말았다.

농어촌고리채정리령에 의해 조사된 바에 따르면, 1961년 12월 말까지 신고된 고리채는 117만 건 48억 원으로 이 가운데 이중신고 등으로 인한 것을 무효화하더라도 29

억 원이 고리채로 판명되어 27
억 원의 농업금융채권이 발행되
었다. 농가 부채의 규모는 1962
년 호당 평균 부채액이 4천7백
원 정도였던 것에 비해, 1969년
약 2.6배가 늘었다.[80] 부채 형태
로는 개인으로부터의 부채가 70
퍼센트 내외로 가장 높고 은행과
공공기관으로부터의 부채는 20
퍼센트 정도로 농가 부채의 문제
는 정부 차원에서 부담을 느낄
만큼 심각했다.

농산물 가격 측면에서도 현실
은 농민에게 불리했다. 물론 농
업 생산물의 주종을 이루고 있는
쌀, 보리의 가격은 정부에서 결
정하였다. 그 동안의 저미가 정
책이 생산 농가의 증산 의욕을
감퇴시켰다는 반성에서 생산 농
가의 증산 의욕을 높이기 위해
인상률을 상향조정하였다. 1968
년 이후 미국의 식량 원조가 무
상에서 유상으로 전환되고, 외환
지출 문제가 공업화의 제약 요인

정부의 농수산물 개방에 대해 풍자

농협임시조치법

농민

저곡가정책 독점자본 외국농산물

묶여 있는 자와 풀려 있는 자의 시합……

정부의 농업정책에 대한 풍자

으로 작용하는 상황에서 정부는 고미가 정책을 통한 농본주의 정책의 토대를 구축하겠다고 표방하였다. 1969년 보리에 대한 이중곡가제를 실시하여 농가의 소득증대를 촉진시키고자 하여 일시적이나마 농가 경제가 활성화되기도 하였다.

그러나 계속된 미국의 잉여농산물 도입과 수입자유화 정책은 농업 생산물의 가격을 떨어뜨리는 역할을 하였다. 식량 농산물의 가격이 떨어지면 생계비를 낮출 수 있기 때문에 독점자본가가 고용하는 노동자에게 낮은 임금을 지불할 수 있었다. 반면에 농촌에서 필요로 하는 공산품과 농기계는 농민에게 비싼 가격에 공급되기가 일쑤여서 농민은 도시 근로자에 비해 상대적인

80 농수산부(1970), 『농림통계연보』, 299.

빈곤문제를 경험하였다.

이와 같이 농촌은 도시에 종속되어 있었다. 곧 농촌 가족이 외형적으로는 전자본제적 사회관계 및 생산관계 양상을 보이는 듯하나 궁극적으로는 자본주의 논리에 따랐음을 알 수 있다. 결과적으로 농촌의 빈곤화 문제는 농가 부채의 환원 능력의 상실, 농가 경제 악화와 농가의 상대적 빈곤으로 인한 이농 급증, 전근대적 지주소작 관계 확대, 식량의 자급률 저하와 농산물 수입 급증으로 인해 더욱 악화되었다. 게다가 가난을 게으르고 부끄러운 것으로 여기는 사회풍토 때문에 여성 농민은 부끄러운 가난에서 벗어나기 위해 농사일뿐만 아니라 임금 노동자로서의 역할까지 담당해야만 했다. 그러나 정부의 적극적인 지원과 정책적인 방안이 없는 상태에서 여성 농민의 현금수입원을 위한 가내공업과 부업만으로는 어려운 농가 경제를 회생시킬 수 없었다.

이처럼 정부 주도로 농어촌고리채정리, 농협법의 정리 등 농촌의 발전을 위한 시책이 마련되는 듯했으나, 1960~1970년대 한국의 공업화가 '저곡가 · 저임금 · 저금리'를 정책수단으로 하는 수출제일의 고도성장 추구는 결과적으로 농가 경제의 빈곤화를 가속화시켰고, 농촌은 공업 위주의 경제발전을 위한 희생적 기반이 되고 말았다. 이는 농촌의 근대화가 도시의 근대화보다 시간적으로 늦게 진행되었고 정부의 공업화 우선 정책으로 농업 근대화는 공업화를 보완하는 한도 내에서 정책화 되었기 때문이다.[81]

따라서 정부가 표방했던 중농정책은 세계 자본주의 시장 구조에 편입하기 위한 정부의 수출지향적 경제 구조 유지를 위해 '저임금,

81 실제적으로 1962~1976년에 3차에 걸친 경제개발 5개년 계획으로 국민 경제가 10퍼센트에 가까운 성장률을 보이는 동안, 1차 산업은 2.5~5.0퍼센트의 성장을 보였으며, GNP성장에 대한 기여도가 상대적으로 저하되었다. 국민총생산에서 1차 산업이 차지하는 비율도 1954~1961년 44.1퍼센트, 1972~1976년에는 25.8퍼센트로 계속 감소되었다.

저곡가' 정책의 허점을 보완하는 하나의 미봉책에 불과했다. 결과적으로 농가 경제의 회생과는 거리가 멀었고 농민의 생산 의욕은 저하되었다. 또한 미국으로부터의 잉여농산물 도입은 국내 농산물 가격의 하락을 가져왔고 농민의 생산 의욕을 감퇴시킴으로써 식량 자급에 대한 의욕을 떨어뜨렸다. 요약하면 정부의 근대화·공업화 정책은 경제성장을 이룩한다는 명분하에 농촌을 저임금 노동력의 공급원이자 값싼 식량의 공급지로 전락시키고 말았다.

'부강한 조국'을 건설하는 여성

1. 산업화와 외화벌이의 역군

산업전사가 된 여공 1960년대 초 외환보유고 9천3백만 달러의 한국 경제는 수출과 외화획득에 국가적 사활이 달려 있다고 판단하여 "수출만이 살 길이다", "수출제일주의, 정책은 공업입국"이라는 표어를 내걸었다. 1960년대 초 외화 수입은 최초로 보세가공홀처기을 일본으로부터 들여오면서 시작되었다. 산업화 초기 경제 기반을 제대로 갖추지 못한 상태에서 원료를 들여와 가공해 되파는 수입대체 산업으로 수출의 길을 모색하였다. 정부와 기업은 수입대체 산업으로 제조업 수출 분야 개발과 해외 시장 개척에 주력하였다. 일본에서 일감을 가져다 완제품이 아닌 중간 단계의 일을 해서 다시 일본으로 보내 마무리하는 것이었다.

이때부터 여성은 주요 산업 노동자로서 수출을 통한 외화획득에 큰 몫을 담당하였다. 본격적인 수출경제의 발전 단계에 접어들면서 여성노동자는 섬유, 의류, 봉제, 전자 등의 분야에서 수출 산업을 주도하였다. 일

| 표 17 | 1960~1970년대 경제 동향 및 수출 실적

	1960(기준)	1962~1966	1967~1971	1972~1976	1977~1981
GNP성장률(연평균)	2.3	7.8	9.6	9.7	5.8
무역수지	3.1	-4.2	-11	-6	-36
수출	0.3	2.5	11	78	207
수입	3.4	6.7	22	84	243
공업구조(퍼센트)					
중화학	25.8	30.9	37.8	40.2	51.5
경공업	74.2	69.1	62.2	59.8	48.5
1인당 GNP(달러)	87.0	125.0	285.0	800.0	1,719

출처: 박진근(2000), 『세계 경제 속의 한국 경제 40년』, 박영사, 15.

례로 섬유와 의류 분야의 남녀 구성비를 비교해 보면 사업장별로 여성노동자의 수가 절대다수를 차지하였다.[82]

　정부 주도의 경제개발정책은 1인당 국민소득의 증가를 통해 가시적으로 드러났다.[83] 경제가 괄목할 만한 성장 추세를 보이는 이 시기에, 14세 이상의 여성 경제활동 인구 중 1960년에는 26.8퍼센트, 1970년 37.7퍼센트, 1980년 38.4퍼센트로 인구센서스 조사에서 나타나고 있으며, 전체 노동참여율의 28.6퍼센트[1960], 35.0퍼센트[1970], 36.6퍼센트[1980]를 차지하고 있어 꾸준한 성장세를 나타냈다.[84] 통계에서 드러나는 바와 같이 여성의 경제참여율과 경제성장 속도는 비례 상승하고 있음을 알 수 있다.

　여성노동자를 비롯한 모든 국민이 빈곤에서 벗어나 잘사는 나라의 국민이 되려고 허리를 졸라매고 최선을 다했다. '100억 불 수출,

82 전순옥(2004), 158 도표 참조.
83 1970년 252달러, 1990년 5,659달러, 1993년 7,466달러로 20년 사이에 20배의 성장을 보였다.
84 조형(1983).

'1000불 소득' 시대가 열리면 모두가 잘사는 선진국에서 호강하면서 살 것으로 기대했다.

주부 박순덕 씨는 열두 살 나던 64년부터 76년까지 독립문표 메리야쓰 공장에서 일했다고 한다. "밤 11씨까지는 보통이었죠. 사장님이 몇 날 몇 시까지 배에 물건을 실어야 한다고 하면 우리도 같이 걱정했어요. 야근 수당이 좋기도 했지만 수출한다는 게 그렇게 신날 수 없었지요"[85]

드디어 온 국민이 소원하던 100억 불 수출이 원래 시기보다 앞당겨 1977년에 달성되었다. 대통령은 기념식에서 '한국 경제발전의 성과'라는 거시적인 입장에서 수출과 외화획득에 기여한 사람을 치하하였다.

드디어 우리는 수출 100억 불을 돌파했습니다. … 그 동안 일신의 안락을 돌보지 않고 증산에 힘써온 모든 근로역군, 기술인, 기업인들과, 중동 지역을 비롯하여 멀리 해외에서 활약하고 있는 건설역군, 의료진, 원양어업 종사원, 그리고 수출일선에서 일해 온 모든 기업체 및 관계 기관 임직원과 공무원 여러분의 헌신적 노고를 나는 다시 한번 위로하며 높이 치하하는 바입니다.[86]

그런데 여성노동자의 노고와 헌신에 대한 치하는 몰성적인 차원에서 이루어졌다. 곧 여성노동자에 대한 치사가 '근로역군'에 포함되어 있었던 것이다. 그러나 여기에서 생각해 보아야 할 것이 박순덕처럼 12살부터 공장 생활을 하면서 정부와 기업

85 박정희 대통령 인터넷 기념관, 70년대 경제 위기 이렇게 이겨냈다.
86 1977년 12월 100억 불 수출의 날 박정희 대통령 기념 치사 중 일부.

에서 말하는 '수출'이라는 것을 개인적인 기쁨으로 여겼던 어린 노동자들에게 과연 100억 불 수출의 의미가 무엇이었을까 하는 것이다. 온 국민은 '100억 불 수출, 1000불 소득' 시대가 오면 우리 나라도 선진국이 되고, 그동안 빈곤과 천시 속에서 살아왔던 삶을 청산하고 새로운 인생을 살 수 있을 거라는 막연한 희망을 갖고 있었다.

수출장려와 국민소득 1000불을 계몽하는 포스터(1972)

박순덕 같은 어린 여성노동자가 대거 집중되어 있던 '여성 산업' 내지 '여성 제조업'은 수출 산업의 주요 업종들로서 전체 생산액의 70퍼센트를 차지할 만큼 수출에 있어서 기여가 지대하였다. 그런데 수출 기여도가 높은 5개 여성 산업이 제조업 평균 임금에 훨씬 못 미치는 최하위 저임금 제조업이었다는 것은 당시 여성노동자의 사회적 위상과 형편을 짐작할 수 있게 해 준다.

1970년 여성노동자의 전 산업 월평균 임금은 39,579원으로 한국노총에서 말하는 5인 가족 기준 월 최저생계비 137,572원보다도 훨씬 낮은 수준을 보였으며, 성별 임금 격차도 전 직종 평균 43.9퍼센트를 나타내 심한 격차를 보였다. 반면 여성 비율이 10퍼센트 미만인 '남성 제조업'으로 불릴 수 있는 화학, 광물, 석유, 철강 제품 등의 제조업은 임금 수준이 가장 높았다. 1970년대 남녀의 임금 격차를 살펴보면 국가 경제성장과 여성 개인 삶의 변화와는 큰 상관관계가 없었음을 알 수 있다.

해외시장을 개척하는 여성 농민　수출과 외화벌이에 대한 움직임은 공장과 산업화가 집중되어 있던 도시뿐 아니라 농촌에까지 파급되었다. 과거 농촌은 일 년 중 반은 농사로 반은 휴식으로 보냈다. 물론 여성은 농한기에도 가족의 필요를 위해 가내 생산을 하는 등, 농촌이라는 동일한 사회 속에서도 여성은 남성과는 전혀 다른 삶을 살았다. 정부는 농촌의 가난은 게으르고 저축심이 낮고 협동심이 부족하기 때문이라면서 농한기에도 일할 수 있는 여성 농민 중심의 가내공업을 통해 농촌 공업화를 유도하였다.

농촌 계몽의 결과 여성 농민은 농가가 가난에서 벗어나고 국가도 잘 살 수 있는 비결을 가내부업을 통해 이룰 수 있다는 사실을 접하자, 가내부업에 적합한 일거리를 찾아 나섰다. 농민을 대상으로 하는 잡지에서 '농촌의 가내부업'이라는 난이 고정적으로 연재될 만큼 당시 농촌에서 가내부업에 대한 관심이 매우 고조되어 있었다. 무엇보다도 정부나 농협에서 여성을 대상으로 적극적인 계몽을 벌였다. 농협은 이동조합을 통해 부업 및 가내공업 장려로 농가 소득을 올리기 위해 적극적으로 나섰다.[87] 나아가 농협중앙회에서는 농촌 부업을 활용한 외화획득을 모색하였다.

다음은 수원시 영화동 조합의 성공사례다. 면사와 스프사를 개발하여 파나마 모자, 부인 · 아동 · 여학생 · 해수욕 모자, 방석, 화분 받침, 가방 등을 만들어 국내 수요는 물론 해

87 박원식(1963), 농가부업, 『새농민』 1, 4. 농촌에서 부녀자의 가내부업으로 토끼 기르기, 피마자와 해바라기 기르기, 가마니와 새끼 꼬기, 보리 짚을 이용한 베갯모 만들기, 칡넝쿨과 왕골 방석과 바구니 만들기, 죽세공 또는 싸리세공, 목공품 등의 농산물의 가공 제작을 통한 가내 수공업으로 발전시키기 위해 노력하였다. 왕골로 바구니를 짜거나 수세미로 슬리퍼를 만드는 등 농촌 부녀의 손은 쉴 틈이 없었다. 그래도 하루 버는 돈은 60원에 불과했다.

외시장으로의 진출을 모색했다는 내용이다.[88]

> 이 고장의 부녀자는 물론, 이웃마을 부녀자까지 무려 1,600명 이상[89]이 농가 부업에 종사하고 있다 … 1959년 4월부터, 노임으로 농촌 부녀자들에게 지불된 것만도, 무려 1,340만 원이나 된다는 것이다. 또한 화성군 조합과 영화동 조합도 알선 수수료로서 연간 100만 원의 수입이 있다 한다. 이 모자 짜는 일에 종사하는 부녀자는 하루 평균 하나 혹은 하나 반을 짜는데, 노임은 하나에 45원이니, 하루 평균 60원의 수입이 되고 보니, … 이 제품이 나오고부터는 외국산의 모자와 원사의 수입이 금지되었으므로, 해마다 막대한 외화절약으로 국가 경제수입 대체 산업에 이바지하고 있다는 것이다.[90]

농촌에서는 가내공업을 어떻게 활성화시키고 하나의 수출산업으로 성장시킬 것인가에 대해 많은 계획을 세웠다. 그 동안 농토와 농사일에 국한되어 있던 생각을 전환하여 도시와 해외까지 넓혀 수출을 위한 시장개척의 필요성을 새삼 인식하였다. 실제로 가내공업을 통해 국내는 물론이고 미국 등 해외로 수출하는 사례가 종종 있었다. 심지어는 상품개발을 위해 외국 상품과의 비교, 현지 시장조사 등을 실시하는 경우도 있었다.[91]

비록 농촌의 가내부업이나 가내공업이 제조업 분야처럼 수출신장에 크게 기여하지는 못하였으나 정부의 지원이나 보조금이 전무한 상태에서 여성 농민들이 빈곤 극복과 수출, 외

88 1955년부터 원사 제조 연구의 착수를 시작으로 1959년 발명 특허와 실용 특허를 얻었고, 상공부는 1960년 외국산 파나마 모자 수입을 금지시키는 등 영화동의 가내공업을 지원하였다. 1962년 "발명의 날" 상공부 장관상을 수상하였다.
89 인근의 많은 부녀자가 참여하였는데, 수원시 520명, 화성군 629명, 용인군 367명, 광주군 71명, 시흥군 13명이었다.
90 가내 공업 지대를 찾아서—연간 막대한 수입을 올리는 영화동 마을, 『새농민』 1963. 5, 24~25.
91 정용규, 가내공업을 말한다, 『새농민』 1963. 4, 4.

화획득을 통한 국가 경제발전에 동참하고자 했다는 측면에서 그 의의를 찾을 수 있다.

외국으로 수출되는 간호사 1966년 10월 15일 서베를린 템펠호프 공항에 한국 간호요원 1,126명이 도착했다. 이에 앞서 1960년부터 가톨릭 교회를 통해 일부 한국 간호요원이 서독에 가기는 했으나 대규모 공식 '파독'은 이때부터다. 1973년에는 독일 전역 452개 병원에 6,124명의 한국 간호요원이 파견됐으며 이 가운데 베를린에 2천여 명이 자리를 잡았다. 1960년부터 정부 차원의 간호사 공식 파독이 끝나는 1976년까지 17년간 총 10,226명이 파견되었다.[92]

'조국 근대화'의 점화는 서독에 파견된 간호사들이었다. 1960년대 정부는 경제 개발 5개년 계획에 착수하기 위해 외국 자본이 필요했다. 그러나 전적으로 미국의 원조와 차관에 의존하고 있던 한국 경제는 미국의 케네디 정부의 경제 지원 축소라는 장벽에 직면하면서[93] 서독에 간호사와 광부를 파견시키는 조건으로 1억4,000만 마르크를 빌리는 데 성공했다.[94]

정부는 이들을 '훌륭한 민간 외교관'이라고 칭찬하면서 1963년 서독 파견을 시작으로 해외취업을 적극 장려하였다. 과잉인구, 식량부족, 경제활동 인구 초과상태인 한국으로서는 실업 대책의 한 방법이었으며, 외화획득의 일환책으로 적극 추진되었다. 이를 위해 정부는

92 http://www.kwdi.re.kr/ board/view.php?db =wotrend1&category=05&no=1171&page=4 (2004.08.24)
93 케네디 정부는 박정희의 5 · 16군사정변을 통한 정권 수립에 큰 불만을 갖고 있었다.
94 사실상 서독으로부터의 차관은 간호사와 광부의 임금을 담보로 했다고 해도 과언이 아니다. 서독 언론은 근면한 간호원과 광부들을 보고 대단한 민족이라며 한국인에게 찬사를 보냈고 이때부터 한국인에게는 '코리안 엔젤'이라는 별명이 붙었다.

서독에 파견되어 간호업무에 임하고 있는 한국 간호사(1972)

해외개발공사를 설치하여 보다 활발한 해외 고용시장 개척과 계획적인 해외 노동력 진출을 강화하였다.

정부는 해외 인력 수출이 국익과 경제성장을 위해 매우 중요한 사업임을 강조하여 선진국의 기술 습득과 외화획득, 고용증대, 국민외교 촉진의 강화 등을 제시하고 이들을 교육하였다. 가난으로부터 벗어나길 소망했던 국민들이 여기에 적극적으로 호응하면서 외국으로 파견되는 간호사의 숫자가 날로 증가되었다.

다음은 1972년 서독 간호사 파견에 대한 좌담 내용이다.

최숙규 해외에 나가면 처음에 한 3개월간은 말이 잘 통하지 않아 주사 등 직접적인 의료 근무는 하지 않고 보조 근무를 하게 되죠. 그리고 언어 장벽

국립의료원 부설 간호학교 제1기생 졸업식(1962)

의 시련 말고도 한국 간호원의 인식 부족으로 때로는 주사하는 것을 환자들
이 꺼리고 불안하게 생각하기도 해요. 6개월 정도가 지나자 차츰 인식이 달
라지더군요.

　박경희　보수는 약 8백 마르크, 그러니까 달라로는 2백 불에 해당됩니다.
그리고 시간외 근무수당이 있기 때문에 월평균 1천 마르크 정도는 저축이
가능하답니다. 물가가 싼 편이어서 한 달 생활비는 30~50마르크면 충분하
다고 그러더군요.[95]

95 좌담회, 쌀쌀한 백의가 아니어요, 『직업 여성』
　1972. 8, 64~66.

간호사는 주로 서울 중앙의료원 간호학교

및 연대 의대 간호과 등 국내 유수의 간호학교 출신들이 20대의 어린 나이에 외화획득과 가계의 생활 보조를 위해 유럽으로 진출하였다. 이들은 현지 병원의 형편에 따라 5~10명 정도씩 나누어 배치되었다. 언어의 장벽, 현지 간호사의 질투, 향수 등의 어려움을 겪으면서도 가족과 국가의 미래를 생각하면서 외국에서의 생활을 견뎠다. 생활비를 절약하고 아껴쓰면 매달 100달러를 집으로 송금할 수 있다는 사실 때문에 힘든 상황을 참아낼 수 있었다.

그런데 그 당시 정부가 국내의 유휴 인력 수출을 표방하고 있었던 것과 달리 한국의 의료기관에서도 간호사가 부족한 현상이[96] 일어나고 있었던 것을 연세 의대 흉부내과 김기호 교수의 글에서 발견할 수 있다.

우리나라 의료기관에서 간호원이 모자라서 큰일이라는 아우성을 못들은 바는 아니지만 우리나라의 우수한 간호원이 해외에 진출해서 선진국의 우수한 기술을 배울 뿐만 아니라 외화를 벌 수 있는

서독에 갈 세탁부와 간호원 모집을 풍자한 고바우 만화

이러한 기회를 우리는 무시할 수는 없다고 생각되었다.[97]

파독 간호사의 경제적 기여는 당시 외화수입이 거의 없었던 우리 경제에 큰 영향을 미쳤다. 정해본 홍익대 교수에 따르면 1967년 당시 송금액이 한국 상품 수출액의 35.9퍼센트, 무역외 수입의 30.6퍼센트를 차지했다.[98] 파독 간호원 이후 해외 취업은 국내에서 유행처럼 번져나가 1970년대 초에는 미국, 일본으로 간호보조원이 파견되었다.[99]

2. 안정과 부를 향한 노력

기술을 배우는 여성 1970년대 이후부터 여성 경제활동에도 서서히 변화가 일어나기 시작했다. 첫째, 과거 사회 혼란기에 직업교육이나 능력의 여부와 관계없이 돈벌이가 되는 대로 일에 뛰어들던 것과 달리 안정된 직업을 갖기 위해 배우고 투자하는 적극적이고 체계적인 생각을 지니게 되었다. 둘째, 부자가 되기 위한 고소득의 꿈을 갖는 사람이 생겨날 정도로 여성 경제활동의 형태가 다양해졌다.

여성 경제활동은 여성 스스로의 필요는 물론이고 국가적인 차원에서도 적극적으로 장려되었다. '적극적인 여성, 능력 있는 여성'을 강조하면서 '버젓한 직업'을 갖는 유능한 여성 지도자적인 여성상을 추구하였다. 정부는 가난하게 살던 과거를 부정하고[100] 부자가 될 수

96 1960년대에는 남아돌던 인력이 1970년대 기능 인력의 해외 진출이 활발해지자 역으로 간호사는 물론이고 산업 전반에 걸쳐 심각한 인력난에 허덕이게 되었다(김영희, 여성과 노동, 『사회복지』 1978 겨울호, 66).

97 김기호(1966), 유럽에 번져간 한국 간호사들, 『대한간호』 통권26호, 88~94.

98 한국여성개발원 국제여성동향/국제NGO동향, 2004. 8. 24.

99 한미간호조산학원은 간호보조원 교육생 모집 공고에서 "제1기 졸업생 146명 전원을 샌프란시스코의 Jefferson병원 20명, Garden병원 20명, Majestic Pines병원 30명, 로스엔젤스 Regency병원 76명을 파견하였으며, 곧 2기생 220명 전원도 취업시켜 해외로 파견할 예정"이라고 하였다. 이들은 간호보조원으로 월 400$(여비 및 항공료는 미국서 선불)을 받게 되며, 1년 후에 준간호사로 합격되면 월 600$을 받을 수 있고, 본인의 희망에 따라 연장 취업도 가능하다고 크게 홍보하였다.

있다는 미래에 대한 부푼 꿈을 국민들에게 심어주었다. 여성들은 잘사는 가정, 잘사는 국가를 건설하기 위해 노력하였다. 국가와 사회 역시 어느 때보다 여성 인력의 적극적인 참여를 유도하였다.

당시 많은 직업 여성을 배출했던 '라사라 양재학원' 김창준 원장은 "밥이나 짓고 빨래나 하고 아기만 낳아 기르는 것으로 여성의 임무가 끝난다는 고정관념이 지배하는 시대는 지나고, 남성의 활동만으로는 노동력이 부족한 사회가 되었기 때문에 여성의 사회 진출이 필요한 시기"라고 강조하였다.[101] 여성 역시 1950, 1960년대 허드렛일과 식모, 공장 노동자로 전전했던 것에서 벗어나 버젓한 직업을 원했다. 죽도록 일해 봐야 사무실에서 일하는 사람의 월급에 훨씬 못 미치는 상태에서 벗어나 사회적으로도 인정받는 고소득의 전문인이 되고 싶다는 생각을 갖는 여성이 늘었다.

따라서 많은 여성이 가난하고 힘든 현실 속에서도 기술을 연마하여 전문적인 직업으로 이전하기 위해 노력했다. 이런 맥락에서 양재는 여성 직업으로 인기 있던 분야의 하나다. 라사라 복장·양재 학원에서 홍보용으로 제작한 1971년 수강생의 취업 현황을 살펴보면 당시 상황을 짐작할 수 있다.[102] 주로 여성은 재봉과에 많이 몰렸다. 이 학원에서는 거의 3천 명에 가까운 여성이 기술을 배우고 취업을 원했다.[103]

이런 배경에서 여성들로부터 각광을 받았던 또 다른 학원이 경리·타자 학원이었다. 타자, 경리, 부기, 주산 등은 주로 여자상업고등학교

100 정부는 가난의 5천 년 역사를 거부하고 유신과 새마을운동을 통한 잘 사는 미래에 대한 청사진을 제시하고 전통과 역사를 가난과 연결시켜 국민으로 하여금 과거와 단절할 것을 교육하였다.
101 정기순(1972), 여성 직업의 산실 '라사라 양재 학원'을 찾아서, 『직업여성』 1972. 8, 72~76.
102 라사라 양재학원은 1961년 강원도에서 중앙학원으로 출발하여 1963년과 1972년에 서울에서 각각 양재와 복장학원을 설립하였다. 졸업생은 전국 양복점과 양장점으로 취직되어 나갔다.
103 정기순(1972), 75 도표 참조.

수업시간에 타자를 배우는 학생들(1958)

에서 취업을 위해 가르쳤던 교과목이다. 그러나 인문계 여자고등학교에
서도 타자 수업은 필수였다. 그 당시 고졸 여성이 취업하기에 가장 적합
한 직업이 바로 경리직이었다. 실제로 이 학원의 많은 수료생이 각 기업
체나 중소기업의 비서나 경리로 취업되어 나갔다.[104]

　그동안 되는 대로 뛰어들어 돈벌이를 했던 여성은 자신의 딸만큼은 힘
들이지 않고 책상에 앉아서 할 수 있는 일을 찾게 해 주고 싶었다. 또한
배움을 위해, 집안을 위해 서울로 올라와 공장
에서 정신없이 일했던 여성노동자들은 푼푼히
모은 돈으로 야간에라도 주산이나 부기, 타자
등을 배워 경리나 비서로서 대우 받을 수 있는

104 일례로 고려학원의 경우 매달 300여 명의 수
료생을 배출하였고, 총 3,000여 명을 사회로 진
출시켰다고 홍보하였다.

일자리를 마련하기 위해 학원에 다녔다. 많은 여성이 학원을 다녀서 기술을 배우거나 자격증을 따면 버젓한 직장을 얻을 수 있을 거라고 기대했다. 배움을 통해서 보다 나은 직업과 미래를 개척하려는 여성의 숫자는 점점 늘어갔다.

그 밖에도 기술이나 교육에서 가내 수공업이나 이민을 위한 기술 연마를 목적으로 하는 일이 여성의 관심을 끌었다. 그 중 한 분야가 목각, 인형 제작을 통한 취직과 이민 알선이었다.

> 한국공예학원은 현대인의 감각과 취향에 맞게 세워진 학원. … 현재 우리나라에서는 이 방면의 기술자가 부족한 실태. 동 학원에서는 취직 이민 알선 등을 맡아 주고 있기도. 수업은 3개월로서 목각은 월 수입료 6천 원, 인형은 5천 원인데 다달이 1천 원씩 감해진다. 직장을 가진 사람을 위해 작업 시간은 오전 오후로 나누어진 것. "특히 목각은 여성들에게 권하고 싶읍니다. 돈 안들고 배우기 쉽고, 핸드백 등 실생활에 얼마든지 이용할 수가 있기 때문이죠."라고 최 원장은 말한다.[105]

고소득을 꿈꾸는 여성　주로 미혼 여성이 양재나 경리 등의 전문적인 직업을 선호했던 것과 달리 기혼 여성은 시간 활용을 하면서 고소득을 얻을 수 있다는 보험 업무에 관심을 가졌다. 1970년대는 우리나라에 처음으로 생명보험회사가 설립되고 보험에 대한 사회적인 인식을 확대시키는 시기였다. 그러므로 보험회사의 입장에서도 '홍보와 영업'이라는 이원적인 차원에서 보험의 수요자가 될 수 있는 여성 인력의 창출이 필요하였다.

1970년대 초 기혼 여성이 보험회사에 대거　　　**105**『직업여성』1973. 9.

우리나라 保險業界의 最高峰!
50萬加入者에 契約高만도 7百億원 突破
대한 생명보험 주식회사

● 대한 생명보험 주식회사 회사 전경 ●

大韓 生命 保險 株式會社
♦ 여성 직장 안내 ♦

생활력이 강한 분으로서 사회진출을 원하는 여성 여러
분을 기다리고 있습니다. 주저 마시고 아래의 각 영업소
로 연락하시면 하시라도 서류심사후 입사토록 합니다.
또한 소정의 교육을 필하면 거주지 별로 배치합니다.

대한생명보험 회사 홍보 사진 및 구인 광고(1973)

취업했다. 생명보험회사에서 근무하는 전체
직원 15,000여 명 중 여성이 7,400명으로 직
원의 50퍼센트가 여성이었다. 이들은 주로
대한교육보험과 동방생명보험에 각각 2천, 4
천여 명씩 분포되어 있었다. 이들 보험사는
전국 도청 소재지와 주요 도시에 모두 20여
개의 지사와 200여 지부, 본부에는 350~500
명의 사무요원을 거느리고 있었다.[106] 대부분
의 여성이 결혼과 동시에 가정주부로 전환하
던 당시 상황을 고려하면 의외로 많은 수의
여성이 보험사에서 일했음을 알 수 있다.

이들은 요즘의 보험설계사와 거의 유사한
역할을 했던 것으로 보인다. 다만 은행과 온
라인 제도가 발달하지 않았던 당시에 일일이
수금을 다녔고 계약체결을 권유했다. 월급은 고정급과 실적에 따라 주는
비례급을 혼용하였다. 당시 여성노동자의 평균 임금이 약 3만 원선이었
던 것을 감안할 때 능력에 따라서 월 30~40만 원의 고소득이 보장된다
는 것은 기혼 여성에게 대단한 매력이었다.

더구나 아이들을 학교에 보내고 집안청소를 끝낼 수 있는 아침 10시에
출근했다가 오후 4시에 퇴근하는 것에 대해 주부들이 선호했다. 또한 기
혼으로 중년을 바라보는 나이에 취업은 엄두도 낼 수 없었던 많은 여성
에게 매력적인 일자리였다. 게다가 특별한 자
격 요건을 제한하지 않았기 때문에 대한생명
보험회사의 경우 2천여 명의 여사원 중 평균

106 여사원 2천여 명의 대한생명, 『직업여성』
　　1973. 6, 70~71.

연령이 30대였으며, 대졸 40퍼센트, 고졸 50퍼센트, 중졸이 10퍼센트를 차지하고 있었다.

생명보험회사들은 실적이 우수한 여성 사원을 영업소장으로 진급시켜 주었다. 따라서 다른 직장과는 달리 노력한 만큼의 수입과 진급이 보장된다는 의식을 갖게 되어 많은 여성이 호기심과 기대를 품고 도전하도록 했다. 실제로 제일생명보험 성북영업소장 주금자는 이 회사에서 1등의 신화를 이루어 사장으로부터 60여 개의 상장을 수상하였고 더 열심히 일해서 재무부장관상을 받고 싶다는 포부를 갖고 있었다. 보험사들은 적극적이고 성공적인 여성 사원의 사례와 고소득 현황[107]을 홍보하여 여성 인력을 수용하고자 노력하였다.

굳센 신념과 적극적인 세일로 3년 전에 성북영업소장으로 와서 180여 명의 여성 직원을 이끌게 된 것이다. 특히 주 여사는 지난 2월 달에는 목표액 2억 원보다 3천5백만 원이 넘는 2억3천5백만 원의 실적으로 랭킹 1위를 차지하기도 했는데 3월 목표액 2억5천만 원의 계약고 달성을 위해 사원 모두가 일치단결하여 최선의 노력을 경주하겠지만 무난히 되리라고 낙관한다.[108]

보험사는 여성의 학력이나 능력을 제대로 인정하지 않았던 당시 사회적 분위기를 이용, 유휴 노동력으로 잔류하고 있던 여성 인력을 흡수하였으나 근본적으로는 여성 노동력에 대한 재인식이나 선진적 활용과는 거리가 멀었다. 여성 인력을 동원하기 위해 '남성과 어깨

107 1973년 6월호의 『직업여성』에서 그 당시 연탄 1장이 7원 하던 시절에 첫 월급으로 6천 원을 받고 감격했다는 사례를 들기도 하였고, 대부분 3만 원에서 50만 원까지의 월수입을 올릴 수 있음을 홍보하였다.
108 특집 유망한 여성 직장 가이드─대한교육보험편, 『직업여성』 1972. 5.

를 나란히 하는 직장 생활', '여성의 능력 발휘', '회사 대표나 정부부처로부터의 표창' 등을 내세워 여성도 열심히 일하면 공적 영역으로 진출할 수 있다는 것을 인식시키려 하였다. 그러나 많은 성과급을 받을 수 있었던 여성은 극히 소수였고, 현실적으로 진급과는 무관한 면이 많았다. 다른 제조업들과 마찬가지로 소수의 남성 관리자 영업소장 등를 중심으로 수천 명의 여성이 움직이고 있었을 뿐이었다.

이처럼 여성은 가정과 국가의 빈곤 극복, 경제기반 조성이라는 명분 속에서 다양한 방식으로 경제활동에 동원되었다. 제조업의 공업 분야에서는 저학력과 미혼의 여성이 그리고 봉제·섬유 등의 가공수출 분야에서는 기혼 여성이 참여하였다. 보험사 역시 다른 직종에 비해 다소 고학력과 중상류층의 여성 내지는 전업주부를 흡수하고 있기는 하나, 남성의 활동 영역과 비교할 때 여성이 활동했던 경제 영역은 고용이나 근로조건, 임금 등에서 불안정할 뿐만 아니라 정규적인 직위나 승진과는 무관했다. 더욱이 여성이 선호했던 고소득의 직종 역시 극히 일부분의 여성에게만 해당되었다.

사장이 된 여성 처음에는 가족의 생계를 위해서, 아니면 부업으로 시작했던 일이 시간이 지날수록 자리가 잡혀가자 아예 전업으로 삼은 사람도 있었다. 처음에는 소규모로 영세하게 시작했지만 차차 그 규모도 달라지고 전문적인 영역으로 굳혀간 것이다. 특히 떡집이나 포목점 등 단지 생계를 위해 해오던 일이 시간이 지날수록 경험이 쌓이고 단골이 생겨나면서 하나의 작은 기업 형태를 이루게 된 경우들이 종종 있었다.

신신백화점 내에 떡집을 경영했던 정순화는 1950년대부터 떡과 다과류를 만들어 팔다가 나중에는 마포구 대흥동 공장에서 10여 명의 종업원

장병위문차 동부전선을 방문하여 사격 연습을 하고 있는 문숙 사장의 모습에서 당시 여성이 기업체 사장이 된다는 것은 곧 남성화 되는 것임을 암시하는 사진(1972)

을 두고 일하는 기업인이 되었다. 또한 자동차 한 대로 시작해서 운수업체 사장이 된 문숙은 운수사업에 뛰어든 지 4년 만에 17대로 증차하고, 인천과 부평에 지점을 두고 200여 직원, 대형트럭 70대, 소형 용달 50대의 중견기업체로 성장시킨 여성 경제인으로 잡지에 소개되었다.[109]

　세운상가의 '곤로, 오일바나' 상의 박수경은 가정 경제에 보탬을 주기 위해 곤로상을 경영하다가 사장이 되었다. 연탄 아궁이를 잘 고치던 솜씨가 곤로상을 경영하게 된 동기였다. 한편 조동순처럼 처음에는 전업주부로 살다가 남편이 타개하면서 회사를 맡은 경우도 있었다.

109 화물수송 원활화에 기여하는 합자 명진운수
공사의 문숙 사장, 『직업 여성』 1973. 10.

'여사장' 하면 우리나라에서는 아직까지도 좀 낯설고 특이한 존재로 여기는 경향이 있다. … 광명목재 사장직을 맡게 된 것은 부군 박명수 씨가 돌아가시면서부터. … 조 여사가 경영하는 광명목재에는 남사원 50여 명, 여사원이 20여 명으로 70여 명의 대가족을 거느리고 있다.[110]

니트 전문회사인 '모라도'의 대표 이사인 김혜자는 수출을 통해 당시 국책 사업이었던 외화획득에 크게 기여하였다. 이와 같이 여성 경제활동은 기업 경영에까지 파급되었다. 여기에 소개된 이들 말고도 많은 여성이 소규모 기업체의 사장이나 대표 이사로 자신의 회사를 이끌어 나갔다. 1970년을 전후하여 '전문직여성클럽 한국연맹'과 '대한여성경제인협회'가 창립되었다. 이 밖에도 1977년 최경자를 회장으로 하는 '사단법인 한국여성경제인실업회'가 설립되는 등 여성 경영자를 위한 모임이 점차적으로 생겨나기 시작했다.

그런데 여기에 소개된 여사장들에게서 몇 가지 흥미로운 것을 발견할수 있다. 이들은 모두 자신의 사업이 가정형편보다는 자신의 취미나 자립정신에서 비롯된 것이라고 밝히고 있다. 그리고 대부분 남편의 외조가 사업에 큰 도움이 되고 있다는 것을 천편일률적으로 강조하였다. 대체로이들은 다른 여성에 비해 비교적 안정된 경제 상태와 학력을 갖고 있었던 것으로 보이며, 가능한 한 자신의 단란하고 안정된 가족관계나 가정형편을 표현하고자 노력했던 것으로 느껴진다. 이를 통해 볼 때 이때까지도 여전히 여성의 일에 대한 자긍심이 형성되지 않았고 직업인으로서의 자기 정체성이 확립되지 않았음을 알 수 있다. 그러나 이런 선구적 활동을 통해 이후 1980년, 1990년대를 넘어서면서 일하는 여성

110 가정탐방: 화목, 단란한 음악가정, 광명목재
주식회사 조동순 사장 댁을 찾아서, 『직업여성』
1973. 9.

의 경제활동에 대한 사회적 동의와 자기 정체성이 활성화된 것이다.

여성이 책임진 새마을운동

1. 농촌을 일구는 여성

새마을운동의 주인공　새마을운동은 국민 개혁 프로그램의 차원을 넘어
서서 1970년대 한국 사회를 휘몰아 갔던 신드롬이었다. 정부는 전 국민에
게 모든 문제와 고통의 실마리를 해결해 줄 수 있는 열쇠가 '새마을운동'
속에 있다고 생각하도록 유도했다. 새마을운동은 정부가 진행해 왔던 시
책이며 경제 정책의 실천요강이었다. 근본 취지는 기형적인 산업화로 인
한 도시와 농촌 간의 격차를 해결하기 위한 '농민 각성 운동'이었다.

> 박 대통령은 "빈곤을 자기의 운명이라 한탄하면서 정부가 뒤를 밀어주지
> 않으므로 빈곤 속에 있다고 자기의 빈곤을 타인의 책임인 것처럼 불평을 늘
> 어놓는 농민은 몇 백 년의 세월이 걸려도 일어설 수 없다. 의욕 없는 사람을
> 지원하는 것은 돈의 낭비다. 게으른 사람은 나라도 도울 수 없다"고 나태한
> 농민을 꾸짖으면서 …[111]

　1973년 새마을운동이 전국적으로 체계화될 무렵 '부녀층의 폭넓은 참
여와 부녀 지도자의 육성'에 관한 논의가 시작되었다. 도시 공업화와 농
촌 노동력의 이농으로 여성 노동력의 역할이
증대되는 과정에서 농촌 새마을운동의 여성
농민 동원은 여성을 농업노동자로 변화시키기

[111] 김정렴(2003), 박 대통령의 개발 정책은 실
패였는가, 박정희 대통령 인터넷 기념관.

국민재건 개혁을 촉진시키기 위해 부녀회 지도자를 만난 박정희 대통령(1963)

위한 전략이었다. 새마을지도자 교육이 처음 시작되었을 당시는 농촌의 지도자 양성이 목적이었다. 그런데 남성 지도자가 여성 지도자도 같은 교육을 받아야만 새마을사업이 잘 될 수 있다고 요구함으로써 남녀 새마을지도자를 두 개 반으로 나누어 교육하게 되었다.[112] 따라서 이런 배경에서 여성 농민은 새마을운동의 계몽 대상이기도 하고, 실천의 주체가 되기도 하는 그야말로 새마을운동의 주인공이 되었다.

정부는 새마을운동에 여성참여를 촉진시키기 위하여 구태의연한 '전통적 여성상'의 과거와 단절하고 새로운 시대가 필요로 하는

112 박정희 대통령과 새마을운동 7, 박정희 대통령 인터넷 기념관. 1개 군에서 한 명씩 남성 지도자를 선발하여 2주일 동안 교육을 받게 하였으나 그 기간이 너무 길다고 해서 1주일로 단축하였다.

'발전'을 지향하는 '새마을운동의 여성'을 강조함으로써 그동안 가정 속에 묻혀 있던 여성을 지역사회의 노동 현장으로 유인했다. 현실적으로 여성의 참여는 농업 생산력의 증대와 지역사회 개발을 위한 노동력 충원 차원에서 부각되었다. 새마을운동은 농촌진흥청과 농협 등 전통적 농업 기관의 여성조직을 기반으로 적극 추진되었다.[113] 공동 노동에 남녀 구별 없이 여성이 대거 동원되었다. 마을안길 넓히기나 집안 고치는 일에 자갈과 모래를 이어 나르고, 물을 길어 나르는 일에 여성이 동원되어 적극적으로 참여하였다.

새마을운동에서 요구하는 이상적인 여성 농민의 모습은 가정에서의 어머니, 아내, 며느리의 역할을 지역 사회와 국가로 확대시켜 봉사하는 것이었다.[114]

> 한국 여성은 대가족제도 하에서의 시집살이를 통해서 오랜 세월 동안 인내의 미덕을 배웠고 자기를 희생시키어 가족에게 봉사하는 슬기를 체득해 왔다. 이 자질만 승화시키면 새로운 사회가 요구하는 차원 높은 가치관을 습득하기란 그리 어려운 일이 아닌 것으로 여겨진다. 내 아이 남의 아이 차별 말고 서로서로 아끼고 돌보아 주고 내 부모 남의 부모 구별말고 한자리에 모시고 협동적으로 봉양하는 풍조가 싹터야 한다.[115]

이것은 여성 농민이 봉사와 헌신의 역할을 가정에서 지역 사회, 국가로 확장시켜야만 인정받을 수 있다는 것을 의미하였다. 지역 사회와 국가 발전을 위해서 개인을 희생하고 봉사

113 신현옥(1999), 『국가 개발 정책과 농촌 지역 여성조직에 관한 연구—1960~1970년대 마을 부녀 조직의 역할과 활동을 중심으로』, 연세대학교 사회학과 박사논문.
114 내무부(1973), 『제1기 새마을부녀지도자교육』, 50.
115 새마을지도자연수원(1977), 『새마을교재(새마을부녀지도자과정)』, 134~135.

해야 한다는 것이다. 새마을 부녀회 활동은 이처럼 개인이나 가족보다는 지역이나 국가와 같은 공동체를 우선으로 고려하는 것에 도덕적 가치를 부여하였다.[116]

새마을운동에 여성 농민이 얼마나 동원되었는가 하는 것은 부녀자의 새마을운동 성공 사례와 포상을 통해서 짐작할 수 있다. 정부는 부녀 지도자에게 해마다 훈장과 포상을 줌으로써 부녀자의 새마을운동 참여를 촉진하였다. 1973~1980년까지 새마을 포상자 총 938명 중 여성이 67명 7.1퍼센트이었다.[117] 비율상으로는 낮아 보이지만 그 당시 여성의 주요 활동 영역이 가정이었다는 것과 여성 농민의 가정 및 사회적 지위로 미루어 볼 때, 상당수의 여성이 동원되었음을 알 수 있다.[118]

이 외에도 부녀회 지도자의 역할과 위상 강화, 정부와 지방 행정기관의 농촌 새마을에 대한 집중적인 개입에서도 알 수 있다. 정부는 부녀회 지도자를 선출하여 이들로 하여금 마을가꾸기와 같은 전체 사업을 위한 부녀의 조직화와 절미저축, 폐품 수집, 공동 경작, 부녀회 관광, 마을잔치, 구판장 사업 등의 '마을 내부적인' 사업을 관리·홍보하고, 여성 노동력을 동원하도록 지시하였다. 또한 대외적으로는 읍·면 단위 부녀회 연합회 회원으로서 상부단위 연합회 사업에 적극 참여하며, 국가와 마을 부녀회 사이의 중간 매개 역할을 하도록 하였다.

정부는 농촌 정책의 실패에도 불구하고 농촌 근대화를 명분으로 여성 농민의 노동을 더욱 가중시켰다. 더구나 농촌 새마을운동은 다수의 부녀 지도자를 양산하였으나 그들을 통한 가부장제적 국가주의의 보급은 여성 농민의 역할 개념에 부정적인 영향을 미쳤다. 새마

116 유정미(2001), 『국가 주도 발전에 참여한 여성들의 경험에 관한 연구』, 이화여자대학교 석사논문, 69~73.
117 보건사회부(1981), 『여성과 새마을』.
118 1979년 농촌 새마을 지도자가 남성 35,595명, 여성 35,528명으로 거의 남녀의 수가 비슷한 것에서 잘 나타나고 있다.

을운동은 국가와 사회를 넓은 가정으로, 새마을 부녀 지도자를 사회적 주부로 상징화하였다. 이는 여성의 사회적 노동 참여와 근대화 노력을 가정에서의 역할에 충실한 여성으로 규정한 것으로 여성의 사회적 역할을 주부 개념에서 이끌어낸 것이었다.

농촌 경제 부흥의 주역　사실상 생산성 향상을 통한 식량 증산에서 비롯된 쌀의 자급자족이 농촌 새마을운동의 목표였다. 생산성 향상을 위한 기반 조성은 경지확장, 마을안길 넓히기, 경지정리 사업 등을 통한 농업 기계화 조성 사업과 농업용수 개발, 하천의 정비를 통해 이루고자 하였다. 그러므로 정부는 제한된 최소한의 비용과 동기 제공으로 농촌의 유휴 노동력과 자본 동원을 유도하였고, 여기에 농촌의 발전과 근대화에 대한 농민의 기대가 합치되어 새마을운동이 활성화되었다.

새마을운동은 '근면 · 자조 · 협동'을 강조하여 정부 예산이나 외부의 도움에 기대지 말고 농촌 스스로의 자원과 노동력으로 마을 경제와 개인 생활의 향상을 꾀하라는 것이었다.[119] 새마을운동의 실천 지표가 '모든 국토의 작업장화', '모든 일손의 현금화', '모든 농민의 기술자화'였던[120] 것에서 알 수 있는 것처럼 생산성 향상을 최고의 가치로 삼았다.

농촌 부녀회에서 주도했던 새마을 사업 역시 소득증대 사업의 일환인 공동이익 사업, 마을구판장 운영, 공동기금 조성에 초점이 맞춰져 있었다. 농촌 새마을운동은 빈곤한 여성 농민으로 하여금 현금 소득을 위한 임금 노동과 부업에 종사하는 계기를 만들었다. 여성 노동은 홀치기와 같은 부업, 새마을 공장 취업, 부녀회를 통한 사업 참여로 나타났다.

119 김동일(1983), 도시화와 농촌 개발, 『한국 사회 어디로 가고 있나』.
120 새마을지도자연수원(1973), 『부녀지도자교재』.

새마을운동에 공이 많은 부녀자에게 금일봉을 전달하는 육영수 여사(1974)

새마을 부녀회가 성공한 마을의 경우는 대체로 부녀회 사업이 개별 여성의 소득 보장과 직결되는 경우가 많았다. 이는 여성의 부녀회 참여 동기가 경제적 이유, 즉 현금의 필요에 의한 것임을 보여 준다.[121] 여성이 노동의 대가로 현금을 직접 손에 쥔 경험은 자신의 정체성과 이미지 확립을 위해 중요한 계기가 되었다.[122] 이러한 차원에서 부녀회 활동은 여성이 새로운 근대적 주체임을 경험하는 계기가 되었다.

부녀회는 공동작업과 공동판매를 시도하였다. 주로 부녀회의 자원 확보는 절미저축, 폐품수집, 저축사업을 통해서도 이루어졌다. 절미저축은 식사 준비 때마다 가족 수만큼 떠 두었다가 매달 모아 저축하여 각자 돌려받는 것이다. 폐품수집 역시 한 달에 한 번씩 모아 팔았다가 현금으로 돌려받았다. 이것은 모을 때는 큰 부담 없이 모아서 나중에 목돈으로 돌려받는 것으로 이후에 어머니금고나 마을금고의 운영으로 발전되었다.[123] 부녀회의 공동 경작은 마을 여성이 공동으로 휴경지 등을 재배하거나 마을 야산에 공동 밤나무 단지 등을 조성하고 여기에서

121 조형, 아이린팅커(1981), 지역사회 개발과 여성의 역할, 『새마을운동의 이념과 실제』, 새마을 국제학술회의 논문집, 서울대 새마을운동 종합연구소.
122 김진명(1997), 『굴레 속의 한국 여성』, 집문당.
123 그러나 마을금고의 규모가 확대되자, 마을의 남성이 운영권을 장악하기도 하였다(조형, 아이린팅거(1981), 362.

나오는 수익을 나누어 갖는 것이었다.

> 새벽에 일어나서 두어 시간씩 팔십 명이 공동 작업하면 거뜬히 했어요.
> 그리고 아침 여섯 시에 집에 들어가서 밥해 먹고, 자기 일하고 이렇게 협조
> 를 했었어요.[124]

이 밖에도 구판장 사업을 통해 수익금을 나누어 갖기도 하고 부녀회
기금을 마련하기도 하였다. 낮에는 농사일과 집안일을 하고 저녁에는 부
녀회 사업에 참여하는 것은 많은 노동량을 필요로 하는 것이었다. 이처
럼 새마을 부녀회 활동은 여성 농민의 활동 영역을 가사노동, 농사일, 지
역사회 노동으로 확대하도록 만들어 노동량을 가중시켰다. 그럼에도 불
구하고 여성 농민은 자신들이 주체가 되어 수익사업에 참여한다는 자신
감에서 육체적 피로를 감수하였다.

새마을운동은 가사 노동의 절대시간 감소를 위한 생활개선 사업을 전
개하였으나 실제 효과는 별로 거두지 못했다. 국민으로서의 의무를 다하
기 위해서는 여성이 가사노동을 소홀히 해서는 안 되며, 농사일과 부녀
회원으로서의 사업에 적극적으로 참여해야 하는 것도 강조함으로써 현
실적으로 노동량의 증가를 초래하였다. 이는 당시 사회가 여성 노동력을
사회화하고자 하면서도 가사를 제대로 수행하는 것이 여성의 우선적인
의무라고 인식함으로써 여성 인력을 이율배반적으로 이용하고 있었음을
보여 준다. 그러나 여성 농민은 과중한 노동에 시달리면서도 힘든 줄 모
르고 '잘살기' 위한 노력을 경주했다.

새마을 부녀회는 여성 의식을 기반으로 구
성된 자율적인 조직이 아니었음에도 불구하   124 황이연, 새마을부녀회장, 유정미(2001).

⋮

새마을운동 추진으로 국토 개혁과 소득증
대 사업을 위해 힘든 줄 모르고 일하는
여성 농민(1973)

고, 여성 각 개인의 이해를 공유하는 사업을 추진하는 과정에서 마을 여성 전체가 공동의 이해를 가지게 되었다. 이를 계기로 마을 남성과 대립할 정도로 여성 간의 연대를 형성시키는 결과를 가져오기도 하였다.

> 술 장사 한다고 남이 하는 것 뺏어서 했어. 그 때가 남자들이 술을 잘 먹었어. 뺏긴 사람이 와가지고 욕을 하고, 남자들이 여자들을 두들겨 패고 때리고 그랬는데도 이기고 했어.[125]

새마을운동 자체가 남성 중심의 농촌 지도자 양성을 목표로 시작되었으나 여성 농민의 적극적인 참여로 그 무게 중심이 여성에게 옮겨졌다. 또한 정부 차원에서 농촌에 대한 통제와 지배 유지를 확보하기 위한 목적에서 부녀회를 조직했으나, 오히려 빈곤한 농촌에서 경제력을 확보하고자 하는 여성 농민의 이해와 맞물리면서 여성 농민의 연대와 경제력 확보를 통한 여성 정체성 확보라는 결과물을 낳았다. 결국 이것은 여성의 경제활동과 주체적 사회 참여를 위한 기반이 되었다.

2. 도시를 개혁하는 여성

의식을 개혁하는 공장 새마을 여성 농촌 새마을이 기대했던 것보다 좋은 성과를 거두면서 점차 자리 잡아가자, 정부는 농촌 새마을운동과 동일한 맥락에서 '도시 새마을운동'을 전개해 나갔다. 도시 새마을운동은 대 국민 정신계몽 운동이었다. 소득증대 사업이나 환경 개선, 부자 마을 가꾸기 등에서 보이는 것처럼 경제적 빈곤이나 정치·사회적 무질서의 원인을 암묵적으로 국민의 생활 태도와 방식에서 찾았다. 이를 개선하고 잘살기 위해서는 기본

125 이진기, 새마을부녀회장, 유정미(2001).

적으로 대국민적 정신 개조를 시작해야 한다는 새마을운동의 목적이나 취지는 농촌이나 도시 모두 동일하였다.[126]

새로운 시대, 새로운 시민상이 제대로 정립될 때만이 살기 좋은 도시, 부강한 나라가 될 수 있다는 것이다. 도시 새마을운동은 주로 환경과 질서 유지를 위한 정신계몽과 지역 조직화, 근검절약을 중요한 내용으로 도시민에 대한 동원과 조직화사업을 추진하였다.

특히 공장 새마을운동은 한국적 기업 윤리 풍토의 확립을 위해 노사 간의 일체감 조성과 복지 향상을 명분으로 실시되었다. 궁극적으로 이는 노동자의 정신계몽을 통해 애사심을 확립시키고 이를 토대로 안정된 환경에서 기업을 육성시킴으로써 국가 경제 기반을 다지겠다는 의도에서 비롯되었다.

> 새로운 기술은 선진공업국의 것을 도입해서 교육시킬 수 있지만 애사심은 다른 나라로부터 수입하기가 힘들다. 기업체 연수원의 교관들의 경험에 의하면 애사심을 계발하고 노사 간의 조화로운 인간관계를 위한 교육이 되게 하려면 새마을 교육과 같은 내용으로 되어야 한다는 것이다. 이에 따라 새마을운동은 기업체들에게도 확산되었으며 이것을 '공장 새마을운동'이라고 불렀다.[127]

---

126 그러나 도시와 농촌 간의 사회 구조와 경제적 여건과 특성의 차이를 고려하여 정신개조 사업에 중점을 두어 실천사항을 제시하였다. 또한 계몽과 실천의 주체로 여성을 설정하고 있는 것은 농촌 새마을운동과 맥을 같이 하였다.
127 박정희 대통령과 새마을운동 7, 박정희 인터넷 기념관.

공장 새마을운동에서 여성노동자의 참여가 중요한 위치를 차지하는 것은 전체 노동자 중 여성노동자의 수가 많았기 때문이다. 따라서 정부는 공장 새마을운동이나 기업의 성패가 여성노동자에게 있으며 2세의 교육담당 책임

도시 새마을운동에 앞장서는 여성(1973)

자로서 여성 교육이 우선적으로 적용될 것을 아울러 강조하였다.[128]

정부 주도하에 1974년도부터 큰 기업체 소유주가 농민과 함께 새마을 교육을 받았으며 그 수는 약 530명에 달했다. 참석한 기업인은 새마을 성공 사례, 분임 토의, 연수 과정, 기숙사 생활을 통해 교육받았다. 특히 기업인은 자기 공장의 노사 간의 관계를 이끌어 가는 데 새마을운동 원리를 적용하였다. 그 후 기업체 연수원이 크게 늘었으며 연수원에서는 새로운 기술 개발과 애사심 계발을 목표로 삼았다.

정부와 기업은 '공장일은 내 일같이, 종업원을 가족같이'라는 슬로건 아래 공장 새마을운동이 노동자를, 특히 여성 노동자를 교육하여 올바른 길로 인도해 주는

128 보건사회부(1981), 『여성과 새마을』, 239.

것이라고 강조하였다.

새 시대에 부응하는 올바른 국가관과 직업관, 그리고 생활윤리관을 심어주고 새마을 정신의 생활화로 공장 새마을운동의 선도적인 실천요원 양성을 목표로 현재까지 9,300여 명을 배출하였으니 이들이 바로 각 기업체로 돌아가 공장 새마을운동의 점화요원이 되고 있으며 노사협조와 명랑 직장 분위기 조성 등으로 생산성을 제고하는 중추적 역할을 담당하게 된 것이다.[129]

아울러 정부는 기업주가 노동자의 복지 향상을 위해 노력함으로써 노사 간의 화합을 운동의 목표로 설정하고 있기는 하나, 현실적으로 정부는 경제성장을 위해서는 노동자의 헌신과 희생이 없이는 불가능한 것으로 보았기 때문에 노동자에 대한 정신교육과 조직을 통해 기업과 정부의 경제성장 일변도의 정책에 맞는 '노동자 상'의 수립에 초점을 두었다.[130]

공장 새마을운동을 통해 교육받은 수료생은 '라인'별로 '써클'을 조직하여 아침 구보 국민체조, 건전가요, 환경미화, 취미활동, 고운 말 쓰기 등을 실천하였고 공한지를 이용한 특용작물 재배, 분임 활동을 통한 품질관리 개선, 소비절약, 불우이웃돕기 및 자연보호 등을 실천하였고 기업에서는 이를 적극 후원하였다. 이는 급속한 산업화 과정에서 발생한 작업 환경 및 임금 문제의 부당성에 대한 노동자의 요구와 갈등을 다른 곳으로 전환시키기 위한 정부와 기업체의 자구책이었다.

129 보건사회부(1981), 241~242.
130 수출 공단 내에 '정보센터' 설치를 비롯하여 수공예품, 꽃꽂이, 서예, 시화 등을 배울 수 있도록 하였다. 또한 각 기업체 별로 실천과정을 수시로 교환하고 교양강좌를 통해 실천 사례들을 자주 발표하게 함으로써 여성노동자에 대한 교육의 장으로 활용하였다. 이는 제조업 분야에 종사하고 있던 여성이 대부분 미혼이라는 점에서 착안된 것으로 여성노동자가 장차 한 가정의 주부가 되고, 가정 새마을운동의 지도자가 될 것이기 때문에 기업이 가정 새마을운동의 훈련장이 되도록 하겠다는 명목 하에 이루어졌다.

실제로 공장 새마을운동은 여성노동자에게 큰 영향을 미쳐 아무리 힘들고 어려운 생활이더라도 참고 인내해서 가정과 나라를 지키는 데 자신이 큰 역할을 하리라고 다짐하는 계기가 되었다는 것을 수기나 사례 발표를 통해서 알 수 있다.

　얼굴에는 버즘이 민들레 꽃씨처럼 번져가고, 감기가 심해져 축농증마저 생겼다. 그래도 나는 일을 안 하면 죽는 줄 알고 무섭게 일했다. 12시간, 2교대 근무에 어떤 날은, 〈곱배기〉라 하여 14시간을 서서 일했다. … 최대한 빨리! 최대한 꼼꼼하게! 이러한 목표로 일했다. 이 때문에 유류파동으로 인원을 감소하고 있는 어려운 형편 속에서도 나는 계속 일할 수가 있었다.[131]

　몸이 자주 아파 때로는 주위 언니들이 하루쯤 쉬라고 권유했지만 막무가내로 출근을 고집하였고, 맡은 임무를 성실히 해냈다. 결근 한 번 없이 일한 대가로 첫 달 봉급 1만5천 원을 받았다. … 이제 나는 내 힘으로 우리 집도 마련하였고, 우리 농토도 갖게 되었다. '하면 된다'는 믿음과 알뜰히 살아 우리집을 일으켜 세워 보겠다는 소망이 일구어 놓은 결실인 것이다. 어느결에 나는 살아가는 데 있어 자신과 용기를 지니게 되었다. 또 부러울 것이 없는 마음의 여유와 산업전사로서의 강한 자부심도 갖게 되었다.[132]

경제개발계획에 의한 경제성장 추구, 업적 위주, 성장 위주의 경제개발과 권위주의적 사회 관계를 효율적으로 유지하기 위해 전통적

131 문은미(1984), 아픔 속에 피는 함박꽃, 『공장 새마을운동 우수성공사례』, 새마을운동중앙본부 공장새마을운동추진본부, 57.
132 구순점(1984), 가난 잊은 성냥곽, 『공장 새마을운동 우수성공사례』, 새마을운동중앙본부 공장 새마을운동추진본부, 74~77.

인 가부장적 가족 단위와 조직을 국가정책의 핵심 단위로 설정하였다. 따라서 노동의 의미를 국가 경제발전을 위한 공헌으로 정의하고, 노동자로 하여금 국가를 근대화시키는 것이 자신의 사회적 역할이라고 여기도록 유도하였다. 또한 국가와 기업, 가족에 대한 도덕적 · 윤리적 관계 속에서 노동관을 형성시켜 가족에 대한 보살핌과 국가에 대한 충성과 더불어 기업에 충실할 것을 교육하였다.

정부와 기업은 공장 새마을운동을 통해 유교적 위계질서를 산업 영역에 도입하여 사용자와의 관계 형성에 영향을 미쳤다.[133] 유교적 가족주의에 의한 자기희생 의식을 강요하고 기업을 위한 무조건적인 희생과 헌신을 요구하였으며, 여성노동자를 '산업전사', '산업역군'으로 부르면서 군대식으로 훈육하고 관리하였다. 가부장적 전통 윤리 속에서 성장해 왔던 농촌 출신의 어린 공장 여성노동자는 정부와 기업주의 이 같은 직업 윤리 교육에 크게 고무되었다.

한편으로 공장 새마을운동이 여성노동자에게 주었던 긍정적인 효과는 배움과 저축에 관한 신념, 자신과 직업에 대한 자긍심이었다. 여성노동자는 정부와 기업의 공장 새마을운동을 고마운 것으로 자신을 발전시켜 주는 운동으로 받아들였다. 이를 계기로 여성노동자들은 공장 새마을운동에 적극 참여하였고 개인적 삶의 변화와 사회개혁의 능동적인 주체로 서고자 노력하였다.

133 이를 위해 교육, 공장 새마을운동이 도입되었고, 고된 노동을 곧 국가건설과 국가안보를 위한 애국적인 행동으로 주입시킴으로써 개인적 · 계층적 이해를 국가적 이해로 일치시키고자 노력하였다.

도시 가꾸기에 나선 여성 도시 새마을운동의 실천 사항을 살펴보면 경제 문제와 관련한 항목은 거의 절약과 저축 계몽으로 묶여 있다. 농촌의 경우는 농가 부채와 저미가 정책에 대한 해결책으로 소득증대 사업에 중점을 둔 반면, 도시의 경우는 농촌에 비해 경제적으로나 환경적으로 안정되었다고 보아 공공질서 유지, 사치와 낭비를 없애기 위한 근검절약에 중심을 두었다. 도시 새마을운동은 도시화에 맞는 인간형의 개조를 기본 골자로 하고 있다. 당시 도시화의 특징은 이촌향도 성향의 인구이동, 도시 과밀화 현상, 사회적 가치 자원의 부재 현상, 농촌 사회의 과소현상, 주택난, 도시 내 슬럼지대 문제, 사회적 윤리 풍토의 쇠잔 현상으로 정리되었다.[134]

무엇보다도 지역을 기본 단위로 진행해 왔던 농촌과는 달리 도시 새마을운동은 가정, 지역통·반, 직장공장·단체, 학교 등으로 다원화시켜 그 범위를 확장하였다. 이를 계기로 새마을운동은 농촌의 '부자 마을'과 '살기 좋은 도시', 나아가 '부강한 조국'을 건설해야 한다는 정부의 대국민 행동강령으로 자리잡았다. 그런데 여기에서 중요한 것은 농촌 새마을운동과 마찬가지로 여성은 도시 새마을운동 실천의 주요 행위자였다. 도시 새마을운동은 곧 여성을 중심으로 한 도시 가꾸기와 절약운동으로 전개되었다.

새마을 정신을 실천 생활화한 일등 국민, 질서와 공중 도덕을 지키는 일등 시민을 만드는 데 있어서 주부들, 특히 어머니들의 역할은 매우 중요하다고 생각한다.[135]

1973년과 1979년의 오일쇼크는[136] 경제 불황과 인플레이션을 가져왔고 물가폭등에 설상가상으로 물건의 품귀현상까지 초래하였다. 현실적으로 여성은 급등하는 인플레이션 속에

134 보건사회부(1981), 226.
135 송언종(1976), 도시 새마을운동의 추진 요령, 이사 및 실무자 새마을 교육 연수회.
136 유가가 4배, 2배로 두 차례나 오르자 개발도상국이며 비산유국이었던 한국은 불황과 인플레이션, 국제수지의 악화 속에서 휘청거렸다.

서 경제 불황을 피부로 느끼고 있었다.

> 얼마 전까지만 해도 콩나물 백 원어치를 사면 서너 식구가 한 번은 먹었으나, 요즘은 아예 백 원어치는 팔지도 않고 2백 원이 최하가 되어 버렸다. 아이들 노트가 백 원에서 2백 원이 되었고, 한 모에 백 원 하는 두부가 가격은 그대로 있지만 크기가 3분의 1정도가 줄었으니, 따져 보면 약 30원가량이 오른 셈이다. … 이 30원의 누적이 적자가계를 만들고, 가계의 주름살을 더 해주고 있기 때문에 문제가 되는 것이다. …[137]

여성들은 경제불황 타개를 위해 소비절약운동에 나섰다. 1973년 11월 정부는 '에너지 10퍼센트 절감'을 목표로 전등 하나 덜 쓰기 운동, 실내 온도 18도 유지, 목욕탕 영업 단축, 출퇴근 통학 때 2킬로미터 걷기, 차종 별 경제 속도표 부착 등[138] 대대적인 에너지 절약 정책을 발표했다. 사실 상 경제 불황은 총칼 없는 전쟁과 같은 것이었다. 여기에서 여성은 경제 난국을 슬기롭게 이겨내면 모두가 살기 좋은 세상이 오리라는 생각을 갖고 경제 전쟁을 극복하려고 노력하였다. 정부 역시 여성을 소비 경제의 주체로 내세워 절약운동의 성공 여부를 책임지는 대상으로 내세웠다.

제17회 전국여성대회^{1979. 10}에서 김덕중 대우실업 사장이 "자원난 시대 의 생활 전략"이라는 제하에 발표했던 내용에서 잘 보여진다.

> 오늘날과 같이 우리나라에 있어서 여성의 위치가 중요한 때도 드물다고 보겠습니다. … 경제적 측면 에서는 우리나라 경제활동, 특히 시장경제의 주역 이 되고 있는 것만은 틀림없는 사실입니다. … 가벼

137 김기정(1980), 소비절약은 정부의 제도적 뒷받침이 있어야, 3월호(162), 6.
138 70년대 경제 위기 이렇게 이겨냈다, 박정희 인터넷 기념관, 2003.

워지는 시장바구니를 한탄만 하지 말고 여러분들은 이 나라 경제의 주인이라는 긍지를 가지고 앞날을 내다보는 슬기를 가지고 이 고비를 넘기겠다는 굳센 의지를 가지고 가계부를 정리할 때 여러분들의 시장바구니는 저절로 풍성해지리라고 저는 믿어 의심치 않으며 이 어려운 시기를 극복하고 밝은 내일의 한국이 있을 것을 마지 않읍니다.

3. 절약운동을 이끄는 여성

'알뜰살뜰 부인'과 '부지런한 손' 대회 　여성은 경제대란을 심각하게 받아들이고 이를 극복하기 위해 여성단체를 중심으로 홍보 활동과 실천에 나섰다. 서울YWCA, 가톨릭여성연합회 등의 여성단체에서는 '여성생활검소화운동'의 일환으로 안 사고 안 쓰기 운동, 사치생활 추방 운동을 확산시키고자 거리를 행진하며 서명운동을 펼치거나 전단을 배부하는 등 대시민홍보를 벌었다. 이때 "다이아몬드 반지는 끼지 말자", "경제 안정은 여성의 힘으로", "조국의 가난, 검소로 몰아내자", "사치생활 추방하자" 등이 가두홍보에 주로 사용된 구호들이다.

소비절약운동의 적극적인 확산과 강화를 위해 서울YWCA에서는 1972년 2월 제1회 알뜰살뜰 부인대회를 개최하였다. 알뜰하게 생활하고 있는 주부를 선발, 절약에 대한 모범 사례를 홍보하려는 것이었다.[139]

구두쇠 '스크루지'가 아니라 지혜 있는 '스크루지'로서의 부인으로서 안 사기보다 필요 없는 것은 안 사는 태도를 생활의 모토로 하고 있다. … 아이들의 옷도 이발도 자신의 머리도 거의 자신의 힘으로 한다. 식생활은 가

139 생활담을 직접 듣고 세 사람의 알뜰한 주부를 선정하였다. 9명의 응모자가 7분 동안의 스피치를 통하여 자신의 알뜰한 살림살이의 태도와 아이디어를 발표하는 기회를 주어 6명의 심사위원들로부터 선출된 알뜰부인, 살뜰부인, 깔끔부인을 선발함으로써 지각 있는 주부의 격려와 모범을 보이는 행사를 가졌다.

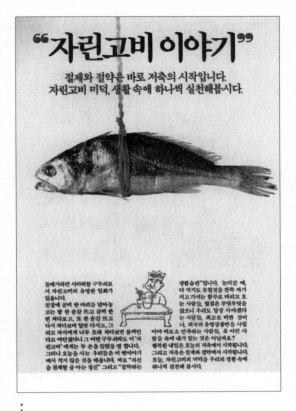

저축장려를 위한 자린고비 이야기

족의 건강을 위해 절약은 안 하며 저녁만 밥을 먹고 아침 점심을 분식으로 하며 … 알뜰살 수상자, 윤경남, 36세 2남1녀 ; 둘 낳기 운동을 외면하고 배로 낳았으며 배로 노력한다고 첫 스피치를 한 오 여사는 … 맞벌이 주부로서 한 사람의 수입은 모조리 저축하여 5년 후 아담한 마이홈을 갖게 된 검소 절약 근면의 주부이다살뜰상 수상 오혜식, 36세 2남2녀; 민 여사는 콜라병, 포장끈, 헌 나이롱 양말 등 폐품이용의 명수로서 Y 폐품이용 컨테스트에서 금상을 타기도 하며 …8식구의 살림을 식모 없이 철저히 하고 있으며 아빠와 아이들이 가사에 참여하여 즐거운 홈을 이루었고 식모 안 두는 비용을 저축하고 있고 아이들의 교육은 사립 학교나 과외공부는 일체 하지 않는 방침으로 생활하는 깔끔한 주부이다깔끔상 수상 민경식, 33세 4자매.

  알뜰살뜰 부인대회는 대체로 전업주부를 대상으로 하는 소비절약 모범사례였다. 수상 소감에서도 보이는 것처럼 이들은 혼분식이나 저축, 폐품 이용, 식모 안 두기, 과외 안 시키기 등을 실천하였다. 이들은 가난한 것이 남편의 수입이 적어서가 아니고 주부가 계획 있는 생활을 하지

알뜰살뜰 부인대회의 폐품 이용 컨테스트 대회

않기 때문이라 생각하였다.[140]

한편 극빈 여성과 농촌 여성을 대상으로 '부지런한 손'을 선발하여[141] 가족부양 및 빈곤과 고통을 감내하도록 유도하였다. 수상자는 대부분 남편이 경제활동을 할 수 없는 형편이나 극빈한 상태에서 '부지런히 손과 몸을 놀려' 생계유지를 하고 있는 여성을 시상함으로써 다른 많은 여성의 귀감으로 삼고자 하는 의도에서 실시되었다. 여기에서 수상한 여성은 '알뜰살뜰 부인상' 수상자와는 여러 가지 측면에서 대조되었다.

소비절약운동은 나아가 저축장려운동과 맞물려 진행되었다. 정부는 외화와 국고의 빈약함을 국민저축으로 해소하고자 했다.

건전한 의식주 생활에서 저축을 증대시켜

140 새마을의 길잡이: 지도자 김애리사, 『직업여성』1974. 5, 147.
141 1972년 11월 가사원 주최로 시민회관에서 제1회 '부지런한 손' 시상식이 있었다.

┌───┐
│   ● ● ● **부지런한 손(여성)을 골라 시상합니다** ● ● ●   │

1. 내용
　부지런하고 일 잘 하는 손, 믿어웁고 알뜰한 일꾼의 손을 찾아냅시다. 가족과 이웃에 복을 심고 기쁨을 가져다 주는 보배로운 손이 건설을 이룩하는 힘이 됩니다.

2. 주최 사회단체 가사원
　후원 서울특별시 한국여성단체협의회

3. 접수 1974년 11월 5일까지

4. 선발 1차 서류심사 2차 실상조사

5. 시상 특상, 대상, 부지런상 약간 명

6. 추천
　① 성명 ② 년령 ③ 본적 ④ 주소 ⑤ 일을 한 지역 ⑥ 일의 종류 ⑦ 일한 기간 ⑧ 기능 ⑨ 공직 ⑩ 건강 조건 ⑪ 손의 크기 ⑫ 공직을 보증하는 자료 ⑬ 오른쪽 내면을 찍는 사진(명함판) ⑭ 추천 이유 ⑮ 추천자 두 사람

8. 신청 방법
　1974년 11월 5일까지 7항의 내용을 되도록 구체적으로 기록한 서류에 보증인 책임 날인 제출

9. 접수처 사회단체 가사원
　서울특별시 통의동 13
　전화 75-1556, 73-1560

9. 시상식 1974년 11월 15일
└───┘

극빈 여성의 생계 활동을 적극 유도하고 고무시키기 위한 '부지런한 손' 대상자 선발을 위한 공고 내용

소비화 자금을 생산, 자금화 하는 끊임없는 일층의 노력이 필요합니다. 여기에서도 종래의 저축관—여유가 있어야 저축을 하지 않느냐는 태도에서 벗어나서 유태인이 빈부의 차없이 무조건 수입의 10퍼센트를 저축하여가는 본을 따서 결심과 행동으로써 실천하는 것도 또한 여성이 하여야 할 일이라고 봅니다.[142]

　결국 저축도 여성의 몫이었다.[143] 각 가정에 저축하는 습관을 길러서 자립 기반을 조성하자는 취지에서 '저축 가정 만들기' 사업이 진

142 이은복, 생산적 소비생활로 전환, 『직업여성』 1972. 12.

143 1962년부터 시작된 국민저축운동은, 직장인은 급여의 1퍼센트, 대학생은 월 100환, 고등학생은 50환, 중학생은 40환, 아동은 20환, 지역별 조합원 중 비농가는 세대 당 월 300환, 농가는 월 100환 이상을 저축하도록 정부가 할당액을 정하였다. 이는 경제 개발에 드는 비용의 조달과 수출지향적 공업화에 따른 내수소비의 억제를 위한 정부의 강제 사업이었다.

〈제1회 부지런한 손 수상자〉

종별	성명	출신도	공적
특상	김후선(63)	경남	낮에는 농사일(논 1,000평, 밭 2,300평 과수손질) 밤에는 베짜고, 가마니 새끼 꼬고 50여 년을 주야로 일함. 마을일에 앞장 봉사 황무지 개간 혼자 노력으로 오남매 성취시키고 아직 일한다.
우수상	이덕조(43)	전남	연탄배달, 양말 짜고, 골무 만들고, 청소부, 날품팔이 쉬지 않고 부지런함(별명 골무아주머니) 병든 남편과 3남매를 혼자서 부양한다.
	이행자(53)	전남	바느질품팔이 고추장, 된장 연구, 포도당 고추장 만드는 주문받고 이일저일 보통 사람 몇 곱을 일한다(일명 고추장 아주머니) 직업 없는 남편과 5남매를 부양 교육시킨다.
	박경순(35)	충북	목수일 미장일 부엌개량에 앞장서고 마을일에 솔선봉사, 동양자수, 포물 매우 부지런하다(일명 여자목수).
부지런상	정경희(31)	경기	보세가공 반장 편물박사 이웃의 놀고 있는 부녀자들을 모아 부업하도록 이끌고 손뜨게질 하는 것으로 가계수입증가 실적이 크다.
	이선숙(45)	서울	양재, 수예, 편물 쉬지 않고 부지런하여 모든 사람들의 모범이 된다. 혼자 힘으로 시어머니와 4남매를 봉양 교육시킨다.
	이심덕(42)	강원	농사일 새끼 꼬고 가마니치는 선수, 바느질 품팔고 시부모를 뫼시며 유복자를 길러 훌륭히 교육시킨다. 남의 일을 도웁고 쉬지 않고 부지런하다.
	손행순(48)	전남	벽돌 공장에서 일하다. 파출부로도 일하고 부지런하여 병든 남편과 4남매 부양.
	김춘자(44)	서울	양재 편물 파출요리사 가정부 일을 하고 남편과 5남매를 교육, 이웃을 도웁고 공공일에 앞장 봉사한다.
	강일분(43)	황해	동리부인을 모아놓고 명태껍질 벗기는 부업으로 마을사람들 집집마다 수입증가와 저축정신 배양에 솔선수범하는 생활인.
	문용순(30)	경기	편물선수로 보세가공 뜨개질하는 일에 종사, 쉬지 않고 부지런함.
	조오상(34)	충북	동양자수, 편물 쉬지 않고 일하는 부지런한 손이다.
	박달례(44)	충남	바느질, 잡역품팔이 쉬지 않는 손, 실직한 남편과 4남매 교육의 생활책임을 혼자지고 밤낮없이 일한다.

행되었다. '1가구 1통장 갖기' 운동을 장려하기 위해 표어나 캠페인, 학교 저축을 실시하였다. 도시, 농촌 가릴 것 없이 절미저축, 새마을 금고 가입[1주부 1통장 갖기], 한 집 한 부엌 갖기, 한 식구 한 가축 기르기, 물자절약하기[중고품교환센터 운영], 폐품활용하기[폐품은행 설치]를 실시하여 가계 저축을 증가시켜 나갈 것을 요구하였다.[144]

이처럼 정부는 경제 위기와 빈곤문제를 비롯하여 극빈 가족 부양, 소비절약, 저축 등 경제와 관련된 것을 국민과 여성의 의무로 돌렸다. 당시 가계가 어려웠던 것은 일반적인 현상이었다. 사실상 극빈 여성이나 농민 여성은 더 이상 절약할 것이 없는 상태였다. 세계적으로 유래가 없을 만큼 우리 여성은 부지런히 일했고 절약과 저축을 생활화하였다. 그럼에도 불구하고 정부는 빈곤의 원인을 게으름과 사치 탓으로 돌리면서 그 중심에 여성이 있다는 것을 각인시키려 하였다. 결국 여성은 전통적인 사고방식과 오도된 진실마저도 스스로의 희생과 노력으로 해결하고자 하였다.

혼분식과 아궁이 관리　쌀과 연탄은 상류 계층으로부터 서민, 빈민에 이르기까지 모든 사람과 연결되는 생활 필수품이었다. 가뜩이나 생활고에 시달리는 도시민에게 오일쇼크로 인한 연탄 파동과 식량문제는 심각한 문제였다. 여성은 농촌의 저개발에서 오는 식량난과 세계적 경제 불황을 고스란히 받아들이고 해결해야 하는 사명감마저 느끼고 있었다.

정부는 캠페인과 슬로건을 동원하여 식생활 개선에 주력하였다. 그 중에서도 쌀 소비 억제를 위한 혼분식 장려, 균형식단 개선, 쌀을 원료로 한 과자류 및 주류의 생산·판매 금지 등을 중점적으로 실시하였다. 혼분식 장려는 쌀 도입 억제를 위한 운동이었다. 이 또한 여성이 적극적으로 실천함으로써 전 국민적 운동으로 확산될 수 있었다.

정부는 식량쌀 부족 문제는 공업화 과정에서 각 나라마다 한 번씩 겪는 의례적인 소동이라고 선전하고 일본의 1920~1950년대의 쌀 파동의 예를 들면서 쌀의 주요 생산국가인 중국, 일본, 대만 등의 식량 부족 문제에 대해 자세히 설명

144 경기일보 1979. 9. 12.

여성단체의 사치생활추방과 근검절약을 위한 가두 캠페인(1969)

하였다. 정부는 이를 극복하는 유일한 방법은 국민의 절약정신에서 비롯되는 것이라고 대국민 홍보를 전개하였다. 여성들 역시 "쌀 문제 해결하자 여성의 힘으로", "하루 한 끼의 분식과 2할 보리 혼식을 한다면"[145]이라는 표어를 내걸고 쌀 소비 억제 운동에 앞장섰다.

> 우리나라의 경우 외미 도입은 해마다 늘어 1억5천만 달라를 날려 보내고 있는데, 이 돈은 1백만 불짜리 농산물 가공공장을 15개 지을 수 있는 금액이다.[146]

쌀 소비 절약과 혼분식 장려 운동의 본격적인 전개를 위해 정부는 과학적인 식단을 제안하고 보리와 밀가루가 건강에 얼마나 유용한지를 홍보하는 데 힘을 쏟았다. 혼분식 노래를 만들어 학교에서 노래를 배우게 할 만큼 식량절약 운동은 국가적으로 시급한 것이었다. 결국 정부는 홍보 차원을 넘어서서 단속에 들어갔다. 전국적으로 혼분식 단속 정책이 강행되어 이것은 가정을 넘어 학교로, 식당으로까지 전개되었다. 혼분식 규정을 지키지 않는 식당은 최고 6개월 간의 영업정지 처분을 받았다. 또한 학교에서는 '도시락 검사'를 실시하여 쌀과 보리의 비율을 교사가 직접 단속하였다.

　　아울러 식량문제와 더불어 연료문제를 해결하는 것도 여성의 몫이었다. 연탄은 당시 일반 서민의 난방과 조리를 동시에 해결해 주던 주요 연료 공급원이었다. 1960년대 이후 일반 가정의 주된 에너지원은 무연탄 가공 연탄으로 충당되었다.[147] 서울시의 경우 1962년과 1966년 기간 중 불과 4년 사이에 소비량이 연간 184만 2천 톤에서 371만 톤으로 무려 2배 이상 증가하였으며, 1977년까지 744만 6천 톤의 규모로 소비가 지속적으로 신장되었다. 그러나 1973년 말 석유파동이 발생하자 유가 폭등과 연탄의 공급부족 현상이 심화되었고 이로 인해 시민의 심리적 불안까지 겹치게 되었다.

　　1974년도 상반기에는 저탄량이 전년 대비 54퍼센트로 격감하고, 소비는 전년 대비 22퍼센트나 증가하는 등 연탄의 가수요 현상이 나

145 혼분식을 하면 몸에 필요한 각종 영양소를 골고루 섭취할 수 있으며 5인 가족 식비에서 한 달에 3,000여 원을 절약할 수 있다. 또한 외미 도입을 막고 1년에 약 6천2백만 불(220억 불)의 외화를 절약할 수 있다고 정부에서 혼분식을 강조하였다. 그러나 최근에 와서는 이에 대해 쌀이 모자라 정부가 보리쌀 섞은 혼식을 장려했고, 밀가루 음식의 영양가를 과대 포장해 '혼분식=건강'이라는 억지 선전으로 국민을 기만했다고 평가되기도 한다(보리쌀, 강원도민일보 2003. 7. 6, 명경대).
146 『직업여성』77, 1972.
147 1962년 6월에 19공탄 공장도 가격을 6원45전으로 소매 가격은 7원으로, 개당(個當) 무게는 4,500그램으로 각각 동결하였다. 1962년 9월에 정부는 쌀, 보리, 비료, 연탄, 석탄 등 5개 품목에 대해 가격제한을 실시하였고, 1963년 8월에는 서울시는 연탄 가격을 7원에서 7원50전 내지 8원으로 인상하였다. 고시가격을 무시할 경우 〈물가조절에 관한 임시조치법〉 위반혐의로 입건하겠다고 발표하였다.

품귀 소동 속에서 연탄을 사기 위해 양동이, 빨래판 등을 이고 나온 여성들(1974)

타나 연탄 수급 상황이 악화되었다. 연탄가격 인상에 대한 국민의 반응은 민감해서 가격 인상설에 대한 가수요와 품귀 현상이 겨울철에 자주 발생하곤 하였다.[148] 주부들 역시 시시각각 변하는 연료 정책 탓에 혼란을 겪었다.[149] 오일쇼크와 더불어 한여름 삼복더위 속에 일어난 '연탄파동'이 이를 잘 설명해 준다.

정부는 '연탄판매기록제'[150]를 고안해 동회동사무소와 연탄보급소를 통제하여 연료대란을 해결하려고 하였다. 그러나 이 문제 역시 정부의 단속만으로 해결될 수 있는 것이 아니었다. 여성의 협조와 노력이 없이 이루어질 수 없는 것이었다. 주부들은 심지어 아궁이를 관리해서라도 연료를 절약해야 한다고 생각하였다.

연탄은 마음먹고 조심해 쓰면 상당히 절약이 가능한 물건이다. 공연히 열
낭비가 없도록 아궁이 관리를 잘 하고 불을 쓰는 시간과 연탄 갈아 넣는 시
간조절에 주부를 비롯한 가족 모두가 철저히 세심한 배려를 할 일이다.[151]

살펴본 것과 같이 여성이 주체가 되어 참여했던 새마을운동 및 절약운
동은 국가경제개발을 촉진하기 위한 정부 차원의 경제·사회 개혁운동
이었다. 초기에 남성중심적이고 가부장적인 성격을 강하게 표출하고 있
었던 정부 정책에 여성은 대규모로 동원되었던 것이다. 그러나 여기에서
주목해야 할 것이 비록 동원되기는 했으나 여성의 주체적인 참여와 능동
적인 변화가 없이는 불가능했던 일이다. 초기에는 계몽과 동원 대상이었
던 여성이 농촌이나 도시, 공장, 소비절약 운동의 전 분야에서 점차 주체
적으로 변화해 갔으며 여성 스스로도 생활에
서 많은 변화를 경험하게 되었다.

나아가 가정과 가족만을 대상으로 살아왔던
여성의 활동 영역이 사회와 국가, 사회 노동의
차원으로 확산되었음을 볼 수 있다. 정부는 오
히려 국가가 책임져야 하는 복지나 노동문제
까지도 여성의 책임 영역으로 떠넘겨 빈곤이
나 사회문제를 개인적인 인식 부족이나 가정
교육의 문제로 몰아갔음에도 불구하고 여성은
이런 것들을 주체적으로 해결해 나갔다. 따라
서 새마을운동과 소비절약운동이 처음에는 정

148 서울600년사 중 "무연탄" http://seoul600.
visitseoul.net/seoul-history/sidaesa/txt/8-
10-6-2-1.html
149 1960~1970년대에는 석탄채굴 작업의 후진
성과 석유 파동으로 정부의 연료정책은 주유종
탄主油從炭 정책과 주탄종유 정책으로 자주
번복되었다.
150 김후란(1974), 연료정책과 가정경제, 『여성』
103, 2~3. 1974년 7월부터 서울과 부산을 비
롯한 8개 도청소재지와 전국 12개 도시에서 연
탄판매카드제가 등장하였다. 동회에서 받은 카
드에 의해서만 일정량의 연탄을 살 수 있는 것
으로 1가구당 하루 10장 정도를 살 수 있던 일
종의 연탄배급제다.
151 김후란(1974).

신계몽의 성격이 강했으나 시간이 지날수록 여성의 노력과 적극적인 참여를 통해 경제운동으로 전환되어 갔고 결과적으로는 가계와 국가 경제 발전에 크게 기여한 점은 시사하는 바가 크다.

4장

여성과 사회

유신체제의 수레바퀴에 깔린

'수출의 꽃'은 빈농의 딸들이었다.

5원짜리 풀빵 6개로 하루 세 끼를 때우며

어린 동생의 학비를 벌고자

가발공장과 봉제공장을 전전했다.

그 사회적인 천대와 자기비하에도 불구하고

'공순이들'은 야학을 통해

'노동계급'으로 거듭났다.

한국 여성운동의 시작

1. 허약한 시민사회

가정과 사회에서 여성이 겪는 불평등한 현실에 대한 문제 의식에서 출발하는 여성운동은 국가와 사회의 역학관계, 사회의 성격, 일반적인 사회운동의 수준과 맞물려 발전한다. 1945년부터 1980년 이전까지 한국 여성문제의 본질은 가부장적 성차별과 계급적인 모순으로 규정된다. 따라서 여성운동은 가정과 사회에서 이중삼중으로 착취당하는 여성이 자신의 권리를 확보하고 자주적인 입지를 구축하는 데 제약요인이 되는 억압 구조를 극복하려는 것이었다.

광복 후 분단으로 이어진 한국 사회는 좌우익 이데올로기의 갈등과 중앙집권적 정권의 성격, 급속한 산업화 과정에서 여성을 동원하거나, 때로는 참여시키고 배제하는 특성을 보여 주었다. 미군정을 거쳐 이승만정권부터 박정희정권에 이르기까지 권력의 정점에서 여성은 소외되었다. 서구의 경우 국가가 시민사회의 형성과 더불어 하나의 조직적 실체로 등장했다면, 한국의 국가 형성은 시민사회로부터 나온 것이 아니라 외부

세력에 의하여 규정되었으며, 시민사회에 맞서 강력한 힘을 행사하는 존재로 등장하였다. 국가가 절대적인 행위자로 존재하는 시기에 시민사회의 영역은 상대적으로 축소될 수밖에 없다.

해방 이후부터 박정희정권의 종료까지 사회 영역은 강력한 국가 탓에 상당 부분 축소되었다. 특히 국가의 구조적 요인이 다양한 사회운동이 형성되는 것을 조장하거나 억제하는 일반적인 조건을 제공하듯, 분단 사회라는 특성은 여성운동에 이데올로기나 그 밖의 규제요인으로 영향을 미쳤다.

이 시기는 한국 사회가 봉건적 사회구조를 탈피하여 근대적 국가-시민사회의 틀로 나아가기 시작한 때로 볼 수 있다. 국가와 개인 사이에 존재하는 시민사회는 일정한 사회적 목적을 가지고 시민의 자발적 참여로 결성된다. 다양한 단체로 구성된 시민사회는 국가권력과 경제권력을 견제하고 감시하면서 갈등과 분쟁을 조정한다. 사회가 발전하고 성숙해 감에 따라 정부와 국가가 할 수 없거나 하지 못하는 부분, 행동할 여력이 모자라는 측면에 대한 개혁을 요구하고 서비스를 제공하는 등 국가권력으로부터 자유로운 시민단체의 역할이 점차 확대되어 왔다.

그러나 이 시기 이러한 의미의 시민사회는 존재하지 않았다. 사회 자본을 확대시키기 위해서는 일반 대중의 참여와 지지를 통해 기반을 넓혀야 하지만 소수의 선각자 중심의 단체 구성은 '시민 없는 사회운동', '여성 없는 여성운동'을 전개하였던 측면이 없지 않다. 1980년대 후반부터 본격화된 다양한 시민단체의 역할 및 비중을 비교해 볼 때 당시 여성은 강력한 국가, 허약한 사회 속에 놓여 있었다. 분단시대로 상징되듯이 이 시기 상대적으로 취약한 사회를 기반으로 한 여성운동은 여성에 대한 법적, 제도적인 차별을 철폐하고자 노력하는 것으로 시작되었다.

2. 이념, 계급, 성을 중심으로

근대 사회는 다양한 유형의 사회운동으로 점철된다. 사회운동은 기존의 법 테두리 내에서 활동하기도 하고, 어떤 경우 운동의 결과 기존의 법을 부분적으로 혹은 전면적으로 개정하기도 한다. 국가나 정부가 권력과 강제의 논리로 문제를 해결한다면, 시민사회는 다양한 단체가 자율과 자발적인 참여, 상호존중과 협력을 통해 때로는 각각의 분야를 너머 연대를 통해 문제에 접근한다.

여성운동은 일종의 변혁운동의 특성을 지니는 사회운동이다. 봉건적인 한국 사회의 여성운동은 포괄적인 개혁과 광범위한 변화를 목적으로 성과 관련한 불평등문제에 관심을 갖는다. 여성운동은 정치·사회·경제적 환경과 그 동학으로 고양되기도 하고 위축되기도 한다는 점에서 전체 사회운동의 맥락에서 다루어져야 하며, 각 시기별 특징이 규명되어야 한다.

프랭크 파킨Frank Parkin의 '사회적 닫힘social closure'은 '배제'와 '획득'이라는 과정을 통해 자원에 대한 접근 유형을 설명하였다. '배제'는 외부인으로 하여금 가치 있는 자원에 접근하지 못하도록 하는 전략을 의미하고, '획득'은 특권을 누리지 못하는 사람들이 타인이 독점하고 있는 자원을 획득하려는 시도를 지칭한다.[1] 이러한 측면에서 근대화 시기를 거치는 동안 여성은 남성지배적인 국가와 시장에 의해 '배제'당하면서도 끊임없이 동등한 권리를 '획득'하기 위한 투쟁을 지속적으로 전개해 왔다.

한국 사회에서, 더구나 국가권력에 의해 좌우되는 허약한 사회에서 여성에 대한 가부장적 굴레는 성을 준거로 하는 또 다른 의미의 불평

---

1 앤서니 기든스 지음, 김미숙 외 옮김(1993), 『현대사회학』, 을유문화사, 224.

등한 계층을 암묵적으로 전제하는 것이었다. 여성운동은 이를 확인하고 대처하고자 하였다.

한국의 여성운동은 두 가지 방향에서 진행되었다. 조직화 수준이 낮은 초기에는 선구적인 여성 지식인에 의해 여성의 권리를 신장시키기 위한 목적의식적 여성단체의 활동을 통해 나타났다. 1970년대에는 여성노동자, 농민이 생계를 책임지고 현실 경제의 지난함과 부딪히면서 자신들이 여성이라는 성 차별로 인해 더욱 핍박받는다는 것을 발견하였다. 이러한 자각이 생존권 투쟁과 연결됨으로써 여성 대중으로 확대되었다. 여성도 가정과 사회의 주인임을 깨달으면서 그동안 정부와 기업이 주도해 왔던 것에서 벗어나 영향력을 키우고 동등한 권리를 확보하고자 노력한 것이다.

또 다른 방향은 광복 이후 제정된 각종 법에서 여전히 작용하였던 봉건적 규범에 대하여 여성 스스로 자신의 현실과 위상을 자각하고, 성 차별 문제를 해결하고자 자발적인 조직을 구성하여 가족법 개정에 나선 것이다. 이 글은 광복 이후 1979년까지 30여 년 동안 여성이 자신의 지위와 권리를 확대하기 위해 어떠한 노력을 전개하였는지, 분단과 권위적인 정권, 사회경제적 구조의 억압을 극복하고 여성해방을 위해 어떤 시도를 하였는지를 여성 농민, 여성노동자운동, 가족법 개정운동을 중심으로 살펴보고자 한다.

여성운동의 분열과 재조정

일제 식민지 말기 국내의 민족운동이 지하화하면서 표면적으로 사라

졌던 여성운동은 1945년 광복과 더불어 상당수 여성단체가 결성되면서 당시 분출하는 사회운동에 활기를 더해 주었다. 그러나 초기 다양했던 여성단체의 이념적 지평은 미군정과 6·25전쟁을 거치고 단독정부 수립의 과정에서 대폭 축소되었다. 식민지로부터 독립하여 미군정을 거쳐 이승만 정부에 이르기까지 한국 사회의 지형이 만들어졌던 이 시기, 여성은 과연 어디에서 무엇을 하였는가? 일제강점기부터 존재하였거나 혹은 해방 이후 설립된 여성단체는 과연 여성의 권리와 이익을 확보하고자 어떻게 활동하였는가?

1. 미군정 시기의 여성

해방 전에 나타난 부녀 운동이란 사회적으로는 외국 종교인의 원조 혹은 종교인 단체에 의한 여자교육기관 등의 설립을 통하야 그 덕택을 일부 소수층에나마 미치게 하였다. 이는 일제의 여하한 탄압 밑에서 다수의 인재를 사회에 보낸 공적과 초기의 신문화 발전에 있어 약간의 기여가 있었든 것이다. 또 경제적 방면에 있어서는 조선 경제의 근대화 과정에서 많은 여성노동자의 사회적 진출을 '보게 되어 소위 방적공장 여공 사건을 통하야 민족해방 운동의 일환으로서 여성의 사회적 경제적 자각을 촉진시켰었다. … 그러나 이제 일제의 압박과 착취의 식민지 생활을 버서난 조선 여성들은 또 남성으로부터 해방되는 이중의 과업을 가지게 되어 그들의 요구와 주장을 내걸고 진정한 자기해방을 위하야 조국 민주화운동의 일 분야로서 다난한 투쟁을 전개하게 되었다.[2]

2 부녀 운동(1947), 『조선연감』, 조선통신사, 281.

1945년 광복과 더불어 국내 상황은 국가 건설 노선을 두고 좌우익으로 양분되어 갈등이 심화되었다. 여성단체도 여성문제보다는 국가의 장래에 우선적인 관심을 두고 이데올로기에 따라 대립하였다. 좌우익 통합단체였던 '건국부녀동맹'이 좌익 계열의 '전국부녀총동맹'과 우익 진영의 '전국여성단체총연맹'으로 분열되었던 것이 그 대표적인 사례다.

미군정은 사회 개혁보다는 사회질서를 유지하기 위한 현상유지적인 보수적 경향을 띠었다. 따라서 사회변혁적인 좌익계의 여성운동은 미군정의 개입으로 불법화되었고 여성운동을 지휘했던 인물들이 체포되고 월북하는 등 점차 와해되었다. 반면 우익 진영은 반공이념을 내세우며 친미적인 성향을 드러내는 활동을 전개하면서 미군정의 보호와 지원[3]을 받았다. 미군정에 의해 시작된 최초의 여성정책은 근대적 개념에 기초한 '개인'이나 '시민'으로서의 독립적 여성이 아니라, 가족의 삶에서 규정 받는 아내, 어머니, 딸을 총칭하는 '부녀자'를 대상으로 한 정책이었다.

'독립국가 건설'을 목표로　광복 직후 여성운동은 일제의 억압 속에서도 이어져 온 '근우회' 등이 뿌리가 되었으며, 자신의 목소리를 사회에 반영하고자 노력하였다. 건국준비위원회의 전국 조직에 참가하면서 새로운 국가 건설에 한몫을 담당하고자 하였다. 1945년 8월 17일 좌우익 여성 지도자들이 모두 모여 '건국부녀동맹'을 결성하였다. 당시 여성의 유일한 대표 조직으로 탄생된 건국부녀동맹은 정치적·이데올로기적인 입장에 관계없이 각계각층의 여성운동가가 모두 참여하였다.

우리 여성 대중은 전민족의 해방과 함께 자유의 길로 돌진하려 한다. … 우리는 완전한

3 여자 국민당 주최 1946년 5월 31일 전국여성대회와 독촉애국부인회 주최 1946년 6월 20일 전국부인대회 및 전국부녀단체총연맹 결성시에 미군정 대표인 러취 군정장관과 하지 중장의 축사가 있었다.

해방을 위하야 한번 더 돌진하자! … 우리는 우리 여성의 해방을 완성키 위하여 굳은 단결과 많은 노력을 하지 않으면 안 된다. 현재 당면한 우리 조선의 전국적 문제가 완전히 해결됨에 의하야서만 그의 일부분인 우리 여성문제가 비로소 해결될 것이며, 동시에 우리 여성문제가 해결되지 않으면 전국혁명 문제가 또한 해결되지 않을 것이다. 우리 여성은 전 국민 해방을 목표로 한 전면적 투쟁에 적극적으로 참가하야 여성해방의 대업을 완성하자.[4]

미군이 진주하기 이전에 결성된 건국부녀동맹은 취지문에서도 알 수 있듯이 기본적으로 건국을 위한 여성의 조직 기반을 확립하려는 것이었다. 유영준, 박순천, 정칠성, 황신덕, 유각경, 허화백, 노천명 등이 중요 발기인이 되어 "조선 부녀의 유일무이한 대표적 집단 조직으로 조선 부녀가 사회, 정치, 경제, 문화의 각 영역에 있어서 동일한 이해와 목표를 지니고 있기에 분열과 항쟁을 분쇄하고 전 부녀의 통일"을 기할 것을 목적으로 결성되었다. 건국부녀동맹은 강령에서도 여성의 단결을 확고히 하여 남녀평등을 보장하는 독립국가 건설에 참여하고 조선 여성의 의식 계몽과 질적 향상[5]에 노력할 것임을 천명하였다.

건국부녀동맹은 여성해방과 자주국가 건설이라는 두 마리 토끼를 잡고자 좌우익 통일전선을 구축하였지만 내부적으로 이념의 벽을 뛰어넘지 못하고 한 달만에 분열되었다. 좌익이든 우익이든 민족주의적인 입장에서 다함께 통일된 독립국가를 갈망하여 만들어졌던 건국부녀동맹은 분단이 가속화되는 상황에서 그 한계를 노정하였다. 친일 경력이 있거나 미군정의 반공정책에 호응하는 우익계 여성 지도자가 이탈하면서 좌익계만 남은 건국부녀동맹은 1945년

4 건국부녀동맹 선언, 『해방전후회고』, 8 · 15 해방일주년기념출판, 1946, 165.
5 건국부녀동맹(1945), 『조선의 장래를 걱정하는 각정당 각단체 해설』, 여론출판사.

黨名　建國婦女同盟
場所　京城府 中央女子商業學校內

建國婦女同盟

綱領

一　朝鮮女性의 政治的·經濟的·社會的 解放을 期함
二　朝鮮女性은 朝鮮을 堅固히 하고 完全한 獨立國家建設에 一翼이 되기를 期함
三　朝鮮女性의 意識的啓蒙과 質的向上을 期함

行動綱領

一　男女平等의 選擧及被選擧權을 主唱한다
二　言論·出版·集會·結社의 自由를 찾자
三　女性의 自主的 經濟生活을 確立하자
四　男女賃金差別을 撤廢하자
五　公私娼制及人身賣買를 撤廢하자
六　母性保護에 對한 社會的保護施設을 實施하자
七　女性의 大衆文盲과 封建的因襲을 打破하자
八　우리는 創造的인 女性이 되자

建國婦女同盟

宣言

이어려운 時期에 處한 우리 女性大衆은 全民族의 解放과함께 自由의自立 突進하여야만 된다.

... 日本帝國主義의 植民地의 羈絆으로부터 解放케되었다.

... 우리는 完全한 解放을 爲하여 ...

綱領

우리 女性은 全國民的인 問題와 더불어 女性問題가 ...

우리의 女性은 金科民海放을 ... 目標한 發展的인데나가야 女性解放 ...

건국부녀동맹 강령 및 행동강령(1945. 8)

12월 '조선부녀총동맹'으로 재편되었고, 여성운동은 이념의 차이에 따라 점차 평행선을 달리기 시작하였다.

'해방된 조선'의 여성으로　조선부녀총동맹은 해방된 조선의 여성이라는 정체성을 분명히 하면서 사회변혁적인 여성운동의 지향성을 강하게 드러냈다. "부녀 대중이 일제에 의해 가장 심각하게 희생된 층이며, 조선 민족의 사명인 일제의 잔존 세력과 봉건제에 대한 단호한 투쟁 없이 민중의 완전한 해방은 있을 수 없고, 부녀 대중의 해방 없이 조선 민족의 완전 해방이 없다"[6]고 주장하며, 여성운동의 방향과 입장을 밝혔다. 조선부녀총동맹은 창립선언문에서 여성이 해방되기 위해서는 가장 진보적이고 민주적인 국가 건설이 전제되어야 함을 강조하면서 평등한 인간으로서 여성이 적극적으로 사회에 참여할 것을 촉구하였다.[7]

이처럼 조선부녀총동맹은 광범위한 여성 대중의 이해와 요구 위에 진보적인 민주주의 국가 건설을 위한 여성운동의 방향을 제시하면서 정치 투쟁에 주력하였고 대부분 조선공산당과의 관계 속에서 활동을 전개하였다. 급진적인 사회주의 여성 지식인의 공허한 구호가 아니라 여성 대중의 이해와 요구에 근거하여 구체적인 여성해방운동의 요구 사항을 내세우며 모든 계층의 여성을 아우르고자 하였다.[8] 이에 조선부녀총동맹은 전국 각 도에 총 지부를 두고 각 시·군·읍·면 등 마을 단위와 공장 단위의 분회를 조직의 근간으로 삼았다. 유영준이 중앙집행위원장을 맡고 정칠성과 허화백이 부위원장을 맡아 당시 여성 인구의 10퍼센트에 해당하는 "맹열 여성 200만을 확보하자"는 기치하에 전국적인 조직을 꾸리고자 하였다.

6 이승희(1991), 『한국여성운동사연구』, 이화여자대학교 박사논문, 61~68.
7 김남식(1988), 『남로당연구자료집II』, 돌베개.
8 손덕수, 한국의 현대 여성해방운동의 실태와 전망, 『여성문제연구』, 107~108

조선부녀총동맹은 1946년 전반기에 총 지부 150여 개, 맹원 80만 명에 육박하였다.

조선부녀총동맹은 여성운동의 주요 과제로 토지개혁을 주장하였다. "조선 부인의 절대 다수를 이루고 있는 농부 부인의 생활이 토지문제의 민주주의적인 해결에 의하여, 부인도 토지를 소유하여 경제적 권리를 갖게 되어 해방될 것"[9]이라고 보았다. 또한 노동자, 농민, 일반 근로여성은 완전한 해방을 위해 일본 제국주의 잔존 세력의 일소와 친일파, 민족반역자를 제거해야 한다고 하면서, 여성운동의 궁극적인 목표를 국가 건설에 두었다. 구체적으로 16개 항에 달하는 요구에서 봉건적인 인습과 질곡에서 여성을 해방시키는 상당히 진보적인 여성정책의 방향을 제시하였다. 공·사창제의 폐지, 여성의 문맹퇴치, 임금과 교육 차별 철폐, 봉건적 결혼제 철폐 등 여성문제의 해결은, 인간의 얼굴을 한 사회주의 계급해방을 통해 완성될 수 있다고 보았다. 특히 국가 부담으로 탁아소를 설치하고 성에 의한 봉건적 차별을 철폐하자는 미래지향적인 여성해방운동의 내용도 제시하였다.

이렇듯 자본주의 체제를 부정하는 조선부녀총동맹의 여성운동은 사회해방과 여성해방을 동시에 달성하려는 것이었다. 조선부녀총동맹은 식민지 시기 사회주의 여성운동과 연결되었으며 이념적으로도 민중 여성의 생존권 투쟁에 초점을 맞추어 일반 여성 대중을 축으로 하는 운동을 전개하였다. 이들은 각종 정치 집회에 참여하거나 유인물을 살포하고 유격대 투쟁을 전개하였으나, 결국 사회주의계에 대한 미군정의 탄압으로 1947년 2월 '남조선민주여성동맹'으로 축소·약화되었다.

1947년 7월 북한 임시인민위원회가 여성동

9 박진홍, 민주주의와 부인, 민주주의민족전선 엮음, 『민주주의 12강』, 261~262.

등권을 채택한 직후 남조선민주여성동맹은 남한 사회에서도 동등한 법률을 쟁취하기 위한 단초를 마련하고자 전단을 배포하였다.

북한에서 여성들은 남자들과 동등한 권리를 얻었습니다. 그 곳에는 여성매매, 강제결혼, 조혼, 다처제와 매춘이 금지되었습니다. 그곳에서 여성들은 일을 가지고 있고, 남자들과 똑같은 월급을 받고 있습니다. 여성은 자유롭고 동등한 것입니다. 우리도 남한에서 그와 똑같은 법률을 확실하게 쟁취합시다. 우리는 더 이상 예속과 굴종, 암흑 속에 남아 있기를 원치 않습니다.[10]

남조선민주여성동맹은 미군정장관 러취와 사법부장 김병로에게 남녀평등에 관한 건의안을 제출하기도 하였다. 선거권에 있어서 남녀동등권, 노동사회적 보험 및 교육에 있어서의 남녀평등권, 자유결혼 및 이혼, 상속권에 있어서의 남녀동등권 등 기본적인 평등권만이 아니라 결혼과 가족, 노동 분야를 포함한 모든 분야의 민주적인 입법을 촉구하였다. 또한 남조선민주여성동맹은 3월 8일 세계 여성의 날을 기념하면서 "소련처럼 남녀 똑같이 일하고 똑같이 임금 받을 날이 언제인지"를 토론하였다. 해방 후 비록 짧은 동안이지만 남조선민주여성동맹은 남녀평등권을 보장하는 구체적인 사회 개혁운동을 제창하였다.

반탁 시위에 앞장서는 여성   건국부녀동맹에서 탈퇴한 우익 여성은 1945년 8월 '대한여자국민당'을 결성하면서 "전국민적 요구에 의해 실현된 정체를 지지하고 남녀의 평등한 권리를 주장"[11]하였다. 그해 9월에는 유각경, 박원경, 김혜경 등이 '한국

10 파냐 이사악꼬브나 샤브쉬나(1996), 『1945년 남한에서』, 한울, 265.
11 『여성문화』 창간호, 1945. 11, 477.

애국부인회'를 결성하였다. 우익 진영의 몇몇 여성 지도자는 해방 직후 친일활동에 대한 신변의 불안을 느끼고 위축된 상태에서 건국부녀동맹에 가담하였다가 다시 별도의 조직을 만들면서 신탁통치에 반대하거나 남한 단독선거에 여성의 투표참여를 독려하는 등 단독정부 수립에 적극 참여하면서 힘을 키워나갔다.

> 우리의 독립의 대업을 완성함에는 허다한 형극의 길을 돌파하여야만 된다. 여성 대중이여! 이 민족 전체의 행복과 번영을 위하여 분골쇄신의 정신으로 우리의 총역량을 집결하여 분투노력하자. … 안으로는 독립국가의 완성 운동과 밖으로는 세계 신질서 건설에 협력하자. … 이에 우리 동지들은 이념을 합하여 별항의 강령을 세우고 넓히 삼천리 근역에 외치나니, 동지여! 단결하자. 우리의 국가를 반석 우에 재건하기 위하여 분투하자. 우리의 신념을 투철하기 위하여 노력하자. 우리의 지위를 향상시키기 위하여 이에서 비로소 반도강산은 우리 자손만대의 낙토가 될 줄 확신한다.[12]

이러한 선언하에 한국애국부인회는 건설되었고 자아향상을 도모하고 여권을 확충하여 남녀가 함께 하는 민족공영의 사회건설[13]을 강령으로 내세웠다.

1946년 4월 한국애국부인회는 그해 1월에 만들어진 독립촉성중앙부인단과 통합하여 '독립촉성애국부인회'를 결성하였다. 독립촉성중앙부인단은 반탁 국민대회에 참가하고 반탁 부녀 시국강연회를 개최하면서 반탁 시위에 앞장섰다. 이승만의 독립촉성국민회의 산하단체로서 그의 정치적 입장을 추종하고 반공을 내세운

12 한국애국부인회 선언, 『해방전후회고』, 8 · 15 해방일주년기념출판, 1946, 166.
13 매일신보 1945. 9. 13.

韓國愛國婦人會

宣言

우리朝鮮民族이 自由의길을獨步할날부터 暗黑에서 光明으로 壓迫에서解放
으로 再往猛進하자 그러나 오히려 우리의前途는 多難하며 荒凉
하다 우리의獨立의大業을完成하려는 許多한荊棘의길을 突破하여야만된다 女性大
衆이여 우리民族全體의幸福과繁榮을爲하여 粉骨碎身의精神으로 우리의總力量을集
結하여 奮鬪努力하자 聯起하며 女性同志여! 獨立國家의完成運動과
밖으로는 世界新秩序建設에協力하자 女性同志여! 안으로는
이에 우리同志들은 理念을合하야 別項의綱領을 세우고 넓히三千里彊域에걸쳐
나니 同志여! 團結하자 우리의國家를 磐石우에 再建하기爲하야 奮鬪하자 우
리의信念을 透徹하기爲하야 努力하자 우리의地位를 向上시키기爲하야 이에서
비로소 半島江山은 우리子孫萬代의 樂土가될틀 確信한다

綱領

一, 智能을啓發하여 自我向上을期함
一, 民族共榮의社會建設을期함
一, 女權을擴充하여 男女共立을期함

大韓獨立促成全國靑年總聯盟

宣言文

우리靑年은 正義에죽고眞理에산다
微妙한國際環境과 險惡한國內情勢는 우리의唯一한念願인
自主獨立國家의急速成就를期하며 祖國의獨立을遲延시키
고있다 우리의悲壯을이미刻苦한努力을傾注하야왓거니와 祖國의危機를打開할者
오즉─ 靑年뿐임을自覺한 우리靑年은總蹶起하였다
이에國際列强과 提携하야 民主主義原則에依하야 自主獨立國家의急速成就를期하며
萬民共生의 均等社會建設에邁進하야 悠久한韓國家百年之計를摶立코저한다 따라서
우리는 民族自決主義에立脚한 民族協同戰線의强固한結成을 同胞에게要請하는同時
여人類의自由와平和를 聯關하는 모든形態의階級獨裁와 封建的殘滓에對하야 最後
一人까지 强力한鬪爭이있을뿐이다
우리들이머섰다 우리의앞에는 다─만鬪爭과勝利가있을뿐이
다 이에宣言한다

綱領

一, 우리는殉國熱情으로 祖國의完全自主獨立戰取를期함
一, 우리는祖國의光復을盟誓코
다 이에宣言한다
綱領

위 | 한국애국부인회 선언
아래 | 애국부인회 강령

韓國愛國婦人會

黨名　韓國愛國婦人會
場所　京城府仁寺町禮拜堂

綱領

一, 智能을啓發하야 自我向上을期함
一, 民族共榮의 社會建設을期함
一, 女權을擴充하야 男女共立을期함

部署委員

委員長　　兪珏卿
副委員長　梁漢拏
總務部長　朴源炅
庶務部長　李桂媖
文化部長　李瑪利正
地方部長　朴孝德
宣傳部長　崔以權

다양한 활동을 전개하였다. 독립촉성중앙부인단은 "국가의 자주독립을 촉성하고 여성의 지위 향상을 도모하며 세계 평화에 공헌함"[14]을 강령으로 내세우며 독립촉성애국부인회로 재정립되었다. 독립촉성애국부인회는 우익 진영의 대표적인 여성단체로서 친미적인 정치 성향을 통해 남한 사회의 지배적인 여성단체로 자리잡아 갔다. 이들은 반탁운동의 선봉에 서서 반탁성명을 발표하고 신탁통치배격여자대회를 개최하고 미군정청 앞에서 반탁결의대회를 여는 등 시위를 통해 반소반공의 성격을 적극 표명하였다.

1. 우리는 조선 완전독립을 희망하며 또 여하한 탁치제에 대하여서도 반대한다. 특히 소련서 주장한 일국신탁제를 반대한다. 우리 조선 부인은 일본 군국주의 질곡에서 해방시켜 준 미국 우방에 감사한다. 우리 장래는 미국 우방의 쌍견에 달렸다. 만일 미국 우방이 우리를 원조한다면 적색 제국주의에 투쟁할 결심이다. 2, 3천만 조선 사람은 막부3상회의에서 결정된 여하한 형태의 신탁제도 수락할 수 없으며 만일 우리에게 과하게 된다면 제3차 대전의 씨를 뿌려 줄 것이다.[15]

1946년 11월 미군정 부녀국을 포함하여 대표적인 우익 여성단체들이 전면적으로 통합하려는 움직임이 나타났다. 기존의 독립촉성애국부인회, 대한여자국민당, 불교여성총연맹, 가톨릭여자청년연합회, 여자기독교청년회, 천도교내수회, 독립촉성여자청년 등 8개 단체가 통합하여 '전국여성단체총연맹'을 결성하였다.[16] 여기에 모인 대부분의 여성 지도자는 일제 말기 식민지배 정책에 가담

14 서울신문 1946. 1. 13.
15 동아일보 1946. 1. 13.
16 이승희(1994), 『한국현대여성운동사』, 백산서당, 70~71.

신탁통치에 반대하는 여성(조선일보 1946. 1. 2)

하였거나 학도병의 전쟁 참여를 독려했던 인사들이었다. 전국여성단체
총연맹은 강령에서 자주독립과 남북통일 및 민족의 단결, 나아가 세계
여성과 제휴하여 인류평화에 공헌할 것을 전면에 내세웠다. 전국여성단
체총연맹이 가장 활발한 활동을 전개했던 것은 단독선거가 실시되면서

부터다. 총선거법에 대한 해설 강연회를 통해 총선거에 여성의 참가를 촉구하였고, "새 국가 건설에 여성도 한 몫을 담당해야 한다"고 주장하며 여성대표자를 국회에 보내어 여성의 권리를 찾자고 하였다. 여성의 권리를 찾기 위하여 "총선거는 여성을 부른다", "나라를 세우는 한 표, 여성은 여성에게" 등을 주창하였다.[17]

1. 우리는 조국의 자주독립을 위하여 주의주장을 초월하여 동일한 노선을 취하기로 함.
2. 우리는 민생의 활로를 개척하기 위하여 협동단결하여 산업건국의 최선의 방법과 최대의 역량을 집결하기로 함.
3. 우리는 각자 단체가 상호존중하며 사업에 협조하기로 함.
4. 우리는 여성의 지위 향상을 도모하며 인류사회에 공헌함을 기함.[18]

이러한 4개 항의 결의문을 통해 전국여성단체총연맹은 남한 사회의 중요한 여성단체로서의 위상을 강화하여 나갔다. 전국여성단체총연맹은 이승만과 한민당 계열의 정치적 입장에 따르면서 신탁통치 반대와 남한 단독정부 수립을 지지하는 데 여성을 동원하였고 결과적으로 단독정부 수립에 일조하였다. 그들은 여성의 선거권을 활용하여 여성의 지위 향상을 도모하기 위해 5·10선거에 여성을 동원하는 데 적극 앞장섰다. 미소 공동위원회가 열리기 전에 남한 사회의 우익 여성 세력을 결집하면서, 동시에 이승만의 정치적 입지를 공고히 하고 자 선거 계몽사업에 주력하였다. 문맹 여성을 대상으로 전개되었던 한글강습을 통해 선거에 참여하도록 독려하였으며 1947년에는 단독정

17 신영숙(2000), 해방 이후 1950년대의 여성단체와 여성운동, *Journal of Women's Studies*(15), 125.
18 동아일보 1946. 11. 16.

부 수립을 지지하는 운동에 총력을 기울였다.

이에 이승만정권 수립 후 김활란, 박순천 등 여성 지도자는 정부의 요직에 등용되었고 정계 · 교육계 · 여성계의 대표적인 지도자로서 여성운동을 주도했다. 그들이 이끄는 여성단체는 정권과 공생관계를 유지하면서 관변단체로서의 특색을 띠었다.

이처럼 광복 이후 미군정 시기의 여성운동은 전체적으로 사회운동의 연장선상에서 국가건설문제, 좌우익 이념문제에 집중하였다. 이러한 혼란스러운 사회 분위기 아래 예측하기 어려운 심각한 이데올로기의 소용돌이를 겪으면서, 광복 초기 여권론에 기반한 여성운동은 한계에 직면하게 된다. 좌우익 여성운동이 1945년 말과 1946년 초에 각각 조직을 정비하면서 첨예하게 대립하는 가운데, 1948년 3월 이념적으로 중도를 견지하는 자주여성동맹, 애국부녀동맹, 불교부인회, 천도교부인회, 건인회부인부, 한독당부인부, 근민당부녀부 등 7개 여성단체[19]가 중심이 되는 여성운동이 제기되었으나 결국 이승만 단독정부가 구성되면서 입지가 대폭 축소되었다.

좌익 여성운동의 경우 여성의 정치적, 경제적, 사회적 완전 해방을 목표로 진보적인 국가 건설에 여성 대중이 적극적으로 참여해야 하며 사회적 모순을 해결하는 것을 선결과제로 삼았다. 그러나 우익 여성단체들은 국가 건설에 여성도 참가하게 해달라는 진정을 하거나 여성 지도자의 육성을 통해 정치에 직접 참여하는 방식을 선호하였다.

2. 단독정부 수립과 여성단체

1948년 8월 대한민국 정부 수립과 9월 북한 정권의 등장은 이념이 다른 두 체제로의 분단

19 경향신문 1948. 3. 18.

을 고착화시켰다. 미군정기를 지나면서 여성운동도 좌익과 중도파가 소멸되고, 친미적이고 반공적인 여성운동이 주류를 형성하였다. 대부분의 여성단체가 체제유지적이고 친미적이며, 친정부적인 단체로 관변어용화되었다.

    '강력한 국가는 깨달은 어머니로부터' 제3세계 성 연구를 보면 국가적 정체성을 형성하는 데 중요한 정치적인 행위자로서 여성의 어머니로서의 역할을 강조하고 있음을 살펴볼 수 있다. 당시 한국 사회에서 혹은 여성단체 스스로가 강조한 것은 여성의 중요한 임무로서의 '모성'이었다. 이러한 차원에서 당시 여성들은 '국가의 어머니'로서의 역할을 일차적으로 부여받고 있음을 살펴볼 수 있다. 대한여자국민당의 결성 목적의 하나도 좀 더 잘 살기 위하여 위대한 아내와 어머니가 될 것을 선언하고 있다.[20]
    이승만 부인인 프란체스카를 고문으로 결성한 대한여자국민당은 사실상 정당이라기보다는 이승만을 지지하는 사회단체의 성격을 내포하였다. 당시 남한 사회 대부분의 우익 여성단체와 여성 지도자는 이승만의 정치적 입장을 따르면서 수혜를 받고, 정치적 선전과 동원에 이용되었다. 1950년대 여성문제에 대한 인식은 사회 전반의 변화를 이끌어내지 못했고, 결국 대부분의 여성단체가 정권에 편의적으로 동원되는 체제로서 기능하였다. 일제강점기 친일적인 교육계몽 활동과 미군정하 친미반공적인 활동의 연장선상에서 여성명망가들을 중심으로 친정부적인 단체로 구성되었다. 당시 주류 여성단체의 경우 가부장제적인 성 윤리의 모순을 타파하기 위한 진보적인 입장을 제시하지 못했다.
    1948년 '대한부인회'는 다음과 같은 강령하

20 대한여자국민당, 『참고자료: 국회교섭단체의 변천과 각 주요정당사회단체의 소장, 그 정강, 정책, 당헌』, 민의원사무처, 1957, 88.

女子國民黨

主義

우리는 朝鮮女性의 實質을 向上하며 政治 經濟 社會的地位를 確保하야 우리民族國家建設의 基礎가 되기를 期함

綱領

一, 우리는 全國民의 要求에 依하야 實現된 政體를 支持한다

二, 우리는 男女平等權利를 主張한다

宣言

三千里錦繡江山 半萬年빛난歷史를가진 우리朝鮮 三千萬同胞는 三十六年동안 어울한게도저흘쇠 奴隷의 歷迫으로말미암아 忠臣烈士의피르 얼마나흘엿던가 內外各地에서 우리民胞를爲하야 春風秋雨四十年동안 惡戰苦鬪하면 先覺鬪士諸位의피와 땀의結晶이 ᄯ머어이江山에 自由의鐘소리가坊坊谷谷을 울니엇다 따라서 美華英蘇諸國의 人類平和의協助가 오늘의結果를招來하엿것이다

(一) 一致團結하자 우리는 新政府를擁護하고 政治的自由가 發育되는것이다 그러나 過去의부고러운歷史는 잘라온 오모지 政治의自由가업는國民 죽은生命이다 다시는反復하지말자 完全한우리의獨立을確保하려면 다만우리 團結을約束하자 外人의策助와 離間에넘어가게말라 團結은우리의金生命이다 擁護한 里江山은 우리의祖國이오 우리民族의것이다 單일이매 職場을머리고 彷徨하는省 가잇다면 그얼마나痛嘆할일인가 우리는그보다멋倍의努力을아끼지말고 꾸준히健鬪 하여 새조선建設에拔礎가되자

(二) 偉大한 안해와이머니가되자 우리는 좀더잘할기爲하야 잘다를게알기爲하 새조선의偉大한 안해와어머니가되어야할것을 覺醒하자 職場을머리고 彷徨하 別偃과아들이잇다면 그들에게職場을 軍이지키게하고 獻安과 希望을주자 困 難한살活에도 웃음과젠거움에서 직셕하게 내家庭내洞里네나라를 忠誠을다하야 擁護하고 支持하자 偉大한 안해와어머니가업이는 偉大한人物이엿을수는업다 家

⋮

대한여자국민당 선언(1945. 9)

에 결성되었다. 이들은 국가를 위해 적극적으로 여성들의 힘을 모을 것을 강조하였다. 대한부인회는 좌익 여성단체가 거의 파괴된 후 만들어진 우익 여성단체의 통합 조직으로서 조직 결성에서부터 정비에 이르기까지 행정부서와 깊은 관련을 맺고 선거에 적극 개입하는 등 정치적 색채가 강했다.

1. 우리는 나라의 힘을 나라 위해 바치자.

2. 우리는 상애상조하여 국민문화를 세우자.

3. 우리는 우리의 지위를 향상시키자.[21]

이에 따른 주된 활동으로 생활개선과 문맹퇴치, 예의범절 교육, 불우여성 구호와 같은 봉사와 취미활동을 내세우며 남북통일이 될 때까지 일체 정치에 관여하지 않겠다[22]고 하였다. 이렇듯 정치와는 무관한 순수한 여성단체임을 표방하였으나 사실상 이승만정권 말기에 들어서는 정권과 더욱 유착하여 우익 정치운동에 여성을 동원하는 자유당의 부속단체로 변질하였다. 결국 여성의 사회적 지위 향상이나 여성문제 해결보다는 정권의 요구에 따라 여성에 대한 반공교육과 정부선전과 같은 활동을 전개하였다. 이에 4·19혁명 직후 대한부인회 간부가 부정선거 혐의로 투옥되는 등 당시 대표적으로 여성단체의 굴절된 일면을 보여 주었다.

또한 1950년 5·30총선에서 8명의 여성후보 중에서 자유당의 후원하에 당선된 김철안은 "따뜻한 어머니의 손길로 사회문제를 해결하자"고 주장하면서 여성 생활개선과 국가발전에 동시에 기여하고자 하였다.

이 나라의 여성은 현하 시국을 정시하고 대한의 미풍을 견지하여 삼일정신에 귀의하고 조국통일 완수에 단결해서 현모양처의 바탕을 가진 우리들은 앞날에 닥쳐오는 생활의 향상과 개선에 노력할 것을 재삼 강조하고 싶다.[23]

1958년 고황경, 황신덕 등이 발기하여 세운

21 대한부인회 강령, 『참고자료: 국회교섭단체의 변천과 각주요정당사회단체의 소장, 그 정강, 정책, 당헌』, 민의원사무처, 1957, 203.

22 한국부인회총본부, 『한국여성운동약사: 1945~63년까지 인물중심』, 한밤의 소리사, 1986, 24~25.

23 김철안(1954), 여성민의원의 백서, 『여성계』 1954. 1, 82~85.

大韓婦人會

綱領

一, 우리는 나라의 힘을
　　나라 위해 바치자
二, 우리는 상애상조하여
　　국민문화를 세우자
三, 우리는 우리의 지위를
　　향상 시키자

大韓婦人會 會則

第一章 總則

第一條 本會는 大韓婦人會라 稱함
第二條 本會는 總本部를 首都에두고 特別市에 市本部 道에 道本部 區市郡에 支部 邑面에 支會 洞里에 分會를 둠

⋮

대한부인회 강령(1946. 9)

'대한어머니회' 역시 "강력한 국가는 깨달은 어머니로부터"라는 슬로건하에 "어머니의 경제적·사회적·문화적 자질을 향상시키고, 공익 사업을 펼쳐서 복지 사회 건설에 이바지" 함을 목적으로 여성의 국가정책에의 참여를 강조하였다. 예를 들면 1952년 5월 8일 제1회 어머니 날 기념행사에 '다산多産 어머니'를 표창하는 등 국가가 장려했던 가족계획사업에 활발히 참여하였다. 이처럼 어머니로서의 역할을 강조하면서 여성 권리보다는 국가와 정권의 활동 목표에 헌신하고 희생하는 여성상을 강조하였다.

전쟁고아와 미망인에게 희망을

6·25전쟁 이후 여성 생활은 더욱 열악해졌다. 전쟁과부, 기지촌 여성, 매매춘을 생계로 살아가는 여성이 생겨났다. 정부는 6·25전쟁으로 발생한 수많은 전쟁미망인에 대한 구호사업을 중요한 사안으로 인식하였다. 이에 이들을 부녀보호시설에 수용하여 구호하는 사업과 전쟁으로 인한 사회적 혼란과 생활난으로 여성이 매매춘으로 빠지는 것을 교도하는 사업이 우선적인 정책과제가 되었다.

여성단체 역시 이른바 요보호 여성을 위한 구호 활동에 앞장섰다. 예
컨대 대한여자청년단, 대한부인회, 불교부인회 등은 일선군인을 위문하
고 상이군인을 돕는 봉사활동을 전개하였으며, 전쟁고아 및 미망인을 돌
보는 봉사 사업이나 이들을 상대로 하는 시국계몽 강연을 개최하였다.
특히 이 시기 YWCA는 6·25전쟁의 대표적인 희생자로 여성을 규정하
고 이들을 구제하고 구호하는 일을 최우선 과제로 설정하였다. 전쟁 미
망인에게 직업교육을 통해 생계대책을 마련하도록 지도하였으며, 문맹
퇴치를 위해 공민학교를 열어 교육에 힘을 기울였다.

　　해방의 감격과 남북 분단의 혼란 중에 서울YWCA는 1946년 6월 재건총
　　회를 열고 중단했던 사업을 시작하면서, 새로운 사업을 계획하는 한편, 혼
　　란한 국민사상을 바로잡는 등 우리 사회에 산적한 과제를 해결해 나가기 시
　　작한다. 6·25전쟁으로 서울에서의 사업을 중단한 서울YWCA는 피난지 부
　　산에서 구호 활동에 주력한다. 우유 죽 배급, 상이군인 위문, 육군병원 방문,
　　전쟁 미망인 자립을 위한 재봉클럽 운영, 반공포로 방문 등 사업의 전부가
　　구호활동이었다. 전쟁이 끝나고 폐허와 다름 없는 서울에서 YWCA가 처음
　　시작한 일은 전쟁 고아를 위한 공민학교 문을 연 일이다. 글을 모르는 부녀
　　자를 위한 공민학교가 전통을 깨고 학령기의 남녀 아동을 학생으로 받아들
　　인 것이다.[24]

　6·25전쟁 전 이북에서 월남한 피난민의 생활대책을 위해 시작한 재
봉부 사업은 미망인을 위한 재봉클럽으로 확
대되어, 서울에서 '한국부인상조회'를 조직하　　24 1946~1959, 재건과 재도약의 힘찬 몸짓으
고 사업관을 건립하는 등 미망인 사업으로 더　　　　로, 『서울 YWCA 80년, YWCA 100년을 향하
　　　　　　　　　　　　　　　　　　　　　　　　　　여』, 2002, 32.

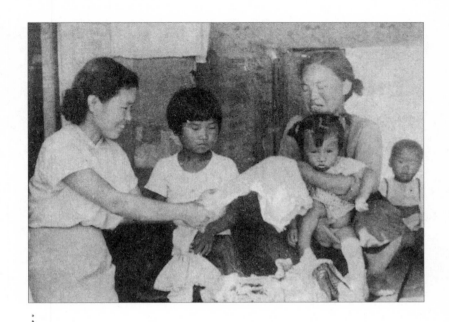

⋮
전쟁으로 부모형제를 잃은 고아들에게 구호품을 나누어 주는 YWCA

욱 발전하였다.[25]

　　1950년대는 정권지도부의 독재와 부패 탓에 정치불안과 사회혼란이
가중되었고 경제적으로도 무능하였다. 전쟁의 후유증은 여성을 가족의
생계담당자로 만들면서 가장을 잃은 부녀자의 생계대책과 이산가족의
문제가 여성문제의 급선무가 되었다. 이를 위한 여성단체가 속속 등장하
였다. 1953년에 설립된 중앙부인회, 1954년에 세워진 에덴부녀회, 1955
년 부녀보호사업전국연합 등이 그 사례다.

25 1946~1959, 재건과 재도약의 힘찬 몸짓으
　로, 『서울 YWCA 80년, YWCA 100년을 향하
　여』, 2002, 38.

　　(개성호수돈 여고 출신) 송효선은 해방 직후 서울로
왔으며, 그 와중에 남편과 사별한 채 세 딸의 어머

니로 살고 있었다. … 호수돈 여고 선후배들이 모여 제2대 주한 미대사 부인인 브릭스의 지원 아래 '중앙부인회'를 결성하게 되었는데, '모든 여성들의 중심이 되자'는 의미에서 '중앙부인회'란 이름을 갖게 되었다. … 중앙부인회의 출발은 조직 체계를 갖춘 단체라기보다는 삶의 공동체 형태였다. 전쟁으로 어려움에 처한 여성들 40여 명이 회원으로 구성된 전쟁 미망인들의 생활공동체였던 것이다.[26]

이처럼 전쟁 직후 많은 여성단체가 전쟁 피해에 대한 원호사업과 위생보건 및 생활개선 차원에 주력하였다. 1950년대를 거치면서 대부분의 여성단체는 전문직 여성 중심의 친목단체로 공동체적인 성격을 지니게 되었다. 여성단체가 본격적으로 사회 속에서 여성문제를 논하기보다는 준관료화되어 국가정책을 수행하기 쉬운 채널 역할을 하거나 정권의 필요에 따라 도구적으로 이용됨으로써 여성의 자생적인 정치적·사회적 의식을 키울 기회를 제한하였다.

여성적인 교양과 자질의 향상   1950년대 20여 개 안팎의 여성단체가 생겨나고 이들을 총망라한 '한국여성단체협의회'가 결성되었다. 그러나 5·16군사정변 이후 모든 단체가 해산되면서 군사정부에 의해 '재건부녀회'가 조직되는 등 기존의 여성단체는 새로운 상황을 맞았다.

1963년에 모든 사회단체의 등록이 다시 허용되자 많은 여성단체들이 새로이 설립되었다. 1950년대에 비해 1960년대는 기존의 여성단체를 포함하여 정부지원하에 새로운 여성단체가 조직되어 수적으로 두 배 이상의 성장을 보여 주었다. 산업화로 인한

26 뒤돌아 보는 여성중앙회 50년(1950년대), 『여성중앙회 50년사 — 중앙부인회에서 여성중앙회로 성장하기까지』, 사단법인 여성중앙회 (2003), 27~29.

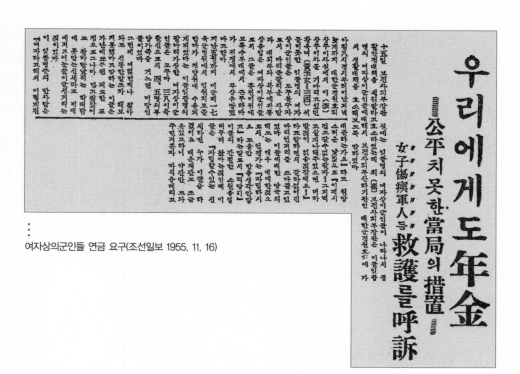

여자상이군인들 연금 요구(조선일보 1955. 11. 16)

도시화와 사회 분화는 여성의 사회 참여와 단체 활동으로 이어졌고 20여 개가 넘는 단체가 설립되었으며 국제적인 친선을 도모하는 곳도 등장하였다.

여성단체의 동향을 살펴본다면, 전국에 산재한 약 20여 개의 단체가 있기는 하나 YWCA를 제외하고는 전국적인 조직을 가진 단체는 '대한부인회'가 해체된 후 아직 발족을 보지 못하여 이 해의 미진한 숙제로 서운한 일이라 아니할 수 없었다. 그러나 지난 1962년 9월에 11개 단체의 통합체로서 '여성단체협의위원회'가 발족하고, 뒤이어 '보건사회부'와 '재건국민운동본부'의 협조로 제2회 전국여성대회를 개최한 것은 여성단체의 대표적인 행

사라 할 수 있을 것이다.[27]

그러나 여성단체의 대부분이 주로 서울에 기반을 두고 있었으며, 단체 활동의 성격 또한 극히 제한되고 보수적이었다. 이들은 주로 여성적인 교양과 자질 향상, 회원의 상호친목과 복리, 봉사 활동 및 국가발전을 위한 반공방위에 관한 홍보 활동 등을 전개하였다.[28] 많은 여성단체가 자녀 교육과 가정생활의 합리화, 현모양처로서의 여성의 역할에 관한 내용을 교육하였다. 단체의 조직적인 기반이 회원의 자발적인 참여나 재정 지원에 뿌리내리지 못하고, 일부 명망가 중심의 사적인 조직이 되거나 정부의 지원을 대가로 친정권적인 성격을 보여 주었다. 즉 여성해방이라는 뚜렷한 목표를 갖고 활동을 전개했다기보다는 사회에 대한 비판의식이 없이 해당 정부가 필요로 하는 사업을 추진해 주는 양상이었다.

이처럼 1960년대 여성단체는 뚜렷한 여성의식이나 권익 옹호를 위한 이익단체로서의 성격을 표명하지 못한 채 여성의 교양과 자질의 함양을 우선적으로 추구했다. 여성의 지위 향상이나 권리 주장을 요구하거나 사회적인 모순을 해결하려는 문제의식에서 기존 질서의 전면적인 변화를 요구하는 행동은 거의 나타나지 않았다. 1960년대 전반기는 사회운동의 침체기로서, 사회와 가정의 민주화를 위한 여성의 민권의식이나 여성의 노동권에 대한 인식이 활동 속에서 거의 드러나지 않았다. 특히 성차별주의와 가부장제 규범으로 인해 여성이 가정과 사회에서 불합리한 관행과 관습으로부터 자유롭지 못한 점에 대한 반대 그리고 노동할 수 있는 경제적인 권리를 보장받았지만 사회적 억압을 받는 것에 저항하는 움직임은 거의 찾아볼 수 없었다.

27 김순실, 활발했던 농촌의 부녀활동, 조선일보 1962. 12. 25.
28 이효재(1996), 『한국의 여성운동—어제와 오늘』, 정우사, 246.

한국부인회의 세제개정안 비판

    1960년대 전반에 걸쳐 서양의 여성운동과 여성의 정치 · 경제 · 사회적 지위 향상에 대한 노력을 소개하면서 우리나라도 남녀평등과 여성해방을 이루어야 한다는 주장이 제기되기도 했지만 당시 지도층 여성 인사는 단체 활동을 통해 개인의 사회적 지위와 명예를 추구하면서, 민중 여성의 삶에 기초한 여성해방운동에는 상대적으로 안일한 태도를 보였다.

산업화의 그늘과 농촌 여성

1960~1970년대 산업화 과정에서 근간이 된 여성 노동력은 농촌 여

성, 특히 나이 어린 가난한 가정 출신 여성들이었다. 가족의 생존과 가난한 가계 수입을 위해 여공으로, 버스 차장으로 사회에 진출하였다. 고도 성장의 그늘 아래 민중 여성은 저임금 구조 속에서 희생을 강요당하였다. 여성의 예속과 헌신에 기반한 가족주의는 가부장적 사회 구조를 뒷받침하는 이데올로기로서 여성을 저임금노동자로 착취하는 경제정책을 가능하게 하였다.

1960년대 이후 국가 주도의 급속한 대외 의존적인 산업화 과정에서 농촌과 여성 농민은 철저히 배제되었다. 여성은 1970년대 들어 새마을 부녀회로 상징되는 관제 조직을 통해 서서히 사회에 편입되면서, 가톨릭 및 개신교 등 종교단체의 사회운동과 진보적인 지식인운동, 청년학생운동 등의 영향을 받으면서 여성 농민운동의 움을 틔웠다.

1. 여성 농민운동

여성 농민운동은 '여성'으로서의 이해와 '농민'으로서의 이해가 맞물리는 중층적인 기반하에서 전개된다. 여성 농민운동이란 단순히 여성 농민이 농민으로서의 이해를 요구하면서 농민운동에 참여하는 측면을 넘어서 여성으로서 받는 부당한 억압에 대항하여 여성 농민만의 고유한 과제를 실현하기 위한 운동을 의미한다. 같은 농민이지만 여성은 남성과는 다른 위치에 있음을 인식하면서, 농민운동의 일반적인 과제 실현으로는 여성의 문제를 해결할 수 없다는 의식에 기반한다. 이러한 기준에서 볼 때 당시 농촌 여성이 전개한 자신의 권리와 이익을 담보하는 운동은 어느 수준이었을까?

자루 속의 감자 계급관계의 본질을 잘 알지 못하고 비조직적이며 혼란에 빠져 있는 농민들을 가리켜 마르크스는 '시골뜨기', '자루 속의 감자'라고 표현하였다. 공장 노동자들이 같은 시간에 출근하여 밀집한 공간과 일률적인 생산라인에서 공동으로 작업하고 함께 식사하고 퇴근하면서 공동의식을 키워가는 것과는 달리, 농민은 농촌의 노동과정상 개인주의적인 특성 때문에 생계유지가 가능한 경우 체제순응적이라는 것이다.

광복 이후 남한에 진주한 미군은 통제경제하에서 공산품에 비해 농업을 뒷전에 두는 경제정책을 펼쳤다. 농민은 권리와 구조 개혁을 요구하는 주체로 성장하지 못했고, 농촌 여성은 더욱이 사회운동의 사각지대에 놓여 있었다. 그럼에도 불구하고 그 시기 농촌 여성에게 당부하는 다음의 글을 보면 여성에게 경제문제에 적극적인 관심을 갖고 생산자, 소비자로서의 역할을 다할 것을 주문하면서 조합을 조직하고 힘들여 일을 해야 한다는 점을 강조하고 있다.

> 여러분께서 하실 일은 농촌여자소비조합을 조직하여서 비누, 성냥, 석유, 소금, 고무신, 필육 같은 것을 직접 도매상에서 사다 쓰시고 중간 상인에게 이익을 뺏기지 않아야 하겠습니다. … 앞으로는 우리 여자들이 경제문제에 적극적으로 관심을 가져야 합니다. 소비하는 것도 지혜스럽게 해야 하지만, 돈을 버러가며 하는 것이 더 지혜로운 것입니다.[29]

사실상 광복과 함께 진보 세력은 계급적 농민운동을 전개하여 '전국농민조합총연맹'을 조직하는 등 농민의 의식화에 노력하였다. 농민조합 이외에도 각종 청년, 여성조직에도 참가를 권유하며 인민위원회를 건설하였다. 이러한 농민운동의 조직화는 일

29 박인덕(1946), 농촌 여성에 드리는 말슴(下): 동리를 깨끗이 하고 경제에도 관심을 갓자, 『농민성보』 1(6), 1946. 10. 10.

제 말기까지 지하에서 활동하던 농민운동의 맥을 잇고 있었다. 이 시기 농민운동의 초점은 소작료 인하와 농지 개혁, 양곡수집 반대, 친일잔재 청산 및 미군정 관료기구의 억압적인 권력 행사에 저항하는 것이었다. 전국농민조합총연맹은 농민의 일상적인 생활에 기반한 경제 투쟁과 자주적인 국가 수립을 위한 정치 투쟁을 결합하는 등 좌파적인 편향성을 띠고 있었다.

결과적으로 미군정은 서울과 농촌 지역에서 농민운동 세력을 제거하기 시작하여, 단독정부 수립 이전인 1948년에 사실상 거의 무력화시켰다. 해방과 함께 전국에서 펼쳐진 농민운동은 단독정부수립 반대투쟁, 제주도 4·3사건, 5·10선거 반대투쟁, 여순사건을 거쳐 유격투쟁으로 넘어가면서 농민 대중과 유리되고 해체되는 길로 접어들었다. 한편 농지 개혁으로 농민이 토지를 소유하게 되면서 역시 혁명적인 농민운동과 자연스레 결별하였다. 이처럼 전국농민조합총연맹과 같은 계급적 농민운동은 미군정과 단독정부의 수립, 6·25전쟁으로 이어지는 분단국가 형성 과정에서 해체되고 말았다. 그 이후 오랫 동안 농민의 이익을 지키려는 자생적인 조직이 형성되지 못하고 관제화된 농민단체가 영향을 미쳤다.

경제력에 있어서 독립되지 못한 현하現下 우리나라의 농촌 부녀 노동자는 너무나 사회적으로 냉대를 받고 있다. 물론 독립국가의 부녀이고 남녀평등한 민주국가 부녀이므로 국가의 특별한 보호가 없어도 자립할 수 있다면 다행이겠지만, 아직 우리 처지로서는 농촌 부녀 노동을 적극적으로 지지 육성하고 부녀의 노동에 대한 진가를 지불케 하며 특유한 장점을 취택하고 체질과 체력에 적합한 노동에 종사토록 하여야 할 것이다.[30]

이처럼 1950~1960년대 우리 사회에는 농민운동이 거의 존재하지 않았다. 당시 농민과 관련한 교육 기관과 농촌개발단체가 있었음에도 농민운동으로 발전되지 못한 것은 농민문제에 관한 올바른 인식과 의식화된 농민이 없었기 때문이었다. 농민 권익을 신장시키기 위한 농민운동 대신 기술보급운동, 농민 교양교육 등의 형태만이 존재하였다. 그러나 저농산물 가격에 의한 도시와 농촌, 수출공업과 농업, 자본과 농민 간의 갈등이 심화됨에 따라 1970년대에 들어 농민이 서서히 운동에 동참하게 되었다.

특히 농촌 사회의 성 분업과 가부장적인 지배에서 여성 농민은 착취당하는 무임노동층이었다. 농가의 경제 상태와 여성의 농업 노동의 강도는 밀접한 관련이 있어서, 빈농의 경우 여성의 생산참여는 훨씬 더 강하게 요구되었다. 여성 농민은 가난하였고 가부장제적인 억압이라는 또 다른 사회경제적인 불평등문제를 안고 있었다. 봉건적 유제가 가장 많이 남아 있는 농촌의 가부장적 분위기는 여전히 남성의 지배와 여성에 대한 차별로 나타났다. 이는 농촌 지역의 남성과 여성의 노임 비교에서도 단편적으로 드러난다.

농협이 전국 70개 단위조합을 통해 조사한 '농촌 노임 임금 동향'에 따르면 1976년 9월 말 현재 전국의 1일 농촌 평균 노임은 남자가 1,916원급식물 포함, … 여자는 1,411원이다. … 여자는 제주가 1,700원으로 가장 높은 수준을 보이고 있고 가장 낮은 전남은 950원으로 제주의 55.8퍼센트에 지나지 않고 있다. 농촌 노임 중 평균 현금 지급 비중은 남자가 63.1퍼센트, 여자는 60.3퍼센트인 것으로 나타났다.[31]

30 송종호(1955), 우리나라 농촌 부녀의 노동 문제―남녀공동작업반은 금만항평야에서 시작되다, 『협동』 52, 대한금융조합연합회, 1955. 10, 55.
31 농촌 노임 지역차 심해, 조선일보 1976. 11. 28.

"시카고"에
十四個國代表

第二十八回
世界四H大會參加

韓國四H實情을
堂々이 宣揚

시카고에서
李晟歡先生報告

社團法人 京畿道廣村靑年俱樂部 会長閔滋王印事의 信任狀을 全美四H俱樂部 後援会에 郵送하였으니, 그会의 年中行事인全美四H俱樂部代表大会에 招待를 받어 本人이 參席케 되었다.

今番이 第二十八回 全国大会이었으며 이大会에 參席한 代表者 總数가 二,〇〇〇名인데 그中 一,四〇〇名가령이 英洲四十八州四H俱樂部에서 嚴選된 優待한代表 男女와 하와이, 알라스카及 포트리코代表等이 였고, 그 남엇는 各洲四H敎導師代表와 指導者와 特別会員과 外国代表等이었다.

特히 大会에 国際部가 있어서 外国四H俱樂部代表도 參席케하는 特典을주고있다.
이번 大会에는 十四個国代表 二十余名이 슴席하였는데 그 国名을 列擧하면 이러하다.
瑞典、瑞西、丁抹其、노웨이 오수추리아、핀랜드、가나다、큐바、土耳其、니가라구야、코스타리키 우루과이、朝鮮、日本、等이 였다.

이 機会는 二十九年前全美国内 優秀한名連会社를 網羅하여 組織된것으로 그本部를 시카고에 設置하였섰다 이会의 根本目的은 四H俱樂部運動의 發展을 爲할뿐만 아니라 그 名稱과 如히 四H俱樂部運動의 發展을 完遂하기爲하어 二十八年前에 全美国四H俱

제28회 세계 4H대회 참가(『농청』 1950. 1)

당시는 여성 농민운동의 개념조차 성립되지 않은 척박한 상황이었다. 여성 농민문제는 농민운동을 복잡하게 하거나 부차적인 것처럼 여겨졌다. 여성 농민의 경우 교육 수준이 낮고 상대적으로 사회적 관심이 적다는 이유로 주로 가사 업무와 관련하여 생활개선, 육아, 보건 등에 집중되었다. 농촌 여성 자신도 사회적 존재로서 의식화되지 못한 채 폐쇄된 개별 가사활동의 수준을 넘지 못하였다. 농업 노동력의 절반 이상을 담당하면서 가사노동의 부담을 동시에 지고 있는 여성에게 육체적 부담과 경제적 부담은 계속 증가되었다.

이렇듯 농촌 여성의 낮은 노임은 여성 노동을 평가절하하였고, 그 근본적인 원인은 여성 농민이 생산자의 역할을 하고 있다는 사회적 합의가 부족한 데 기인하였다. 이러한 상황에서 농가생활의 합리화와 농촌 여성의 생활향상을 목표로 정부주도하에 4H운동의 농촌 소녀활동, 농사원의 부녀조직, 새마을운동하에 추진된 새마을 부녀회가 조직되었다. 주로 농촌 여성의 계몽과 생활개선에 관련한 부분이었으며 보건사회부 부녀과가 주도적인 역할을 하였다.[32]

'개척원', 상록수의 여 주인공으로

요즘 여성들의 사회진출이 부쩍 늘어가고, 또 그들이 이룩한 공로가 날을 더해 눈부셔 가거니와, 우리 농업협동조합에는 전국 44명의 여자개척원들이 농촌 지도의 사명을 도맡고, 농촌 부녀들의 어두웠던 과거를 일깨워 나가고 있다. … 도시에서 고등교육을 마친 지식 여성들, 그 불룩한 두 가슴엔 누구보다 달콤한 꿈과 낭만이 깃든 채, 활짝 피어난 처녀들이 무엇 때문에 화려한 도시 생활과 직장마저 내동댕이 치고, 농촌을 택했던 것일까?[33]

32 김순실, 활발했던 농촌의 부녀활동, 조선일보 1962. 12. 25(5면).

1957년 농업협동조합법의 공포로 이전의 조선농회, 농촌실행협동조합운동, 리동조합, 시군조합 등은 모두 해산되었다. 조합가입 운동을 시작으로 농민의 자발적인 참여를 바탕으로 한 자주적인 조직체로 운영하면서 농촌지도원제를 채택하여 영농생활개선지도를 담당하는 '개척원제'를 도입하였다. 이들은 농업경영, 생활설계를 비롯하여 농협지도사업, 농민지도이념, 농촌 부녀활동과 조직사업을 책임지게 되었다. 개척원은 원칙적으로 해당 군 출신자를 등용하여 향토개발의 책임을 가지고 농협운동의 최전선에서 활동하였다.

또한 1965년에 들어서는 '새농민운동'을 전개하여 농촌 근대화의 주체로 농민 스스로가 농촌운동의 선구자가 되는 데 목표를 두고, '새농민상'을 제정하여 고무하였다. 다른 농민의 귀감이 되는 동시에 지역사회 개발의 선도자를 만들기 위한 목적으로 만든 새농민상에는 별도로 '여성상'[34]과 '여성노력상'을 제정하여 농촌 여성들의 귀감이 되도록 장려하였다.

'개척원'이 기존의 읍면 단위에서 지도가 가능한 사람을 뽑아 중앙에서 교육을 시킨 후 출신 지역으로 내려가 낙후된 농촌 지역에 새로운 영농기술을 전수하고 기술 사용 방법을 가르쳐 주는 역할을 담당하였다면, '새농민' 역시 지역 농업을 선도하는 사람을 뽑아 다음 해 농업에 필요한 자금을 지원받으면서, '새농민회'에 소속되어 서로 정보를 교환할 수 있도록 만든 사례였다. 건강미 넘치는 부녀회원으로서 농협 준조합원인 새농민 여성상은 다음과 같은 자질을 갖출 것을 요구하였다.

33 소사리 계곡에 핀 한떨기 백합—강원도 횡성군 여자개척원 최인옥 양을 찾아, 『새농민』 1963. 11.
34 제1회(1966) 새농민상 중 여성상에 충북 괴산군 김갑순이 추천되었다. 1964년 마을부녀회를 친목계 형식으로 조직하여 공동위탁경영으로 높은 농가 소득을 올리고 생활개선사업에 주력한 공을 인정받았다.

생활 능력—의생활, 식생활 및 주택관리 등에 창의성을 가지고 개선해 나아갈 뿐만 아니라, 가정관리를 원활하게 잘 해 나아가는 여성; 노동 능력—전작관리가 가능할 뿐 아니라 남달리 높은 수익을 올리고 있는 여성; 생활 양식—봉건성을 탈피한 신생활 개선운동에 공헌이 큰 여성; 문화성—문화 보급운동을 이해하고 협조와 노력을 아끼지 아니하는 여성; 사회성—안으로는 가족제도의 합리화와 가정의 화목을 이루고 있을 뿐 아니라 밖으로는 준조합원으로서 조직생활 및 단체생활에 의욕이 있으며, 그 활동이 현저하다고 인정되는 여성[35]

지금까지 농촌 여성은 자녀나 기르고 가정에 얽매어 자주적인 생활을 못 해왔다. 따라서 교육도 제대로 받을 수 없었던 탓에 부녀들은 자연히 암담한 생활을 하지 않을 수 없었다. 이런 현실에서 농촌 개척의 사명을 띤 개척원들은 농촌 부녀들을 여러 가지 교육에 참여시켜서 합리적인 생활을 하도록 하여 부녀들의 지위를 높였다.[36]

또한 농번기에는 탁아소의 설치와 공동취사를 마련해서 바쁜 농삿일에 쫓기는 부녀를 도왔다. 더욱이 부녀들은 남자에 의존하여 자신이 영농상식을 습득하지 않으려 하는 경향이 있으므로 부녀농업의 지향을 위해 새로운 상식을 알려주는 데 노력하였다.

한국여성단체협의회에서는 소설 『상록수』의 여 주인공의 뜻을 받들어 1964년 지역사회 개발에 헌신한 여성을 해마다 한 명씩 선발하여 '용신봉사상'을 시상하였다. 제1회 수상자는 농촌운동에 30년 동안 헌신해 온 농협중앙회 지도부에 근무하고 있는 이한옥이었다.

35 새농민상 우리가 뽑읍시다—20만 원의 시상금을 걸고 「새농민상」, 『새농민』 1965. 2.
36 농촌은 여성지도자를 부른다—전국농촌부녀 지도자협의회가 가져온 것, 『새농민』 1964. 7.

농촌은 여성 지도자를 부른다—강원도 여자개척원 좌담회(『새농민』 1963. 3)

　　농촌 운동에 첫 발을 디딘 곳은 강원도 춘성군에서 문맹퇴치, 야간강습과 생활개선, 부업장려가 시작이었으나 "왜 우리나라 농어민은 가난한가?" 그 근본적인 원인을 캐어내겠다는 정열이 강릉, 양주, 화성군 등지에서 농업경영, 농가식량과 영양실태, 농가가정과 부녀자 생활에 대한 과학적이고 다각적인 실태조사를 완성시키게 했다. 1948년엔 경기도 시흥에다 손수 직조공장과 양말공장을 세워 부녀자들에게 부업과 기술습득에 힘써 온 여사는 '농협중앙회'로 초빙되기까지 한 3년간은 경기도 화성군 정면 덕절리에서 '농협이동조합' 지도육성에 힘써 오늘과 같은 모범 부락을 이룩케 하였다.[37]

　수동적이었던 과거의 농촌 여성이 이러한 조직 활동을 통해 지역 사회의 문제에 참여하고 지도적인 위치에 오르게 되었다는 점은 그 의미가 적지 않다. 물론 이 시기까지 여성 농민의 사회참여는 관 주도의

[37] 제1회 용신봉사상에 이한옥 여사, 조선일보 1964. 9. 22.

사업 수행을 위한 동원의 형태가 지배적이었다.

새마을 부녀회　1970년 4월부터 시작된 새마을운동은 초기부터 여성의 중요성을 강조하였다. 이른바 부녀 새마을운동은 정신개발사업, 생활개선사업, 소득증대사업, 가족계획사업 등으로 구분되어 정부의 지원하에 농촌 여성을 교육시키고 참여시켰다. 결과적으로 새마을운동은 농촌 여성에게 지역사회 참여 기회를 제공하였다. 농촌 부녀 조직의 형성 과정에서 주요 행위자였던 부녀회장이나 지역개발사업을 담당했던 여성개발요원이 여성 농민의 참여를 진작시키는 역할을 했다.

1972년 새마을 소득경진대회 연설에서 새마을운동을 성공적으로 발전시켜 나가기 위하여 유의할 사항 가운데 "부락의 부녀회원을 적극적으로 참여시키고 그들의 참여 의식을 높여주자"는 것이 포함되었다.

농촌 여성의 지위 향상을 위해 농촌 부녀회를[38] 조직하고, 이 조직 활동을 통해서 서로 의견을 나누며 세상 돌아가는 일에 관심을 가지면서 농촌 여성은 직·간접적으로 사회를 체험할 수 있었다. 부녀회는 지역개발 프로그램을 마을 단위에서 직접 실행하는 기능을 담당하였다. 동시에 부녀회는 농촌 여성에게는 근대적인 생활태도를 가르치는 교육의 장이며 다양한 생활정보를 제공하는 공간이 되었다. 이처럼 새마을 부녀회는 여성의 역할과 활동영역을 가정 밖으로 확대하여 공적인 영역으로 편입시켰다. 1960~1970년대 국가 개발 과정에서 만들어진 이러한 조직은 결과적으로 개발

38 1. 농촌 여성의 일반교양을 높이는 일 2. 농촌 문제를 알고 이해하는 일 3. 의·식·주 소비생활을 개선하는 일 4. 농사기술을 익히는 일 5. 가족계획 및 모자보건에 관한 일 6. 농가부업을 공동으로 하는 일 7. 구판장 운영하는 일 8. 저축사업(절미저축, 신용협동조합운영, 마을금고 등)에 관한 일 9. 공동취사장 운영에 관한 일 10. 농번기 탁아소 운영에 관한 일 11. 마을 건강 어머니회 운영에 관한 일, 12. 기타 부녀회의 목적을 달성하는 데 필요하다고 생각되는 일 등을 활동내용으로 하였다. 『농촌 여성의 조직활동』, 한국여성연구소 교육자료, 이화여자대학교 한국여성연구소, 1981, 18.

가내공업에 종사하는 부녀자 교육(『새농민』 1963. 5)

국가의 이해와 여성의 이해가 맞물린 농촌 여성의 새로운 생활공간이 되었다. 사실상 농촌에서 여성의 모임이 활발해진 것은 새마을운동이 전개되면서부터다.

1950년대 말에 출발한 비자생적인 농촌조직은 새마을사업을 추진하기 위한 조직과 통·폐합되면서, 새마을 부녀회는 새마을사업이 본격화 된 1970년대에 농촌 여성조직의 대명사처럼 인식되었다. 새마을 부녀회는 농촌 여성 스스로 만든 조직은 아니었지만, 가정생활에 실제적인 도움을 줄 수 있는 여러 정보를 공유하고 여성 간의 어려운 문제를 상담하는 공동체적 네트워크로 작용하였다. 뿐만 아니라 구판장사업, 부엌개량, 절미운동 등을 통하여 농촌 여성이 지역사회 발전에 적극적인 역할을 하도

여자 힘으로 이룬 농촌 혁명(조선일보 1975. 12. 11)

록 유도했다.

　이처럼 농촌 사회의 가족계획 및 여성의 문맹퇴치교육, 절미저축 등을 통한 저축운동이 이 조직을 통해 실시되었으며 나아가 공동취사장, 농번 기 탁아소 운영과 같은 농번기 여성 인력을 활용하기 위한 대책들이 수 립되었다.

구판사업, 부녀자들 손으로(1965. 2.)

새마을 부녀회의 조직 목적은 부녀 복지 향상과 건전 가정 육성, 지역사회 발전에의 공헌을 들고 있으며, 보사부의 새마을 부녀회 운영요강에 의하면 부녀교양, 가족계획, 생활개선, 저축 사업 등 마을 단위 계몽지도사업의 효과적인 추진을 그 목적으로 하고 있다.[39]

그러나 기존의 여성단체는 여성 농민의 권익 확보와 문제 해결을 뒷전으로 한 채 정부와 긴밀한 관계를 맺으며, 부녀 새마을운동을 통하여 권력의 충실한 보조자 역할을[40] 하였다. 그리고 부녀회가 부녀지도사업을 수행하기 위해 정부에 의해 조직되었기에 사업계획이나 의사결정 과정에 여성이 거의 배제되었다는 점이 문제였다. 그럼에도 불구하고 전라도 몇몇 지역의 새마을 부녀회는 그 이후 '여성농민회'로 전환한 사례가 있다. 즉 새마을운동이 쇠퇴하면서 대부분의 새마을 부녀회가 함께 쇠락해 갔지만, 몇몇의 경우는 여성 농민 대부분이 여성농민회 회원이 되면서 새마을 부녀회가 곧 여성농민회라는 인식이 생기기도 하였다.

2. 여성 농민운동의 씨앗

1950, 1960년대는 농민운동이 거의 없었지만 1970년대 들어 점차 종교단체를 중심으로 한 사회운동 속에 농민운동이 포함되었다. 초기에는 대학생들이 농촌에 봉사하고 신앙을 생활화하는 이념에서 시작되어, 제도적인 기구와의 협의를 통해 이루어졌다. 빈곤문제를 우선 해결하려는 농민운동의 목표가 당시 국가정책과 그다지 차이가 나지 않았기 때문이었다. 그러나 점차 개발독재가 가져온 불합리한 농업정책의 후유증과 권위적인

39 함태홍(1986), 『한국 농촌에 있어서 여성조직과 그 활동에 관한 연구』, 중앙대학교 석사논문, 22.
40 이송희(2000), 현대의 여성운동, 한국여성연구소 여성사연구실(편), 『우리 여성의 역사』, 405.

농정의 결과 '농협 민주화운동'과 '농산물 생산비 보장운동' 등을 전개하면서 정부와 대립하였다. 1970년대 중반 이후 가톨릭 농촌 여성회의 탄생, 가톨릭 농민회 내에 부녀부가 설치되면서 비로소 조직적인 집합체를 통해 여성 농민문제가 농민운동의 범주 속에서 다루어지기 시작하였다.

눈뜨는 농촌 여성   정부와 정당 어디에서도 여성 농민과 관련한 직접적인 정책은 찾아보기 어려웠으며, 여성 농민문제에 관한 한 거의 백지 상태였다. 이러한 배경은 여성 농민을 따로 구분지어 생각할 수 없을 만큼 전반적으로 농촌이 낙후되어 있었기 때문이다. 동시에 농촌 여성은 고달픈 노동을 하면서도 자신의 문제나 사회문제에 대해 관심을 거의 갖지 못하고 있었다. 기초적인 경제 수준이 낮고 교육 수준도 낮아 농촌 여성은 외견상 사회운동에는 무관심한 듯이 보였다. 여성들의 최대의 관심사는 자녀문제농촌 47퍼센트, 도시 34퍼센트가 공동으로 으뜸이었고, 가정문제농촌 20퍼센트, 도시 25퍼센트, 남편문제농촌 24퍼센트, 도시 13퍼센트 순이었다. 두드러진 차이점은 도시 여성은 자신의 문제에 대해 23퍼센트 정도 관심을 둔 것이 농촌 여성의 4퍼센트보다 훨씬 컸다는 점이다.[41]

당시 농촌개발계획이 농촌 여성의 잠재력을 고려하지 않은 채, 남성 농민 위주로 계획되고 시행되면서 물질적 자원의 분배에 있어서도 농촌 여성은 많은 부분 소외되었다.[42] 여성 농민은 농업생산자지만 가부장적 질서 속에서 여성이라는 점과 소농구조가 대부분이었던 가족 단위의 농사였기에 독립적인 경제 주체로 인식되기 어려웠다. '농촌에 살고 있는 여자'라는

41 농촌 주부의 생활과 의식—서울YWCA상담클럽 도시여성과 비교조사 발표, 조선일보 1976. 7. 15.
42 김선요(1983), 오늘의 농촌 여성, 그 문제와 대책, 『여성』, 한국여성단체협의회, 1983. 11. 24.

차원에서만 인식되었을 뿐 농민이라는 사회경제적 집단 속에 적극 편재되지 못하였다.

이러한 상황이 결과적으로 농촌 여성이 주체적인 농민으로 성장하는 데 한계로 작용하였다. 주부이자 며느리인 입장에서 당하는 각종 가부장적인 제약, 농촌지도소, 농협, 면사무소 등의 공식적 · 비공식적인 정보망이 남성 중심적으로 운영되는 분위기 속에서 여성이 농업생산자로서 자신을 주체적으로 인식하는 것은 쉽지 않았다.

> 우리 농촌 여성은 아직도 지위를 찾지 못한 상태에 있다. 빨래나 하고 밥이나 짓고 바느질이나 하는 것 이외에 무슨 지위와 권리가 있는가. 역설적일지 모르지만 이러한 환경이기 때문에 농촌 여성 여러분 가운데서 여성의 체면을 치켜 올리고 자존심을 키워 줄 만한 인물이 얼마던지 나올 수 있다고 나는 확신한다. … 누가 우리 농촌 여성을 위해 투쟁해 주려니 생각한다면 천대만 받아온 우리 여성의 역사는 앞으로 무한정 되풀이 될 뿐이다. 농촌 여성이여, 눈을 떠라.[43]

남성 중심의 오랜 농업정책의 결과 가족과 지역사회 조직에 농민 여성의 참여가 공식적으로 인정을 받지 못했다. 그러다가 여성 농민의 평등한 참여는 종교 단체에 의해 뒷받침되었다.[44] 이는 여성 농민을 대상으로 한 교육과 조직화가 기초적인 활동이었다. 교육 내용은 여성 생활과 연관된 교양, 계몽적인 것에서부터 농민문제의 본질에 대한 인식에 이르기까지 광범위하였다.

43 김동길(1973), 나의 주장 나의 의식을 갖어라—농촌의 젊은 여성에게 고하는 글, 『농민문화』 1973. 8. 33.
44 조옥라(1996), 여성 농민의 성 정체성에 관한 연구, 『한국문화인류학』, 한국문화인류학회, 107~108.

女性

農村主婦의 생활과 意識

서울YWCA 相談클럽 都市女性과 比較調査 發表

新聞 보는시간 5分

67%가 不安·焦燥·劣等感 호소

최대關心 "子女"… 副業희망 63%

信仰으로 安定찾아

自己成長에 노력을

◇生活의 외양적 조건은 다르지만 농촌주부들도 도시주부 못지않게 정서적으로 불안정하다.

〈金鍾陽記者〉

서울YWCA 상담클럽 : 농촌 주부의 생활과 의식 조사(조선일보 1976. 7. 15)

종교단체의 역할

전국농민회총연맹 부의장을 맡은 ○○○씨는 농민이 아니었으나 가톨릭
교리신학교에 다니던 20세 초에 농촌의 절대적 빈곤의 현실을 목격하고 농
민운동의 대열에 서게 되었다. 서독에 건너가서 농업기술, 농촌지도자 교육
을 받고 가톨릭농민운동을 시작하게 되었다는 ○○○씨는 "농민운동에 뛰
어들게 된 동기 중에는 다분히 상록수의 임영신이 되겠다는 감상이 있었다"
고 웃는다.[45]

1970년대 초 한국가톨릭농민회, 기독교농민회 등 종교단체에서 주최
하는 교육을 받은 소수의 여성이 스스로를 농민으로서 정체화하고 여성
의 권익을 위한 싸움에 참여하면서 여성 농민운동의 단초가 열렸다. 이
처럼 여성 농민운동의 역사적인 전개 과정에서 직접적인 뿌리는 1977년
'한국가톨릭농민회' 여성부와 그해 7월 수립된 '한국가톨릭농촌여성회'
의 활동에서 찾아볼 수 있다. 농촌 사회의 선교를 목적으로 만들어진 이
단체는 농촌 여성의 계몽과 의식 개선을 위한 교육, 생활 개선을 위한 공
동활동, 공동체적 삶을 체험하기 위한 협동을 통해 농촌 여성의 의식화
에 기여하였다. 당시 참여했던 여성 농민은 여성으로서 자기인식을 갖게
되었고, 동시에 농민으로서의 권리를 체계화하는 계기를 마련하였다.

종교단체의 의식화 교육은 농민의 노력에도 불구하고 생활이 나아지
지 않는 것이 개인적인 차원의 문제가 아니라는 점을 인식시키면서 농민
자신의 권익을 위한 투쟁에 참여하게 하였다. 농촌 여성 또는 농촌 부녀
자라고 불리던 이들에게 농업종사자로서 그리
고 농민으로서 자기 정체성을 인식시켰던 것
이 농민운동의 계기를 제공하였다. 가톨릭 교

45 이영경(1992), 여성 농민운동의 선봉장들,
『말』 1992. 6, 185.

회는 재정적으로도 농민을 지원하였으며 외국의 사례와 경험을 소개하면서 조직화에 도움을 주었다.

그 후 현대산업선교협의회, YMCA연맹과 농촌 발전을 위한 초종파적인 협력을 합의하고 농촌지도자 및 운영위원과 농민운동에 대한 종교의 사명을 확인하는 등 지원이 확대되었다. 농촌 여성에게 농촌문제를 바로 알게끔 인식시키고, 농촌의 실생활에 도움이 되는 농사기술을 교육하고 부락을 위한 공동취사장 사업과 농번기 탁아소 운영, 보건의료문제를 해결하는 건강사업을 통해 협업으로 문제를 해결하고자 하였다. 이러한 활동이 특정 종교인이 하는 일로 규정되거나 마을 전체의 공동 이해를 반영하는 데 한계도 있었지만, 이러한 여성 농민의 조직 경험은 이후 여성 농민운동의 지도력을 배출하는 데 도움이 되었다.[46]

한편 1970년대 당시 '크리스챤 아카데미대화문화아카데미'의 농민 교육[47]도 중요한 영향을 미쳤다. 이를 통해 농민문제가 정책적 소산이라는 사회과학적 인식을 심어 주었고, 동시에 농민 스스로의 사회운동을 통하여 변화를 가져와야 한다는 것을 제시해 주었다. 크리스챤 아카데미 농민 교육의 시작은 이전의 농촌운동과는 질적으로 다른 차원의 것이었다.

한국 사회의 제반 양극화 현상의 해소에 기여하고 자유와 평등에 입각한 인간화의 실현에 이바지할 수 있는 중간매개 집단을 육성, 강화하려는 것입니다. … 이 사업의 일환으로 우리나라 사회발전을 위하여 매우 중요한 농촌 사회의 발전에 다소의 보탬이 되고자 농민

46 이영경(1992), 184~185.

47 크리스챤 아카데미에서는 1973년 중간집단 형성에 관한 교육계획에 원래 농촌을 뺀 교회, 청년, 여성, 산업사회의 4개 분야에 초점을 두었다. 그러나 서울농대 출신으로 4·19혁명 당시 서울대학생회장을 지내고 농업근대화연구회 활동을 통해 농민운동과 교육에 주력해 온 이우재의 항의에 따라 농촌 사회를 포함하게 되었다. 또한 각 대학내에 농민문제 연구 써클과 연결고리를 가지면서 농촌 봉사활동과 나아가 유신반대 정치 투쟁으로 연결되었다. 조영욱(1998), 『1970년대 함평 농민운동의 연결망과 의미 구성에 대한 연구』, 서울대학교 석사논문, 53~54.

의 권익옹호를 위하여 일하고 있는 농촌지도자의 자질 향상을 목표로 하는 농촌지도자 지도력 개발 과정의 프로그램을 마련했습니다.[48]

1974년부터 실시된 크리스챤 아카데미의 농민 중간집단 교육은 자율적이고 민주적인 바탕 위에 형성된 '중간집단론'에 따라 교육생을 본격적인 농민운동가로 양성하는 것을 목적으로 하였다. 그러나 기본적으로 크리스챤 아카데미가 운동조직체가 아니라 사회교육기관이었기에 교육 과정에서 의식화된 사람들이 농민운동단체에 가입하거나 아카데미 동문회 형태의 조직을 갖고 운동을 전개하였다.

특히 '젊은 여성의 단결력을 통하여 한국 여성운동의 방향을 잡을 수 있도록 하는 것'에 목표를 두고 실시한 여성 교육의 경우 여성단체 실무자, 각계 여성지도자, 노동조합 여성 간부, 주부, 교회 여성, 농촌 여성 등 집단이 다양하였다. 크리스챤 아카데미의 강의 내용은 근대화와 더불어 여성운동의 이념과 방향에 맞추어져 있어 교양 차원의 강습회 위주였던 다른 여성 교육과 크게 달랐다. 그 결과 교육 참가자들은 기존 농촌 내부의 가부장주의의 잘못을 철저히 인식하였고, 합리적인 사고방식을 습득함으로써 자신이 속한 집단에 대한 비판 의식을 갖게 되었다. 또한 교육 이수생의 현장활동을 통하여 실천하는 과정에서 상호 간의 동질적인 의식화가 이루어져 자연스럽게 농민운동의 토대를 구축하였다.

구체적으로 기층 민중을 주체로 설정한 운동이념을 내세우고, 농민에게 애정을 지닌 젊은 지식인이 강사로 나섰으며, 교육 기간 동안 서로 '동지'라는 호칭을 쓰면서 동류 의식을 갖게 하였다. 농민의식화 교육으로 양성한 활동가들은 지역 현장에서 경제적 협동활동을 전개

48 이우재(1991), 농촌 사회 발전을 위한 아카데미 농민운동, 『한국농민운동사연구』, 한울, 191.

하면서 말단 행정기관이나 지방 상공업자 및 농협, 농지개량조합 등의 농민수탈에 저항하는 피해보상요구 투쟁에 적극 나섰다. 예컨대, 1978년 함평고구마[49] 피해보상운동이 성공을 거둔 배경에는 크리스챤 아카데미 교육 참가 여부가 중요한 역할을 하였다. 피해보상을 위한 단식투쟁에는 크리스챤 아카데미 교육생 동문과 가톨릭농민회 회원이라는 주요한 사회단체의 연대로 참여하였고, 이는 유신정권의 탄압에 대응하는 성격을 내포하였다. 1979년 소위 '크리스챤 아카데미 사건'으로 인하여 교육을 맡은 간부들이 구속되고 교육프로그램이 해체되면서 이 운동의 기반이 다른 농민단체에 흡수되었지만, 이들 종교단체는 농민운동의 중추적인 기반을 구축하는 데 일조하였다.

농촌 여성이 함께 하는 농민운동으로

1979년도에 가톨릭농촌여성회를 잘 아는 동네 청년 한 사람이 아가씨와 아줌마 각 1명씩 가농여성회 교육에 참여할 것을 권해 부락에서 2명이 참여한 적이 있다. 그 후 신문에서 가농을 불순한 단체로 선전해 부정적이고 이상한 단체로 생각했다.[50]

여성 농민을 조직화하는 것은 현실적으로는 일반 농민 조직을 만드는 것보다 더 어려웠다. 그동안 여성 농민은 가장인 남성의 통솔하에 수동적인 입장에 놓여 있었기 때문이었다. 이러한 상태에서 여성 농민의 관심을 불러 일으

49 함평 고구마 피해보상투쟁은 1976년산 고구마에 대해 농협 전남지부와 함평군 농협이 전량을 수매하겠다고 공약해 놓고 이를 이행하지 않음으로써, 생산농가가 땀흘려 수확한 고구마를 썩혀 버리거나 헐값으로 홍수 출하하는 등 경제적 손해를 본 데서 그 발단이 되었다. 농협의 수매가 이행되지 않자 농민은 개별적으로 판매할 수밖에 없었고, 이런 기미를 알아차린 상인이 헐값으로 사가자 농민은 이중으로 피해를 보았던 것이다. 이에 함평군 내에서 활동해 온 가톨릭 농민회원들은 곧바로 '피해보상대책위원회'라는 투쟁조직을 만들고 대책 활동을 전개하였다.
50 사례발표(2): 민주적 이장 선출까지의 의식의 발전, 『농촌 여성 현실과 여성 농민운동』, 한국기독교사회문제연구원, 1984, 33.

켜 농민운동에 참여시키고 이를 지속적인 조직으로 만들어 가기 위해서는 개별 여성 농민의 관심에서부터 실마리를 풀어나가는 방법을 취해야 했다. 이에 대체로 모성보호, 탁아, 육아, 농부병, 부인병 등 건강문제를 중심으로[51] 여성 농민의 독자적인 조직을 결성하고자 하였다. 미약하지만 여성 농민 스스로의 조직 경험을 축적하고 생산자로서의 지위를 향상시키며 사회 참여를 실현하고자 하였다.

'한국가톨릭농촌여성회'는 여성 농민운동단체로서 주체를 여성으로 두고 시작한 유일한 조직이었다. 한국가톨릭농촌여성회는 가톨릭 교인만이 참여하는 것이 아니라 농촌 여성운동에 뜻이 있는 여성이라면 누구나 가입할 수 있었다. 1977년 농촌 여성의 권익실현이라는 목표 아래 농촌 여성문제에 관심을 가진 지식인 여성에 의해서 조직되었다. 이러한 운동의 출범은 여성 농민이 그동안 관 주도의 피동적 활동이나 남성 중심적인 농민단체에서 벗어나 농촌 여성의 지위 향상과 당면 문제들을 해결하기 위해서는 별도의 조직이 필요하다는 것을 인식한 결과였다. 즉 생산자인 농민으로서, 나아가 여성으로서 농촌 사회의 봉건적 악습과 빈곤을 극복하기 위한 독자적인 조직 결성에 이른 것이다. 이 단체의 활동은 여성 생활과 관련한 교양, 계몽적인 교육에서부터 구체적인 농민문제에 대한 비판의식을 키우는 것에 이르기까지 광범위하게 이루어졌다. 관료적인 횡포와 부정부패를 제거할 것을 목표로 부녀회 활동의 민주화에도 초점을 맞추었다. 여성 농민만으로 구성된 이러한 조직체는 모든 문제의 해결에 여성이 스스로 참여하고 결정해야 하기 때문에 여성의 지도력을 개발시킬 수 있었다.[52]

51 정명채, 민상기, 최경환(1995), 전국여성농민회총연합, 『주요 농민운동 단체의 형성과 전개과정』, 한국농촌경제연구원, 119.

52 주제강의(2): 여성 농민운동 단체의 역할, 『농촌 여성 현실과 여성 농민운동』, 한국기독교사회문제연구원, 1984-1. 43~45.

흰 눈이 푹 쌓인 발안 천주교회 교육원에는 전국에서 모인 농촌 여성 지도자들이 그들이 갖고 온 자신과 부락의 문제들을 놓고 2박 3일간 열띤 토론과 진지한 대화를 나누었다. 참석자들은 끝없이 나열되는 농촌 여성의 문제들을 종합 분석하고 농촌 여성이 좀 더 자유로워지고 좀 더 행복해지는 데 방해되는 요인들을 제거하는 구체적인 활동 방향을 모색하였다. 마지막 부분에서 이러한 활동을 뒷받침할 수 있는 조직적 기반까지 만들어 놓았다는 것은 이제 한국 농촌 여성이 스스로 자각하여 발전의 대열에 참여하는 첫걸음을 나섰다는 점에서 의미가 크다고 본다.[53]

또한 농민문제 해결에 주력해 온 가톨릭농민회는 창립10주년을 맞아 그동안의 활동을 평가하면서 남성 중심의 농민운동을 반성하고 농촌 여성이 농민운동에 함께 해야 한다는 결론을 내렸다. 가톨릭농민회의 여성 회원은 남성 농민과 함께 교육받고 활동하기가 용이하였다. 따라서 교육 방법도 초기에는 초청교육 위주였으나 여성 농민이 집을 비우기 어려운 현실적인 조건을 감안하여 점차 본부 실무자나 강사가 직접 부락을 방문하여 교육하는 형태를 취하였다. 나아가 여성 회원 교육을 통해 건강, 농부증, 가족계획, 자녀교육, 환경, 식생활 등 일상적인 문제와 더불어 수매가문제, 농협문제, 농촌 사회문제, 농촌 가사문제, 농가부채의 원인에 이르기까지 농촌 내 불평등한 요소의 청산과 농민 권익 실현을 위해 다양하게 접근하였다.[54] 이처럼 가톨릭농민회의 농민운동 전개에 있어 여성 농민운동 부문은 농촌 사회 내의 여성 노동의 비중이 증가하면서 중요한 활동영역이 되었다.

한편 여대생의 농촌 활동도 농민의 의식과

53 『농촌부녀』 창간호, 가톨릭농촌사회지도자교육원 농촌 여성부, 1977.
54 한국가톨릭농민회, 『가농 30년사』.

◇무대아닌 작은 천막을 치고 부녀회원들과 어울려 노래를 즐기며 도열병(稻熱病)을 물리친다는 시대미상(?)의 단막극으로 마을사람들을 웃기기도했다.

農村을 배우는　　　農村啓蒙活動

바위골의 女大生들

婦女들과 기거하며 「文化」를 심어

농촌을 배우는 농촌 계몽활동(조선일보 1973. 1. 20)

행동에 일정한 영향을 미쳤다. 대학 내의 젊은 여학생이 소규모 단체를 조직하여 소외받고 있던 여성 농민에게 관심을 갖고 직접 현장에 뛰어들었다. 초기에는 일명 '향토개척단'과 각 서클 차원의 농촌 봉사 활동이 주축을 이루었다. 농촌의 빈곤을 타파하고 농민을 계몽하기 위해 향토개척단은 자원활동가를 대규모로 모집하여 자매결연을 맺은 특정 마을에서 협업농장을 조성하였다. 1970년대 중반에는 점차 학생회와 교회를 중심으로 사회과학적 인식을 바탕으로 농업과 농민문제에 대한 본격적인 활동이 진행되었다. 이들은 농민운동의 측면 지원이라는 민중지향성을 명확히 하

새나라 새 터에 새 생활을(『여원』 1960.9)

면서 농업문제를 구조적으로 해결하고자 하였다. 이에 따라 활동의 목표를 민중에 대한 구체적이고 실천적인 이해와 농촌 활동을 통해 학생과 농민 대중의 신뢰 관계를 확보하고 농민의 문제의식을 심화시켜 농민운동의 활성화를 위한 측면 지원을 수행한다는 데 두었다.[55]

산업화 과정에서 빚어진 농업과 농촌 사회

55 김태일(1991), 『한국의 농민운동과 국가, 1964~1990』, 고려대학교 박사논문, 185~187.

농촌에서 땀흘릴 대학생 봉사단(1967)

의 문제를 해결하려는 농민운동의 목표는 당시 사회적 조건과 밀접한 관련을 가졌다. 대부분의 시기 동안 농민운동의 일반 과제에 주력하였으나 1970년대 중반을 지나면서 점차 여성 농민 고유의 과제로 이행되었다. 농촌 주부 또는 농사보조자라는 인식을 뛰어넘어 같은 농민 내에서도 '여성'의 위치가 다름을 인식하기 시작하였고, 막연하게나마 여성 농민운동의 고유 영역이 필요하다는 것을 깨달았다. 이 시기 여성 농민운동은 가톨릭과 개신교의 사회선교운동, 진보적 지식인운동, 청년학생운동 등 여러 가지 사회운동 세력의 영향을 받아 서서히 의식화되면서, 농민운동 내의 남성중심적인 편향을 극복하고 여성 농민의 문제가 농민운동의 한 과제일 수 있다는 인식을 심어 주었다.

여성노동자와 민주노조운동

우리 사회에서 여성노동자로 산다는 것은 무엇을 의미하는가? 여성노동자의 노동운동은 1970년대 여성운동의 큰 획이었다. 여성노동자의 비참한 현실을 고발하고 인간화를 요구하였던 여성 노동운동은 생존권을 확립하고 노동조건을 개선하려는 민주노조운동의 시발점이었다. 동시에 급속한 산업화 과정의 이면을 고발하면서 박정희정권의 종말을 가져오는 불씨로 작용하였다. 1970년대는 특히 여성의 사회경제적 지위 향상에 관심을 갖기 시작한 시기로서 여성노동자의 노동운동은 국가와 기업의 불평등한 관행에 대한 투쟁의 서막이었다.

1. 여성 노동운동의 시발점

인권의 사각지대　여성노동자운동은 1960년대 후반부터 자연발생적인 농성과 파업의 형태로 나타나기 시작하여, 1970년대 들어서 노조 내에 여성 지부장이 선출되는 성과를 낳았다. 여성노동자는 대개 어려운 생활 환경에서 노동에 대한 정당한 대가를 받고자 투쟁하였고, 일차적인 관심은 열악한 노동조건의 개선이었다.

> 여성 경제활동 인구는 크게 증대되고 있으나 그들은 아직도 근대 노동 시장에서 기능노동력으로 적절히 활용되지 못하고 있다. 그들의 대부분이 농어촌 출신으로 확고한 직업 관념 없이 가계 보조나 혼수 준비 등 경제적 동기에서 저기능의 단순노동 또는 남성 보조노동에 혼전 단기적으로 취업하고 있기 때문이다. … 농촌 여성의 도시 생활 적응 및 직업이동에 관한 연구(1974)에서도 조사 대상자의 52.3퍼센트가 구직 동기로서 경제적인 요인, 생계를 위해서 15.2퍼센트, 돈을 모아 시골에 보내려고 8.7퍼센트, 형제의 학비를 조달하기 위해서 16.6퍼센트, 돈 모아 결혼자금으로 11.8퍼센트를 들고 있다.[56]

1960년대부터 시작된 경제성장의 원동력은

56 이병태(1976), 여성 연소 근로자 현황과 그 보호 대책, 『노동』 10(3), 1976. 4~5, 47.

여성노동자였다. 당시는 저임금 노동력을 이용하는 섬유와 가발제조 등 노동집약적 산업이 주력 산업이었다. 여성노동자는 산업역군으로 포장되었으나 저임금하에서 생존과 인권을 보장받지 못하였다. 박정희정권은 노동자에게 조기출근과 장시간 노동을 강요하였고, 자본가와 노동자의 관계를 봉건적 종속 관계나 가부장적 관계로 전락시킴으로써 노동자의 자주적이고 민주적인 조직을 통제하는 효과를 가져왔다.[57] 1970년대 여성노동자에게 기업과 국가, 가부장적 가족구조의 이해관계가 동시에 작용하여 심한 성차별 요인이 되었다. 여성노동자의 대부분은 10대 후반에서 20대 초의 미혼 반숙련 노동자로서 이들의 생활은 인권의 사각지대에 놓여 있었다. 빈곤층의 중심부에서 교육을 거의 받지 못한 여성은 저임금, 장시간 노동에 지쳐 삶 자체를 체념한 상태에서 일상을 살아가야 했다.

일반적으로 노조는 산업사회에서 공식적인 힘을 갖지 못한 노동자의 이해관계를 보호하기 위해 조직된 것이지만, 산업화 초기 제3세계 권위주의 국가의 경우 사용자 혹은 국가를 상대로 정치적 힘을 가질 수 없는 경우가 대부분이었다. 이 시기 노조는 노동자와 고용주 간의 힘의 불균형을 재정립하는 수단으로 고용주가 행사하는 힘에 대항할 수 있는 장치가 아니라, 일명 '구사대'라는 이름으로 여성노동자를 유린하는 또 다른 계급이었다. 대부분의 노조가 조합원의 생존권과 노동조건을 향상하기 위해 회사에 대항하지 못하였고, 오히려 회사 측의 회유에 이끌려 조합원을 실망시키거나 무기력한 모습을 보여 주었다.

1953년 노동관계법이 제정되어 이른바 근로기준법, 노동조합법, 노동쟁의조정법, 노동위원회법 등이 존재하였지만 법은 무용지물이

57 한국여성노동자회협의회, 세계화와 한국여성노동, 『2000 연구보고서』 25.

었다. 오히려 법은 그 기간 동안 존재했던 노동조합의 단결력을 무력화시키기 위한 도구였다. 박정희정권의 산업화는 '선 성장 후 분배'라는 논리를 동원하여 노동자의 자주적인 노조활동을 규제하는 방향으로 전개되었다. 전국 단일의 산별노조와 한국노총을 결성하여 노동조합을 감시하는 형태가 위로부터 만들어졌으며, 정권이 기피하는 인물이 노조지도자로 선출될 수 없도록 하였다. 노동조합 본래의 역할인 노동자의 권익투쟁은 찾아볼 수 없는 권위적이고 억압적인 권력에 의해 형성된 어용노동조합이었다. 이런 가운데 어린 여성노동자는 참혹한 노동조건하에서 일해야만 했다.

　　1970년대 운동의 자료들이 부족한 상황에서 여성노동자들의 민주적인 노동조합건설운동사도 없고, 그러므로 한국 산업에 끼친 공헌과 경험의 중요성을 연구한 학술 실적도 없다. 이렇듯 1970년대 노동운동의 정보가 부족한 이유는 대부분이 어린 여성노동자였고, 역사자료가 문건화되지 않았으며, 군사독재 하에서 사건일지나 구술자료 대부분이 국내에 있지 않았다는 점이다. 1970년대 노동운동을 평가할 때 실제로 거의 여성참여의 중요성을 간과하고 있다. 이 사실은 1970년대 민주노조 건설에 있어서 중요한 역할을 한 여성들이 쏟았던 헌신적인 노력을 대부분 인정하지 않았다.[58]

　이러한 비민주적인 노동조합을 대체하는 여성노동자의 투쟁은 자연스럽게 그들이 처했던 가혹한 현실에서 비롯된 것이었다. 민주노조운동의 주역으로서 여성노동자운동은 노조결성과 노동조합수호투쟁, 임금인상과 노동조건개선투쟁, 휴·폐업으로 인

58 전순옥(2004), 끝나지 않은 시다의 노래─ 1970년대 한국 여성노동자와 그들의 민주노동조합운동을 위한 투쟁, 『숙명여자대학교 아시아여성연구소 초청강연회 자료집』 1.

한 거리투쟁 등 민주노조 건설을 위한 다양한 노력을 보여 주었다. 국가는 노동운동을 강력하게 탄압하면서 노조를 모두 어용화하였고, 기업의 이해를 적극적으로 뒷받침하면서 여성노동자의 기본적인 요구 사항을 묵살하였다. 근로기준법을 시행하지 않았던 기업들은 국가의 비호 속에서 횡포를 부렸고 민주노조활동을 막을 수 없을 경우 국가가 공권력을 동원하며 탄압하고 노조운동을 좌경화하는 사회적 담론을 유포하였다.

1970년대 발생했던 여성 노동운동의 직접적인 촉발 계기는 밀린 임금, 종업원에 대한 관리자의 구타와 성폭력 같은 비인간적인 대우, 노동조합을 규제하려는 회사 측과의 갈등이었다. 노동운동 자체가 법적·물리적 통제를 받으면서 여성노동자들은 극한적 상황에 내몰리게 되어 자연발생적으로 저항할 수밖에 없는 상황이었다. 이러한 여성 노동운동을 더욱 격렬하게 만들고 확산시킨 계기는 노동운동에 참여하는 여성에 대한 하급관리자와 남자 공원의 폭력이었다. 결국 이 시기 노동운동을 통해 여성노동자가 나타낸 소망은 지극히 소박한 것으로 근로기준법을 지켜 달라는 것과 노동자로서 인간다운 삶을 보장해 달라는 것이었다.

야학, 종교단체의 역할

1970년대 노동운동은 의미 이전에 삶 자체였고 피맺힌 절규였으며 살아남으려는 몸부림이었다. 열악한 노동조건의 개선을 외치며 1970년 스물둘의 평화시장 노동자 전태일이 분신했고, 1979년에는 YH무역의 여공 김경숙이 투신했다. 유신체제의 수레바퀴에 깔린 '수출의 꽃'은 빈농의 딸들이었다. 5원짜리 풀빵 6개로 하루 세 끼를 때우며 어린 동생의 학비를 벌고자 가발공장과 봉제공장을 전전했다. 그 사회적인 천대와 자기비하에도 불구하고 '공순이들'은 야학을 통해 '노동계급'으로 거듭났다.[59]

:
기능올림픽장에서 선수들의 열전(1967)

　1970년대 여성노동자의 의식은 야학이나 도시산업선교회, 크리스챤 아카데미의 소모임을 통해 발전하였다. 특히 야학은 일반 여성노동자에게 공장 생활과 더불어 중요한 비중을 차지하였고 그들의 의식에 많은 영향을 미쳤다. 여성노동자는 야학을 통하여 노동자로서의 자부심으로 가지고, 자신의 경험을 토대로 사회에 대한 비판 인식을 갖게 되었다. 교육을 통해 지금까지의 불합리한 생활 경험을 재해석하면서 공장 현실에 대해 구체적으로 눈을 뜨고, 사회갈등에 대해 뚜렷한 인식을 가짐으로써 노동운동에 참여하였다.

59 이기우, 1979년 신민당사 'YH농성' 진압, 동아일보 2004. 8. 11.

아학 못지 않게 1970년대 민주노조운동은 여성노동자와 교회와의 긴밀한 관계에 기반하였다. 가톨릭노동청년회와 도시산업선교회는 가장 착취당하고 나약한 여성노동자를 선교의 대상으로 삼았다. 힘든 도시 생활에서 삶의 안식처가 필요했던 여성노동자는 교회에서 진행하는 '인간적인 삶'과 '인간적인 대우'를 강조하는 교육에 깊은 영향을 받았다. 또한 일부 여성 노조 간부는 1974년부터 1979년까지 실시된 크리스챤 아카데미의 '산업사회 중간집단 교육'을 이수하기도 하였다. '노동조합간부 지도력 개발과정'과 '민주적 노동운동의 좌표 설정 과정'과 같은 합숙 훈련 과정에서 여성과 노동의 문제를 보다 정확하게 인식할 수 있었다. 1976년 11월에는 "노동운동을 통한 여성해방의 성취를 위하여 여성노동자의 노동조합 운동의 강화, 여성문제 의식화, 여성노동자 상호 간의 단결, 타 여성단체와의 유대를 촉진시킬 목적"으로 '여성해방노동자기수회'가 만들어져 활동하기도 하였다.[60] 섬유 · 봉제업의 많은 노조 간부와 전자 · 은행 · 제약회사의 노조 간부가 적극 참여하여 토론회나 사례발표회를 개최하면서 서로 자료와 정보를 교환하였다. 여성 노조 간부 교육을 통해 사회구조적으로 최대의 희생자는 바로 여성노동자라는 인식이 형성되었고, 노동현장에서의 성차별에 대한 문제의식이 점차 심화되었다. 이렇게 종교단체는 여성노동자의 억울한 현실을 호소할 수 있는 장소를 제공하고, 이들을 의식화하는 프로그램을 통해 노동자의 정당한 권익을 수호하는데 앞장서서 협조하였다.

여성단체의 연대　여성단체는 당시 여성노동자의 비참한 현실에 대해 잘 모르고 있었으며, 1970년대 들어와 사회적으로 여성노동자의

---

60 신인령(1988), 한국의 공업화와 여성 노동운동의 현실, 『여성, 노동, 법』, 풀빛, 324.

현실이 보도되고 노동운동이 본격화되면서 점차 관심을 기울이게 되었다. 대한YWCA와 한국여성유권자연맹, 한국여성단체협의회는 여성 노동문제의 심각성을 의식하여 회사와 관계당국에 건의문을 보내는 등 압력단체로서 역할을 담당하고자 노력하였다.

특히 대표적인 여성단체인 YWCA는 여성노동자의 차별을 지적하고 시정을 촉구하는 한편, 근로여성의 복지 향상을 위한 직업교육과 취업지도에 노력을 기울였다.[61] 서울 독산동에 근로여성회관을 건립하는 등 구체적인 직업교육에도 주력하였다. 그러나 주로 저임금과 불안정한 고용이 일상적이었던 직업에 여성 인력을 훈련시켜 배치하려 했기 때문에, 당시 불평등한 대우를 받고 있던 여성노동자의 권리를 해결하는 차원보다는 이른바 '조국 근대화' 운동에 여성을 동원하려는 것이 아니냐는 비판이 제기되기도 하였다.

> YWCA는 1977년 6월 28일 영등포구 독산동 산 188번지에 대지 256평, 건평 528평, 지하 1층 지상 4층의 근로여성 안식처 서울YWCA 근로여성회관을 완공하였다. 저학력, 저소득 여성의 경제적 자립을 돕기 위해 설립한 근로여성회관은 AID(국제구호기금)의 지원을 받아 도배사, 타일사, 건축도장사 훈련을 실시함으로써 우리나라 최초의 여성 직업 훈련을 시작하였다.[62]

1975년부터 여성단체협의회도 작업장에서의 남녀차별의 문제에 관심을 갖고 여성 노동 실태, 근로여성의 차별 문제, 노동조합과 노사 관계, 근로여성의 지위 향상 대책과 관련하여

61 1973~1983 여성의 능력을 사회정의 실현에, 『서울 YWCA 80년—YWCA 100년을 향하여, 1922~2002』 2002, 143.
62 1973~1983 여성의 능력을 사회정의 실현에, 『서울 YWCA 80년』, 2002, 130.

엄마 훈련생이 직업교육을 받는 동안 자녀를 돌봐주는 어린이 집

세미나, 좌담회, 간담회 등을 개최하였다. 여성노동자의 문제가 주요한 여성문제임을 인식하면서 민주노조를 사수하려다 집단해고를 당한 '동일방직' 사건 당시 다른 여성단체와 힘을 합쳐 성금 보내기, 성명서, 진정서 보내기 등의 측면 지원을 아끼지 않았다. 또한 여성단체협의회는 근로여성의 문제 해결을 위해 상설위원회를 설치하고 각 회원 단체에도 근로여성 문제를 다루는 상설 창구를 설치토록 권고하여 줄 것을 건의하였다. 아울러 여성단체는 일시적이고 단기적인 사업을 지양하여 근로여성 문제의 근본적인 해결을 위한 장기적이고 근원적인 사업을 적극 개발하여 줄 것을 건의하였다.[63]

YWCA는 1974년부터 1976년까지 '근로여성 복지 향상'을 중점 프로그램으로 삼고, 주

63 여성단체협의회, 『여성』1977. 12. 30.

AID 지원으로 시작한 도배사 훈련(1977)

요 내용으로 "근로여성의 자질 향상과 복지를 위한 여론을 제기하며, 근로여성의 의식화 교육과 노조 간부 훈련을 강화"하고자 노력하였다. 1977년 남영나일론 사건의 경우도 해고된 여성노동자의 복직을 요구하며, 만약 회사가 들어주지 않을 경우 불매운동을 전개하기로 결의하여 여성단체의 단결된 힘을 보여 주었다. 당시 여성단체는 해고된 노동자를 무조건 복직시킬 것과 그들의 일당을 일률적으로 인상할 것, 남자 사원을 동원하여 폭력을 휘두르는 행위를 중지할 것을 요구하면서 회사에 압력을 가해 회사로부터 그들의 요구를 관철시켰다.[64]

2. 여성노동자의 권리

커다란 분수령 1970년대 여성노동자는 다양

64 이효재(1996), 분단 시대의 여성운동, 『한국의 여성운동—어제와 오늘』, 정우사, 270.

한 산업과 직종에 진출하면서 차별대우 철폐와 민주노조 건설을 주장하며 조직적 기반을 마련해 갔다. 그 당시 생산직 노동의 대부분을 차지했던 섬유, 방직 부문의 여성노동자는 노조의 유무와 상관없이 각 단위사업장에서 노동조건을 개선하고 어용노조를 민주노조로 바꾸려는 투쟁을 전개하였다. 1971년 전체 노동자 46만 명 가운데 여성노동자는 12만 명을 차지하는 등 그 비율이 점차 증가하는 추세였다.[65] 특히 섬유노동조합연맹의 경우는 여자 조합원의 수가 전체의 약 80퍼센트를 점하고 있었다. 1970년대 노동운동의 특징은 한국노총이 역할을 다하지 못하는 상황에서 종교계를 중심으로 한 외부 세력의 지원으로 여성노동자 중심의 민주노조운동이 활발히 전개되었다는 점이다.

초창기 우리 선배 여성들은 권익을 찾으려고 앞장서서 온갖 수난을 겪었다. 300여만 명의 취업근로여성들의 승진, 승급 및 동일노동 동일임금에 관한 제도적 보장을 강력히 요구한다. … 지금 우리가 종사하고 있는 회사만 하더라도 우리 여성이 60퍼센트를 차지하고 있다. 그러나 우리 여성들의 대우는 어떠한가! 전 여사원 중 85퍼센트가 생산직에 종사하는데, 이들은 10년 동안 장기근속을 해봐도 승진, 승급 어느 한 쪽도 이들을 맞아주질 않는다. 앞으로 우리는 이런 점을 감안하여 연구하고 토론하여 우리의 체제를 구축해 나가야 할 것이다.[66]

회사와 공장의 고용주가 지속적으로 열악한 노동조건을 강요하고 여성노동자를 노예처럼 부리자 여성노동자의 저항운동이 시작되었다. 이는 근로조건의 개선을 위해 호소하거나 진

65 장명국(1985), 해방 후 한국 노동운동의 발자취, 『한국노동운동론 1』, 미래사, 130.
66 방혜신(1994), S사 노조소식지 제2호, 1978. 10, 67.

정하고, 태업과 파업을 통해 집단적으로 투쟁하는 방식으로 이루어졌다. 이러한 상황에서 1970년 청계천 피복노조원 전태일의 분신은 여성노동자에게 자신의 권리가 무엇인지를 깨닫게 하는 계기가 되었다. 여성노동자는 한국 역사상 최초의 민주노동조합인 청계노동조합을 결성하였다. 이처럼 1970년대에 전개된 자율적인 민주 노동운동은 어용노조를 비판하며 여성노동자가 주도하였다. 민주적인 노조활동을 억압하려는 기업과 국가에 대항한 청계천 피복 여성노동자의 투쟁은 노동운동의 새로운 시작을 의미하였다.

1970년대 대표적인 여성 노동운동으로는 섬유노조 산하의 원풍모방, 동일방직, 외자기업인 한국화이자, 콘트롤데이타 등의 투쟁을 들 수 있다. 이에 더해 민주노조를 결성한 뒤 결혼퇴직제를 철폐하거나 출산 휴가 60여 일을 쟁취한 근로조건 투쟁, 회사 측의 남녀차별과 불공정한 임금 인상에 항의하면서 집단농성을 벌이다가 집단해고를 당하자, 대한 YWCA, 한국교회여성연합회 등 여성단체에 도움을 청했던 사건도 대표적이다.

원풍모방 노조는 여공의 단결력으로 노동조건을 향상시켜 합리적 노사관계를 실현시켰고, 한때 노사연합경영제도를 채택하는 등 많은 선례를 남겨 1970년대 노동운동의 가능성을 보여 주었다. 또한 동일방직 노조는 1971년 여성노동자에게 남성보다 적게 임금이 차등 인상된 것을 계기로 1972년 최초로 여성 지부장을 선출하여 민주노조를 결성하게 된다. 이들은 월차 및 생리휴가 등을 쟁취하였고, 여성 중심으로 조합 활동을 활성화시켜 여성노동자의 지위 확대에 공헌하였다. 기업 측에 결탁하였던 남성 어용노조를 바로잡고 조합원을 위한 민주노조활동을 전개한 것도 바로 이들이었다.

금속노조 여성간부 좌담회(1975)

경찰이야 질서를 유지하기 위해서였다고 하지만 경찰을 불러들인 회사 간
부들이 더욱 미워요. 힘없는 처녀들이 오죽했으면 나체로 저항했겠습니까.
알몸으로 연행되거나 기절한 우리들을 보고 히죽이죽 웃던 그 야만스런 회
사 직원들이 몸서리쳐집니다.[67]

종래 남성 노동자 중심의 노동조합은 회사가 의도하는 대로 움직여 왔
으나 여성 중심의 집행부는 자율적인 노동운동을 전개하였다. 예컨대 동
일방직 사건만 보더라도 기업의 노사관계에
대한 고압적인 자세와 노동조합을 탄압하려는
행위가 원인이었다. 회사의 분열책으로 고용
주에 매수된 남자 공원과의 충돌 과정에서 여

67 한국기독교교회협의회 도시산업선교문제대
책위원회(1979), 『도시산업선교문제조사보고
서』, 100.

성노동자가 집단해고를 당한 후 단식투쟁으로 강경하게 대처하는 등 해고여성 노동자운동으로 발전하는 기반을 제공하였다.[68] 이들은 여성단체와 언론기관에 탄원서나 호소문을 발송하여 사회여론을 불러일으키며 민주노조를 통해 여성노동자의 권리를 지키려는 노력을 당당하게 전개하였다.

신민당사 농성　1970년대 여성 노동자투쟁의 절정은 YH무역의 노조운동이었다. 경영부실로 인해 직장폐쇄에 직면한 YH노조원이 신민당사에서 집단농성하다가 경찰의 무자비한 강제해산 과정에서 한 여성노동자가 죽고 집단의 생존권이 짓밟힌 사건이었다. 이는 결국 정치문제로 진전되었고 유신체제의 종말을 가져오는 원인이 되었다.

YH무역은 가발 수출의 호경기와 정부의 수출 드라이브 정책에 편승하여 급속히 성장하였는데, 이는 여성노동자의 저임금과 희생이 밑받침되었던 것이다. YH 여성노동자는 저임금과 장시간 노동, 불법해고, 부당전직, 감봉 등 회사의 억압적인 처사에 견디다 못해 1975년 5월 노조를 결성하였다. 당시 최순영 YH 노조지부장 등 노조 간부는 크리스챤 아카데미에서 산업사회 교육을 받은 경험이 있었고 이를 통해 새로 결성한 노조는 감원에 대한 해결책과 임금인상을 위해 노력하였다. 그러나 가발사업이 내리막길을 걷게 되고 무리한 사업 확장에 따른 경영부실화, 부도덕한 경영진의 외화도피 등으로 YH무역은 쇠퇴하기 시작하였다. 그후 1979년 4월에 YH무역은 폐업한다는 일방적인 통고를 내렸고 이에 여성노동자들은 생존권을 주장하며 농성을 시작하였다.[69]

그러나 YH무역 여성노동자의 합리적인 생

68 신인령(1985), 한국의 여성노동문제, 『한국 자본주의와 노동 문제』, 돌베개, 378.
69 한국기독교교회협의회 도시산업선교문제대책위원회(1979), 96.

존권 요구가 모두 차단되자 마지막으로 야당인 신민당사를 찾아 정치권에 그 해결책을 요구하게 되었다. YH 여공의 신민당사 점거농성은 신민당으로 하여금 YH무역 여성노동자문제와 실업문제를 중대한 정치문제로 인식시켰고, 국회조사위원회를 소집할 것을 요구하였다.

> 봉제업체인 YH무역주식회사 여종업원 2백여 명은 기업주의 폐업조치에 반발, 1979년 8월 9일 오전 마포 신민당사에 몰려가 "공장을 가동시켜 우리에게 일자리를 주도록 주선해 달라"며 호소했다. 이들은 출동한 기동경찰과 대치, 당사 안에서 철야농성을 벌였다. … 이들은 신민당사 4층에 모여 "회사 정상화가 안 되면 죽음이다"라는 머리띠를 두르고 "우리를 나가라면 어디로 가란 말인가"라는 플래카드를 내걸고 농성에 들어가 폐업조치를 철회해 줄 것을 요구했다. … 김영삼 신민당 총재는 종업원 대표 5명을 불러 사건경위를 들은 뒤, 적극 도와줄 것을 약속하고 박한상 사무총장에게 "보사부 장관과 노동청장을 이 자리에 불러 해결책을 강구토록 하라"고 지시했다.[70]

1970년대 후반 한국경제는 전체적으로 새로운 수출동력을 찾지 못해 고전하고 있었다. YH무역도 예외가 아니었다. 경영주는 부실의 늪에서 재산을 빼돌리기에 여념이 없었고 회사는 빈껍데기만 남았다. YH 여공의 신민당사 농성, 김영삼 총재 제명, 부마항쟁, 계엄령과 위수령으로 이어지는 도화선이 된 YH사건은 1970년대 노동운동의 정점이었다. YH무역 여성노동자들의 노동운동은 그렇게 정치의 한가운데에 뛰어들어 '노동자의 정치세력화'라는 1980년대의 화두를 이끌어 내었다.[71]

70 폐업반대, 여공들 철야농성—YH무역 2백여 명, 신민당사서, 조선일보 1979. 8. 10.

YH 사건과 관련하여 공화당과 유정회는 "김영삼 신민당 총재는 기회가 있을 때마다 정권투쟁 차원의 투쟁을 벌인다고 말해 왔는데, 이번 사태와 같이 각계각층의 소수 불만층을 선동하면서 불법행위를 자행하여 국내판 통일전선을 획책하는 의도"[72]가 있다고 몰아갔으며, "YH사태는 해당 여공 가운데 도시산업선교회 계통의 노조 간부와 일부 반정부 인사, 신민당 일부 간부의 합의하에 유도되었고, 이런 기도는 사회혼란과 정국안정을 해치는 일"이라고 강하게 비난하였다.

이러한 가운데 한국노총조차 심각해지는 노사문제를 사용자와 정부가 중요한 당면과제로 인식하여 이를 해소하기 위한 적극적인 대책을 강구해야 할 것임을 지적하였다. 또한 노동문제를 정치적으로 이용하지 말 것을 요구하면서 당국에 책임을 추궁하였다. 박정희정권도 노사문제에 관한 중장기 정책을 수립하고 노동관계법의 개정을 검토할 것을 언급하는 등 변화가 불가피함을 인식하게 되었다. 친정부적인 언론조차도 YH 사건의 정치경제적 함의에 대해 다음과 같이 주목하였다.

이번 YH 무역 여공 사건의 쓰디쓴 경험을 계기로 위정당국이나 정치인들이나 사회는 우리나라 노동자 문제가 어디에 와 있으며, 그것이 어떤 의미를 지니고 있는가를 투철히 인식할 필요가 있다. 당국이나 여당은 '배후'의 '선동'에서 사건의 원인을 찾는 것만 생각지 말고 사건의 본질이 어떻게 되었는가를 깊이 분석해야 할 것이다. … 노사협조에 있어서는 노동자들의 권익을 보호하는 법적 장치와 정치적 고려가 전제로 되어야만 제대로 협조가 실현될 수 있다는 상식적 진리를 망각해서는 안 된다.[73]

71 이기우(2004), 8. 11.
72 여야 강경대치 오래갈 듯, 조선일보 1979. 8. 14.
73 사설: 문제의 심층적 파악을—YH무역 여공 사건의 불행에 직면하여, 조선일보 1979. 8. 16.

深夜에 밀어닥친 警察千여명
농성女工 끌어내 連行

어제 새벽… 「女工 百72명 連行作戰」

울부짖는 女工들을 강제로
2명이 한명씩잡고 버스에
한女工은 動脈끊고 自殺도

:
심야에 밀어닥친 경찰 천여 명, 농성 여공 끌어내 연행(조선일보 1979. 8. 12)

여성 노동운동의 의미   1970년대 여성 노동운동은 '공순이'라는 자기부정적인 사고를 깨뜨리면서 민주노조활동을 통해 권리의식과 연대의식을 깨닫고 생존권 수호를 위해 적극 투쟁하였다. 1970년대 후반으로 갈수록 점차 여성은 노동자로서의 문제를 명확하게 인식하고 여공에 대한 사회적 편견, 비인간적인 대우에 대항하며 노동현장을 변화시키고자 하였다.

YH女工 233명 울면서 歸鄕

警察, 3명은 拘束키로

◇歸鄕길의 女工들…

밀린月給 지불… 手當은 송금

준비된 버스에 分乘… 道別로 나눠떠나

徐京錫·李文永·文東煥·高銀·印明鎭씨

5명 拘束 방침

:

YH 여공 233명 울면서 귀향(조선일보 1979. 8. 14)

또한 노조활동을 통해서 노동법규와 조합조직 및 운영을 배웠으며, 진보적인 사회단체와의 연계를 통해 소외되었던 자신들을 돌아볼 수 있었다. 특히 여성 중심으로 이루어진 노동조합의 경우 자연스럽게 연대의식과 자매애가 형성되어 그들이 겪고 있는 특수한 문제에 관심을 갖게 되었다.

> 노동운동만 할 때는 전체 노동운동 속에서 여성의 문제를 따로 보지 못했었죠. 근데 이제 여성이기 때문에 사업장에서 맞고 맨날 이럴 수밖에 없다는데, 그 때 나는 꼭 여성이기 때문에 맞는다고 생각하지 않았어요. 남자들도 저렇게 맞고 저렇게 어려운 노동의 삶을 유지할 것이다. 저는 이렇게 생각했었죠."[74]

여성 중심의 노동조합 활동은 1970년대의 상황에서 여성운동이 풀어나가야 할 과제를 깨닫게 해준 중요한 계기였다. 봉건적인 가족관계, 결혼, 임신, 출산과 관련한 문제 해결에 노동조합이 중요한 역할을 할 수 있음을 인식하게 된 것이다. 그러나 1970년대 여성운동의 경우 여성노동자의 성차별 문제에 대한 전반적인 고민과 구체적인 해결 전략을 제시하지는 못하였다. 이는 1970년대 여성노동자운동이 사회운동의 전반적인 수준과 맞물려 여성으로서의 정체성을 갖추지 못한 채 자연발생적인 수준의 활동에 머물렀음을 보여 주었다.

그러나 이러한 여성 노동운동은 1980년대 들어 목적의식적인 노동자중심의 사회변혁운동의 토대가 되었다. 1970년대 여성 노동운동의 경험은 여성노동자가 문제를 해결하기 위해 스스로 여성 노동운동을 실천하도록 만드는 데 중요한 밑거름이 되었다.

---

74 윤택림(2002), 배옥병(서통에서 노동조합결성) 구술면접자료, 54.

'가족법' 개정운동

우리나라 여성운동의 가장 큰 맥을 형성해 온 운동은 가족법 개정운동이다. 가족법 개정문제가 제기된 것은 민법에서 여성의 차별적인 지위가 헌법의 남녀평등과 배치되는 측면이 있었기 때문이다. '부계혈통우선주의', '남성우선주의', '남녀 간의 이중적인 성 윤리'와 같은 남존여비의 측면이 남아 있는 가족법을 개정하여 보다 평등한 사회를 만들려는 것이었다. 이처럼 가족법 개정을 둘러싼 여성운동은 여성에 대한 억압과 차별에 대한 인식에서 출발하였다.

1. 봉건적 가족문화 해체를 위한 출발

해방, 그러나 '처'는 무능력자

조선 해방 후 군정이 실시된 이래 행정기구가 많이 변했습니다. 일본제정시대에 조선 사람을 고의로 협박하고 착취하려고 식민지 정책을 쓰는 행정기구가 해방과 더부러 즉시 변경된 것은 당연한 일이요, 감사한 일이였었음니다. 그러나 그 일정의 간접적 영향, 즉 그 여파라고 볼 수 있는 방면에 밋처 손이 못가고 있는 곳은 아직도 많습니다. 그 중의 하나가 녀성의 지위라고 하겠습니다.[75]

광복 이후 헌법에 의해 보장된 남녀평등 원칙과 남녀동권은 여성 스스로 쟁취한 것이 아니라 주어진 것이었다. 정부수립 직후인 1948년 12월부터 1958년에 이르기까지 거의 10여 년에 걸친 민법 제정, 특히 가족법 조항을 둘러싼 논란은 당시 사회의 평등권에 대한 인식의 척박

75 고황경(1947), 부녀국 설치에 대하여, 『새살림』 창간호, 7.

함을 보여 주었다. 가족법은 기타 영역의 법보다 전통성이 강하고 윤리적인 성격을 내포한다. 종래 가족법의 골격은 가부장적 대가족 제도하에서 남계 혈통의 가家를 존속시키는 것을 기본 원리로 하여 남성과 여성, 남편과 아내, 장남과 차남, 혼인 여부 및 동일 가적家籍에 속하는지 등의 여부에 따라 심한 차별을 두어 개인의 의사보다는 집안의 의견을 더 중시하였다.[76]

8·15 광복 이후 우리 정부가 수립되기 이전까지 미군정은 법령의 공백 상태를 꺼려 기존 일본 법령의 효력을 인정하였다. 이 시기 여성의 법적 지위는 1920년대 일제강점기 '조선민사령' 당시와 다름이 없었다. 당시 여성의 법률상의 지위를 보면 '처'는 무능력자였다. 예컨대 처의 고유재산에 대한 남편의 관리권을 인정하고 남편이 호주인 경우에 유산에 대한 상속권을 거부하는 등 여성의 재산 소유를 제한하고 경제활동을 제약하여 남편에 대해 경제적으로 예속되게 하였다. 또한 처의 부정행위는 이혼 사유 또는 간통죄의 대상이 되었지만, 남편의 부정행위는 그것만으로는 이혼의 사유 또는 간통죄의 구성요건이 되지 못하여 현실적으로 첩의 존재를 인정하면서 실질적인 여성 지위는 크게 변화되지 않았다. 이처럼 해방은 되었으나, 여성은 '해방'되지 못한 상황이었다.

조선인 남자의 도덕이 따로 있고 여자의 순리가 또한 따로 제정되어 나려왔다. 같은 인간이면서도 같은 법률 도덕을 쓰지 못하고 구속과 제재 밑에서 여자는 제 소리 제 주장 한번 못하고 살아 왔다. 삼강오륜의 미덕을 숭상하기 위하여선 덮어놓고 복종하고 따라가야 하고 칠거지악이란 부덕허물을 살리기 위해선 생명의 자연성을 부정하고라도 때와 장소를 가리지 않고 여

76 김엘림(1991), 『개정가족법과 가족법 개정운동에 관한 연구』, 한국여성개발원, 4.

자를 강압하고 모라세는 데만 취중하면 그만이었다. 이렇게 쩔룸바리 역사
가 길게 길게 나려오다가 별안간 해방이 되고 …[77]

이 시기 '친족상속편'은 대부분 조선조 이래의 관습법을, '재산편'은
일본 민법을 의용하여 여성의 권리에 대한 인식은 좀처럼 찾기 어려웠
다. 이는 남녀평등에 입각한 제헌헌법에 위배되는 법현실로 헌법에 위배
되지 않는 가족법의 제정이 시급한 국가적 과제로 대두되었다. 1948년
헌법이 제정·시행된 것에 이어 '법전편찬위원회'가 대통령 직속기관으
로 구성되어 민사, 형사, 상사의 기초법전을 기초 심의하였다. 위원장에
는 당시 김병로 대법원장이 선출되었는데, 그는 "친족상속법은 자기 나
라의 사회, 국가, 민족의 윤리와 역사적 전통을 가장 중요히 여겨 제정해
야 한다"고 하여 이른바 개인주의적이고 서구지향적인 남녀평등의 가치
를 경계하였다. 이에 최초의 가족법은 남녀평등의 이념과는 거리가 먼
'관습존중론'에 입각하여 전통적인 관습과 미풍양속을 지킨다는 뜻에서
남성 우위의 불평등한 법률 조항을 존속시켜 후에 전개된 가족법 개정운
동의 불씨를 제공하였다.

1952년 여성문제를 적극적으로 제기한 여성문제연구회가 설립되고 같
은 해 황신덕, 박순천, 이태영, 이희호 등 17인의 발기로 여성의 법적 지
위 개선을 위한 연구 활동을 목표로 여성문제연구원이 설립되었다. 이들
은 민법에 서구적인 남녀평등의 가치가 반영되지 못한 점을 지적하면서
차별조항 철폐를 위한 진정서를 여성문제연구원과 대한YWCA연합회의
이름으로 제출하기도 하였다. 또한 다른 단체
와 연대하여 여성의 법적지위향상위원회를 조
직하여 여론의 형성과 의식 계몽에 힘썼다. 신

[77] 영운(1948), 부인 대의사는 누가 되나, 『새살
림』1(7), 20.

민법이 입안되는 과정에서 대한부인회, YWCA 및 여성문제연구원 등 11개 여성단체의 지도자가 사법, 입법, 행정부에 건의서 · 청원서 · 호소문을 제출하여 가족법상 여성의 지위를 향상시키기 위해 노력하였다.

한국 여성이 남성으로부터 받는 구속도 구속이려니와 유교 사상에 물들여진 캐캐묵은 사회도덕과 인습이 강요하는 여성의 종속적 위치야말로 비참한 것이었다. 비단 정치 법률을 운위할 것 없이 얼마 전까지 아니 오늘까지도 여성이 처해 있는 사회적 위치를 고쳐야 하겠다는 데는 아무도 마다할 사람은 없을 것이다.[78]

1956년에는 가족법 개정의 견인차 역할을 담당한 대표적인 여성단체인 여성법률상담소가 세워졌다. "4천 년 동안 기다렸다는 듯이 상담소 앞에 줄 선 억울한 여성들의 행렬은 한국 1천5백만 여성의 법적 지위가 얼마나 비참한 것인가를 증명"하는 것이라고 하면서 이태영은 가족법운동의 모태 역할을 자임하였다. 1957년 8월 미국 법조계 연수시 이태영은 재미교포를 설득하여 '재미워싱턴한인여성유지일동'의 이름으로 '친족상속법에 관한 진정서'를 민의원 의장 앞으로 보내 해외동포의 여론을 통해 압력을 행사하고자 하였다. 이렇듯 민법기초위원회에서 작성한 친족상속법 초안 및 심의 요강을 두고 전국 여성단체는 더욱 철저한 평등화를 요구하며 법으로 보장된 여권신장을 획득하고자 노력하였다. 1957년 국회에서 신민법이 통과되기까지 YWCA와 여성문제연구회가 중심이 되어 90여 회의 강연 및 수십여 차례의 좌담회를 개최하여 사회여론을 환기시켰다. 그리고 이 운동을 위해

78 이태영, 예속에서 자립으로의 과정, 특집: 여성해방 12년─여성해방의 실적을 묻는다. 『여원』 1957. 8, 69.

:

여성법률상담소의 이태영 소장의 상담활동

여권옹호위원회를 발족시키기도 하였다. "명실공히 남녀평등 원칙에 일
치하도록 수정하여 대한민국 1,500만 여성의 행복은 물론 자손만대의 행
복을 위한 민법전을 제정하여 달라"는 여성단체의 의견이 '국회의원 제
위에게 호소함'이라는 이름으로 국회의원에게 보내졌다. 또한 가족법에
존재하는 남녀차별이 헌법에 위배됨을 알리는 『여성과 친족상속법』이라
는 소책자를 발간, 배포하기도 하였다.

공청회에서 유림과 정면대결　1957년 4월 여성계는 국회 공청회에 참가
하여 유림과 정면대결도 불사하였다. 민법 중 친족상속편의 심의요강과
수정안을 놓고 사회단체, 종교단체, 법조계의 의견이 분분한 가운데 여

성계는 헌법 이념대로 남녀평등을 보장하는 입법을 주장하였다. 여성계의 주장에 대해 보수단체인 '유도회'는 종래 유교 도덕관에 입각하여 "한국 고유의 미풍양속을 유지해야 한다"는 명분하에 가족법상 여성의 지위 향상은 가정의 혼란을 야기한다며 반대하였다.

당시 국회법사위원회 주최로 열린 민법 초안 공청회에서 여성단체연합은 유림과의 양일 간의 공청회를 통해 정면대결을 벌이며 팽팽히 맞섰다. 여성계는 가족법상 남녀차별은 헌법에 위배된다는 것과 호주상속 및 재산상속의 남녀평등, 동성동본불혼원칙 폐지, 적모서자 간의 법적 혈연관계 폐지, 이혼시 재산분할제도의 마련 등 여성계의 의견을 개진하고 전국여성단체연합의 이름으로 가족법 초안 심의요강에 대한 의견서를 제출하였다.

또한 여성단체는 가족법에 대한 총 57개 항목의 수정안으로 '민법안 중 친족상속편 수정안 및 이유서'를 1957년 11월 정일형 의원 외 33인의 이름으로 제출하였다. 나아가 여성단체연합과 여성문제연구원은 국회의 사당 앞에서 평등한 가족법을 제정하기 위한 시위를 전개하였다.

그러나 가족법 문제를 여성 전체의 문제로 확산시키기에는 어려움이 많았다. 구조적으로 잠재되어 있는 불합리한 여성문제를 지적하고 수렴할 수 있는 사회적 여건이 성숙하지 못하였기 때문이다. 결과적으로 가족법 제정은 구 관습과 전통에 바탕을 둔 유림과의 대결에도 불구하고 몇몇 요구만을 담는 데 그칠 수밖에 없었다.

아내의 재산은 아내 뜻대로 1957년 국회에서 통과된 가족법은 호주제도를 폐지하는 대신에 실현성이 희박한 입부혼을 제정하는 등 보수적인 성격을 강하게 드러냈다.

새 민법은, 특히 신분법에 있어서 우리 헌법의 대원칙인 '개인존중'과 '남녀평등'을 중심으로 하는 반면에, 이조 오백년래의 구 관습에 대폭적인 개혁을 단행하였다는 것은 특기할 만한 사실이라 하겠다. … 원래 가족제도가 성행하였던 시대에 있어서는 처가 혼인 전부터 소유해 온 총 재산과 혼인 중 취득한 재산은 당연히 호주 또는 호주인 남편의 재산으로 인정되어 특별히 처의 재산 소유가 인정되지 않았었다.[79]

유림계 인사들이 보낸 반대, 비난 편지들(1957)

1958년 2월 22일 발표되어 1960년 1월 1일부터 시행된 민법은 그 제한된 성격에도 불구하고 구 민법과 비교하여 주목되는 것이 '처'의 지위 향상에 대한 것이었다. 즉 조선민사령에 의해 도입된 처의 무능력제를 폐지하고 부부별산제를 인정하여 부부가 혼인 성립 전의 재산에 대하여 따로 약정을 할 수 있도록 하였다. 종래에는 처의 재산에 대해서도 남편이 관리·사용·수익하게 했던 것을 부부별산제를 취하면서 아내가 독자적으로 처리할 수 있도록 인정하였다. 부부 재산에 관해서 처의 자유로운 의사를 존중하는 계약재산제를 인정함으로써 부부 간의 재

79 이태준, 아내의 재산은 아내 뜻대로, 『여원』 1960. 1, 92~93.

여성단체연합 축첩반대 시위, 첩 둔 남편 나라 망친다

산상의 지위를 평등하게 하였다. 또한 재산상속 순위에 있어 여성 지위를 향상시켜 구 민법에 비해서는 진일보하였다. 그러나 부부 중 누구에게 속하는 것인지 분명하지 않은 재산의 경우 남편의 것으로 추정하여 부부공유제를 채용하지는 못했다.[80] 이처럼 1958년 가족법에서 자녀는 아버지의 성과 본을 따르도록 하는 부성주의 원칙, 혼인과 더불어 여성을 남성 가족에 편입시키는 호주제 및 호적제와 같은 근본적인 남녀불평등 조항이 많이 남아 있었다.

이러한 비판에도 불구하고 1958년 민법은 종법제에 따라 전통적 가족제도의 골격을 유지하여, 호주제도의 경우 처가 남편의 가에 입적하는 '취가혼주의'를 원칙으로 정하였다. 1958년 가족법은 "전처의

80 이영섭, 처의 법적 지위는 향상되었다, 『여원』 1960. 1. 77.

전통에 도전하는 현대 가족 개념에 관한 서울YWCA의 심포지움(1972)

출생자와 계모 및 그 혈족, 인척 사이의 친계와 촌수는 출생자와 동일한
것으로 본다"고 규정하여 계모자 관계를 인정하였다. 또한 "혼인 외의 출
생자와 부의 배우자 및 그 혈족, 인척 사이의 친계와 촌수는 그 배우자의
출생자와 동일한 것으로 본다"고 하여 적모서자 관계를 인정하였다. 이
렇듯 계모자 관계와 적모서자 관계는 여성 당사자의 의사와는 상관없이
법률의 규정에 의하여 당연히 친생모자와 같은 관계가 발생하는 법정모
자 관계가 되었다. 계부자 관계는 인정하지 않으면서 여성의 의사를 전
혀 고려하지 않은 채 법정 혈족 관계를 주는 것은 부부평등 원칙에 반하
는 것이었다. 또한 적모서자 관계를 인정한 것은 첩을 두었던 가부장제
의 잔재로서 간접적으로 일부다처제를 법이 인정하는 결과가 될 수 있었
다. 이에 YWCA 등에서는 많은 여성이 혼인의 법적 권리에 대한 인식이

없어 혼인신고를 하지 않는 경향이 있었기에, 혼인신고 권장운동을 전개하여 남편의 중혼으로 피해를 입는 경우와 관습적인 축첩제도의 희생을 막고자 계몽하였다.

현재 우리나라 여성의 법적 지위는 헌법과 현행 민법에 보장되어 있다고 하지만, 남성의 그것에 비해서 미약하고 불리한 입장에 놓여 있음은 부인할 수 없다. '친족'과 '상속'에 관한 부분은 재래관습에 의해서 규율되는 점이 많기 때문에 더욱 소극적이고 불합리한 점이 많다. … 종래에 비하여 여권을 신장강화 하였으나 아직도 남녀 간에 차별이 많고, 새 민법이 친족과 상속에 있어 여성의 지위와 권리를 개선한 점이 많이 있지만, 우리가 이상하는 완전한 남녀평등의 지위까지 확보함에는 요원한 바가 있다.[81]

2. 여성의 법적 지위 향상을 위한 줄기찬 노력

과거에 비해 여성의 법적 지위는 나아졌으나 제정된 신 민법에서 여권 신장에 제약을 주는 부분이 많다는 의견이 제기되었다. 특히 친족의 범위가 구 관습이나 마찬가지로 확대되어 친족관계에서 오는 여성에 대한 구속은 여전하여 여권을 위해 아직도 부족한 점이 많다는 비판여론이 비등하였다.[82] 1962년 8월 YWCA가 중심이 되어 당시의 군사정부 앞으로 친족상속법의 개정과 가정재판소 설치의 필요성을 주장한 건의문을 제출하는 등 여성단체의 2단계 가족법 개정을 위한 투쟁이 시작되었다.

81 민병훈, 여성의 법적 지위와 권리—새 민법으로도 이상적 확보 요원, 동아일보 1958. 7. 12.

'가정재판소'의 설치 요청 미온적인 가족법의 문제점을 지적하며 1959년 12월 '여성단체협의회'가 여성의 권익을 주장하는 압력단체로 부상하였다. 여성단체협의회는 국제여성단체위원회 활동에 촉발되어 세계 여성과 제휴할 것을 목적으로 김활란, 박마리아, 박에스더, 박인순, 박덕순 등 5명이 발기하였다. 초대 회장에는 김활란^{대한여학사협회}, 부회장 박마리아^{대한YWCA연합회}, 총무 박길래^{대한부인회}, 서기 송효선^{부녀보호사업전국연합회}, 장화순^{여성문제연구회}, 회계 김봉란^{여성문제연구회}, 현봉혜^{대한부인회}가 임원으로 선출되어 당시 대표적인 여성단체의 지도자가 힘을 모으는 계기가 되었다. 이들은 여성의 사회적 지위 향상과 국가발전에 이바지할 일원으로서 여성의 역할을 강조하면서 세계 각국의 여성단체와 결합하여 상호친선을 도모하며, 나아가 여성의 불리한 조건을 제거하는 운동에 나설 것[83]을 주요 사업으로 하였다. 특히 불평등한 가족법 개정을 중심으로 여성 지위 향상을 위한 운동을 우선적으로 전개하기로 하였다.

가족법 상 여성의 지위에 관한 유엔 세미나 보고 강연회가 4개 여성단체 주최로 1962년 7월 18일 하오 YWCA 강당에서 열렸다. … 모든 가정 문제의 해결을 위해 '가정재판소'의 설치가 시급히 요청된다. … 결론적으로 후진국가의 여성의 지위란 입법으로만 보장될 수 없는 것이고, 요는 여성 자신이 실질적인 조건을 구비하고 그것을 받아들일 수 있는 자세의 확립이 필요한 것이었다. 그러나 우선 법적인 길을 열어 놓는 것이 시급함은 두말할 것도 없는 것이다.[84]

82 "호주제도의 존치로 물론 새 민법에서는 호주권은 극히 약화되었으나 그래도 호주권의 존치는 종족원인 여성을 지배하게 된다. 혼인에 있어서 부모의 동의를 요하게 한 것(여자 23세, 남자 27세 미만의 경우), 동성동본혼의 금지로 소망을 이루지 못하게 될 경우가 있을 것이다. 협의이혼의 존치가 열위의 여성에게 불리하게 이용되기 쉬울 듯하다. 혼인 외의 자녀의 입적에 호주의 동의를 요하지 아니하는 것은 좋으나 그 인지에 처의 동의를 요하지 아니하는 것은 처에게는 일대 타격이 아닐 수 없다. 친권행사에 있어서 부우선주의는 모의 권리를 무시하는 것이 될 것이다. 상속 후에 있어서 호주상속의 존치도 호주권의 존치와 마찬가지로 부당하다." 장경학, 여권은 얼마나 신장되었는가, 새 민법과 여성의 권리, 『여원』 1960. 1. 73.

83 한국여성단체협의회(1993), 『한국여성단체협의회 30년사』, 50.

친족상속법상 개정을 요하는 조항과 가정재판소 설치를 주요 골자로 하는 제2기 가족법 개정운동이 전개되었다. 친족상속법이라는 용어가 일반인에게 쉽게 와닿지 않는다는 점에 주목하여 '가족법Family Law'이라는 개념을 사용하여 문제를 더 가깝게 인식시키고자 하였다. 1962년에 이루어진 가족법 개정 가운데 주목할 만한 것은, 가족이 혼인하면 당연히 분가되는 '법정분가 제도'와 '강제분가 제도'의 설치였다. 이 개정은 1개 조문의 신설에 불과했지만 신분관계의 실체상 의의가 있었다. 이는 소가족제도를 법적으로 인정하면서 동시에 대가족제도의 남계 혈통이 강화되는 것을 불식시키려는 것이 배경이었다.

또한 이 시기부터 가정문제를 합법적으로 전담하여 처리하는 법원이 탄생하였다. 1962년 7월 황신덕, 표경조, 장화순, 이태영 등 여성지도자는 여성문제연구원, 대한여학사협회, 대한어머니회, 대한가정학회, 대한 YWCA연합회, 대한여자기독교회절제회 등의 이름으로 "가정법원 설치를 먼저 해야 합니다. 그래야 직접 케이스를 통해서 여성들의 보호가 가능합니다"라고 주장하며 가정법원 설치를 제안하였다. 가정법원의 설치 요구는 표면적으로 가정의 분쟁을 원만하게 해결하는 것이었지만, 실질적으로는 여성의 권익을 보호하기 위한 것으로 가족법개정운동과 관련하여 진행된 것이었다.

5 · 16. 군사정변 초기에는 YWCA 등 4개 단체를 제외한 모든 여성단체가 강제로 해산되는 여성운동의 침체기가 있었지만, 여성지도자들은 가족법 개정운동을 통해 재결집하면서 국가재건최고회의에 진정서를 제출하는 등 활발한 활동을 전개하였다. 국가재건최고회의는 사회질서 개편의 일환으

84 정충량, 법만이 평등 · 아직도 차별—스스로 기회 잃지 않도록: 조규광, 불친혼법에 광범한 제약—가정재판소도 두어야; 김두현, 너무 높은 혼인동의연령—재산권의 확립이 선결, 「유엔 세미나 보고강연—민법상의 여성 지위」, 동아일보 1962. 7. 19.

가족법 개정 찬반 토론회(1974)

로 법을 손질하면서 가족법 일부를 개정하였고 가사심판법의 제정을 요구한 여성계의 목소리를 반영하였다. 이에 1963년 7월 31일 '가사심판법'이 제정되었고 10월 가정법원이 설치되었다.

가사심판법상 사실상의 혼인관계 확인 청구제도의 채택은 여성의 법적 지위 향상에 간접적으로 영향을 미쳤다. 즉 사실혼 관계를 방치할 경우 남성의 횡포로 여성을 희생시킬 가능성이 높고, 그 사이에 출생한 자녀의 경우 혼인 외의 자식으로 여겨질 수 있기 때문이다. 이 경우 가정법원에서 당사자 간 혼인 의사를 조정하거나 사실혼의 여부를 확인함으로써 혼인신고에 갈음하는 조정혼인과 심판혼인제도를 둔 것이다. 이는 사실혼을 호적법에 의거하여 신고하면 남편이 거부해도 혼인신고가 되도록 보장한 것이었다.

그러나 가족법 개정 이후의 급격한 사회경제적 변화에도 불구하고 가족법은 이처럼 부분적으로만 수정되었을 뿐 제정 당시의 비합리성을 그대로 유지함으로써 변화하는 여성의식과의 괴리를 보여 주었다.

세계 여성의 해와 가족법 개정

지구촌의 내란의 요소 중 성차性差 부분을 없애기 위해 '여성의 해'는 마련된 것이다. 지금까지의 모든 문화는 남성 본위로만 형성되어 왔다. 여성을 동료로서 놓지 않고 피지배자의 자리에 놓은 채 진행해 온 여러 가지 착취의 문화이다. 이렇게 종속 형태로 놓여진 관계 때문에 일어나는 모순되고 부당한 일들을 해소하라는 것이 여성해방 운동이다.[85]

1970년대는 국내외적으로 여성문제가 본격적으로 제기되고 활성화되기 시작한 시기이다. 당시 사회 전반에 걸쳐 여성 연구가 본격화되고, 대학에서 여성학에 대한 이론적 탐구가 진행됨에 따라 교육받은 여성을 중심으로 법적, 제도적 영역에서의 남녀불평등의 사례를 시정하고자 하는 노력이 더욱 힘을 받았다. 1970년대 들어서 특기할 점은 모든 여성단체가 연대하여 가족법 개정운동에 동참한 것이었다. 가정법률상담소와 YWCA연합회가 중심이 되어 전개한 가족법개정운동에 참가하는 여성단체의 범위가 넓어지자, 1973년 6월 마침내 61개 여성단체가 연합하여 '범여성가족법개정촉진회'를 결성하였다.

1974년 여성단체협의회는 유엔이 선포한 1975년의 세계 여성의 해의 준비 작업으로 전국대회 주제를 '세계 여성의 해와 한국 여성의 현실'로 삼고 정부의 정책적인 관심을 촉구하였다. 즉 1975년 국내에 여성

85 송정숙(1975), 근로여성과 오늘을 사는 지혜, 『노동』 9(3), 1975. 5〜7, 46.

의 해를 선포할 것, 대통령 직속의 여성지위향상위원회를 설치할 것, 가족법 개정안 통과 등을 주요 사항으로 제시하였다. 이에 1975년을 '가족법 개정 가두 캠페인의 해'로 설정하고 거리에서 가족법 개정의 필요성을 호소하였다.

1970년부터는 한국여성단체협의회와 한국여성유권자연맹에서도 가족법 개정을 위한 본격적인 연구에 착수하였다. 이러한 배경에는 크리스챤 아카데미의 여성 교육의 영향이 지대하였다. 1973년 3월에는 대한 YWCA연합회와 한국가정법률상담소가 공동주최하고 한국여성단체협의회와 대한가족계획협회가 후원한 여성 국회의원 간담회가 열렸다. 가족법개정운동이 범여성운동으로 확산되는 직접적인 계기가 된 것은 가족법 개정을 촉구한 강연회로서 "현행 가족법상의 남녀차별", "법률상의 남녀평등은 왜 시급한가" 등의 주제 강연이 진행되면서 전국 여성을 규합하는 차원의 기구 구성을 제의한 것이 발단이 되었다.

이러한 배경 속에 1973년 가족법 개정을 촉진하기 위해 1950년대 이래 민법 개정 활동에 참가했던 활동 실적이 있는 단체와 가족법 개정에 관한 구체안을 갖고 있는 단체 등이 주축으로 '범여성가족법개정촉진회'가 구성되었다. 이 단체의 창립은 여·야의 정치적 입장 차이를 불문하고 전체 여성단체의 연대와 결속이 이루어졌다는 점에서 그 의의가 있었다. 회장에는 한국여성단체협의회 회장이며 유정회 국회의원인 이숙종, 부회장에는 가정법률상담소 소장인 이태영 변호사가 선임되었다. 61개 단체 1,200명의 여성대표가 참석하여 10개 항의 개정 요강을 채택하고 "모든 여성단체는 가족법 개정을 위해서 단결하고 우리의 요구가 이루어지는 날까지 계속적인 연합운동을 벌인다"는 결의문을 발표하였다.

위 | 가족법 개정 추진 운동의 날 선포식(1975)
아래 | YWCA 수요강좌, "세계 여성의 해―평등 · 발전 · 평화"(1975)

타고난 성별과 순서에 따라 특전과 천대가 나누어지는 현행 가족법은 세계인권선언과 우리 헌법에 정면으로 위배될 뿐 아니라 인도적 견지에서도 부당하므로 시급히 개정되어야 한다. … 생활 환경 때문에 위축되고 잠재되었을 뿐 결코 천부적으로 열등한 존재가 아닌 미개발의 여성 능력을 사회발전에 투입해야 할 시기가 도래했다. … 남자와 여자, 가족과 가족으로 상하지배복종의 관계로 차별해서 규정한 현행 가족법은 분명 법이 추구하는 정의를 외면해 왔다.[86]

이에 범여성가족법개정촉진회는 보다 구체적으로 "① 호주제도의 폐지 ② 친족범위 결정에 있어 남녀평등 ③ 동성동본 불혼제도 폐지近親婚 금지 ④ 소유불분명한 부부재산에 대한 부부의 공유 ⑤ 이혼배우자의 재산분배 청구권 ⑥ 협의이혼제도의 합리화 ⑦ 부모 공동 행사 ⑧ 적모서자 관계와 계모자 관계의 시정 ⑨ 상속제도의 합리화 ⑩ 유류분제도遺留分制度" 등 10개 조항의 결의문을 채택하였다. 또한 『가족법개정요강해설』, 『다 같은 인간인데』, 『가족법수첩』 등을 발간하여 여성의식을 계몽시키고자 하였다. 1977년에는 동성동본불혼폐지를 주장하는 가두 캠페인을 벌여 연서를 얻어내는 등 거리에서 활발한 활동을 전개하였다.

이처럼 여성단체협의회는 '세계 여성의 해'를 맞아 최대 이슈로서 '가족법 개정'을 소리 높여 외쳤다. 여성계는 가족법 개정의 실효를 거두기 위해 가족법학회의 적극론자의 이론적인 후원을 얻어 77개조에 이르는 법조항의 전면적인 개혁을 요구하고 개정 법안과 개정 이유서를 채택하여 국회에 개정안을 제출하였다. 아울러 여성 단체는 국회의원에게 가족법 개정안의 통과를 호소하는 편지를 보냈다. 특히 여성 국회의원

86 가족법 개정을 위한 활동—범여성가족법개정촉진회 선언문, 『한국YMCA』 1973. 7~8, 10~11.

위 | 가족법 개정을 촉구하는 강연회(1973)
아래 | 범여성가족법개정촉진회 결성대회(1973)

에게 "여성의 대변자로서의 의무를 거부하지 말고, 역사이래 처음으로 10명의 다수 의원이 선출된 만큼 여성의 이름으로 요구하는 이 문제에 있어서만큼은 여야의 정치적 입장을 초월해서 공동 목표로 설정하여 역사에 기록될 이 작업을 성취시켜 줄 것"[87]을 부탁하였다.

서울YWCA의 경우 1975년 9월 9일을 '가족법 개정 촉진의 날'로 정하고 강연과 전단 나누기, 가두 시위 등을 벌이고 국회에서 법안을 통과시켜 줄 것을 강력히 요구하였다. 이러한 촉진회에 의해 주도된 법 개정운동은 보다 체계화되기 시작하여 가족법 개정에 대한 홍보 활동과 지방에 촉진회 지부를 결성하는 조직 활동을 통해 확대되었다. 여성단체 대표를 모아 가족법 개정 지도자 훈련을 실시하였고, 가족법 작성을 위해 각계 전문가 의견을 청취하기 위한 토론회가 연일 개최되었다.

그러나 촉진회의 가족법 수정안의 국회 상정 과정에서 불협화음이 발생하였다. 촉진회 회장인 이숙종 의원은 법안의 통과를 수월하게 하기 위해 촉진회의 동의 없이 단독으로 호주제의 폐지, 동성동본불혼제의 폐지를 삭제한 형태의 '달라진' 수정안을 국회에 제출하면서 소위 '단독 수정법안 사건'이 야기되었다.

주체의식도 없이 가족법 개정이 왜 필요한지, 또 여성 국회의원으로서의 사명이 무엇인지도 인식하지 못한 처사에 분노를 느끼면서… 제안자인 여성의원 자신이 가족법에 대한 지식 내지는 필요성도 모르는 것을 보아 아직 이에 대한 계몽이 덜 된 탓인 줄 알고 이 개정안을 철회하여 좀 더 시일을 두고, 구체적이고 체계적인 계몽을 벌여 온 국민이 어느 정도 이해가 간 뒤에 국회에 제출하여도 좋으리라 생각한다.[88]

87 이태영, 법률상의 남녀평등은 왜 시급한가, 『한국YMCA』1973. 6, 19.

이숙종이 제출하였던 수정안은 가족법 개정안의 핵심이었던 호주제도, 친족 범위, 계모자 관계 등 중요 부분을 수정한 것으로, 이로 인해 촉진회의 핵심 단체인 가정법률상담소, 한국여성유권자연맹과 마찰이 불가피하였다. 이숙종 의원이 제출한 '수정안'은 촉진회 내부의 강한 반대에 부딪치고 이 사건이 사회문제화되자 1974년 12월 그 수정안은 철회되었다. 그리고 가족법 개정안은 촉진회의 원안대로 1975년 4월 9일 국회에 다시 제출되었다.

　　여성계의 이러한 활동에 대해 유림을 중심으로 한 보수세력이 막강한 재력과 조직력, 기득권을 갖고 집단적인 움직임을 행사하였다. 이들은 1974년 8월 25일 전국유림대표자대회를 개최하여 500만 유림의 이름으로 가족법 개정안에 반대하는 결의서를 제출하였다. 나아가 보수적인 사회지도층 인사로 구성된 '가족법개정저지범국민협의회^{회장 정주영}'를 결성하여 전통적인 가족제도를 옹호하는 운동을 전개하였다. 이들은 여성계의 개정법안이 "인간법의 정의를 무시하고 미풍양속을 말살하려는 것으로서 민주적 윤리관을 거부하고 국가이익에도 배치된다"고 주장하였다.

　　이러한 상황에서 여성단체는 국민 일반을 계몽시킬 수 있는 여론 조성이나 정치적 압력단체로서의 기능을 제대로 행사하지 못했다. 또한 지도층이 여성의 권리를 대표하는 입장으로 단결되어 있지 않았다. 결국 가족법은 1977년 12월 7일 개정이 단행되어 1979년 1월 1일부터 시행되었다. 여전히 호주제도와 동성동본불혼제도를 남겨둔 채 재산상속 등에서의 성차별을 약간 완화한 정도로 수정된 것이다.

88 조아라, 가족법 개정 수정안은 철회되어야 한다, 『한국 YMCA』 1974. 11, 12~13.

유엔이 '세계 여성의 해'로 제정한 1976년에 열린 세계여성대회에서 여성 권익과 보호를 위한 2백

19개의 행동강령이 채택되었던 것을 기점으로 제2차 연도였던 올해의 결산을 더듬어 본다. ⋯ 1973년 6월에 60여 개 여성단체가 모여 발족하였던 범여성가족법개정촉진회가 국회에 제출하였던 가족법 개정안은 통과 결과에 아쉬운 감이 있긴 하나 여성운동사에 길이 남을 것으로 생각한다.[89]

1977년 개정된 가족법의 주요 내용 가운데 '협의이혼제도'의 합리화는 이혼시 가정법원의 확인을 받아 신고하도록 하여 약자인 여성이 남편에 의해 이혼을 당하는 위험으로부터 보호하였다. 재판이혼이 성립되면 과실 있는 상대방에 대하여 이혼으로 인한 재산상 손해와 정신적 고통으로 입은 손해배상을 청구할 수 있게 하였다. 또한 법정재산 상속분을 균등화하여 아들과 딸 사이의 상속분에 평등을 기하였다. 즉 이 개정안은 유림 등 사회 보수 계층의 강력한 반대운동으로 인해 미봉적·타협적인 조치로서 여성계의 요구를 부분적으로 수용한 산물이었다.

지난 75년 4월 제안된 민법 개정안—이른바 가족법 개정안이 발의 2년 8개월만에 도마 위에 올려지게 됐다. ⋯ 이 개정안에 대해서는 여성의원을 중심으로 한 20여 명의 의원이 찬성, 40여 명의 의원이 반대 청원소개에 나섰으며 특히 도시보다는 농어촌 출신 의원들이 반대성향을 강하게 드러냈다. ⋯ 그동안 유교적 윤리 규범과 변천된 새로운 서구적 문화의 틈바구니에서 꼼짝도 못한 이 개정안은 결국 내년 통일주체국민회의 대의원 선거를 앞둔 여당의 정책적 배려 때문에 햇빛을 쐬게 됐다는 풀이도 없지 않다.[90]

89 이요식, 여성단체—근로자 보호에 주력, 소비자 계몽, 가족법 개정 등 전개, 「77년의 여성: 잠재력 개발—사회 참여 활발」, 동아일보 1977. 12. 20.
90 가족법: 여권과 양속 사이—개정작업에 순탄 예상되지만, 동성동본 혼인엔 파란일 듯, 동아일보 1977. 12. 12.

인구 억제와 가족법 개정

호주 중심의 남계 혈통주의의 가족제도가 인격적인 공동체로서의 가정보다는 혈통존속을 위한 방편으로 집착하게 해 왔다. … '차라리 첩의 아이라도'라는 식의 일반 관념은 개선되어야 하며 무엇보다도 양자법의 개정이 시급한 문제임을 주장했다. … "좀 더 융통성이 있고 남계 혈통만을 중시하지 않는" 법으로 새로이 다듬어져야 하며, 호주상속법, 상속법 등에서 남성 우위를 고집하는 입양문제는 물론 인구문제까지도 해결은 어려울 것이다."[91]

유신체제를 통하여 가족계획사업이 적극 추진되면서 여성단체협의회를 비롯한 여성단체는 인구문제특별위원회를 결성하여 남성을 가족계획사업에 끌어들이면서 나아가 가족법 개정의 연결고리로 활용하고자 하였다. 당시 박정희정권은 계속되는 인구증가율이 경제발전을 저해하고 식량문제와 공해문제, 도시빈곤 문제를 가져온다고 하며, 인구증가를 막기 위해 가족계획 10개년 계획을 세우고 출산 억제를 장려하였다.

그러나 여전히 대를 이을 남아를 얻는다는 명목 때문에 가족계획이 효과적으로 실시되지 못하였다. 1976년 12월 정부가 종합인구정책을 발표한 것을 계기로 여성계는 남아선호 사상이 인구억제의 장애요소라는 이유를 제기하며 민법상 남녀차별의 철폐와 연결시키는 전략을 채택하였다. 즉 "가족법상 문제점을 해결하는 것이 가족계획 사업의 목표를 성취하는 데 긴요하다" 그리고 "가족법상 남녀평등이 실현되지 않는 한 어떤 인구정책도 결코 성공할 수 없다"고 주장하며 이를 통해 가족법 개정을 추진하고자 하였다.

---

91 가족법부터 개정되어야, 『서울 YWCA』 74,
1972. 6. 1.

가족법 제도가 남녀를 법적으로 평등한 존재로

위 | 동성동본 사례극 공연 후 출연자들 '가족법 개정' 서명 운동 전개
아래 | 국회 법사위의 가족법개정회의를 방청하고 있는 여성단체 인사

인정하지 않는 전근대적인 가치관을 고집하는 한 남아선호 사상은 뿌리 뽑히지 않을 것이며, 인구문제 면에서 심각한 사태를 유발하게 될 것이다. 1977년 12월 2일 여성단체협의회에서 열린 인구문제 세미나에서 "현재의 가족법 아래서는 사회보장제도가 확립된다 해도 아들을 원하는 의식의 변화를 기대할 수 없다"고 못박았다. … 개정법안의 내용은 전통에 거역하는 것이 아니며 남녀평등 사상이 법으로 인정될 때 비로소 아들딸 구별 않고 알맞은 수의 자녀를 갖게 되는 가치관이 확립될 수 있다고 강조했다.[92]

범여성가족법개정촉진회가 결성된 것을 기점으로 각 여성단체는 부당한 차별대우로부터 여성 스스로를 일깨우고 사회의 새로운 인식을 얻기 위한 공청회, 간담회 등을 끊임없이 열었다. 특히 이는 전략적으로 인구문제와 깊은 관련이 있음을 역설하면서, 법적으로 남녀가 평등한 존재로 인정되지 않는 한 남아선호 사상은 뿌리 뽑히지 않고 여전히 아들을 낳기 위해 많은 수의 자녀를 갖게 될 것이기에 인구문제는 개선될 수 없을 것이라고 지적하였다.[93] 여전히 가족법에 여성을 차별하고 희생시키는 가부장제가 뼈대를 이루고 있다면 인구 억제는 요원할 것이라고 비판하였다.

결국 인구정책으로서 가족계획 사업이 남아선호 사상을 바탕으로 한 전통적 가족제도나 이에 따른 사회문화적 제문제를 선결하지 않는 한 완벽한 성공을 꾀할 수 없다는 점을 지적하고 있다. 아들을 바라는 출산의욕이 다산의 요인이 되는 만큼, 우선 아들 본위의 전통적 가족제도를 고수하고 있는 현행 친족상속법을 시급히 개정하는 동시에 남녀를 차별하는 가정적, 사

92 친권은 부모동권으로―가족법에 남녀평등 인정 않으면 '남아선호' 못 썻어, 동아일보 1977. 12. 6.
93 여성단체의 압력―남녀의 법적 평등 인정 않는 한 남아선호로 인구억제엔 문제, 동아일보 1977. 12. 12.

회적 제습관과 제도를 철폐해야 옳다는 것이다. 사회통념과 인습이 아직
도 남존여비의 영역에 머물러 있는 것도 문제인데, 법률마저 어머니보다
아버지를 우대하고 딸보다 아들을 소중히 여기며 아내보다 남편의 권익
을 더 보장하는 한 아들을 낳을 때까지 출산을 계속하려는 의욕을 막을
수 없다. 결국 가족계획 사업은 여성의 지위 향상 없이는 성공할 수 없다
는 결론에 도달한다고 주장하였다.[94]

3. 가족법개정운동, 그 후

법은 정치 · 사회적 현상의 역사적 구성물이다. 다시 말해 당시 이해관
계를 달리하는 세력 간의 역학관계 속에서 구성되는 결과적 산물인 것이
다. 법은 그 시대와 사회의 흐름에 따라 새로
이 변화되고 바뀌지만 법 제정과 개정은 현실   94 이태영, 법률상의 남녀평등은 왜 시급한가,
적으로 권력관계 및 계급관계의 영향을 받는   『한국YWCA』 1973. 6. 18.

다. 기존의 성차별적인 구조에서 만들어진 법이 사회에 반영되면서 한국 사회에서 법은 가부장적 질서를 재생산하는 기제가 되었다.

> 법은 사회적인 여건이 무르익은 연후에 세워질 수도 있지만, 법이 사회적인 여건을 계몽하고 지도할 수도 있다. 말하자면 법은 정신과 풍습을 올바른 방향으로 받혀주는 지주의 구실도 하는 것이기 때문이다. … 가족법 개정은 우리 여권의 재인식과 신장에 훨씬 더 강력히 이바지할 것이다.[95]

우리의 가족법 관련 입법 과정의 역사를 보더라도 가부장적 가족제도의 청산을 주장하는 여성운동 측과, 이를 유지하려는 유림세력 간의 긴장 관계 속에서 각각의 입장을 부분적으로 수용하는 정치적 산물로 가족법이 개정되어 왔다. 이와 같이 호주제를 둘러싼 논쟁이 진행되는 배경에는 가부장적 가족주의와 개인주의적 평등 이념의 상반되는 원리가 가족법에 존재하기 때문이다. 가족법 개정운동은 사회적인 변화 속에서 진행되어 왔으나, 다른 영역에 비해 전통적인 규범을 지키고자 하는 강한 보수적 성향의 반대 때문에 더딘 변화를 보여 주었다.

해방 이후부터 꾸준히 추진해 온 대표적인 여성운동은 가족법개정운동이었다. 제정 당시부터 많은 결함과 모순을 갖고 있었던 가족법은 1977년 가족법 개정에 이르기까지 여성을 차별하는 내용을 그대로 둠으로써 법적으로 남녀평등을 보장하지 못했다. 많은 여성단체가 연대하여 남녀불평등 조항을 고치기 위해 기존의 가족법이 얼마나 비민주적이고 후진적인 규정인가를 지적하면서 체계적으로 민주적인 선진입법과 비교·검토해 보는 계기를 꾸준히 마련하였다. 나아가 전 국민을 상대

95 임옥인, 가족법 개정에 바란다: 우리 자신을 계몽하자, 『한국 YMCA』 1973. 7~8, 14.

로 한 설득과 강연을 통해 가족법에 대한 국민의 관심을 모으는 데 노력하였다. 특히 이러한 일들은 권리 의식이 상대적으로 낮은 여성들에게 커다란 자극이 되었으며[96] 다양한 성격을 가진 여성단체 및 여성지도자가 연대 활동을 통해 여성단체를 활성화시키는 기회가 되었다.

> 호주 문제 동성동본 불혼문제 등 시급한 문제가 빠진 것은 유감스럽다. 가족법 문제는 여성이 남성에게 대항하는 것도 아니고 여성의 이익을 얻고자 하는 것도 아닌 국가발전에 선행되는 문제다. 우리의 민법만이 세계에 뒤떨어질 이유는 없지 않은가.[97]

그러나 유신체제 아래 사회 모든 부문에 대한 권위주의적 통제가 강화되어 각 분야의 사회운동이 억압받는 상황에서 권위주의를 뒷받침해 주는 가부장적 이념에 대한 도전은 제한된 방식으로 이루어질 수밖에 없었다. 결국 1980년대로 접어들면서 가족법개정운동이 실질적인 민주화운동의 출발점이라는 점이 부각되면서 여성운동은 또 다른 차원으로 접어들었다. 1970년대까지 여성단체들은 가족법개정운동이 근본적으로 인권운동이며 민주화운동의 기본이라는 개정의 궁극적인 방향성을 제시하지 못하였다. 인간평등이라는 차원에서 누구든지 성별에 따른 차별을 받지 않아야 한다는 가족법개정운동은 이러한 점에서 미완의 과제로 다음 시기로 넘어갔다.

96 곽종영(1984), 한국 가족법에 관한 연구, 『순천대학논문집』 3, 75.

95 임옥인, 가족법 개정에 바란다: 우리 자신을 계몽하자, 『한국 YMCA』 1973. 7~8, 14.

| 부표 1 | 한국 여성의 지지투표 결정 요인

	대가족	소가족
나 자신이 결정	165(70.5%)	646(80.6%)
가족 중 어른과 의논해서	60(25.6)	136(17.0)
유지의 의견을 듣고	3(1.3)	14(1.7)
기타	4(1.7)	2(0.2)
무응답	2(0.9)	3(0.4)
계	234(100)	801(100)

출처: 이화여자대학교 정치외교학과, 1971.

| 부표 2 | 특정 입후보자의 지지 이유

	대통령인 경우	국회의원 후보의 경우
정당을 보고서	307(27.2%)	413(36.6%)
개인을 보고서	706(62.6)	596(52.9)
기타	53(4.7)	54(4.8)
무응답	62(5.5)	64(5.7)
계	1,127(100)	1,127(100)

출처: 이화여자대학교 정치외교학과, 1971.

| 부표 3 | 여성유권자가 투표를 하는 이유

	국민의 의무감	이해관계	나와 상관없다	하지 않아도 괜찮다	기타	무응답	계
응답자수	1,029(91.3)	13(1.2)	26(2.3)	9(0.8)	7(0.6)	43(3.8)	1,127(100)

출처: 이화여자대학교 정치외교학과, 1971.

| 부표 4 | 선거별 남·녀 유권자수와 투표율

투표율	5대 대선	6대 대선	국민투표 (69.10.17)	7대 대선	8대 총선	국민투표 (72.11.21)
남	77.8%	84.3%	78.6%	81.5%	75.0%	92.8%
녀	74%	83.0%	75.7%	78.3%	71.4%	91.1%

출처: 중앙선거관리위원회 각종 통계집; 김옥렬, 「한국여성과 사회참여」, 숙명여자대학교 출판부, 1989, 291쪽에서 재작성.

| 부표 5 | 여성유권자의 여성 지위 향상에 대한 태도

	적극적으로 찬성	여자가 뭘 그럴 필요가 있는가	생각해 본적이 없다	기타	무응답	계
응답자 수	585(51.9)	81(7.2)	379(33.6)	129(1.1)	70(9.2)	1,127(100)

출처: 이화여자대학교 정치외교학과, 1971.

| 부표 6 | 농가의 노동투하량 비교

(단위 : %)

	1962	1965	1969
가족노동	71.6	72.1	72.9
고용노동	20.2	21.5	18.8
품앗이	8.2	6.4	8.3

출처: 농업협동조합중앙회, 『농업연감』, 1970, 60.

| 부표 7 | 해방 직후 여성의 산업별 분포

분야	농업	가사사용인	상업	공업	기타
비율(퍼센트)	89.2	3.0	2.9	1.0	3.1

출처: 강이수, 1920~60년 한국여성노동시장 구조의 사적 변화, 『여성과 사회』, 창작과 비평사, 1993.

| 부표 8 | 전국 물가지수 동향

년도	1946	1947	1948	1949	1951	1952	1953
비율	55.9	100.0	158.3	197.8	2128.5	5243.6	7618.8

출처: 통계청, 1993.

| 부표 9 | 안내양의 교육 정도와 연령

교육정도	국졸	중졸	고퇴	고졸	연령(살)	18	19	20	21	22
인원(명)	20	46	1	1	인원(명)	24	18	12	11	3

출처: 황인호, 김포교통을 찾아서, 『직업여성』 1972. 12.

| 참고문헌 |

1차 자료

경제기획원. 『인구 및 주택조사 보고서』. 1960, 1965, 1970, 1975, 1980.

경제기획원. 『한국의 사회지표』. 1983.

경제기획원. 『한국통계월보』. 1977.

국회도서관. 『의정30년사료』. 1983.

국회도서관. 『헌법제정회의록: 제헌의회』. 1967.

내무부. 『제1기 새마을부녀지도자 교육』. 1973.

농수산부. 『농림통계연보』. 1970.

농업협동조합중앙회. 『농업연감』. 1970.

대한민국국회. 『헌법개정심의록』 1, 2, 3. 1967.

대한민국국회사무국. 『국회사』. 1971, 1976, 1985, 1992.

대한민국국회사무처. 『본회의 회의록』 및 『상임위원회 회의록』 해당 각 회별(1948년 제
        헌의회부터 1980년 국회까지).

대한민국정부. 『대한민국시정월보』. 대한민국정부. 1949. 10. 27.

법제처. 『헌법연구반 보고서』. 1980.

보건사회부. 『부녀행정 40년사』. 1987.

보건사회부. 『여성과 새마을운동』. 1981.

비서처. 『남조선과도입법의원속기록』. 여강출판사.

새마을지도자연수원. 『새마을교재(새마을부녀지도자과정)』. 1977.

원풍모방노동조합. 『사업보고』 제7권. 1979.

유홍. 「메-데-」의 의의와 한국 노동운동의 전망―朝紡爭議 사건을 중심으로. 『자유세
        계』. 홍문사. 1952. 2.

전국섬유노동조합. 『1972년도 사업보고서』.

전국섬유노동조합. 『1973년도 사업보고서』.

전국섬유노동조합. 『1974년도 사업보고서』.

전국연합노조 청계피복지부. 『1978년도 임금인상 요구서』. 1978.

전국연합노조 청계피복지부. 『시장상가 피복제품업계근로자의 임금실태조사 결과』.
      1974.

전국화학노동조합 삼성제약지부. 『내일을 위한 소리』. 1979.

정무장관(제2)실. 『한국여성발전 50년』. 1995.

조선통신사. 『조선연감』. 조선통신사. 1947.

중앙선거관리위원회. 『대한민국정당사』. 중앙선거관리위원회. 1968.

중앙선거관리위원회. 『대한민국정당사』. 해당 연도별.

중앙선거관리위원회. 『선거사』. 해당 연도별.

중앙선거관리위원회. 『정당의 선거공약』. 1988.

중앙선거관리위원회. 『정당의 활동개황 및 재산상황 등 보고서』. 1981.

통계청. 『지난 30년간 고용사정의 변화』. 1993.

통계청. 『통계로 본 광복 전후의 경제사회상』. 1993.

한국노동조합총연맹. 『사업보고』. 각 년도.

한국산업은행 조사부. 『광공업 표본조사 보고』. 1963.

한국산업은행 조사부. 『한국의 산업』. 1962.

한국시그네틱스노동조합. 『한국시그네틱스노동조합20년사』. 1987.

한국여성개발원. 『여성관련 사회통계 및 지표』. 1986, 1994.

한국여성개발원. 『여성의 취업실태조사』. 1992.

한국여성개발원. 『여성통계연보』. 1994.

한국은행조사부. 『경제연감 IV』. 1957.

한국재정40년사 편집위원회. 『한국재정 40년사』. 한국개발연구원. 1991.

잡지

T.S. 참정권에 대하야. 『새살림』 1947. 3.

강상운. 생활도 전환기다. 『여원』 1960. 7.

강영수. 특집: 선거와 여성.『여원』1960. 8.

고명자a. 자주독립과 부녀의 길.『신천지』1946. 5(통권4호1권4호).

고명자b. 부녀와 삼상회의.『신세대』1946. 3.

고승제. 전환기에 선 한국경제의 전망과 과제.『사상계』1960. 2.

고황경. 신국회에 제언함.『민주조선』1948. 7(통권7호2권5호).

권순영. 매춘을 어떻게 없앨 것인가.『여원』1959. 12.

권순영. 왜 그들의 정조는 법이 보호 못 했나.『여원』1955. 10.

길재호. 공화당의 좌표.『세대』1965. 8.

김경래. 한일국교 이후의 문제.『세대』1965. 8.

김경창. 새 정치 이념의 전개: 민족적 민주주의의 방향.『세대』1965. 8.

김기호. 유럽에 번져간 한국간호사들.『대한간호』26. 1966.

김동길. 나의 주장 나의 의식을 갖어라—농촌의 젊은 여성에게 고하는 글.『농민문화』
    1973. 8.

김동수. 우리집 살림살이의 재검토.『여원』1959. 11.

김동오. 정치의 낙제생 이승만 씨.『여원』1960. 8.

김석회. 근로여성과 노무관리 특성.『노동』9(3). 1975.

김선요. 오늘의 농촌 여성, 그 문제와 대책.『여성』. 한국여성단체협의회. 1983. 11.

김영선. 경제개발 3개년계획안 분석.『사상계』1960. 4.

김영선. 경제부흥의 이론서설.『사상계』1953. 12.

김영선. 계획경제와 독재.『사상계』1958. 1.

김영철. 외자도입문제.『사상계』1958. 4.

김오선. 가족계획의 어제와 오늘.『세대』1964. 3.

김옥분. 오늘의 조선과 여자경찰.『새살림』1946. 2(1).

김용년. 공창이 없어지든 날까지.『새살림』. 1948. 4.

김유택. 금융정책의 당면문제.『조사월보한국은행』1952. 2.

김인수. 르뽀: 기름에 밀린 탄광촌의 우울.『여성동아』1968. 2.

김중렬. 고무공장파업과 아사동맹.『노동공론』4(8). 1974.

김중렬. 조선방직공장의 쟁의.『노동공론』5(1). 1975.

김춘실. 나는 이렇게 살아간다! 월남여성의 생활감투기.『부인경향』1950. 2.

김춘심. 손쉬운 부녀자의 가정부업.『새농민』1963. 1.

김태은. 르뽀 버스종점: 안내양 생활의 이모저모.『노동』10(4). 1976. 6~8.

김하림. 면접조사: 서울의 지방출신 여성들.『여성동아』1968. 2.

김희영. 경제 개발과 기혼 여성 근로자.『노동』8(5). 1974.

나운몽. 농촌실정의 근본적 고찰(一).『농민성보』1(5), 1946. 9.

노중선. 노사분규와 근로자 승리 ─ 한국모방의 노사분규.『노동문제』8. 1973. 3.

노중선. 아이맥전자의 노사분규.『노동문제』2. 1971. 9.

노중선a. 크라운전자의 노사분규.『노동문제』4. 1972. 4.

노중선b. 한국모방의 퇴직금 체불분규.『노동문제』6. 1972. 9.

노천명. 어렵게 당선되신 장면 부통령에게 보내는 글월.『여원』1956. 6.

농민주보. 군정장관 입법의원에 보통선거법 신속 제정 요청.『농민주보』1947. 5. 24.

농민주보. 입법의원의 진용.『농민주보』1947. 1. 25; 2. 1; 2. 15.

농민주보. 입법의원 설치에 관한 법령.『농민주보』1946. 10. 26.

리숙자. 의무가 없는 곳에 권리가 없다.『새살림』1(2). 1946.

민주주의. 동포여자능욕사건에 대한 각 단체항의문.『민주주의』(12). 1947. 2.

박경수. 문학예술에 나타난 여성과 직업.『광장』55. 1978.

박동운. 참여하라 그리고 괴로워하라.『세대』1964. 11.

박동운. 총선결과를 분석한다.『세대』1964. 1.

박래원. 국가융성과 여성의 힘.『여원』1960. 7.

박보희. 한국산업발전에 있어서의 근로여성의 위치.『여성』138. 1977.

박성환. 기성세대를 고발한다.『여원』1960. 7.

박순천. 3선의 영광을 입으신 이승만 대통령에게 보내는 글월.『여원』1956. 6.

박순천. 가장의 의견을 따르지 말자.『여원』1960. 8.

박순천. 정부수립과 여성임무.『대조』3(3). 대조사. 1948. 8.

박승호. 여성과 직업.『민성』5(9). 1949.

박승호. 입법의원의 한 모퉁이에서.『새살림』1(5). 1947. 9.

박완서. 노동과 여성.『광장』1978. 1.

박인덕. 국제여성대회에 참석하고 나서.『새살림』1947. 12.

박인덕. 농촌 여성에게 드리는 말씀(中): 어린이 양육에 힘쓰고 우리 글은 꼭 배웁시다.

『농민성보』 1(5). 1946. 9.

박인덕. 농촌 여성에게 드리는 말씀(下): 동리를 깨끗이 하고 경제에도 관심을 갖자.
　　『농민성보』 1(6). 1946. 10.

박정숙. 입법의원에 대한 부인의 대망. 『새살림』 1947. 1(창간호).

박종화. 해방 후의 한국 여성. 『여원』 1959. 8.

박찬세. 5 · 16의 득실을 채점한다. 『세대』 1964. 5.

박창남. 서독: 부지런한 나라에서 보다 부지런히 일하는 간호원들. 『여성동아』 1968.
　　10.

박현태. 민중당의 좌표. 『세대』 1965. 8.

박화숙. 지도층에 있는 남성들에게. 『새살림』 1(2). 1946.

배민수. 농민생활의 암이 되는 폐풍교정. 『농민생활』 18(3). 1956.

백두진. 경제안정 15원칙과 외자운영. 『경제월보』 1950. 5. 7.

백두진. 한국경제부흥과 외자도입. 『시정월보』 1949. 7. 23.

백상창. 특집: 여성 · 연소 근로자와 작업 환경 ─여성 · 연소 근로자와 리크리에이션.
　　『노동』 10(3). 1976. 4~5.

백주. 총선거와 국민의 각오. 『민주조선』 1948. 4(통권5호2권3호).

변준호. 정치인과 그 2세. 『여성동아』 1968. 1.

부녀국 노동과 과장. 대표자를 선출합시다. 『새살림』 2(1). 1948.

부완혁. 경제원조의 반성: 방식과 운영의 합리화를 위하여. 『사상계』 1960. 7.

부완혁. 구멍탄 값이 오르지 않도록 지금부터 대책을 세워라. 『여원』 1957. 11.

부인경향. 좌담회: 기아와 여성과 윤리: 정비석, 김영수, 유한철, 최영수. 『부인경향』
　　1(5). 1950. 5.

석정남a. 인간답게 살고 싶다. 『월간대화』 1976. 11.

석정남b. 불타는 눈물. 『월간 대화』 1976. 12.

새농민. 가내공업지대를 찾아서 ─연간 막대한 수입을 올리는 영화동 마을. 『새농민』
　　1963. 5.

새농민. 농촌은 여성 지도자를 부른다 ─전국농촌부녀지도자협의회가 가져온 것. 『새농
　　민』 1964. 7.

새농민. 르뽀: 부녀회가 살찌운 청송의 강마을 ─그 억척같은 아낙네들의 힘. 『새농민』

1970. 6.

새살림. 여성단체의 뉴스. 『새살림』 1947. 1 (창간호).

세대. 청구권과 대일민간채권. 『세대』 1966. 4.

송건호. 역사적 대전환의 서막. 『세대』 1965. 12.

송건호. 자유당만도 못하다는 민주당. 『여원』 1961. 3.

송금선. 민중의 충실한 대변인들. 『주부생활』 1957. 4.

송종호. 우리나라 농촌 부녀의 노동 문제: 남녀공동작업반은 금만항평야에서 시작되다.
　　　『협동』 52. 대한금융조합연합회. 1955.

신석초. 6 · 25와 미망인. 『여원』 1959. 6.

신일철. 그는 출마할 자격이 있는가. 『여원』 1960. 8.

안종우a. 한국노동운동의 증언: 조방쟁의(상). 『노동공론』 1972. 8.

안종우b. 한국노동운동의 증언: 조방쟁의(하). 『노동공론』 1972. 9.

양재경. 여성과 정치. 『신세대』 1948. 2.

엄상섭. 국민반소동 선거법소동. 『사상계』 49. 1957. 8.

엄효섭. 한국사회 10년사. 『사상계』 1955. 10.

여성단체총연맹. 총선거와 알아둘 몇 가지. 『새살림』 1948. 6.

여성동아. 농촌 여성과 교육: 언문이나 깨우치면 시집갈 일이지. 『여성동아』 1968. 1.

여성동아. 주부의 재취직: 그 요건과 가능성의 탐구. 『여성동아』 1968. 8.

여성문화사. 여성단체 소개. 『여성문화』. 여성문화사. 1945. 12.

여성문화사. 여성해방좌담회. 『여성문화』. 여성문화사. 1945. 12.

여성문화평론. 여성운동의 현 단계. 『여성문화』 1945. 12.

여원. 내가 맞은 8 · 15광복. 『여원』 1956. 8.

여원. 미망인들의 형편과 동향. 『여원』 1959. 6.

여원. 우리집의 월수입과 지출. 『여원』 1959. 5.

여원. 이달의 초점: 세계 여성의 해 추세. 『여원』 1975. 3.

여원. 좌담회: 식모. 『여원』 1958. 8.

여원. 좌담회: 신생활 운동의 선봉에 서서. 『여원』 1960. 9.

여원. 주부의 궁금풀이를 위한 일곱가지 문답. 『여원』 1956. 8.

여원. 집단조사: 젊은 여성들의 생활과 의견. 『여원』 1957. 1.

여원. 특집: 제2공화국의 여성. 『여원』 1960. 7.

영운. 부인 대의사는 누가 되나. 『새살림』 1(7). 1947. 12.

영운. 부인 대의사는 누가 되나. 『새살림』 1948. 1.

유각경. 여성과 정치. 『부인경향』 1950. 5.

유광열. 여속변천 50년. 『여원』 1959. 12.

유동우a. 어느 돌맹이의 외침 (1). 『월간 대화』 1977. 1.

유동우b. 어느 돌맹이의 외침 (2). 『월간 대화』 1977. 2.

유동우c. 어느 돌맹이의 외침 (3). 『월간 대화』 1977. 3.

유병묵. 건국과 여성해방. 『인민』 1964. 4.

윤석민. 세계여성의 해 국제회의보고. 『여성』 109. 한국여성단체협의회. 1975.

윤종주. 민족대이동으로 본 6 · 25. 『월간 중앙』 1980. 8.

이건혁 외. 직장여성들에게 보내는 특집. 『여원』 1956. 9.

이건혁. 선거에 임하는 여성이 가질 바 태도. 『주부생활』 1957. 4.

이경선. 조선 여성에게 호소함. 『개벽』 73. 1946. 1.

이경희. 여성해방에 대하야. 『혁명』 1(1). 1946. 1.

이계현. 미망인의 수기: 꿈속에라도 돌아오소서. 『여원』 1959. 6.

이관구. 정부통령 선거전은 끝나다. 『여원』 1956. 6.

이규동. 누구를 위한 내핍인가. 『청맥』 1965. 11.

이만섭. 싸움이냐 경쟁이냐: 야당의원에 바란다. 『세대』 1964. 1.

이명수. 농촌부녀와 과로. 『새농민』 1964. 7.

이범석. 대한민국과 건국. 『대조』. 대조사. 1948. 8.

이병길. 한국 여성의 투표 성향. 『선거관리』 2. 1973.

이석종. 신혼부부가 한살림 마련하는 데 얼마만한 돈이 있어야 하는가. 『여원』 1956.
    10.

이승만. 총선거특보판: 총선거를 앞두고, 국내투표권자에게. 『민주조선』 1948. 4(통권5
    호2권3호).

이승자. 무작정 상경 부녀 무료숙박소: 우애관의 하루. 『여성동아』 1968. 6.

이자헌. 6 · 8 총선이 남긴 것: 여촌야도와 로컬현상. 『세대』 1967. 8.

이종식. 6 · 8 총선이 남긴 것: 권위주의의 몰락. 『세대』 1967. 8.

이창렬. 실업문제.『사상계』1958. 9.

이태영. 정치에 대한 여성의 관심.『여원』1960. 7.

이태영. 현대 여성은 지성을 상실했는가.『여원』1955. 10.

이항녕. 신민법은 여성비극을 줄게 할 것인가.『여성생활』. 1950. 3.

인민의 소리. 인민의 소리.『혁명』1(1). 1946. 1.

임명숙. 미망인의 수기: 다시는 나 같은 사람이 없기를.『여원』1959. 6.

임방현. 속 · 개헌의 논리와 윤리.『세대』1969. 3.

임부진. 여성과 직업: 기혼여성의 경우.『부인경향』1 (5). 1950.

임정택.「무역과 국제수지」.『사상계』1958. 9.

장강학 외. 새 민법과 여성의 권리.『여원』1960. 1.

장기영. 해방된 조선경제의 실상.『신천지』2(2). 1947.

장정옥. 식모에 대한 대우를 개선하자: 그들을 너무 학대하고 있지 않는가.『여원』
        1957. 11.

전국자동차 노동조합 서울버스지부 부녀지도부(1974). 여성버스안내원의 특성과 직업
        실태.『여성』103.

정기순. 여성직업의 산실 '라사라 양재 학원'을 찾아서.『직업여성』1972. 8.

정념. 직업소개소.『여성동아』1968. 10.

정용규. 가내공업을 말한다.『새농민』1963. 4.

정종식. 6 · 8 총선이 남긴 것: 6 · 8 총선의 양상과 반성.『세대』1967. 8.

정충량. 미망인의 유혹, 재가, 딸린 아이.『여원』1959. 6.

조성준. 노사분규의 현장.『신동아』1980 6.

조풍연. 말씨: 〈해방〉에서 〈재개봉〉까지.『여원』1959. 8.

주부생활. 지상 좌담회: 정국, 여성, 가정.『주부생활』1957. 8.

직업여성. 유망한 여성직장 가이드—대한교육보험편.『직업여성』1972. 5.

직업여성. 가정탐방: 화목. 단란한 음악가정. 광명목재주식회사 조동순 사장 댁을 찾아
        서.『직업여성』1973. 9.

직업여성. 새마을의 길잡이: 지도자 김애리사.『직업여성』1974. 5.

직업여성. 여사원 2천여 명의 대한생명.『직업여성』1973. 6.

직업여성. 여성기업인: 화물수송 원활화에 기여하는 합자 명친운수공사의 문숙사장.

『직업여성』 1973. 10.

직업여성. 직장여성의 어제와 오늘. 『직업여성』 1972. 11.

창간사. 『여성문화』. 여성문화사. 1945. 12. 2.

최서영. '6 · 8 총선이 남긴 것: 공화당의 이상비대증. 『세대』 1967. 8.

최응조. 새 선거기를 앞둔 국내 정계전망. 『민성』 1950. 2(통권43호6권2호).

최종선. 조선 농민의 나아갈 길: 신생활운동의 성격(二). 『농민성보』 1(7). 1946. 12.

최호진. 경제: 한국경제의 60년대와 70년대. 『기독교 사상』 대한기독교서회. 1970. 8.

최화성. 『조선여성독본: 여성해방운동사』. 백우사.

탁희준. 여성노동의 실태와 문제점. 『여성』 127. 1972.

프랑카 도치, 정인섭(옮김). 여성해방과 여성의 권리―여성해방과 남성의 협동. 『신태
    양』 62. 신태양사. 1957. 11.

한국산업은행. 한국공업구조와 검토. 『조사월보』 46(6). 1959. 6.

한성운. 선거와 여성의 지위. 『새살림』 1948. 3 · 4.

한용식. 근로여성과 근로기준법상의 권리. 『노동』 9(3). 1975.

황기성. 3 · 1운동과 여성해방. 『부인경향』 1950. 3.

황병준. 한국중소기업의 고민. 『사상계』 1961. 6.

황신덕. 선거법과 부인. 『새살림』 1(5). 1947. 9.

황애덕. 국민의 신성한 권리와 의무를 포기하지 말자. 『새살림』 2(3). 1948. 6.

황애덕. 전국여성단체총연맹에 대하여. 『새살림』 1947. 1(창간호).

황애덕. 총선거와 여성의 역할. 『새살림』 1948. 4.

황윤석. 「남녀평등」에 이상 있다. 『현대』 1958. 1.

황인호. 김포교통을 찾아서. 『직업여성』 1972. 12.

2차 자료

5월여성연구회. 『광주 민중항쟁과 여성』. 한국기독교사회문제연구원 민중사. 1991.

강광하. 『경제개발 5개년 계획』. 서울대학교 출판부. 2000.

강만길 외. 『한국사』 17, 19. 한길사. 1994.

강만길. 『한국현대사』. 창작과비평사. 1985.

강명구. 1960년대 도시발달의 유형과 특징: 발전주의 국가의 공간 조작. 한국정신문화

연구원 편. 『1960년대 사회변화연구: 1963-1970』. 백산서당. 1999.

강우철 외. 농촌개발에 있어서의 여성지도자의 사회적 기능. 『농촌문제연구』. 1970.

강이수. 1920~60년 한국 여성노동시장 구조의 사적 변화. 『여성과 사회 4』. 창작과 비
평사. 1993.

강이수. 『1930년대 면방대기업 여성노동자의 노동조건』. 이화여자대학교 박사논문.
1992.

강이수 · 신경아. 『여성과 일』. 2001.

강인순. 마산수출자유지역 미혼노동여성들의 노동실태. 『사회연구』 2. 경남대 사회학
과. 1986.

강인철. 한국전쟁과 사회의식 및 문화의 변화. 한국정신문화연구원 편. 『한국전쟁과 사
회구조의 변화』. 백산서당. 1999.

강정구. 5 · 10 선거와 5 · 30 선거의 비교연구. 『한국과 국제정치』.

강정인. 여성 정치참여론이 제기하는 몇 가지 문제점. 한국정치학회 추계학술회의.
2000.

강준만. 『한국 현대사 산책』 1970년대 편. 인물과 사상사. 2002.

고려대학교 노동문제연구소 연구실. 여성과 취업. 『노동문제논집』. 고려대학교 노동문
제연구소. 1982.

고승제. 『경제학자의 회고』. 경연사. 1979.

고은실. 여성 농민운동: 대중투쟁과 함께 급속한 조직화의 길로. 『여성과 사회 2』. 창작
과 비평사. 1991.

고은실. 여성 농민운동의 역사적 전개—전국여성농민회총연합을 중심으로. 『여성농민
연구』 1997. 1.

고정열. 우리들의 꿈을 짓밟은 새시대. 『민주노동』 4. 1984. 7.

공병호. 『한국경제의 권력이동』. 창해. 1995.

공제욱. 1950년대 한국사회의 계급구성. 『1950년대 한국사회와 4 · 19혁명』. 태암.
1991.

공제욱. 『1950년대 한국의 자본가 연구』. 백산서당. 1993.

곽차섭. 미시사—줌 렌즈로 당겨본 역사. 『역사비평』 1999 봄호.

광주노동단체연합. 호남전기 민주노조건설투쟁. 『광주지역 노동운동 연합 신문』 5.

1990.

구순점. 가난 잊은 성냥곽.『공장새마을운동 우수성공사례』. 새마을운동중앙본부 공장
　　　새마을운동추진본부. 1984.

권순애.『산업화 과정에서의 국가역할과 중소기업정책』. 이화여자대학교 사회학과 석사
　　　논문. 1986.

권영자.『한국의 여성정책에 관한 연구: 평등 참여 복지를 중심으로』. 성신여자대학교
　　　박사논문. 1995.

권태억.『한국근대의 면업과 직물업』. 서울대학교 박사논문. 1988.

권태억.『한국근대면업사연구』. 일조각. 1989.

길병학.『경제개발과 소득분배에 관한 연구: 우리나라를 중심으로』. 연세대학교 경영대
　　　학원 석사논문. 1983.

길승흠. 한국인의 정치의식구조변화: 1963년과 1978년.『한국정치학회보』.

김경성.『한국농민운동단체의 대정부 이익표출 분석: 조직 구조 및 영향력 행사 방법 중
　　　심으로』. 한국외국어대학교 석사논문. 1991.

김경수. 여성근로자의 근로조건과 직장 이동.『노동문제』. 고려대학교 노동문제연구소.
　　　1973.

김경애.『한국 여성의 노동과 섹슈얼리티』. 풀빛. 1999.

김광웅. 관료와 정책―제3, 4공화국의 경제발전정책을 중심으로.『행정논총』28(1). 서
　　　울대학교 행정대학원. 1980.

김기정. 소비절약은 정부의 제도적 뒷받침이 있어야. 1980. 3.

김낙중.『한국농업과 자본주의―한국농업의 역사적 성격에 관한 고찰』. 고려대학교 석
　　　사논문. 1968.

김낙중.『한국경제의 현단계』. 사계절. 1985.

김낙중. 민족통일을 내다보는 경제정책.『우리시대 민족운동의 과제』. 한길사. 1986.

김남식 · 이정식 · 한홍구.『한국현대사자료총서 1-15』. 돌베개. 1986.

김대래 외.『한국경제사 강의』. 신지서원. 2002.

김대환. 1950년대 한국경제의 연구: 공업을 중심으로. 진덕규 외.『1950년대 인식』. 한
　　　길사. 1981.

김덕준. 여성 · 연소근로자 후생복지연구.『노동』10(5). 1976. 9~11.

김동욱. 『1940~50년대 한국의 인플레이션과 안정화정책』. 연세대학교 박사논문. 1994.

김동일. 도시화와 농촌개발. 『한국사회 어디로 가고 있나』. 1983.

김동춘. 서울시민과 한국전쟁: '잔류' · '도강' · '피난'. 『역사비평』 2000 여름호.

김미경. 이중사회화과정을 통해 본 한국 여성해방전략의 제한성과 부적절성. 『한국여성 학』 17(1). 이화여자대학교 한국여성연구원. 2001.

김민정, 김원홍, 이현출, 김혜영. 한국 여성유권자의 정책지향적 투표 행태: 16대 대통 령 선거를 중심으로. 『한국정치학회보』 37(3). 2003.

김백산. 70년대 노동자의 계급의 상황과 성장. 『민중』 1. 청사출판사. 1983.

김병규. 근로여성과 여성의 진화. 대구효성가톨릭대학교 사회과학연구소. 『여성문제연 구』. 1992.

김병태. 농지개혁의 재평가. 『우리시대 민족운동의 과제』. 한길사. 1986.

김사욱. 『한국 노동운동사(상)』. 산경문화사. 1979.

김삼웅. 『해방 후 정치사 100장면』. 가람기획. 2001.

김석준. 『미군정 시대의 국가와 행정: 분단 국가의 형성과 행정 체제의 정비』. 이화여자 대학교 출판부. 1996.

김선옥 · 김원홍 외. 『여성정책 담당 국가행정기구의 기능강화방안』. 한국여성개발원 연 구보고서 200-6. 1992.

김선욱. 『21세기의 여성과 여성정책』. 박영률출판사. 1996.

김성두. 『재벌과 빈곤: 한국자본주의의 메카니즘과 그 전개』. 백경문화사. 1965.

김성환. 『고바우 현대사』 1: 1951-1961. 고려가. 1987.

김성희. 『한국여성의 가사노동과 경제활동의 역사』. 신정. 2002.

김양화. 미국의 대한원조와 한국의 경제구조. 『1950년대의 인식』. 한길사. 1985.

김엘림. 여성과 노동복지관계법. 『법과 사회』 8. 1993.

김엘림 · 윤덕경 · 박현미. 『21세기 여성인권법제사』. 한국여성개발원 연구보고서 210- 19. 2000.

김영명. 『한국 현대 정치사』. 을유문화사. 1993.

김영모. 한국사회의 직업구조와 그 변동에 관한 연구. 『중앙대학교 논문집』 23. 중앙대 학교. 1979.

김영미. 1946년 입법의원 선거. 『국사관논총』 75. 1997.

김영미. 해방 직후 정회(町會)를 통해 본 도시 기층사회의 변화. 『역사와 현실』 35. 2000.

김영숙. 한국 사회 구조와 여성문제. 여성운동의 현황과 과제. 『영광문화』 14. 대구대학교. 1992.

김영옥. 70년대 근대화의 전개와 여성의 몸. 『여성학논집』 18. 한국여성연구원. 2001.

김영정. 여성문제현실과 정책 방향. 『국가발전과 정책과제』. 현대사회연구소. 1984.

김영희. 여성과 노동. 『사회복지』 1978 겨울호.

김영희. 여성의 정치참여 확대를 위한 할당제: 부당한 무임승차인가. 불가피한 수단인가?. 『인물과 사상』 2003. 4.

김옥렬. 선거와 여성의 정치참여. 한국정치학회 『1996년 연례학술회의: 여성정치분과 · 여성정치 1』. 1996.

김옥렬. 『한국 여성과 사회 참여』. 숙명여자대학교 출판부. 1989.

김용한. 법적, 정치적 측면에서 본 여성정책. 『고시계』 1984. 1.

김용호. 1970년대 후반 국내정치동태. 한국정신문화연구원 편. 『1970년대 후반기의 정치사회변동』. 백산서당. 1999.

김운태. 『해방 30년사』 ①, ②. 성문각. 1976.

김원홍 · 김혜영 · 김은경. 『해방 후 한국 여성의 정치참여 현황과 향후 과제』. 한국여성개발원. 2001.

김윤환 외 . 『한국경제의 전개과정』. 돌베개. 1981.

김윤환. 근대적 임금노동의 형성과정. 『한국노동문제의 인식』. 동녘. 1982.

김윤환. 『한국노동운동사1』. 도서출판 청사. 1982.

김윤환 · 김낙중. 『한국 노동운동사』. 일조각. 1970.

김은경. 『한국의 여성정책 형성에 관한 분석: 국가, 사회 그리고 국내외 사고의 영향을 중심으로』. 연세대학교 석사논문. 1997.

김은희 · 함한희 · 윤택림. 『문화에 발목집힌 한국경제』. (주)현민. 1999.

김인걸 외. 『한국현대사강의』. 돌베개. 1998.

김인동. 70년대 민주 노조 운동의 전개와 평가. 『한국노동운동론1』. 미래사. 1984.

김일영. 1960년대의 정치 지형의 변화: 수출지향형 지배연합과 발전국가의 형성. 한국정신문화연구원 편. 『1960년대의 정치사회변동』. 백산서당. 1999.

김재인. 연구노트: 여성정책 수행평가에 관한 연구. 『여성정책 포럼』 2003 봄호.

김재인·박성정·정경아·정윤수. 『정책의 성 분석 모형 개발』. 한국여성개발원. 2001.

김정익. 『해방직후(1945~50년) 인플레이션의 원인과 대책에 관한 연구』. 고려대학교 석사논문. 1991.

김정화. 1960년대 여성 노동: 식모와 버스안내양을 중심으로. 역사학연구소 『역사연구』. 2002.

김종덕. 한국농업문제의 분석—경제개발하 농업정책과 관련하여. 『사회연구』 1. 경남대학교 사회학과. 1985.

김주숙. 『한국 농촌의 여성과 가족』. 한울. 1994.

김준. 1970년대 여성노동자의 일상생활과 의식: 이른바 '모범근로자'를 중심으로. 『역사연구』. 역사연구소. 2002.

김진명. 『굴레 속의 한국여성』. 집문당. 1997.

김진업 편. 『한국자본주의 발전모델의 형성과 해체』. 나눔의집. 2001.

김철수. 『헌법학개론』. 박영사. 1996.

김태선. 신동아 인터뷰: 한국노동조합총연맹 위원장 정동호씨. 『신동아』 1978. 10.

김태일. 『한국의 농민운동과 국가, 1964~1990』. 고려대학교 박사논문. 1991.

김태현. 해방 후 여성의 가정생활: 가정주부의 삶: 도시와 농촌의 빈곤지역을 중심으로. 『광복50주년 기념논문집(8 여성)』. 한국학술진흥재단. 1996.

김한웅. 국민투표의 정치적 의도와 영향. 윤형섭·신명순 외. 『한국정치과정론』. 법문사. 1988.

김행자. 한국여성노동력의 국가발전을 위한 활용방안 연구. 『사회과학논집 1』. 이화여자대학교 법정대학. 1980.

김혁동. 『미군정 하의 입법의원』. 범우사. 1970.

김현미. 한국의 근대성과 여성의 노동권. 『한국여성학』 16(1). 이화여자대학교 한국여성연구원. 2000.

김현우. 1980년대 한국인의 선거 행태. 이남영 『한국의 선거 I』. 나남신서. 1993.

김현희. 대안 정치세력으로서의 여성, 그 가능성 연구: 1990년대 여성의 투표 행태를 중심으로. 『동향과 전망』 42. 1999.

김현희. 대안 정치세력으로서의 여성: 21세기 한국 여성의 투표 행태의 전환가능성 연구. 『경제와 사회』 52. 2001.

김현희 · 오유석. 여성은 여성에게 투표하지 않는가: 16대 총선결과를 중심으로. 한국사
      회과학연구소. 『동향과 전망』 57. 2003.

김형배. 한국노동법의 변천. 임종철 · 배무기 편. 『한국의 노동경제』. 문학과 지성사.
      1980.

김형배. 노동관계법과 노동정책 및 노동해정. 한국의 노동문제―그 현황과 과제. 『산업
      노동관계연구』 11. 서강대학교 부설 산업문제연구소. 1983.

김호기. 『경제개발과 국가의 역할에 관한 연구―1960~70년대를 중심으로』. 연세대학
      교 석사논문. 1984.

김홍기 편. 『영욕의 한국경제』. 매일경제신문사. 1999.

김훈 · 황석만. 여성들의 노동시장 참가실태와 과제. 『동향분석』 8(4). 1995.

김홍식 외. 『경기여성발전사』. 경기도. 2002.

노동공론 편집부. 최초의 여성지부장 탄생. 『노동공론』 1972. 7.

노동문제대책위원회. 여성노동자에 대한 성적 폭행은 규탄한다. 『노동운동소식 5』
      1986a.

대한가족계획협회 제공. 가족계획의 필요성. 『노동』 11(2). 1977. 3~4.

마인섭. 1970년대 후반기의 민주화운동과 유신체제의 붕괴. 한국정신문화연구원 편.
      『1970년대 후반기의 정치사회변동』. 백산서당. 1999.

문경란. 『미군정기 한국 여성운동에 관한 연구』. 이화여자대학교 석사논문. 1988.

문병주. 『국가, 정치사회, 시민사회』. 양지. 1999.

문옥표 외. 『신여성』. 청년사. 2003.

문은미. 아픔 속에 피는 함박꽃. 『공장새마을운동 우수성공사례』. 새마을운동중앙본부
      공장새마을운동추진본부. 1984.

박광주. 한국자본주의와 권위주의국가의 정치경제. 『한국과 국제정치』. 경남대학교 극
      동문제연구소. 1986 가을호.

박길성. 1960년대 인구사회학적 변화와 도시화: 사회발전론적 의미. 한국정신문화연구
      원 편. 『1960년대 사회변화연구: 1963-1970』. 백산서당. 1999.

박명림. 1950년대 한국의 민주주의와 권위주의. 역사문제연구소 편. 『1950년대 남북한
      의 선택과 굴절』. 역사비평사. 1998.

박명림. 한국의 국가형성, 1945~48: 시각과 해석.『한국정치학회보』29(1). 1995.

박명림. 한국전쟁과 한국정치의 변화. 한국정신문화연구원 편.『한국전쟁과 사회구조의 변화』. 백산서당. 1999.

박명림.『한국전쟁의 발발과 기원 II』. 나남신서. 1996.

박병원.『자본축적과 국가개입—제5공화국의 경제정책을 중심으로』. 연세대학교 석사 논문. 1992.

박섭 · 이행. 근현대 한국의 국가와 농민: 새마을운동의 정치 · 사회적 조건.『한국정치 학회보』31(3). 1997.

박성자. 여성 농민의 현실과 정부 정책의 개선 방향.『여성 농민 연구』. 1997. 1.

박세길.『한국경제의 뿌리와 열매』. 돌베개. 1997.

박세일. 여성노동시장의 문제점과 남녀별 임금격차분석. 한국개발연구원.『한국개발연 구』1982 여름호.

박소진.『한국 여성 농민운동에 관한 연구: 조직과 구성원의 경험 세계를 중심으로』. 연 세대학교 석사논문. 1995.

박숙자. 여성과 노동시장.『여성과 한국사회』. 사회문화연구소. 1993.

박영식. 70, 80년대 노동운동에 대한 소고.『민중』2. 청사. 1985.

박영호. 국가와 시민사회: 한국 정치변동 분석을 위한 서설.『한국정치학회보』. 1990.

박종주.『한국근대화와 국가코포라티즘적 통제—제3~4공화국을 중심으로』. 서울대학 교 박사논문. 1986.

박준서. 농가부채의 특질.『한국경제』4. 성균관대학교 한국산업연구소. 1976. 9.

박진근.『세계경제 속의 한국경제 40년』. 박영사. 2000.

박찬일. 미국의 경제원조의 성격과 그 경제적 귀결.『한국경제의 전개과정』. 돌베개. 1981.

박찬표.『한국의 국가형성과 민주주의』. 고려대학교 출판부. 1997.

박태균. 8 · 15 직후 신국가 건설을 위한 정책 대안의 성격과 특징: 경제정책을 중심으 로.『인본주의 참여문화 전통과 21세기 한국사회: 남북한 사회문화 변동과 21세 기 한국인상(1)』. 교육인적자원부. 2001.

박태균a.『1956~64년 한국경제개발계획의 성립과정』. 서울대학교 박사논문. 2000.

박태균b. 1950년대 경제개발론 연구.『사회와 역사』61. 문학과 지성. 2000.

박현숙. 제2차 여성정책 기본계획의 실효성 확보를 위한 제언.『여성정책포럼』1. 2003.

박현옥. 만주항일무장투쟁 하에서의 여성해방 정책과 농민 여성.『아시아문화』. 한림대학교. 1993. 12.

박현채 엮음.『청년을 위한 한국 현대사: 1945~1991 : 고난과 희망의 민족사』. 소나무. 1992.

박현채. 한국노동운동의 현황과 당면과제 70년대를 중심으로.『한국노동문제의 인식』. 동녘. 1983.

박현채.『한국자본주의와 사회구조』. 한울. 1985.

박현채.『한국경제론』. 까치. 1987.

박희범.『한국경제성장론』. 고려대학교 아세아문제연구소. 1968.

방기중. 해방정국기 중간파 노선의 경제사상.『최호진박사 강단 50주년 기념 논문집』. 박영사. 1993.

방혜신.『70년대 여성노동운동에서 여성 특수과제의 실현조건에 관한 연구』. 서강대학교 석사논문. 1993.

배무기. 노동자의 행위 및 소득: 한국의 제조업노동자 연구.『ILO 위촉연구보고서』. 서울대학교 경제연구소. 1977.

배무기. 한국의 기능적 소득분배와 분배율 추계.『경제논집』23(4). 1984.

배석만. 미군정기 부산항과 도시민 생활.『지역과 역사』5. 1992. 2.

배성동 · 길영환 · 김종림. 한국인의 정치참여 형태와 그 특성.『제1회 한국정치학회 합동학술대회논문집』. 1975.

배은경. 출산통제와 페미니스트 정치: '가족계획' 이전의 담론 지형. 심영희 외.『모성의 담론과 현실』. 나남출판. 1999.

백영경. 여성의 눈으로 역사 읽기.『여성과 사회』10. 1999.

백영옥. 남북한 여성의 정치참여 비교연구. 한국정치학회 1996년 연례학술대회 7. 1996.

백영옥. 여성 후보에 대한 유권자의 태도. 한국여성정치문화연구소.『여성과 정치』. 1992.

백영옥. 여성과 정당 그리고 선거. 이범준 외.『21세기 정치와 여성』. 나남. 2001.

변형윤. 분배의 정의와 이념.『고대문화』18. 1978.

변화순. 가부장적 군사문화가 여성의 삶에 미친 영향.『광복 50주년 기념논문집』(8. 여성). 한국학술진흥재단. 1996.

변화순. 국가정책과 여성: 출산정책과 성비불균형 현상을 중심으로. 한국여성개발원.『여성연구』.

보건사회부.『부녀행정 40년사』. 보건사회부. 1987.

비키 랜달. 김민정 외 옮김.『여성과 정치』. 풀빛. 2000.

사단법인 여성중앙회.『여성중앙회 50년사—중앙부인회에서 여성중앙회로 성장하기까지』. 사단법인 여성중앙회. 2003.

사청녀. 여성과 직업: 미망인의 경우.『부인경향』1(5). 1950.

서경교. 여성의 정치참여와 한국의 여성 정치지도자. 한국정치학회.『한국정치의 재성찰』. 1996.

서명선. 유신체제하의 국가와 여성단체—한국여성단체협의회의 활동을 중심으로.『여성학논집』6. 1989.

서미라.『정치적 기회구조의 변화와 '진보적' 여성운동의 제도화』. 성공회대학교 석사논문. 2002.

서울YWCA.『서울YWCA 50년 그리고 20년』. 서울YWCA. 1992.

서울YWCA.『서울YWCA 80년—YWCA 100년을 향하여, 1922~2002』. 서울YWCA. 2002

서울대학교 사회과학대학 경제과학연구회.『한국자본주의의 전개와 그 성격』. 서울대학교 사회과학경제연구소. 한울. 1986.

서정미. 성과 노동. 이효재 엮음.『여성해방의 이론과 현실』. 창작과 비평사. 1979.

서진영.『여자는 왜?』. 동녘. 1995.

석정남.『공장의 불빛』. 일월서각. 1984.

손경년.『여성농민조직형태에 관한 일 연구』. 이화여자대학교 석사논문. 1991.

손봉숙. 한국여성과 정치의식.『법정학보』9. 이화여자대학교.

손봉숙 편.『90년대의 여성정치 1, 2』. 다해. 2000.

손봉숙·박의경.『한국민주주의와 여성정치』. 풀빛. 2000.

손호철.『현대한국정치』. 사회평론. 1997.

송우.『한국헌법개정사』. 집문당. 1980.

송언종. 도시 새마을운동의 추진요령. 이사 및 실무자 새마을 교육 연수회. 1976.

송은희. 여성의 정치참여 현황과 여성정책 과제. 2004년 한국국제정치학회 춘계학술회의 여성분과. 2004.

송은희. 한국 의회의 어제와 오늘, 그리고 여성. 『한국정치학회보』 30. 한국정치학회. 1996.

송재복. 『종속이론적 시각에서 본 한국의 경제발전과정 : 1962~1981』. 고려대학교 석사논문. 1982.

슬레지예프스키, 엘리자베트, G. 전환점으로서의 프랑스 혁명. 뒤비, 조르주페로, 미셸 편/권기돈·정나원 옮김. 『여성의 역사 : 페미니즘의 등장 : 프랑스 대혁명부터 제1차 세계대전까지』 4(상). 새물결. 1994.

신건. 『1960~1970년대 근대화 프로젝트와 여성담론에 관한 연구』. 연세대학교 석사논문. 2001.

신경아. 『한국의 수출지향적 공업화와 여성노동』. 서울대학교 석사논문. 1985.

신광영. 1970년대 전반기 한국의 민주화운동. 『1970년대 전반기의 정치사회변동』. 한국정신문화연구원. 1999.

신명숙. 『일제하 한국여성사회사 연구』. 이화여자대학교 박사논문. 1989.

신명순. 한국 여성의 정치참여. 이극찬교수화갑기념 『민주주의와 한국정치』. 1985. 법문사.

신복룡. 한국 정치 연구 50년의 회고. 1999년도 한국정치학회 추계학술회의. 한국정치학회. 1999.

신복룡. 『한국정치사론』. 박영사. 1988.

신용하. 『한국근대사와 사회변동』. 문학과 지성사. 1980.

신용하. 토지조사사업의 실시와 농촌사회경제의 변화. 『한국의 사회와 문화』 11. 한국정신문화연구원. 1990.

신유근. 『한국기업의 특성과 과제』. 서울대학교 출판부. 1984.

신현옥. 『국가개발정책과 농촌지역 여성조직에 관한 연구—1960~70년대 마을부녀조직의 역할과 활동을 중심으로』. 연세대학교 박사논문. 1999.

심순자. 『한국 농촌 여성조직의 발전 방안에 관한 연구』. 충남대학교 석사논문. 1996.

심영희. 노동시장구조의 변화와 여성노동의 실태. 『한국여성학 4』. 한국여성학회. 1988.

심영희.『여성의 사회참여와 성폭력』. 나남. 1992.

심영희. 한국사회의 산업화와 사회통제.『현대사회』1984 여름호.

阿部恒久・佐藤能丸.『통사와 사료: 일본 근현대 여성사』. 부용서방출판. 2000.

안림.『동란 후의 한국경제』. 백영사. 1954.

안성진.『한국 농촌 사회의 갈등 양상에 관한 연구: 가톨릭농민운동의 사례 연구』. 서울
　　　대학교 석사논문. 1986.

안순덕.『1950년대의 도시부녀자 계소동 일고찰』. 성균관대학교 석사논문. 2002.

안청시 외. 신흥공업국 연구시론: 경제성장의 동인과 정치발전의 전망.『사회과학과 정
　　　책 연구』7(1). 서울대학교 사회과학연구소. 1985.

안태정. 미군정기 노동자 계급의 내부구조와 빈곤: 제조업 노동자를 중심으로.『국사관
　　　논총』66. 1996.

앤 쇼우스틱 사쑨 편.『여성과 국가』. 한국여성개발원. 1989.

양동안 외.『현대한국정치사』. 한국정신문화연구소. 1987.

어수영・곽진영. 한국인의 정치참여의 변화와 지속성: 남성과 여성의 참여 변화를 중심
　　　으로.『한국정치학회보』35(4).

여성문제연구회.『한국 여성의 정치의식』. 한국여성문제연구회. 1967.

여성한국사회연구소 편.『새로 쓰는 여성과 한국사회』. 사회문화연구소.

오갑환. 한국의 재벌: 경제엘리트의 사회적 배경. 계층적 상황과 그 영향력에 관한 연
　　　구.『인문・사회과학 논문집』. 서울대학교. 1975.

오유석. 1950년대 남한에서의 민족주의. 한국현대사연구회.『근현대사강좌』1996. 8.

오유석. 4・13 총선과 여성유권자의 정치 행태.『동향과 전망』45. 2000 여름호.

오유석. 박정희식 근대화 전략과 농촌 새마을운동.『동향과 전망』55. 2002.

오유석. 새마을 사업의 배경적 요인과 추진 방식. 한국정신문화연구원 편.『근대화 전략
　　　과 새마을운동』. 백산서당. 1999.

오유석. 여성과 정치. 한국여성정책연구회.『한국의 여성정책』. 미래인력연구원. 2000.

오유석. 전후 1950년대 한국 민주주의 출발의 조건과 제약.『동향과 전망』49. 2001 여
　　　름호.

우리사회연구학회.『현대사회와 여성』. 정림사. 1998.

유병용. 근대화 전략과 새마을운동에 관한 결론. 한국정신문화연구원 편.『근대화전략

과 새마을운동』. 백산서당. 1999.

유병용. 새마을운동 조사 대상자에 대한 일반적 배경. 한국정신문화연구원 편.『근대화 전략과 새마을운동』. 백산서당. 1999.

유영생.『한국 여성 노동 참여에 대한 국가의 역할과 성격에 간한 일 연구: 1960, 70년 대를 중심으로』. 이화여자대학교 석사논문. 1986.

유정미.『국가 주도 발전에 참여한 여성들의 경험에 관한 연구』. 이화여자대학교 석사논 문. 2001.

유진오.『헌법기초회고록』. 일조각. 1980.

유철규 편.『한국자본주의 발전모델의 역사와 위기』. 함께읽는책. 2002.

윤병석·신용하·안병직 편.『한국근대사론』 3. 지식산업사. 1997.

윤연상.『한국 여성의 정치의식에 관한 연구』. 동국대학교 석사논문. 1974.

윤영옥.『한국신문만화사: 1909~1985』. 열화당 미술선서. 1986.

윤종주. 해방 후 우리나라 인구이동의 사회사적 의의.『인구문제논집』1986. 12.

윤택림.『한국의 모성』. 미래인력연구총서26. 미래인력연구원. 2001.

이갑섭. 한국산업화의 자본축적적 조건.『한국경제』4. 성균관대학교 한국산업연구소. 1976.

이근영. 한국경제정책의 전개와 앞으로의 방향.『한국경제회』. 1990.

이금순. 우리는 이렇게 노동조합을 만들었다(1. 2. 3).『화학노보』60, 61, 62. 1975.

이금순. 한국민주주의와 여성의 역할. 한국정치학회 1996년 연례학술대회 7.

이금옥.『농촌여성의 생활개선조직활동 참여와 그 관련요인에 대한 연구』. 서울대학교 석사논문. 1994.

이기하.『한국정당발달사』. 의회정치사. 1960.

이남영. 산업화와 정치문화: 민주의식 변화를 중심으로(1974년과 1984년의 비교분석). 『한국정치학회보』. 1985.

이대근. 〈6·25사변〉의 국민경제적 귀결.『한국경제』10. 성균관대학교 한국산업연구 소. 1982.

이대근.『한국경제의 전개와 구조』. 창작사. 1984.

이대근.『해방 후 1950년대의 경제—공업화의 사적 배경 연구』. 삼성경제연구소. 2002.

이대근a.『한국전쟁과 1959년대의 자본 축적』. 열음사. 1987.

이대근b.『한국경제의 구조와 전개: 이대근 경제평론집』. 창작사. 1987.

이덕수.『한국 산업자본의 전개과정에서 나타난 대미종속화에 관한 연구—1950년대 후반 '삼백산업'을 중심으로』. 서울대학교 석사논문. 1989.

이만기.『최신 한국경제론: 한국 경제 50년사의 평가와 전망』. 일신사. 1996.

이명선. 국회 속기록에 나타난 여성정책 시각: B. 가족계획에 대하여.『여성학 논집』7. 1990.

이목훈.『한국의 노동통제정책의 변화에 관한 연구—제3, 4, 5공화국을 중심으로』. 서울대학교 박사논문. 1992.

이목희. 10월 유신과 민주노동운동의 외로운 출발. 한국민주노동자연합 엮음.『1970년대 이후 한국 노동운동사』. 동녘. 1994.

이목희.『한국노동운동의 대중적 기초와 진로』. 풀빛. 1996.

이배용. 미군정기, 여성 생활의 변모와 여성 의식, 1945~1948.『역사학보』150. 1996.

이범준 외.『21세기 정치와 여성』. 나남. 2000.

이병태.『자동차여성근로자연구』. 전국자동차노동조합. 1975.

이상록. 위험한 여성, '전쟁미망인'의 타락을 막아라. 여성사연구모임.『20세기 여성 사건사』. 여성신문사. 2001.

이선경.『여성의 노동시장 참여에 대한 연구』. 전남대학교 박사논문. 2001.

이수인 엮음.『한국현대정치사』. 실천문학사. 1989.

이순형.『경제계획의 이론: 한국경제를 중심으로』. 법문사. 1968.

이승희. 한국의 여성 정치와 여성정책.『신라대학교 여성연구』9. 1999.

이승희. 한국인의 정치적 태도와 행태의 성차 연구.『한국정치학회보』26(3). 1992.

이승희.『여성운동과 정치이론』. 녹두. 1994.

이영경. 여성 농민운동의 선봉장들.『말』1992. 6.

이영환 편.『한국시민사회의 변동과 사회문제』. 나눔의집. 2001.

이영환 편.『통합과 배제의 사회정책과 담론』. 함께읽는책. 2003.

이영환. 해방 후 도시빈민과 4·19.『역사비평』1999 봄호.

이옥경. 농촌 여성의 현실.『이화』33. 이화여자대학교. 1979.

이옥수 편.『한국근세여성사회(下)』. 규문각. 1985.

이옥지.『한국여성노동자운동사』. 한울. 2001.

이온죽. 여성의 참여와 사회발전.『현대사회 18』 1985 여름호. 현대사회연구소.

이용기. 미군정기의 새로운 이해와 '사회사'적 접근의 모색.『역사와 현실』 35. 2000.

이우재.『한국농민운동사연구』. 한울. 1991.

이원보.『한국노동운동사 연구서설: 1960년대 이후 노동운동을 중심으로』. 경희대학교
      석사논문. 1977.

이원보. 한국에 있어서의 노동운동: 1920~1960년간의 소사.『창작과 비평』 1(4). 1996
      가을호.

이은영. 고용형태의 변화와 대응—여성고용을 중심으로.『한국사회의 민주적 변혁과
      정책적 대안』. 역사비평사. 1992.

이임하. 한국전쟁과 여성노동의 확대.『한국사학보』 14. 고려사학회. 2003.

이임하. 한국 전쟁이 여성 생활에 미친 영향: 1950년대 '전쟁 미망인'의 삶을 중심으로.
      『역사연구』. 역사학연구소. 2000.

이재민. 후발산업의 역사적 유형과 한국의 경제발전.『경제사학』 26. 1998.

이정순.『대기업 성장의 재무론적 연구』. 고려대학교 석사논문. 1968.

이정식. 한국현대정치사 연구에 있어서의 문제점.『한국정치학회보』.

이정옥.『한국의 공업화와 여성 노동』. 솔넷. 2001.

이제민. 후발산업화의 역사적 유형과 한국의 경제발전.『경제사학』 26. 1998.

이종항.『한국정치사』. 박영사. 1980.

이종훈.『한국경제론』. 법문사. 1979.

이창신. 남북 전쟁의 여성사적 접근.『미국사연구』 8. 1998.

이태일. 경제정책과 정치발전: 제1공화국의 경우. 한국정치학회.『제3회 합동학술대회
      논문집』. 1979.

이헌창.『한국경제통사』. 법문사. 2003.

이현송. 한국 대자본가의 형성 및 구조에 대한 일고찰.『한국사회의 신분계급과 사회변
      동』. 한국사회사연구회논문집 8. 문학과 지성사. 1987.

이형순.『경제계획의 이론—한국경제중심으로』. 법문사. 1968.

이화여자대학교 정치외교학과.『한국 도시 여성유권자의 정치 행태에 관한 조사 보고
      서』. 1971.

이화여자대학교.『농촌 여성의 조직 활동』. 이화여자대학교 한국여성연구소. 1981.

이화여자대학교. 『우리 농촌 여성들』. 이화여자대학교 한국여성연구소. 1981.

이효재. 『한국의 여성운동―어제와 오늘』. 정우사. 1996.

인간사 편집부 역. 『어느 여공의 노래』. 인간사. 1983.

임종명. 여순 '반란' 재현을 통한 대한민국의 형상화. 『역사비평』 2003 가을호.

임종철 · 배무기 편. 『한국의 노동경제』. 문학과 지성사. 1980.

임진숙. 주변 자본주의하에서의 국가 · 자본관계. 『해방후 한국의 사회변동』. 한국사회
　　　사 연구회 논문집 5. 문학과 지성사. 1986.

장동학. 『한국경제 100년 과연 어떤 일이?』. 도서출판 무한. 2002.

장명국. 해방후 한국노동운동의 발자취. 김금수 · 박현채 외 엮음. 『한국노동운동론 1』.
　　　미래사. 1985.

장미경 외. 근로여성 50주년사의 정리와 평가. 『근로여성 50년사』. 한국여성개발원.
　　　2001.

장상환. 한국전쟁과 경제 구조의 변화. 한국정신문화연구원 편. 『한국전쟁과 사회구조
　　　의 변화』. 백산서당. 1999.

장석홍. 해방 후 귀한문제 연구의 성과와 과제. 『한국근현대사연구』 45. 2003 여름호.

장성자 · 김원홍. 『정당의 여성정치참여 지원방안』. 한국여성개발원. 1995.

장의순. 『한국여성근로자의 직장적응에 관한 연구』. 이화여자대학교 석사논문. 1977.

장하진 · 권두언: 참여정부의 여성정책 중점과제. 『여성정책 포럼』 2003 봄호.

장혜경 · 김영란. 『취업주부의 역할분담과 갈등요인에 관한 연구』. 한국여성개발원.
　　　1998.

전경옥. 한국 여성의 정치참여와 여성정책에 관한 연구: 1960년대부터 현재까지: 정치
　　　참여 관련 정책부문. 『한국정치학회보』 37(1). 2003.

전경옥 · 노혜숙 · 김영란. 『여성의 정치적 권리인식과 정치참여』. 집문당. 1999.

전광희. 1970년대 전반기의 사회구조와 사회정책의 변화. 한국정신문화연구원. 『1970
　　　년대 전반기의 정치사회변동』. 1999.

전국경제인연합회 편. 『한국경제정책 30년사』. 사회사상사. 1975.

전라남도. 『전남여성 100년』. 금호문화. 2003.

전상인. 1946년경 남한주민의 사회의식. 『사회와 역사』 1997.

전상인. 역사사회학적 방법론과 역사연구. 『인문과학』 26. 1995.

전상인. 『고개숙인 수정주의』. 전통과 현대. 2001.

전순옥. 『끝나지 않은 시대의 노래』. 한겨레신문사. 2004.

전철환. 국제경제의 체질변화와 70년대의 한국경제. 『한국사회의 재인식 1』. 한울. 1985.

정도영. 경제정책과 경험. 『한국경제』 10. 성균관대학교 한국산업연구소. 1982.

정명채, 민상기, 최경환. 전국여성농민회총연합. 『주요 농민운동단체의 형성과 전개 과정』. 한국농촌경제연구원. 1995.

정복란. 복지사회와 부녀복지. 『사회복지』 1984 여름호.

정성호. 한국전쟁과 인구사회학적 변화. 한국정신문화연구원 편. 『한국전쟁과 사회구조의 변화』. 백산서당. 1999.

정엔다. 한국여성의 정치참여와 정치의식에 관한 연구. 『사회학연구』 1(15). 이화여자대학교 사회학과. 1979.

정영국. 유신체제 성립 전후의 국내정치. 한국정신문화연구원 편. 『1970년대 전반기의 정치사회변동』. 1999.

정영숙. 『결혼경제와 시장경제』. 대구대학교 출판부. 1998.

정용욱. 『미군정 자료 연구』. 선인. 2002.

정윤형 외. 『민족경제론과 한국경제』. 창작과비평사. 1995.

정일용. 원조경제의 전개. 『한국자본주의론』. 까치. 1984.

정진하. 『제1공화국 초기(1948~1950)의 경제정책 연구』. 한국사연구회. 1999.

정진화 외. 『여성인력수급의 전망과 과제』. 한국직업능력개발원. 1999.

정현백. 여성사 연구의 이론과 방법. 『역사비평』 1994 가을호.

조은. 가부장제와 경제: 가부장제의 자본주의적 변용과 한국의 여성노동. 한국여성학회. 『한국여성학』. 1986.

조은. 모성, 성, 신분제: 〈조선왕조실록〉 '재가금지' 담론의 재조명. 『사회와 역사』 51. 1997 봄호.

조형 · 장필화. 국회 속기록에 나타난 여성정책 시각: A. 매매춘에 대하여. 『여성학 논집』 7. 1970.

조기숙. 선거 제도와 선거 행태의 변화. 광복 50주년기념사업위원회. 『광복 50주년기념 논문집』. 1995.

조기숙. 선거와 정당, 압력단체와 여성. 장공자 외.『새로운 정치학』. 인간사랑. 1998.

조기숙. 여성압력단체의 필요성과 전망. 손봉숙 편. 한국여성정치연구소 기획.『90년대의 여성정치』. 다해. 2000.

조기숙. 한국의 여성정책 결정과정 연구. 이범준 외.『21세기 정치와 여성』. 나남. 2001.

조기숙.『합리적 선택: 한국의 선거와 유권자』. 한울 아카데미. 1996.

조선영.『한국여성의 노동공급에 관한 연구―지역노동시장론적 접근』. 서울대학교 석사논문. 1993.

조순 · 주학중.『한국경제의 이론과 현실』. 서울대학교 출판부. 1987.

조순경. 이숙진.『냉전체제와 생산의 정치』. 1995.

조영욱.『1970년대 함평 농민운동의 연결망과 의미 구성 과정에 관한 연구』. 서울대학교 석사논문. 1998.

조옥라. 현대농촌마을의 계층구성에 관한 일 고찰: 전북 정읍 도계마을을 중심으로.『삼불 김원룡교수 정년퇴임 기념논총 II』. 일지사. 1987.

조옥라. 도시빈민가족과 농촌 영세빈농 가족의 비교. 한국여성사회연구회 편.『한국가족론』. 까치. 1990.

조옥라. 여성 농민 연구 회고와 전망.『여성농민연구』1997. 1.

조옥라. 여성 농민의 성 정체성에 관한 연구.『한국문화인류학』29. 한국문화인류학회. 1996.

조용범. 한국자본주의의 전재과정.『한국노동문제의 인식』. 동녘. 1983.

조용범.『한국 독점자본과 재벌』. 풀빛. 1984.

조안 W. 스콧 지음. 배은경 옮김. 젠더와 정치에 대한 몇 가지 성찰; Some more Reflection on Gender and Politics. in *Gender and the Politics of History*, rev. ed. (NY: Columbia Univ. 1999.)

조은. 여성의 적응과 갈등. 한국사회학회 편.『한국사회 어디로 가고 있나』. 현대사회연구소. 1983.

조은. 가부장제와 경제: 가부장제의 자본주의적 변용과 한국의 여성노동.『한국여성학』. 한국여성학회. 1986.

조은. 한국의 산업화와 여성인력의 활용.『여성연구』1984 봄호.

조형. 농촌사회변화와 농촌여성. 홍승직 외.『한국사회개발연구 IV』. 고려대학교 아세아

문제연구소. 1980.

조형. 여성과 사회발전.『한국사회개발연구』. 고려대학교 아세아문제연구소. 1980.

조형. 도시빈곤과 여성의 경제활동.『한국사회개발연구』. 고려대학교 아세아 문제연구소. 1982.

조형. 농촌 여성의 당면문제와 농촌 여성운동의 방향.『농촌 여성 현실과 여성 농민운동』. 한국기독교사회문제연구원. 1984.

조형 · 아이린팅커. 지역사회 개발과 여성의 역할.『새마을운동의 이념과 실제』. 새마을국제학술회의 논문집. 서울대 새마을운동 종합연구소. 1981.

조혜정.『분단과 여성』. 문학예술사. 1985.

조희연. 종속적 산업화와 비공식부문.『한국자본주의와 노동문제』. 돌베개. 1985.

조희연. 한국에서의 민주주의 이행에 관한 정치사회학적 연구: 국가, 정치사회, 시민사회의 분화에 대하여.『동향과 전망』21. 1994 겨울 · 봄 합본호.

주준희. 여성정책과 여성의원의 역할.『여성과 정치』. 한국여성정치문화연구소. 1997.

최렴규. 농촌 여성운동의 방향 정립에 관한 소고-새마을 부녀 운동과 관련하여.『새마을연구』. 1985. 4.

최문환. 경제독점화의 논리와 윤리.『정경연구』1966. 11.

최문환.『최문환 전집』. 서울대학교 출판부. 1977.

최배근. 한국경제성장의 역사적 인식.『경제사학』22. 1997.

최봉대. 새마을 사업의 실태와 제한적 성과. 한국정신문화연구원 편.『근대화전략과 새마을운동』. 백산서당. 1999.

최옥암. 여성의 노동력 참가와 고용문제.『경제학연구』. 한국경제학회. 1997.

최유리.『일제말기 식민지 지배 정책 연구』. 국학자료원. 1997.

최은숙. 농촌여성의 경제활동.『우리농촌과 여성』. 한국여성개발원. 1987.

최장집.『한국의 노동운동과 국가』. 나남. 1997.

최재석.『한국농촌사회연구』. 일지사. 1975.

최호진박사 강단50주년 기념논문집 간행위원회. 경제이론과 한국경제.『최호진박사 강단50주년 기념논문집』. 박영사. 1993.

최홍기 외.『조선 전기 가부장제와 여성』. 아카넷. 2004.

캘론린 모저 지음. 장미경 외 옮김.『여성정책의 이론과 실천』. 문원출판. 2000.

편집부.『여성과 노동』. 동녘. 1985.

한국가톨릭농민회.『가농 30년사』.

한국노동조합총연맹.『한국노동조합운동사』. 1979.

한국법제연구회 편.『미군정 법령 총람』. 한국법제연구회. 1971.

한국사회경제학회 현대사분과. 한국현대사연구의 현황과 과제―1945~60년의 한국경
　　　　제를 중심으로.『사회경제평론 2』. 1990.

한국사회경제학회.『한국경제론강의』. 한울아카데미. 1994.

한국사회사학회 엮음.『한국 현대사와 사회 변동』. 문학과 지성사. 1997.

한국여성개발원.『농촌여성의 노동실태에 관한 연구: 농가주부를 중심으로』. 1987.

한국여성개발원. 국내여성정책동향.『여성정책포럼』 2. 2003.

한국여성개발원.『농촌 여성의 노동실태에 관한 연구―농가주부를 중심으로』. 연구보
　　　　고서 200-2. 1987.

한국여성개발원.『여성백서』. 한국여성개발원. 1985.

한국여성연구소. 우리 농촌 여성. 이화여자대학교 한국여성연구소. 1981.

한국여성유권자연맹 서울지부.『여성유권자의 정치의식에 관한 조사연구』. 1993.

한국여성유권자연맹.『여성근로자실태조사 보고서―구로, 구미공단을 중심으로』.
　　　　1980.

한국여성정책연구회.『한국의 여성정책』. 미래인력연구원. 2002.

한국여성정치연구소.『한국여성국회의원 연구: 충원과정과 원내활동』. 1991.

한국여성학회.『여성학 강의』. 한국여성연구소. 1994.

한국역사연구회 현대사연구반. 남한의 경제구조 재편과 북한의 ‘민주개혁’ 수행.『한국
　　　　현대사 1』. 1991.

한국역사연구회 현대사연구반. 해방직후의 변혁운동과 미군정.『한국현대사 1』. 풀빛.
　　　　1991.

한국역사연구회(최영묵). 남북한 경제구조의 개편.『한국역사입문 3』. 1996.

한국전쟁연구반. 총론: 1948~1950년을 어떻게 볼 것인가.『역사와 현실』 27. 1998.

한국정신문화연구원 편.『1960년대 사회변화 연구: 1963~1970』: 한국현대사의 재인식
　　　　9. 백산서당. 1999.

한국정신문화연구원 편.『1960년대 한국의 공업화와 경제구조』: 한국현대사의 재인식

8. 백산서당. 1999.

한국정신문화연구원 편. 『1960년대의 정치사회변동』: 한국현대사의 재인식 10. 백산서당. 1999.

한국정신문화연구원 편. 『1970년대 전반기의 정치사회변동』: 한국현대사의 재인식 12. 백산서당. 1999.

한국정신문화연구원 편. 『한국전쟁과 사회구조의 변화』. 백산서당. 1999.

한국정신문화연구원 편. 『한국전쟁과 사회구조의 변화』: 한국현대사의 재인식 7. 백산서당. 1999.

한국정신문화연구원 현대사회연구소 편. 『한국현대사의 재인식 4: 1950년대 후반기의 한국사회와 이승만정부의 붕괴』. 오름. 1998.

한국정신문화연구원 편. 『한국현대사의 재인식 7~12』. 백산서당. 1999.

한국정치외교사학회 엮음. 『한국정치와 헌정사』. 한울아카데미. 2001.

한국정치외교사학회 편. 『한국현대정치사』. 집문당. 1997.

한국조사기자포럼. 『한국현대사건사: 1945~1999』. 한국조사기자포럼. 2000.

한국천주교정의평화위원회. 5·18 이후의 노동운동─노동운동에 대한 규제사례를 중심으로. 이태호 엮음. 『80년대의 상황과 논리』. 1984.

한국혁명재판사편찬위원회. 『한국혁명재판사』 1. 1962.

한도현. 1950년대 후반 농촌 사회와 농촌의 피폐화. 『한국현대사의 재인식 4』. 1998. 오름.

한도현. 1960년대 농촌 사회의 구조와 변화. 한국정신문화연구원 편. 『1960년대 사회변화연구: 1963~1970』. 백산서당. 1999.

한정. 농촌 여성의 조직 활동 활성화 방안에 관한 연구. 한국여성개발원. 1999.

함태홍. 『한국 농촌에 있어서 여성조직과 그 활동에 관한 연구』. 중앙대학교 석사논문. 1986.

허헌중. 「함평고구마사건」 이후의 농민운동. 『현대 한국을 뒤흔든 60대 사건─해방에서 제5공화국까지』. 신동아 1988. 1. 별책부록.

현대사분과. 한국현대사연구의 현황과 과제. 『사회평론2』. 경남대학교 사회학과. 1986.

홍두승 편. 『한국사회 50년』. 서울대학교 출판부. 1997.

홍두승 외 6인. 한국사회 50년: 사회변동과 재구조화. 『서울과학정책연구』 18. 서울과학연구소. 1996.

홍승직. 『가치관과 사회개발: 여성지위. 한국사회개발연구』. 고려대학교 아세아문제연구소. 1982.

황 숙. 『한국 산업화 정책과 소득분배에 관한 연구』. 이화여자대학교 석사논문. 1988.

황정미. 발전국가와 모성: 1960~1970년대 '부녀정책'을 중심으로. 심영희 · 정진성 · 윤정로. 『모성의 담론과 현실』. 나남. 2000.

황정미. 적극적 조치와 여성: 미국과 스웨덴의 사례를 중심으로. 『경제와 사회』 2002 가을호(통권 55호).

황진하. 『제1공화국 초기(1948~1950)의 경제정책 연구』. 한국사연구회. 1997.

황한식. 개방체제하의 한국농업의 성격. 박현채 외. 『한국경제론』. 까치. 1987.

Anne Showstack Sasson. 『여성과 국가―국가정책과 여성의 공 · 사영역의 변화』. 한국여성개발원.

Bock, Gesela. Translated by Allison Brown. *Women in European History*. UK: Blackwell. 2003.

BPW서울클럽 편 『여성문제연구자료』 1. 1977.

Brush, Lisa, D. *Gender and Governance*. Oxford: AltaMira Press. 2003.

Canning, Kathleen and Rose, Sonya, O. *Gender, Citizenships and Subjectivites. A Gender and History Special Issue*. 2002.

Chadya, Joyce. M. Mother Politics: Anti-colonial Nationalism and the Woman Question in Africa. *Journal of Women's History*. Vol. 15 No. 3. 153-157. 2003.

Dorothy McBride Stetson and Amy G. eds. *Comparative State Feminism*, Sage. California. 1995.

Hannam. Women and Politics. in *Women's History: Britain, 1850-1945*. ed. Purvis, Junen. London: Routledge. 1995.

Hart, Vivien. So Many Worlds, So Much to Do: Historical Specificity and Gender Politics, *Journal of Women's History*. Vol.13 No.4. 2002.

Holton, Sandra Stanley. "Women and the Vote" Purvis, Junen, ed. *Women's*

History: Britain, 1850-1945. London: Routledge. 1995.

Hudson, Pat. Women and Industrialization, Purvis, Junen, ed. *Women's History: Britain, 1850-1945.* London: Routledge. 1995.

Jackson, Robert M. *Destined for Equality: The Inevitable Rise of Women's Status.* Cambridge: Harvard University Press. 1998.

Karlsson, Helena. Politics, Gender, and Genre-The Kurds and 'The West': Writings from Prison by Leyla Zana. *Journal of Women's History.* Vol.15, No.3. 2003.

Kerber, Linda K. *No Constitutional Right to be Ladies.* Hill and Wang, New York. 1998.

Lee, Ann Banaszak, Karen Beckwith and Dieter Rucht. *Women's Movements Facing the Reconfigured State.* UK: Cambridge University Press. 2003.

Lerner, Gerda. *The Majority Finds Its Past: Placing Women in History.* Oxford: Oxford Univ. Press. 1979.

Lewis, Jane. Women's History, Gender History, and Feminist Politics. in Kramarae, Cheris and Dale Spender (eds.), *The Knowledge Explosion.* New York:Teachers College Press. 1992.

Midgley, Clare. Ethnicity, Race and Empire. in *Women's History: Britain, 1850-1945.* ed. Purvis, Junen. London: Routledge. 1995.

Offen, Karen. Book Reviews: Women's Citizenship in the Twentieth-Century World: States, Gender, and Historiographical Strategies in Comparative Perspective. *Journal of Women's History,* Vol.13 No.4. 2002.

Okeke-Ihejirikam Phillomina and Franceschet. Democratization and State Feminism: Gender Politics in Africa and Latin America. *Development and Change.* Vol.33. No.3. June 2002.

Olcott, Jocelyn. Worthy Wives and Mothers: State-Sponsored Women's Organizing in Postrevolutionary Mexico. *Journal of Women's History,* Vol. 13 No.4 (Winter).

Purvis, Junen ed. *Women's History: Britain, 1850-1945.* London: Routledge.

1995.

Purvis, Junen. From 'Women Worthies' to Poststructuralism? Debate and Controversy in Purvis, Junen, ed. *Women's History: Britain, 1850-1945*. London: Routledge. 1995.

Rajan Rajeswari Sunder. *Real and Imagined Women: Gender, Culture and Postcolonialism*. Routledge, London. 1993.

Ranchod-Nilsson, Sita and Mary Ann Tetreault, eds. *Women, States, and Nationalism, At Home In The Nation?*. London: Routledge. 2000.

Rendall, Jane. Uneven Developments: Women's History, Feminist History, and Gender History in Great Britain in ed. by Offen, Karen. *Writing Women's History: International Perspectives*. London: Macmillan. 1991.

Rose, Sonya, O. Introduction to Dialogue: Gender History/Women's History: Is Feminist Scholarship Losing its Critical Edge? *Journal of Women's History*. Spring 1993.

Scott, Joan. W. *Gender and The Politics of History*. rev. New York: Columbia University Press. 1999.

Summerfield, Penny. Women and war in the twentieth century. Purvis, Junen, ed. *Women's History: Britain, 1850-1945*. London: Routledge. 1995.

Wu, Hsinchao. Whose State? The Discourse of Nation-State in European Feminist Perspectives in the Late Nineteenth and Early Twentieth Centuries. *Journal of Women's History* Vol.15 No.3. 2003.

| 기타자료 |

김경희. 『정부와 여성운동의 여성정책 의미틀 분석』. 한양대학교 정보사회학과. http://midas. i-dream. ac. kr(검색일 2004. 8. 24).

김정렴. 박대통령의 개발정책은 실패였는가. 박정희 대통령 인터넷 기념관. 2003.

김종덕. 한국의 1950년대 정치경제와 농업부문배제. 경남대학교 사회학과. 『사회연구』

2. 1986. kyungnam.ac.kr/ebrm/sostady(검색일 2004. 3. 20).

박정희대통령 인터넷 기념관. 70년대 경제위기 이렇게 이겨냈다.

박정희대통령 인터넷 기념관. 박정희 대통령과 새마을운동 7.

박진환. 박정희 대통령과 식량증산 2. 박정희 인터넷 기념관. 2003.

서울육백년사. 무연탄 http://seoul600.visitseoul.net/seoul-history/sidaesa/txt/8-10-
    6-2-1.html (검색일 2004. 8.2 4).

이근미. 국운을 좌우한 위대한 선택. 박정희 인터넷 기념관. 2003.

한국여성개발원. 국제여성동향/국제 NGO동향 (2004). http://www.
    kwdi.re.kr/board/view.php?db=wotrend1&category=05&no=
    1171&page=4(검색일 2004. 8. 24)

| 사진출처 |

4·7언론인회. 『기자25시』. 4·7언론인회. 1983, 1984, 1985.

국정홍보처. 『대한민국정부기록사진집』. 해당연도별.

김성환. 『고바우현대사』. 고려가. 1987.

농민신문사. 『새농민』. 해당호별.

대구광역시. 『대구여성백서』. 대구광역시. 2001.

대한민국국제보도연맹. 『사진으로 보는 대한민국 10년사』. 대한민국국제보도연맹.

서울시립대학교 박물관. 『캠페인을 보면 사회가 보인다』. 서울시립대학교 박물관. 2002.

서울여자기독청년회. 『YWCA』. 해당호별.

서울특별시사편찬위원회. 『사진으로 보는 서울 3』. 서울특별시. 2003.

대한YWCA연합회. 『YWCA연감』. 대한YWCA연합회 홍보 출판위원회.

크리스챤 아카데미. 『사진으로 보는 크리스챤 아카데미』. 크리스챤아카데미 대화출판
    사. 1995.

크리스챤 아카데미. 『서울YWCA80년: YWCA 100년을 향하여』. YWCA연합회. 2002.

여성중앙회. 『여성중앙회50년사』. 여성중앙회. 2003.

유진오. 『헌법기초회고록』. 일조각. 1980.

조선일보사. 『사진으로 본 감격과 민족의 수난사』. 조선일보사.

조형. 『농촌 여성 현실과 여성농민운동』. 한국기독교사회문제연구원. 1984.

직업여성사. 『직업여성』. 해당연도별.

한국사진기자협회. 『보도사진연감』. 해당연도별.

한국여성단체협의회. 『여성』. 해당연도별.

한국일보사. 『격동의 20년 – 유신말기에서 국민의 정부 출범까지』. 한국일보사. 2001.

한국일보사. 『사진으로 본 해방 30년』. 한국일보사. 1975.

* 사진 게재에 협조해 주신 각 출판사 및 저자 여러분께 감사드립니다.
** 신문 및 잡지의 출처는 본문에 밝혀 두었습니다.

한국 근현대 여성사

정치·사회 2

초판 1쇄 인쇄 2011년 7월 20일
초판 1쇄 발행 2011년 7월 25일

지은이 · 전경옥, 유숙란, 김은실, 신희선
펴낸이 · 양미자
편집장 · 고재광
디자인 · 이수정

펴낸곳 · 도서출판 **모티브북**
등록번호 · 제313-2004-00084호
주소 · 서울 마포구 합정동 412-7 2층
전화 · 02)3141-6921 ┃ 팩스 02)3141-5822
전자우편 · motivebook@naver.com

ISBN   978-89-91195-46-2 94900
         978-89-91195-44-8 (세트)

• 이 책은 2002년 한국연구재단으로부터 기초학문 연구비 지원을 받았습니다.